江戸東京

庶民信仰事典

川副秀樹❖編著

国書刊行会

はじめに

庶民信仰には大変興味があるが、国家や貴族などの権力者がイニシアチブを握る文化宗教には全く惹かれない。今でこそ歴史は勝者の足跡しか語られていないことは誰でも知っている。仏教や寺院、仏像は貴族が自分達の死後、浄土へ赴くためのもの、神社は権力者が自分達一族や地域を守護するためにあったと思っている。芸術もしかりで、そこに庶民の心情や生活は反映されていないと思えた。

しかし、権力者が出現する前に一万年も続いた縄文文化があったことを学び直し、その考えは間違っていたことを知った。農耕の始まった弥生時代から現在までは、わずか二千数百年しか経っていないのだ。対してとてつもなく長く続いた縄文時代は自然と共存する人々しかいなかった奇跡の時間である。そんな彼等も何かを祈り占っていたはず。彼等は海や山、洞窟、月や太陽、星、火や土、水、石や動物、木や森、そして新しい命に神を見、感じていたらしいのだ。

このような原日本人の地母神を信仰する原始宗教や呪術宗教に加え、農耕生活が始まる頃には祖霊尊崇、農耕神などの信仰が出現する。産業革命が興《おこ》り科学万能となり、インターネットが普及した現在でもその形態は綿々と生き続いているのである。

特に他宗教に寛容な仏教が入ってきて以来の日本では、神様、仏様、御先祖様を敬《うやま》う「日本教」が庶民の心の中に生まれる。正月やお盆、お祭りなどのことである。一般的には生まれた時は神社にお詣りし、亡くなると仏教のお世話になる。春と秋には神へ感謝のイベントを催す。ロケットを打ち上げるときには「お祓い」をする。官庁や、またキリスト教会、イスラム教会を建てる時にさえ土地の神にお断りをする地鎮祭を執り行う。さらに最近はクリスマスやハロウィンも盛んだ。人々は占いも好きである。

さて私がその庶民信仰について本格的に調べてみようと思い立ったきっかけは、もう十年以上も前のある日、古本屋で見つけた『江戸神佛 願懸重寶記《がんかけちょうほうき》』を入手したことである（しかも本書と同じ国書刊行会がその復刻版を刊行しているという縁）。もちろんその頃からも「飯綱信仰、山岳信仰、密教」についての『スキャンダラスな神々』（龍鳳書房）や「第六天信仰」についての『「第六天」はなぜ消えたのか』（言視舎）などの拙著を刊行させていただいていた。庶民信仰は自分のライフワークだとさえ考えていたのだ。

東京に残る庶民の史蹟「富士塚」「遊郭跡や遊女の墓」「庚申塔」「稲荷の小祠や憑きもの」「石の地蔵尊と性神」「石仏や御神木」「妖怪や幽霊の噂の残る場所」「閻魔王や奪衣婆」「里修験の足跡」など「今日はこの地域」と定めては写真が撮れなくなる夕方まで探り回っていた。時間の関係でどうしても都内が中心になったが、歩いて気付いたことは「街の中は宝の山」だということである。神社や寺院の境内はもちろんだが、街角にもひっそりと庶民信仰の足跡は残っていた。そのような場所やコースを纏めて三冊の「東京発掘散歩シリーズ」（言視舎）を書かせていただいた。

このようにして都内の庶民信仰足跡巡りを繰り返すに従い『現代版 願掛け重宝記』を残しておかねばと考えるようになった。探索のために参考にしたのは『新訂 江戸名所図会』（全六巻＋別巻、ちくま学芸文庫）、『大日本地誌大系 新編武蔵風土記稿』（全十二巻＋索引、雄山閣）、『増訂 武江年表』（全二巻、東洋文庫・平凡社）などだが、中でもネットで見つけた「東京の迷信」（『東京朝日新聞』百回連載。明治四十年十一月三日～明治四十一年二月十六日）と長沢利明『江戸東京の庶民信仰』（三弥井書店）「江戸庶民と願かけ」に所載の「表1 現代版「願懸重宝記」」、三吉朋十『武蔵野の地蔵尊 都内編』（有峰書店）、日本石仏協会編『江戸・東京 石仏ウォーキング』（ごま書房）、塩見鮮一郎『江戸東京を歩く 宿場』（三一書房）等の各書は大変参考にさせていただいた。これらの本に紹介されている場所を中心に探索したことは言うまでもない。毎日地図と睨めっこしていた。そして本書の原型が完成したのは今から約五年前である。

もちろん庶民信仰の足跡を全て巡ったわけではない。さらに取材を始めてずいぶん時間も経っている。開発などで私がお目にかかった神々がいなくなっている場合もあるかと思うが、本書のポイントは全て私自身がこの目で確認し、撮影し、地図も書いているということだ。それからしばらくの間、手元で温めていたのだが一年ほど前にふとしたきっかけで国書刊行会の永島成郎氏の目に留まったというわけである。私の愛する名も無き庶民信仰の神々のパワーが、名も無い一研究者の背中を叩いてくれたとしか思えない。

今、庶民信仰の神々が「地球上の殺戮を止めよ!」「これ以上地球を破壊するな」と立ち上がり歩み始めたささやかな第一歩が本書なのだと祈るばかりだ。

江戸東京　庶民信仰事典――目次

はじめに……1

第一章 庶民信仰における民俗神と精霊——21

第二章 主尊格神仏に求める庶民利益——83

第三章　原初的精霊――石神と性神

第六章 神に昇格した人の魂魄と執念

第七章 地獄界、冥界への信仰　309

第八章　稲荷に求める庶民利益

第九章　地蔵に求める庶民利益

凡例

●本書は、主に東京二十三区内にある庶民信仰のスポットを取り上げ、九つのテーマで章立てした読む事典である。項目の並びは、「弁財天」→「龍神・龍王」→「宇賀神」などのように関連するものを一部まとめたほかは、順不同である。

●各項目の見出し部分には、所在する区、神仏名またはスポット名、御利益をまとめた。

●神仏名については、原則として、それぞれの地域の通称を使用した。そのため「様」「さま」「さん」など、表記の統一に欠ける場合がある。なお、特に第八章・第九章において「○○稲荷神社」「○○地蔵菩薩」は、「○○稲荷」「○○地蔵」と簡略に表記した。

●御利益については、一般に謳われていない場合でも、筆者が知る神徳や由来に基づいて、適宜記載した。ただしこれはあくまでも神仏を分かりやすく紹介するためであり、俗信（迷信）の一部であることをお断りしておく。また「恋愛成就」「縁結び」など類似の御利益と思われるものについても、各社寺の表記を尊重して、用語の統一は行わなかった。

●引用箇所については、原則として、旧仮名遣いは原文のままとし、漢字は新字・正字に改めた。今日から見れば使用が不適切な語もあるが、資料の歴史性に鑑み、そのままの表記とした。

●掲載する地図は、著者訪問時のものである。そのため現在は一部異なる場合もある。また地図上の社寺のアイコンの大小は、ポイントを目立たせるためで、社寺の敷地面積や社格・寺格を示すものではない。

●各項目の末尾に参照すべき他項目を記載した。【関連】は当該項目と内容や信仰の上で関連するスポット、【巡拝】は併せての訪問をおすすめしたい同境内や近在のスポットを示す。

●執筆にあたっては、下記文献を主に参照した。

『江戸神佛 願懸重寳記』――萬壽亭正二著、勝川春亭画、文化十三（一八一六）年刊。（本文中では『重宝記』と略記）

『江戸名所図会』全七巻二十冊――斎藤幸雄・斎藤幸孝・斎藤幸成著、長谷川雪旦画、天保七（一八三六）年完結。本書では、底本として『新訂江戸名所図会』（市古夏生・鈴木謙一校訂、ちくま学芸文庫）を使用した。（本文中では『江戸名所図会』巻之一・一などと略記）

「東京の迷信」――『東京朝日新聞』明治四十（一九〇七）年十一月三日〜明治四十一年二月十六日連載（全百回）。（本文中では、「東京の迷信」『東京朝日新聞』明治四十年十一月三日などと記載）

その他、各章・各項目の記述にあたって参考にした文献については、巻末の「参考文献一覧」に集約した。

●巻末に、「社寺名等索引」「事項・人名等索引」および「巡拝ガイド①住所別」「巡拝ガイド②御利益別」を付して、読者の便に供した。

第一章

庶民信仰における民俗神と精霊

本章では庶民にとって親しみやすい、またはごく身近に感じられる神仏＝民俗神＝精霊を紹介する。

そこで庶民にとっての親しみやすい「神さま」とは一体どんな存在かと言うと、必ずしも経典の中における仏尊や記紀に登場する神々とは限らない。

たとえばこの章で扱う「弁財天」(弁天さま)や「仁王尊」などは仏教でいう天部にあたる仏尊なのだが、誰もそのようなことは意識もせずに拝んでいるのではないだろうか。また正月はじつは「お正月様」と呼ばれる神様をそれぞれの家へお招きする行事で、お正月様とは民俗学的にはいわば御先祖の集合体なのだが、それを祀《まつ》る神社があるわけでもない。

しかしそのような意識など持たずに人々は初詣で事を済ませている。逆に「箒《ほうき》」が神様とはあまり知られていないが、じつは記紀にも登場する由緒ある神様である。

このように本章では、あまり知られてはいないけれど比較的庶民生活に近く、親しみやすい存在の民俗神・民族神＝精霊を取り上げてみた。

彼らは寺社の本堂や本殿には鎮座しない。境内社とか摂社であったり寺社を守護する神々であり、あるいは庶民が自分たちや地域の守護神として大切に守ってきたお堂や祠《ほこら》、石仏や石碑、つまり庶民信仰の神々である。まれに本堂や本殿に祀られている本尊や主祭神の場合もあるが、いずれにせよ、民間レベルで親しまれている神仏だ。中には忘れかけられた精霊もいる。仏尊の場合は露天仏や石仏、弁天様のような天部までを紹介する。

境内社や摂社の場合は、ほとんどが明治の神仏分離令や神社合祀運動の影響を受け地域の大きな神社の境内に集められたもので、その理由はさまざまだが、おおむね次のように分けられる。
(一) 由緒や正体が不明、ないしは低俗な迷信・俗信に由来する神仏などと決めつけられた
(二) かつて大きな寺社に属していたが、本社が移転した結果、その場にとり残された
(三) 祀り手や有力なスポンサーが亡くなったりいなくなった
(四) 土地開発で邪魔とされ、移された
これらは本章に限らず、本書全般に当てはまることである。

もちろん中には、変わらずに地域の人々や個人で祀られてきた神仏もあるし、一時期その御利益が著しいと評判に

なった流行神《はやりがみ》もある。しかし筆者は、細々と維持されてきたこれらの精霊たちが、いつかは消えてしまうのではないかと危惧している。土地が開発されマンションなどが建ち並ぶと、新しい住民の割合が多くなり、地域の古老が知っていた由緒や言い伝えが忘れられてしまうからである。実際に小さな祠があっても、その祭神が忘れられている例をしばしば見てきた。

精霊は、科学万能主義や合理主義のみに支配された人の感性には写りにくく、危うい存在である。その上、神仏の御利益は人の求めに応じて時代と共に変容するものだ。それで筆者は、今細々と残っている彼ら精霊たちの御利益を再確認し再発見して、一人でも多くの人々に紹介することが、彼らの存在や歴史的価値を再認識するひとつのきっかけになれば、と考えているのである。

北区田端の「赤紙仁王尊」と、脚が丈夫になるよう願いを込めて奉納された草鞋（⇨33頁）。

地主神《とこぬしのかみ》

❖地域・土地の守護／悪霊退散

我が国では、官舎でも病院でも、たとえキリスト教会やイスラム教会であっても、建築物を建設する前にはその土地を使用する許可を地主神にお断りする。つまり地主神とは、我が国の各地をそれぞれに支配している神々のことで、地域によっては名をもつ地主神も多い。「地主神《とこぬしのかみ》」の他に「地主神《じぬししん》」「地主様《じぬしさま》」「地神《ちじん》」「地神《ちじん》の神《かみ》」などとも呼ばれる。

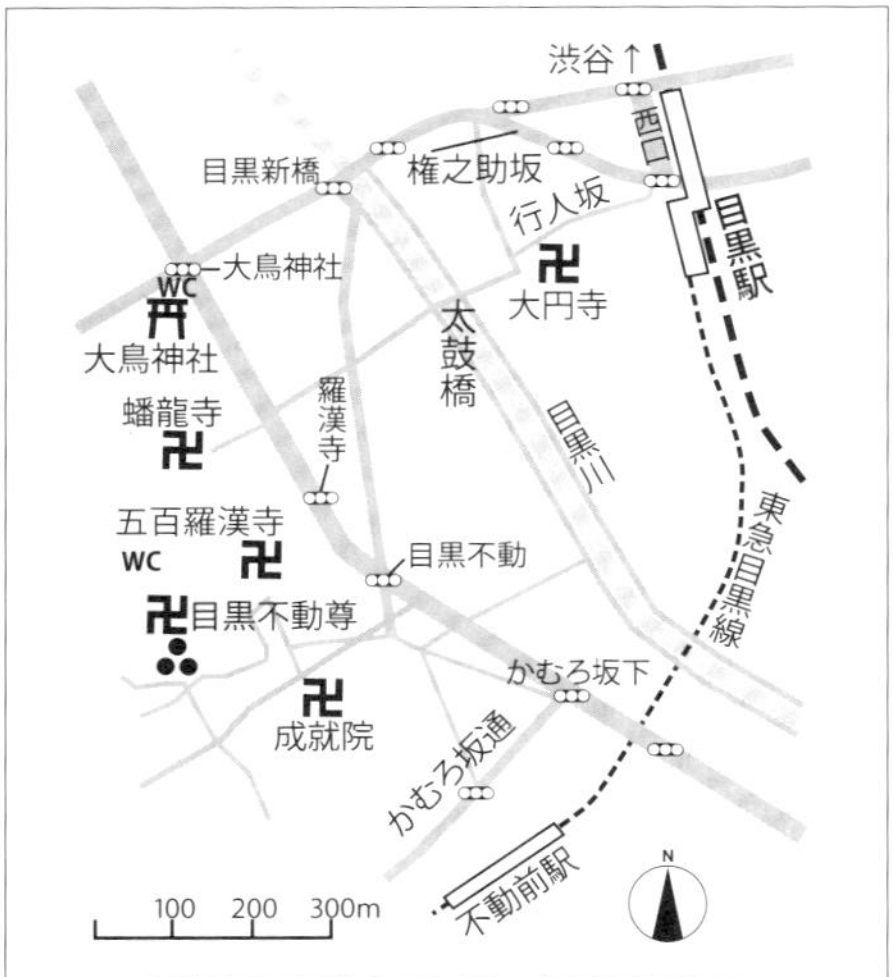

目黒区下目黒 3-20-26　目黒不動尊内

そして時として、狐や蛇、あるいは猿、猪など動物の姿をして現れるといわれる。山王《さんのう》社や寺院境内の稲荷社、水辺や海辺に祀られる水神や龍神（弁財天）、山中に祀られる山神、農神《のうがみ》である田の神も、広い意味での地主神である。土公神《どこうしん》（⇩34頁）や道祖神《どうそじん》（⇩44頁）も、地主神的な要素を含む。つまり地主神に対する信仰は各地各様である。

しかし一般的には、稲荷社として祀られる場合が多い。またほとんどの寺社では、祭神中の一尊としてわざわざ地主神の名を出すことはない。つまり地主神は参拝者の祈願対象ではなく、その境内に限られた狭い地域での守護神でしかないのだ。

目黒区の大行事権現《だいぎょうじごんげん》は、目黒不動尊境内の北西に祀られている地主神。寺院の境内に、稲荷神としてではなく地主神を祀る例は珍しい。目黒不動尊の場合、不動明王の本殿を本殿裏に鎮座する大日如来（天蓋付きの露天仏）が見守り、さらにその背後の石祠に祀られている地主神が境内全体を見守っているという図式になっている。

しかし中には、雑司ヶ谷鬼子母神《きしもじん》（⇩１１２頁）境内の武芳《たけよし》稲荷のように、講まで組まれた名高い地主神＝稲荷神社もある。

同様に、豊島区南池袋の威光《いこう》稲荷も法明寺の地主神で、境内には古墳めいた塚や多くの小祠がある。

【巡拝】目黒不動尊内「愛染明王」108頁、「目黒の滝壺」176頁、「元三大師」304頁、「目黒不動尊の閻魔王と奪衣婆」316頁。

不動尊の裏に祀られる地主神の神名は「大行事権現」とある。

右:雑司ヶ谷鬼子母神（豊島区雑司が谷3-15-20）の武芳稲荷。縁起解説板には「〔…〕鬼子母神の地主の神なり　又鎮座伝記には宇賀美多麻神（稲荷大明神）三狐の神と同座なり〔…〕」とある。左:南池袋の威光稲荷（豊島区南池袋3-18-25）は法明寺の地主神という。多くの地主神は稲荷神として、狐の姿または蛇の姿で現れると考えられていたようだ。

お正月様《しょうがつさま》（大歳神《おおとしのかみ》）

❖五穀豊穣／一年間の守護／金運

「お正月様」は人々から親しまれているにもかかわらず、その存在はあまり知られていない。特に「正月神社」などがあるわけではなく、どこにましますというわけでもない。強いていうなら、恵方《えほう》（その年の縁起の良い方角。十干《じっかん》によって決まる）にましますともいわれ、また、山の彼方という説もある。

道教（陰陽道）の八将神に囲まれ、中心に座る女神が歳徳神。神奈川県雨降山大山寺の護符。

そのお正月様を人々は自分の家や田畑へお招きする。民俗学的には「大歳神《おおとしのかみ》」「ご先祖様（祖霊）」「田の神」への信仰が習合した民族神（仏教・神道に属さない）で、春になると門松や鏡餅などを目印に山から降りて来られる。

東京のわらべ歌『お正月がござった』に、

お正月がごーざった　何処《どこ》までごーざった
神田までごーざった　何《なん》に乗ってごーざった
交譲木《ゆずりは》に乗って　ゆずりゆずりごーざった

という歌詞がある。ユズリハとは、松や榊《さかき》と同じようにめでたいとされる常緑樹。このような正月歌は全国にあり、「正月さあん　山の下までごーざった」などの歌詞もある。

この神様に、いよいよ田の神として力を発揮してもらおうという予祝《よしゅく》が「春祭り」。そしてその後の収穫に感謝し、その働きを労《ねぎら》ってから山にお帰り願おうというのが「秋祭り」だともいわれている。

また、地域によっては、お正月様は子どもたちに、凧《たこ》や独楽《こま》、羽子板と羽根、餅や蜜柑、搗《か》ち栗、繭玉などを持ってきてくれると思われている。

ちなみに恵方というと、最近は「恵方巻（切らないままの太い海苔巻き）」がブームになっているが、こちらは二月三日の行事である。節分に恵方に向かって無言で恵方巻を丸かぶりすると幸運が訪れるというものだが、これはもともと大阪の花街から発した商売繁盛を願う習慣だった。

【関連】「池袋水天宮の田の神」１３８頁。

こちらの歳徳神（大年神）は男神。宮城県鹽竈神社。

黒米を使って制作した正月飾り。上下共に筆者作。

最近はすっかり見なくなった獅子舞は、正月の風物詩だった。これは獅子頭に神を勧請して舞いながら祓いをするものだった。葛飾北斎画。

子《ね》の大権現

❖腰より下の病／足腰の病

「子の権現」は埼玉県秩父地方・飯能市の天龍寺《てんりゅうじ》が本源だが、江戸でも人気があり、各地に勧請《かんじょう》された。

『重宝記』「子の聖神《ひじり》」には、「芝増上寺御山内ゟ《より》赤羽根へいづるところに子の聖の祠あり、すべて腰より下の煩《わづら》ひ・疝気・脚気・腰の痛《いたみ》など此御神《このおんかみ》へ祈願なして願成就なすことうたがひなし、たとへ〔腰より〕上のわづらひたりとも病症によりて腰より下へさがりたるをば、ひたすらに願をかくるに病気平癒することたちまちなり　御縁日　八日　願成就の後、のぼりを献じ御供米をおさむるものあり」とあるが、残念ながらこの祠は今はない。

子の権現とは平安初期に実在した聖《ひじり》で、生誕が子年子月子日《ねのとしねのつきねのひ》子刻《ねのこく》であったため、人々に「子ノ日丸《ねのひまる》」と呼ばれた。修行中に悪鬼（蛮人）が放った火によって下半身に大火傷《やけど》を負い、長い間起居に不自由な身となったが、一心に修行教化を続けるうちに、神仏の加護を得てついに全快したという。これを見た悪鬼も前非を悔い、共に子《ね》の山（経ケ峰《きょうがみね》）を開いた。その後、聖は上記の秩父天龍寺に滅したが、このとき「我、腰より下の病に悩む者を広く救済せん」と遺言した。

板橋宿の文殊院《もんじゅいん》にも、「子の大権現」が鎮座している。こちらでは、腰より下の病平癒を願う人は、奉納されている小槌を借受して病の箇所を静かに叩き、成就の後に小槌を倍にして返す。小槌は宿場の車夫が、足腰が強くなるようにと奉納したという。また、下半身にさまざまな悩みを抱える飯盛女たちからの信仰も篤かったはずだ。

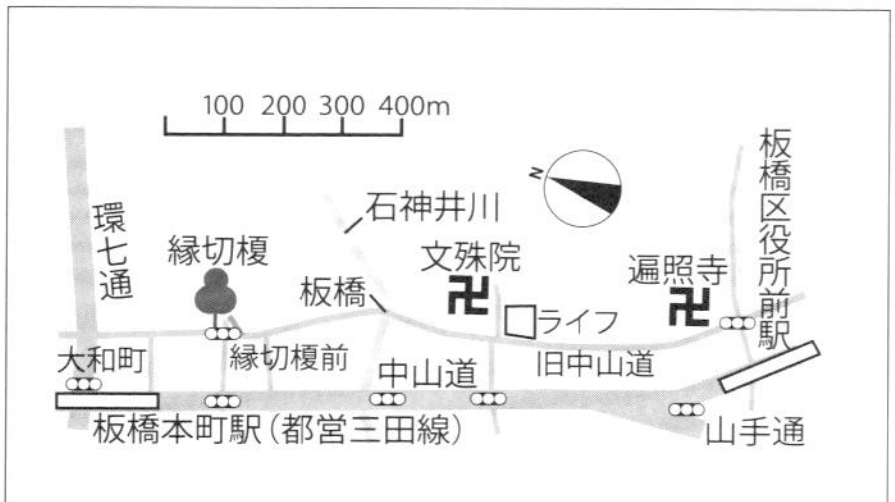

子の大権現　板橋区仲宿28-5　文殊院内

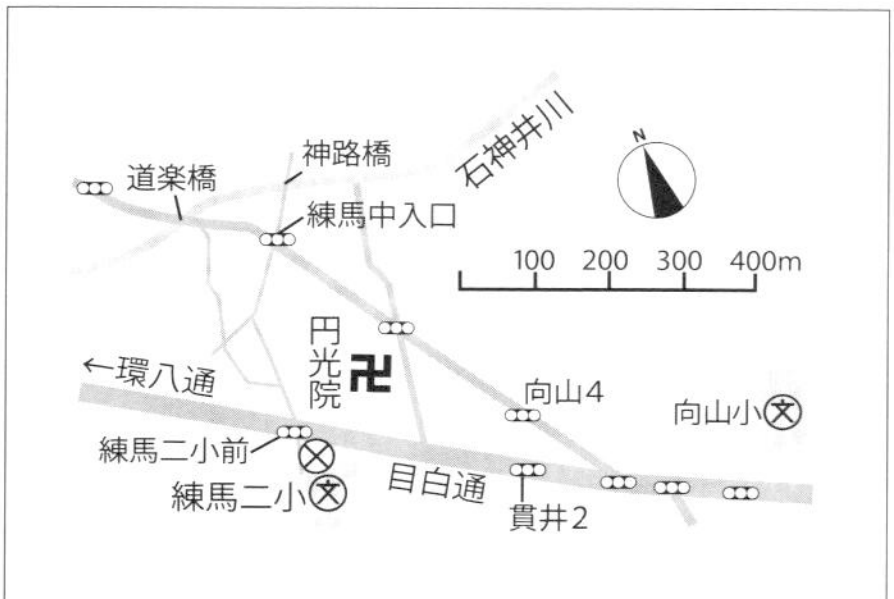

ごんげんこづち　練馬区貫井5-7-3　円光院内

文殊院の「子の権現像」。祠と御本体。

練馬区の円光院《えんこういん》には、その小槌「ごんげんこづち」の立派な石像がある。かつて腰の痛みに悩む当寺の住職が、夢告によって小槌を発見して快復したという。こちらの子の権現は「貫井《ぬくい》の権現様」と呼ばれ、観音の化身だそうで、開帳は子の年子の月子の日で、十二年に一度である。

【巡拝】文殊院近くの遍照寺「馬頭観音」97頁、同「縁切り榎」232頁。

文殊院の子の権現像の前には、今も小槌が奉納されている。

円光院の「ごんげんこづち」は、とても小槌とはいえない重量と大きさだ。

淡島様《あわしまさま》

❖婦人病（特に下半身）／安産／縁結び／裁縫上達

世田谷区の淡島通りは、森厳寺《しんがんじ》境内にある淡島堂への古くからの参道。「淡島様」は腰痛に効果が著しいといわれ、「淡島の灸」は江戸時代に大変な人気だったという。台東区浅草寺《せんそうじ》境内の淡島堂も、女性の守護神として人気である。

共に本源は和歌山県加太《かだ》神社で、淡島様とは、諸説はあるがもとは住吉大明神の妃だという。婦人病持ちだったため嫌われて、粟島《あわしま》に流された。故に婦人の病を救う神になったそうで、一般の婦人や花街の信仰を集めた。

また、この神が作った人形が、雛人形のはじめともいわれる。裁縫の守護神としても縫製業者や縫子さんに人気があり、淡島堂の周辺にはよく針塚が見られる。これは折れた針や曲がった針を柔らかな豆腐に刺して、それまでの労をねぎらうものである。

【巡拝】北澤八幡神社「産土神」49頁。

世田谷区代沢 3-27-1　森厳寺内

森厳寺の淡島堂。

左：浅草寺の針塚。下：淡島様御影。浅草寺淡島堂の地図は32頁。

妙見様《みょうけんさま》

❖除災招福／国土守護（敵軍退散）／延命長寿／眼病

「妙見菩薩（北辰《ほくしん》菩薩）」とは北極星あるいは北斗七星の神格化で、古墳の石室にも描かれているように、日本でも古くから道教や陰陽道で信仰されていた。仏教でも早くから修法に取り入れられ、関東では千葉氏が尊崇しており、さらに古くは平将門が信仰したという。密教では星祭りを修したり、日蓮宗では妙見宮を鎮守として勧請しており、特に大阪の能勢妙見山は名高く、その東京別院は墨田区本所にある。

ここでは、池上本門寺《いけがみほんもんじ》山内敷地（数多くの院家がある）の南端に立つ妙見堂を紹介する。

もともとは本門寺の院家（寺院を構成する塔頭《たっちゅう》）のひとつであった照栄寺《しょうえいじ》の鎮守で、堂中には加藤清正の息女にゆかりのある妙見菩薩の立像が納めてあるという。

【関連】「妙見山の鷗稲荷」３６４頁。

大田区池上 1-31-10　本門寺内

妙見堂は山中でも閑静な場所にある。

妙見菩薩像（解説板より。通常は非公開）

剣を中心に七星が配された神紋。

金龍山《きんりゅうざん》の仁王尊

❖疱瘡（特に子ども）／はしか

『重宝記』「金龍山の仁王尊」に、「金龍山浅草寺の仁王尊、右のかたの一体を拝し、いまだ疱瘡《ほうそう》せざる小児を此ところへ連《つれ》行《ゆき》此股ぐらをくぐらせれば疱瘡はしか〔麻疹〕いたってかるしとて遠近より聞《き》つたへ此所にきたる。平常は錠をおろして内へ入《いる》ことを禁ずれども　毎月八日　御ゑん日　右の日には人を入るなり。猶《なほ》此あたりなる茶みせにいたりたつね〔訊ね〕問《とふ》べし」とある。つまり、縁日に限り鍵が開くので、中に入れたようだ。

股潜りの対象となったのは西（向かって左）側の阿形《あぎょう》の金剛力士像と思われるが、この像は昭和三十九（一九六四）年、宝蔵《ほうぞう》門《いん》（仁王門）の再建に際して新規に造り直された。

この仁王門はその後宝蔵門と呼ばれている。二階建てに見えるが、中は三階構造である。

宝蔵門の内側には奉納された巨大な草鞋が掛けられている。これは仁王様が庶民を救うため、全国を旅するからだといわれる。

【巡拝】浅草寺「淡島様」30 頁、同「龍神・龍王」74 頁、同「迷い子のしるべ石」160 頁、同「鎮護大使者の狸神」211 頁、同「大銀杏と逆さ銀杏」240 頁、同「文付け・粂平内」272 頁、同「被官稲荷」365 頁、同「かんかん地蔵」401 頁、同「塩嘗地蔵（銭塚地蔵）」402 頁、同「六地蔵石幢」430 頁、「姥ヶ池の旧跡」345 頁。

赤《あか》紙《がみ》仁王尊

❖疫病退散／心身安寧

北区の駒込東覚寺《とうがくじ》は、「御府内八十八ヶ所霊場六十六番札所」「豊島八十八ヶ所霊場六十六番札所」「上野王子駒込辺三十三ヶ所観音霊場二十九番札所」「谷中七福神の福禄寿」など、じつに肩書きの多い寺として親しまれているが、むしろ通称「赤紙仁王」としても有名である。仁王尊は寛永十八（一六四二）年から、幾多の災害を乗り越え、庶民の疫病を鎮めるため露仏で立っているというから、誠に有難い限り。

この石仏仁王尊は二体あり、不動堂の前に阿吽《あうん》で立っているのだが、共に全身に赤い紙がべたべたと貼り付けられており、大嵐の翌日でもなければ全貌を拝めず、筆者はその全容を拝したことはない。いつの頃からか、赤紙を自分の患部と同じ箇所に貼って病気の身代わりと心身安寧を願うようになったという。平癒のあかつきには草鞋を奉納する。

【関連】草鞋を奉納する「道祖神」44頁。

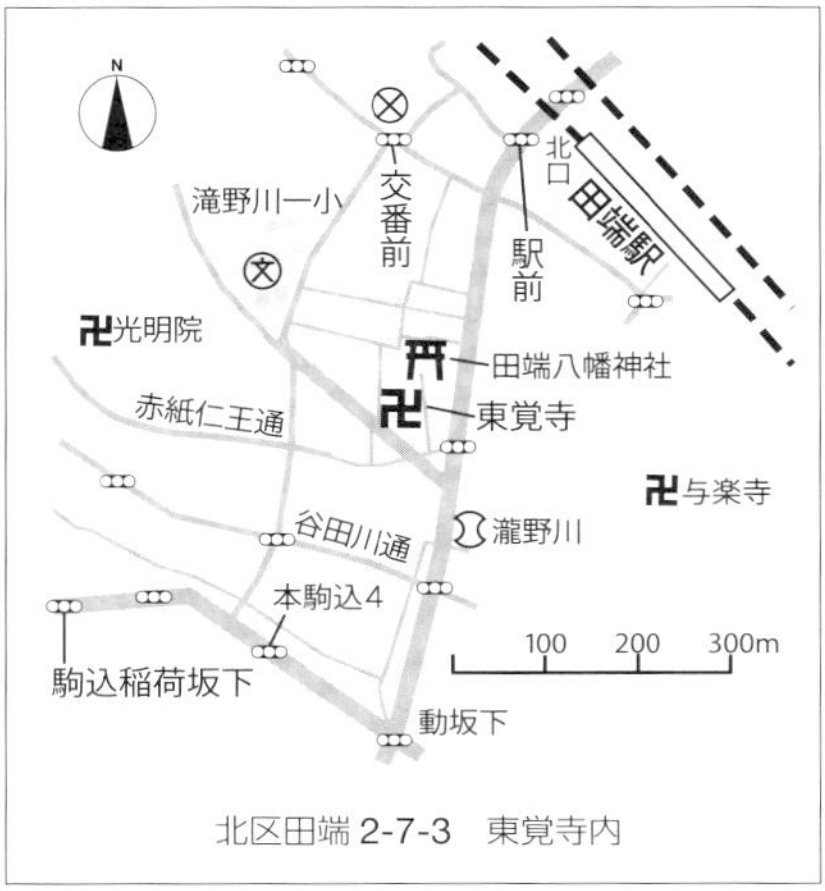

一面赤い紙に覆われた仁王尊は、庶民の体中の悩みを表現している。赤紙は寺務所で入手する。

土公神《どこうしん》

❖竈《かまど》（台所）・門（玄関）・井戸・庭の守り神／家の守護

「土公様」とは土への尊敬・愛・畏れを込め、五行説の木・火・土・金・水の「土」を神格化したもの。「どくじん」「おどくう様」などとも呼ばれ、かつて家によっては土間の入口に祀っていた。年間を通して、春は竈《かまど》に、夏は門に、秋は井戸に、冬は庭にと遊行しているとされる。つまり季節ごとに守護してくださる場所が変わるのだが、その時期に土公神がまします場所で工事などをして土に手を入れると、神が怒り祟るといわれる。守護神と同時に祟神《たたりがみ》でもあるわけで、宮沢賢治の童話『土神ときつね』が思い出される。賢治の描く土神は気難しい上に嫉妬深く短気で、怒ると顔が真っ黒になる。

また地域によって土公神は竈の神、火の神、田の神とされる場合もあり、本体は白蛇で、鶏が好物だともいう。いずれにせよ、主に農民が信仰した原初的な土着神であるようだ。

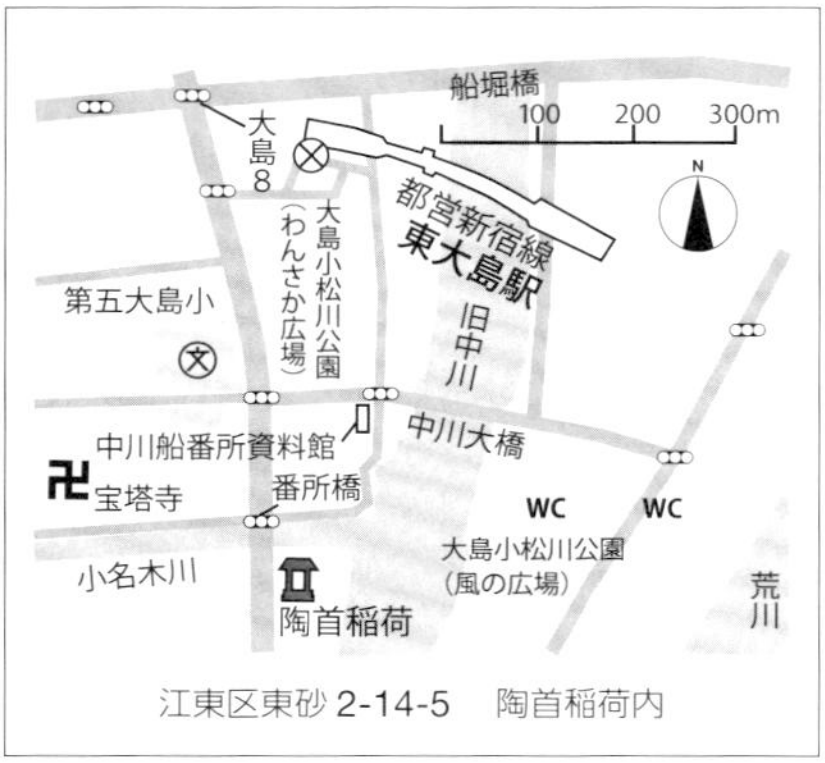

右奥に三基並ぶ碑の左端。一番小さい。

陶首稲荷はパラマウントベッドの敷地に隣接している。かつては又兵衛新田、中田新田、大塚新田の鎮守で永福寺の敷地だったという。戦災で焼失したまま寺は再建されなかった。

台東区

金色姫《こんじきひめ》

❖糸織守護／鼠除け

現在、東京都内で養蚕を行っている一般農家はない。したがって「金色養蚕《こんじきようさん》大明神（金色姫）」は都内では珍しい。台東区妙音寺《みょうおんじ》の「金色姫」は、今はない繊維業者が奉納したという。

金色姫の出自は蚕影《こかげ》信仰の総本山である茨城県つくば市の蚕影神社で、姫の伝説は以下の通り。

金色姫は印度《インド》の王の娘だったが、王の後添えの后は金色姫を憎み疎んじて四度も秘かに殺そうとする。すなわち（一）獅子がいる山に棄てられる、（二）鷹がいる山に捨てられる、（三）孤島に流される、（四）宮殿の穴に埋められる。ところが地中から光が差して、金色姫は発見される。王は姫の身を案じ、桑の木で造ったうつぼ舟に姫を乗せて大海に逃がす。舟は日本の常陸国に流れ着くが、程なく姫は亡くなり、その霊魂は蚕になる。この四回の危機は、蚕の四回の脱皮を表しているということだ。

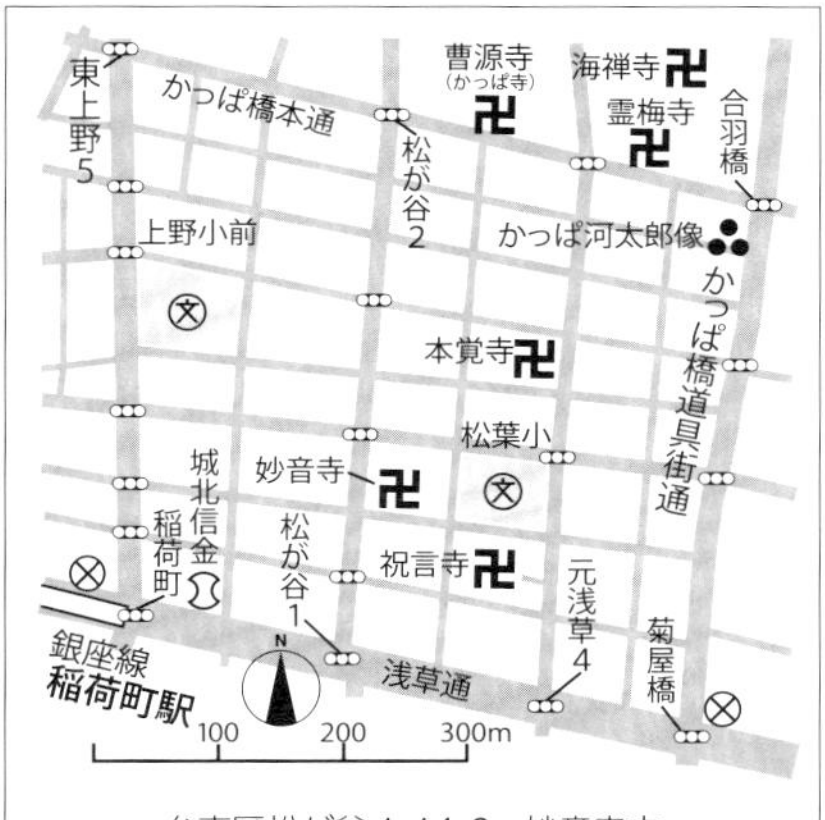

台東区松が谷 1-14-6　妙音寺内

境内社だが参道もあり、大切に祀られている。

立派な石碑で像も美しいが、彫りが多少浅くて残念。

【巡拝】本覚寺「蟇大明神」201 頁、曹源寺「波乗福河童」246 頁、「かっぱ河太郎」247 頁、祝言寺「鍋かぶり地蔵」392 頁。

太田姫一口稲荷《おおたひめいもあらい》・元宮

❖疱瘡／できもの／美肌／風邪・咳封じ

JR御茶ノ水駅の聖橋方面の信号を渡ると、椋《むく》の大木が生えている。この木が「太田姫一口稲荷」の元宮で、木そのものが神社とは珍しい。といっても、その本宮（本殿）は千代田区神田駿河台一丁目にちゃんとある。

それにしても、一口と書いて「いもあらい」とは難解な読みである。「芋洗《いもあらい》」とも書く。ちなみに、六本木の芋洗坂もこれに由来しているようだ。

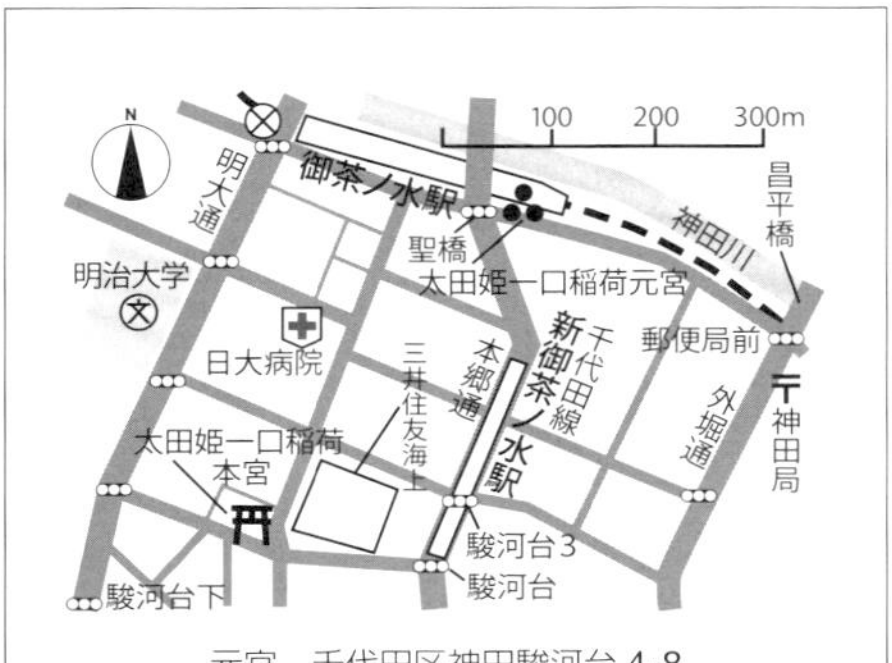

元宮　千代田区神田駿河台 4-8
本宮　千代田区神田駿河台 1-2-3

横断歩道の正面に見えるのが元宮の椋の木。

まず、「いも」とは痘瘡《とうそう》（疱瘡《ほうそう》・天然痘）のことで、「あらい」とは、その病状や顔面に生じた痘瘡《あばた》（芋瘡《いもがさ》）を祓う＝洗う＝治療するという意味だ。

その聖地が、京都府久御山《くみやま》町にあった小椋《おぐら》池。「この池に桂川、宇治川、木津川が合流し、一つの口に流れ込んでいた」、または「その池畔の小さな村の三方が池に囲まれていたために、村の出入り口が一ヶ所しかなかった」などの要因が絡んで、村の名を「一口の里」と呼んだという。ここに、一口神が祀られていた。

この神はもともと、平安時代の歌人であった参議小野篁《おののたかむら》が隠岐へ流される途上、暴風が起こり舟が沈みそうになった時に現れた老翁神である。「自分を祀れば、この難を救うのみならず、痘瘡の病に罹れば、これも救おう」と老翁神は告げた。当時疱瘡は非常に恐れられた感染病で、子どもの死亡率が高かった。篁はやがて京都に召還されると、さっそくこの尊像を彫り、一口の里に祀ったのだという。

それがなぜ東京は千代田区の御茶ノ水にあるかというと、こ

この椋は、もともとは当社の神木だったのだろうか。手の届く位置に由緒が書かれた札や説明書がかかっている。

こに太田道灌とその娘の太田姫が関係してくる。

一四〇〇年代中頃、太田姫が当時大流行した天然痘に罹り、命も危ういという時、父道灌はこの神のことを知り、一口の里に使者を立て、姫の快気を祈らせた。たちまち姫は平癒。そこで江戸城内に一口神を勧請し、それが太田姫一口稲荷神社となった。

やがて社は椋《むく》の木が生えている場所（元宮）に移され、後に鉄道を敷く関係から、本社は神田駿河台に移されたのであった。

【関連】「太田道灌と紅皿」278頁。

太田姫一口稲荷本社。

千代田区半蔵門駅近くの太田姫一口稲荷分社。

祐天堂《ゆうてん》

❖水難除け／安産・子どもの守護／交通安全

昭和四十一（一九六六）年の説明板によると、元禄年間（一六八八～一七〇四）に、祐天上人が千葉方面に往来の途中、この付近の川の中や川岸に多くの水死者があるのを見て非常に心を痛め、その霊を懇《ねんごろ》に回向し、これらの仏に戒名を与えた。祐天上人は自ら筆を取り、その戒名を石に記した供養塔をここに残した（ちなみに上人は、怨霊や幽霊の解脱・成仏にもこの方法を用いている）。

その供養塔を後に奉った祠が、この「祐天堂」だということだ。それ以来、この付近では水死者もなく、子どもたちが水辺で遊んでいても、溺れたためしがないと言い伝えられている。

お堂はこの付近に住む人々によって、水難除け、安産、子どもの守護、そして近年では交通安全祈願の祠として崇め奉られ、今日に至っている。今も、祐天堂保存会によって、毎年七月二十四日に祭礼が行われている。

江東区亀戸 3-39

祐天上人堂の脇に建つのは「木下川やくしみち〔薬師道〕」の道標。

【関連】「かさね塚」330 頁。

【巡拝】「亀戸石井神社」122 頁、「亀戸天神の牛様」196 頁、「亀戸天神のお犬さま」197 頁、「吾嬬神社の楠」234 頁、梅園跡「於三稲荷」328 頁。

台東区

人頭《にんどう》さま

❖頭部の病／ボケ防止／受験合格祈願

「東京の迷信　人頭さま」（『東京朝日新聞』明治四十（一九〇七）年十一月）には、「谷中坂町本光寺《ほんこうじ》の境内に人頭さまといふ妙な名のはやり神がある、人頭さまとは頭の病に効験が著しいといふ所から起つたものださうで、其実は頸から上の病なら何でも利くといひ囃《はや》され、数年前までは大繁昌を極めたものだが、近来は付近の七裏《しちり》（大明神、妙法寺）や日荷《にちか》（上人、延壽寺⇩277頁）に押されて見る影もない有様となり、近所を尋ねても分らぬほど寂《さび》れてしまつた」とある。その人頭さまは、台東区本光寺の漆喰造の本堂内にひっそりと鎮座されている。小ぶりな尊像は、かつて金箔を施されていたようだ。怒髪《どはつ》で頭部に髑髏《どくろ》を戴き、目を吊り上げ、右手に降魔《ごうま》の剣を持つ（左手は損じていて持物は不明）狩衣《かりぎぬ》姿は、牛頭《ごず》天王、天神、摩多羅神《またらじん》、荒神《こうじん》、青面《しょうめん》金剛など、時として激しく祟る神格を彷彿とさせる。本光寺の守護神か。

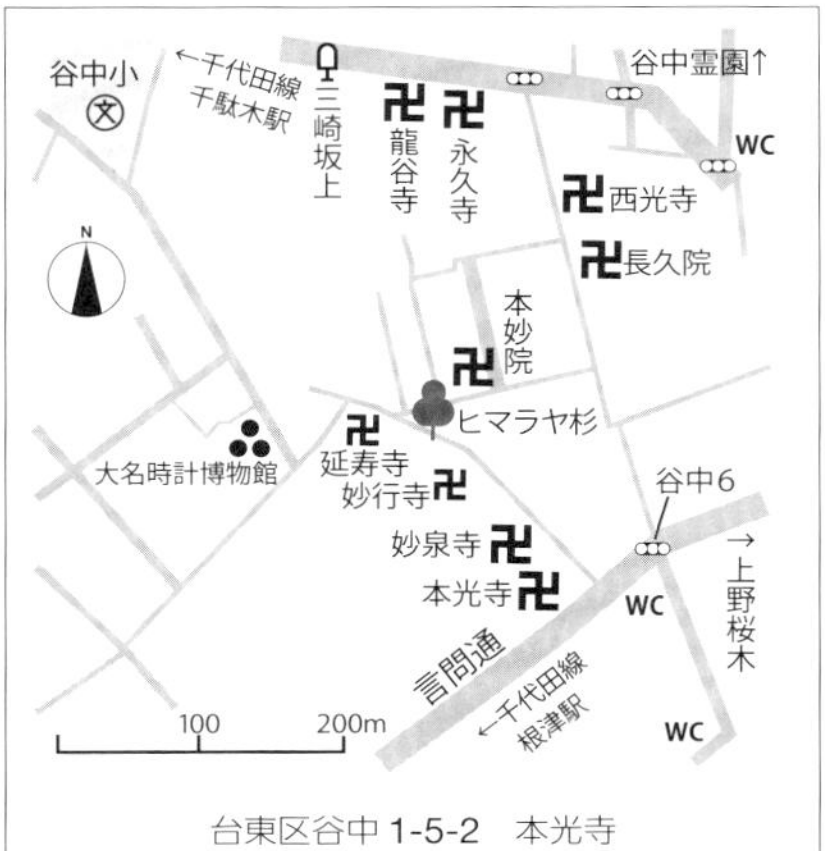

台東区谷中 1-5-2　本光寺

「人頭さま」「人頭さん」の正式名称は「人頭大尊天」。本殿は谷中では珍しい土蔵造りだ。

【巡拝】妙泉寺「貧乏神」41 頁、延寿寺と妙行寺「上行さま」56 頁。

文京区

貧乏神

❖脱貧困

源頼朝伝説のある文京区北野神社（牛天神《うしてんじん》）境内に、高木神《たかぎ》社と相殿の大田《おおた》神社がある。今は天鈿女命《あめのうずめのみこと》と猿田彦命《さるたひこのみこと》の夫婦神を祀っているが、これは明治以降のこと。本来の祭神は「貧乏神」だ。

しかもその神を北野神社では、「暗闇天女《こくあんてんにょ》」（黒闇天とも。また吉祥天の妹または閻魔《えんま》王の第三妃）であると解説している。閻魔大王の前に立つ、男女の頭が乗った「人頭杖《にんずじょう》」（にんとうじょう、檀拏《だんだ》幢《とう》）の女性の方は、この天女といわれる。

しかし、この説は仏教側のものである。やはり正統な貧乏神は、破れ団扇《うちわ》を持って薄汚れた年配の男性でなくてはなるまい。

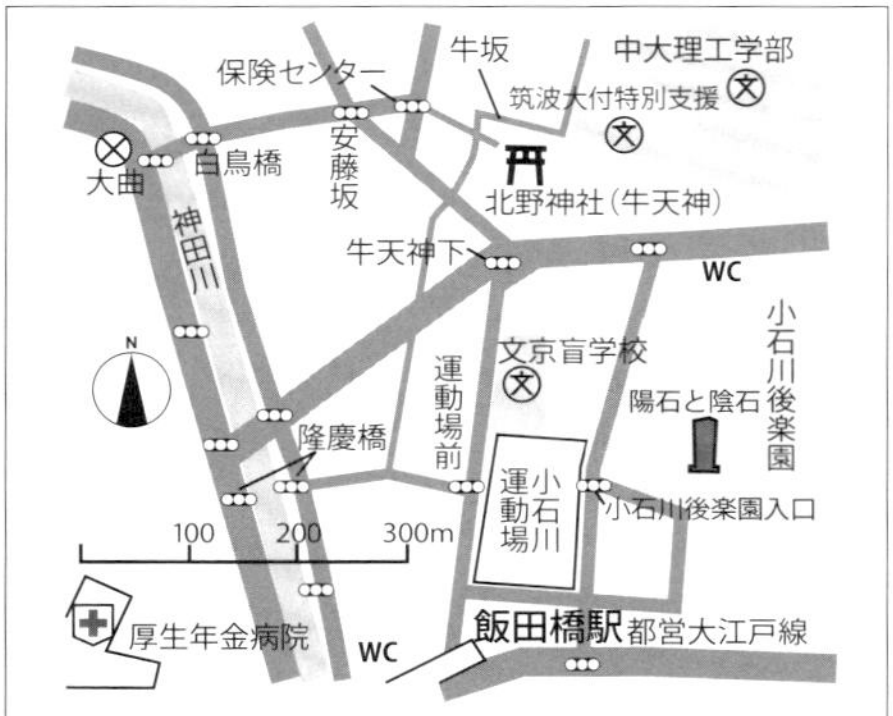

太田神社　文京区春日 1-5-2　北野神社内

ここに貧乏神が祀られた次第は、『耳囊《みみぶくろ》』巻之二「貧乏神の事」によると、代々貧乏に泣いた武士が、半ば開き直り貧乏神の姿を描いて祀ったところ、「少し心のごとき事も出来て福もありしかば」牛天神の別当に相談して石祠を建てたということで、やがて「近頃牛天神の境内に社祠出来ぬるを、何の神と聞けば貧乏神の社という。この宮に詣で貧乏をまぬがれん事を祈るにその霊験ありし」ということになった。

相殿の高木神社には倉稲魂命《うかのみたまのみこと》が祀られているが、もとは小日向第六天町に祀られた第六天社《だいろくてんしゃ》だった。

台東区谷中の妙泉寺《みょうせんじ》には、猿を頭に乗せた貧乏神のアニメチックな石像がある。本体を撫でたあと頭に乗っている猿を撫でると、貧乏が猿（去る）ということだ。この猿は、貧乏神を懲らしめる毘沙門天の化身だという。

江東区亀戸六丁目の京葉道路沿い、亀戸サンストリートの二階には、最近まで貧乏神神社があった。こちらは亀戸分社になるが、「貧乏はお金の問題ではない、心の問題である」と悟った祭主が創設したもの。この分社は今はない（サンストリートも別の施設に建て代わっている）。本社は長野県飯田市大瀬木にあっ

暗闇天女の御影。

相殿の高木神社には倉稲魂命（＝稲荷神）が祀られているが、こちらももともとは文京区小日向にあった「第六天」（仏界では魔王と呼ばれた⇨50頁）を移したもの。

たが、この本社も現在は廃社になっている由。

【関連】「天鈿女命と猿田彦命」114頁、「檀挐幢」317頁。
【巡拝】「後楽園の陽石と陰石」136頁。

亀戸サンストリートの2階にあった「貧乏神神社」。

写真右は貧乏神神社のキャラクター・貧太郎。貧次郎という弟もいる。左は妙泉寺（台東区谷中1-5-34）の貧乏神石像。共に深刻でないところが良い。

疫神《えきじん》様

❖厄払い／疫病除け

大田区羽田には鷗《かもめ》稲荷神社があり、その境内に「疫神様」が祀られている。ここでは厄除けの神とされているが、疫病《やくびょう》神《がみ》のことだろう。疫病神（厄病神）は、貧乏神と共にありがたくない神様の双璧。しかし私たち日本人は、これらの神様を祀り上げることによって、貧乏や疫病を避けられると考えてきた。いわゆる御霊《ごりょう》信仰である。

主な疫神とは武塔《むとう》の神、須佐之男《すさのお》、牛頭《ごず》天王などだが、このうち武塔の神を歓待した蘇民将来《そみんしょうらい》の子孫を名乗れば、疫病を避けられるといわれる。茅《ち》の輪くぐりも、蘇民将来の伝説に由来がある。鍾馗《しょうき》様も疫病除けである。

日本における疫病とは、具体的には天然痘、ライ病、百日咳など。特に天然痘は死亡率が高く、恐れられた。しかし医学が発達した現代、疫神様の出番も少なくなったようだ。

【関連】疫病除けの「鍾馗」77頁、「妙見山の鷗稲荷」364頁。

大田区羽田 6-20-10　鴎稲荷内

鴎稲荷は「羽田七福いなり巡り」の一社。祭神は宇迦之御魂命と平凡だが海上安全、大漁祈願、火伏の神様とされる。社名は、鴎の群れが大漁に繋がるから。

胞衣神《えながみ》

❖安産／後産の守護／赤子の守護

特に「胞衣神」を祀った神社があるわけではないが、文京区根津神社境内には、六代将軍徳川家宣《いえのぶ》の胞衣塚がある。

胞衣（[illegible]）とは、母体の中で胎児を包んでいた膜と胎盤のことで、現代では医薬品や化粧品の原料（プラセンタ）として注目されている。したがって、今は出産後に薬品会社が持っていってしまうが、病院出産などがなかった頃は、胞衣に対し独特な取扱い（処理）をしていた。

一般には、桶や壺に入れて、産屋《うぶや》の敷地内、床下や敷居の下、墓地や便所の脇などに埋葬した。または臍《へそ》の緒と共に保存し、本人の死後、遺体と共に棺に納める場合もあった。いずれにせよ、新生児と胞衣は将来的にも互いに運命を干渉し合う、一種の兄弟と見られていたのだ。

家宣の胞衣塚には十数個の切石が無造作に積み重ねられており、何かを封じ込めたようにも感じられる。

文京区根津 1-28-9　根津神社内

胞衣塚は丘の斜面、乙女稲荷の脇にある。解説板はあるが、特に祀られているようには見えない。

【巡拝】根津神社「道祖神」45 頁、同「乙女稲荷」388 頁、海蔵寺「食行身禄」305 頁。

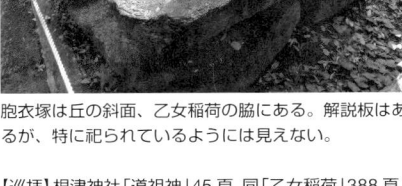

都内各所

道祖神《どうそじん》（塞《さい》の神《かみ》）

❖疫病・害虫封じ／旅人・子どもの守護／子授け

「道祖神」はかつて村の出入口や辻などに祀られ、外部から侵入する魔物や疫病を防ぎ、道行く人を守護する神といわれる古い民族神である。塞《さい》《さえ》の神、性神、猿田彦神、地蔵尊など、いろいろな神仏と習合し、その成り立ちは複雑だが、その地域を守ってくれる神という性質は一貫している。しかし今の都会には、村境など見当たらない。ほとんどの場合開発によって移動させられ、その多くは神社や寺院の境内に置かれているから、本来の役目を奪われているし、その役割も忘れられている。

目黒区大円寺の道祖神。一般に道祖神というと、この男女神が仲良く睦み合う双体道祖神をイメージするかもしれない。大円寺では、この男女神を「猿田彦大神と天鈿女命」の夫婦神として解説している（目黒区下目黒1-8-5）。

道祖神の形容は、男女の神が睦まじく手を取り合う姿が思い浮かぶが、丸石、文字碑、男根と女陰の形をしたもの、性器を付けた男女の木像（三九郎《さんくろう》人形）として祀られるものなど、さまざま。男神は道を塞ぎ（排除）、女神は道を開く（受容）ともいう。地域によっては道祖神は夜這いをする好色な神という話もあるほどだから、当然、子授けや子どもの守護なども祈願された。

この神がいかに庶民生活に馴染んでいたかというと、夫婦が親しみと侮りを込めて互いを「うちの山の神」「うちの宿六《やどろく》」と呼び合っていたことからもわかる。宿六とは道陸神《どうろくじん》、道禄神《どうろくじん》であり、道祖神のことである。

道祖神は、境界線や辻から悪霊・疫病の侵入を防ぐ（塞《ふさ》ぐ）ため、「塞の神」とされる。これは神話時代に伊邪那岐命《いざなぎのみこと》が黄《よ》泉《み》の国から逃げる際に、枝を投げたり巨石を置いて追っ手を防いだことが始めだといわれ、この時はまだ道祖神という概念はなく、八街彦《やちまたひこ》、八街姫《やちまたひめ》、久那土《くなど》の三神を指すそうだ。

また、天津神《あまつかみ》の道案内をした国津神《くにつかみ》の猿田彦神《さるたひこのみこと》と習合している場合もある。そこから猿田彦神は「旅人の守り神」として道祖神の主祭神になっている場合もあり、それでよく草鞋や履物が供えられる。

明治期になると、村境に祀られた男女の性器像は邪神・淫神であるとされ、多くの男根像は、形が似ていてやはり異界との境界を見張ってくれる地蔵像に置き換えられた。

【関連】「天鈿女命と猿田彦命」１１４頁、男女の性器像を祀る第三章「原初的精霊——石神と性神」全般、１１７～１４６頁。

荒川区胡録神社の道祖神（荒川区南千住8-5-6）。

葛飾区葛西神社の道祖神（葛飾区東金町6-10-5）。

胡録神社に奉納された草鞋などの履物。

練馬区八坂神社の富士塚・中里富士の麓にある道祖神。草木に埋もれて見つけにくい（練馬区大泉町1-44-1）。

渋谷区仙寿院の道祖神（渋谷区千駄ヶ谷2-24-1）。

豊島区特養ホーム「山吹の里」近くに鎮座する道祖神（豊島区高田3-37-17）。

文京区根津神社の塞大神（さえのおおかみ）。かつては旧中山道と旧岩槻街道との分岐点（駒込の追分）に置かれていたという（文京区根津1-28-9）。

葛飾区

北向道祖《きたむきどうそ》神社

❖足腰の病／健康美脚／交通安全／スポーツ上達

北を向く社殿の主は猿田彦神《さるたひこのみこと》。解説板には「集落の外部から侵入してくる疫病や災害などの災疫をもたらす邪霊・悪霊を防ぐために、村境や辻に祀られた道の神である。元々は古上水西千間堀の北端に鎮座されていたが、明治四十一〔一九〇八〕年当社〔亀有香取神社〕に合併」云々とある。

それだけではごく一般的な道祖神だが、ここの猿田彦神は「美脚の神」として知られているところが特長。舞妓さんのぽっくりをモチーフにした絵馬や御守りは他所ではあまり見ない。

また、サッカーゴールをイメージした絵馬掛けには、Ｊリーグを目指す地元のサッカークラブチーム南葛ＳＣを応援して、数多くの「キャプテン翼〔サッカー漫画の主人公〕絵馬」が掛けられている。

境内には漫画『こちら葛飾区亀有公園前派出所』で人気の「両さん」の絵馬や銅像も。末社も多く祀られていてにぎやかだ。

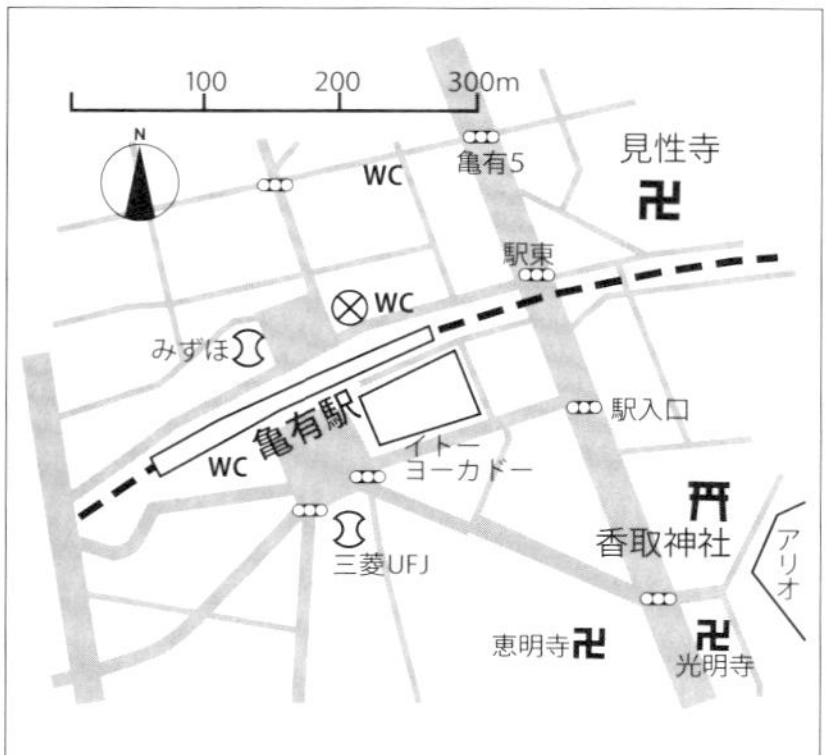

葛飾区亀有 3-42-24　香取神社内

鳥居に向かって左側にサッカーゴールをイメージした絵馬掛けがある。社の左右には草鞋も下がる。

【関連】「道祖神（塞の神）」44 頁、「天鈿女命と猿田彦命」114 頁。

椿《つばき》神社

❖百日咳／喘息／風邪／足の病

大田区教育委員会の解説板によると、当社の祭神は猿田彦《さるたひこの》命《みこと》で、もともとは道祖神（道陸神《どうろくじん》、道禄神《どうろくじん》）だそうだ。足の病気にも御利益があるのは、もともと道祖神は道や旅人を守護する神だったから。また、境界を見張る神ゆえ、関の神→咳の神となったのである。

ここでは「除病習俗《じょびょうしゅうぞく》」などという難しい言葉で説明されているが、風邪など喉の病気の平癒祈願をするときに、前の人が供えた麻を借り受けて自分の首に（布などにくるんで）巻き、治ると倍にして返すという習わしがある。

変わっているのは、神社にもかかわらず社前に線香を供える習慣が残っていることだ。これはかつて、神仏混交の担い手である修験者が神事に関わっていた名残だろう。修験道は明治に禁止されたため、習俗だけが残ったということか。

【関連】「道祖神（塞の神）」44頁、「天鈿女命と猿田彦命」114頁。

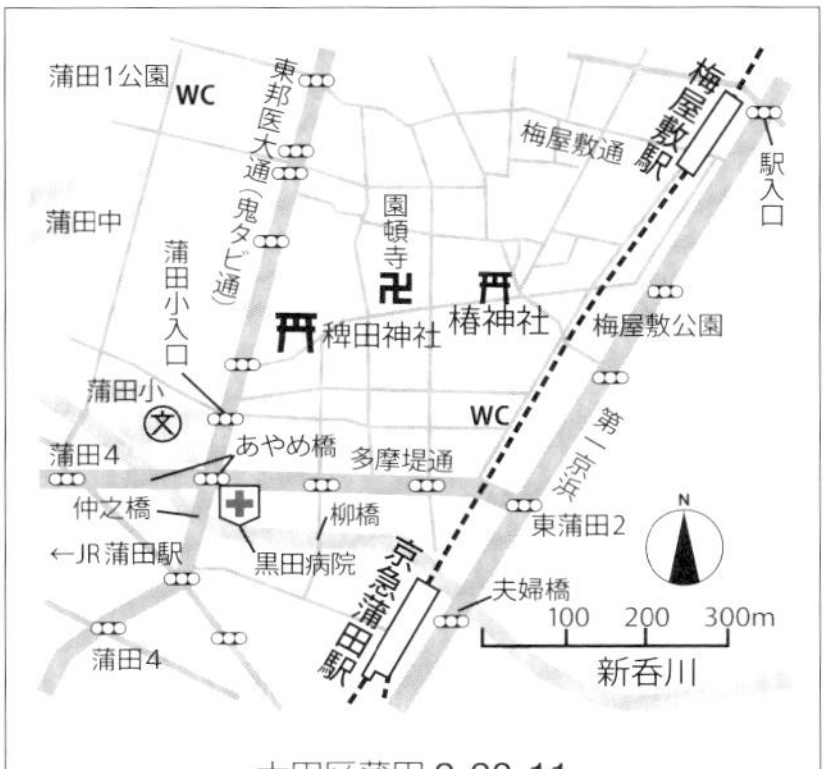

大田区蒲田 2-20-11

椿神社は全国にあり、猿田彦命（薩田彦神）を祀る。

麻は近くの稗田神社（鳥居に向かって左に200mほど。大田区蒲田3-2-10）で入手できる。

新宿区

塞神《さえのかみ》三柱《みはしら》

❖厄除／悪霊撃退／性病／良縁／子宝

新宿区諏訪神社境内の「塞神の三柱」とは道祖神の項でも述べた八街彦《やちまたひこ》、八街姫《やちまたひめ》、久那土《くなど》（岐の神《くなど》）の三神となっているが、共に防障、生産、子安という一般庶民の願いを叶えてくれる、日本古来からの民族神である。

起源は奈良・平安時代、六月と十二月に京都の四隅に塞神を祀ったことに始まる。これを道饗祭《みちあえのまつり》といった。都を覗《うかが》い、隙あらば侵入しようという悪霊、疫病神、妖怪たちを、食べ物などで持てなし、機嫌良くお帰りいただこうというもの。この三神を庚申塔や地蔵尊などに代えて積極的に祀るよう提唱したのが、江戸後期に復古神道を提唱した国学者の平田篤胤《あつたね》だ。

この石碑には天和二（一六八二）年の文字があり、上部には庚申《こうしん》塔の特徴である日輪・月輪が彫られている。このため、平田の提案に応じて、塞神へと改刻された塔ではないか——という説もある。

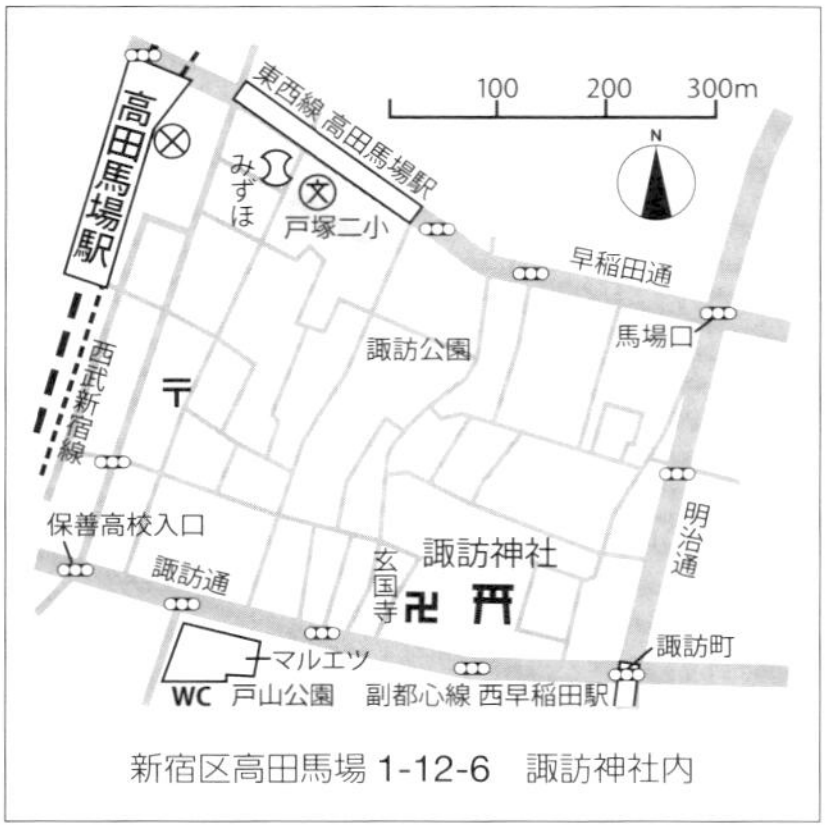

新宿区高田馬場 1-12-6　諏訪神社内

碑の上部に日輪と月輪があり、中心部には一度削られたような痕があるから、この碑は庚申塔だった可能性がある。

【関連】「庚申さま」66 頁。

産土神《うぶすなのかみ》（鎮守様《ちんじゅ》）

❖出世／運気向上

世田谷区北澤八幡神社の「産土神」は、かつてこの一帯の「池の上」から「池尻」にかけて存在したという大きな池の龍神＝土地の神だったという。つまり、ヌシまたは鎮守である。

産土神はよく氏神《うじがみ》と混同されるが、氏神とはその土地に住む一族の守護神のことだから、一族の支配者が他所から一緒に連れてきた神である可能性も大いにある。とはいえ、その神が長い時間を経てそこの鎮守になることもあるので複雑である。

しかし筆者の解釈は、少々異なる。かつて女性は出産する時、住居とは別に産屋《うぶや》を設け、そこの土や砂、石などが生まれた子の御守りとされた。産土神とは、その非常に限られた狭い場所の神だったと考えている。今はそのような御守りは手に入らないが、産土神は「生まれた人がどの地に移動しようが、その人に一生涯深く関わり、守ってくださる神さま」といえるのだ。

【巡拝】「淡島様」30頁。

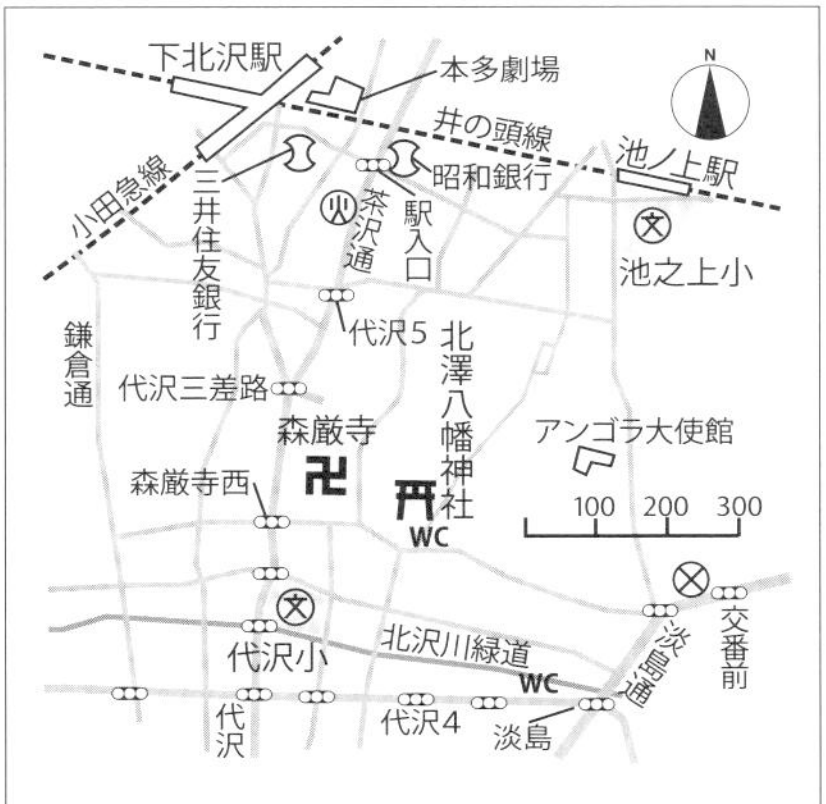

世田谷区代沢 3-25-3　北澤八幡神社内

もともと龍神だったということは、この地にあった池のヌシであり、水神でもあったわけだから、古くから祀られていた土地の神だろう。

都内各所

第六天《だいろくてん》（大六天《だいろくてん》）

❖諸願／農耕・開拓の守護／水難除け

この神仏に関しては、拙著『「第六天」はなぜ消えたのか』に詳しい。関東地方一帯で多く祀られている神仏のわりに、ほとんど目立たない存在である。それには理由があるのだが、ここではスペースの関係で概要のみにしておく。

かつて人々の快楽を自らの糧《かて》とする仏尊がおり、「第六天魔王（大六天）」と呼ばれていた。たとえ不遜な願いでも、それが願人《がんにん》にとって快楽となるならば叶えてくれるという。だからお調子者や遊び人の多い江戸庶民の間で大流行した（浅草寺《せんそうじ》の境内にも祀られていたほど）が、当然、そのような仏尊は教義的には仏敵でもある。

筆者は常々、魔王に願掛けをしてリスク無しで済むはずがないし、そんなに都合の良い神仏が存在して良いのだろうか、などと疑問を持ってきた。ところが、今でも第六天は関東のいたる地域に祀られており、じつは東京都内だけでも、第六天関係の寺社や遺跡は七十箇所以上ある。

しかしその多くは、祭神を面足命《おもたるのみこと》と惶根命《かしこねのみこと》の夫婦神とし、神世七代《かみのよななよ》の第六代目、国土生成と諸願成就の善神として、神社に祀られている。これは明治期の神仏分離令や神社合祀運動の影響を大きく受けたからであって、神道における天神の地位に収まり、場合によっては社号さえも変えて存在しているのだ。胡録《ころく》神社、高木《たかぎ》神社なども、明治以前は第六天社だった。

しかし、よく調べると、そのほとんどが川や運河などの水辺や海辺などに祀られている。第六天は黒龍だからである。

魔王が変神した動機と過程を総合的に推測した結果、筆者は

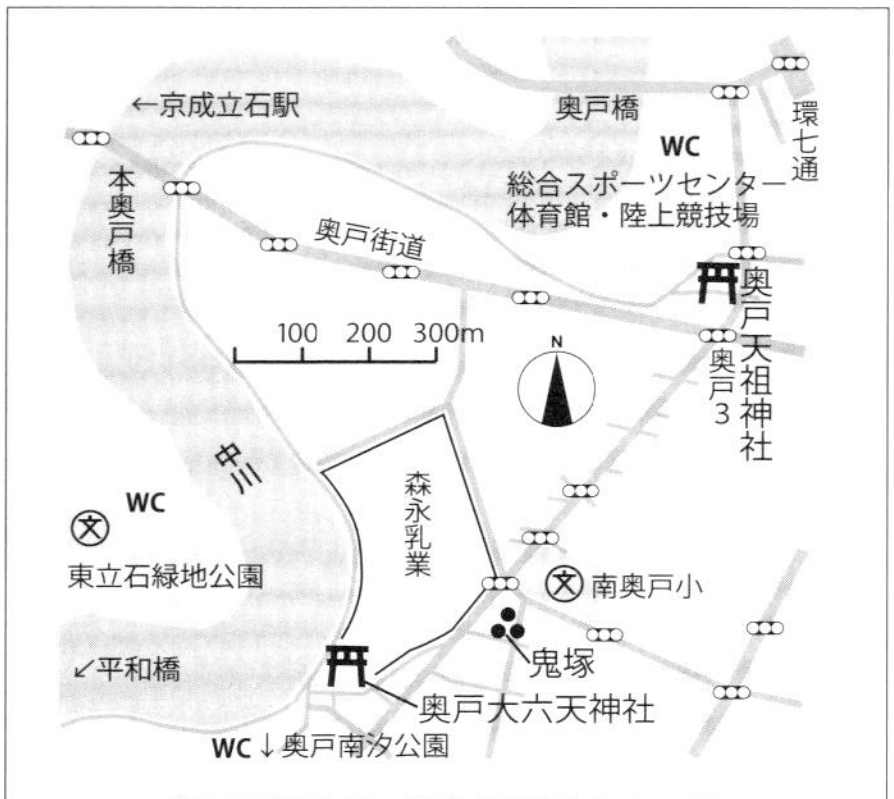

奥戸天祖神社　葛飾区奥戸 2-35-16
奥戸大六天神社　葛飾区奥戸 1-17-8

杉並区高井戸の第六天神社（杉並区高井戸西1-7-2）。

奥戸大六天神社。

新宿区下落合の大六天社（新宿区下落合4-14-15）。

奥戸天祖神社の大六天石祠は、額に神名（右から三番目）がなければ、どの祭神を祀っているのか全くわからない。

東京・多摩の第六天信仰を、大まかに、都市型（欲界系・龍神）、国土生成型（大黒天・大国主命・道祖神系）、農耕型（水神・稲荷系）、開墾型（落武者による新田開墾系）に分類している。

織田信長が自らを第六天と名乗ったなど、今でも一部の人にとって興味深い研究対象となっている。

大田区糀谷天祖神社の第六天（大田区西糀谷4-7-18）。

中野区成願寺のたから第六天（中野区弥生町1-4-6）。

目黒区の中目黒第六天社（目黒区上目黒2-6-11）。

妙覚寺《みょうかくじ》別院・第六天宮《だいろくてんぐう》

❖悪病（流行病）／受験

江戸川区新中川の春江橋近くに鎮座する「第六天宮」には、珍しく縁起が残っている。拙書『「第六天」はなぜ消えたのか』に記載できなかったため、ここで紹介する。

応安元（北朝方の年号で一三六八）年八月十五日の満月の夜、妙覚寺の上人が経をあげていると、白髪の老人が現れ、読経に満足したので多くの人を救おうと告げた。翌日三人の百姓が草むらに異様な光を見つけたところ、その晩の三人の夢に同じ老人が現れ、このことを上人に話すように伝えた。上人と百姓が揃ってその場所へ行くと「第六天宮」と書かれた石を発見。これを祀って祠を建てた。

その後、享保十五（一七三〇）年に村々に悪病が流行した際、当時の上人が第六天の祠で懸命に祈ったところ、人々の病気はたちまち治ったという。

【巡拝】一之江境川の「水神宮」173頁。

江戸川区一之江 3-27-2

第六天宮は妙覚寺の別院になっており、お札などはこちらで入手する。かつて境内には樹齢五百年以上といわれたご神木の榎があったが、今はその古株だけが残っている。絵馬掛けには入学祈願のものが多く若い人の信仰もあるようだ。

北区

風神と雷神

❖金運／農工業守護／疫病退散

「風神」は風を司《つかさど》る神、「雷神」は雷を司る神。共に大自然の象徴で時として絶大な力をもって猛威を振るうから、元々は天候を崩す悪神たちの首領的存在だった。ところが、千手観音の眷属である観音二十八部衆との戦いに敗れ、仏教に帰依し、天部に属するようになったという。

東京では浅草の雷門（風神雷神門）が有名だが、本書で筆者がお薦めしたいのは北区滝野川の金剛寺《こんごうじ》山門内側に立つ石像。山門を潜って振り返ると、門の内側の両脇に立っている。見方によってはユーモラスな表情の風神、舌を出して恐ろしげな雷神は、一部欠損しているものの、共に親しみやすく素朴な力強さがあふれる。宝永七（一七一〇）年の作。

金剛寺にはほかにも、源頼朝に由緒のあるという弁天堂もあり、彩色された弁財天像を見ることができる。

【巡拝】金剛寺「弁財天」73頁。

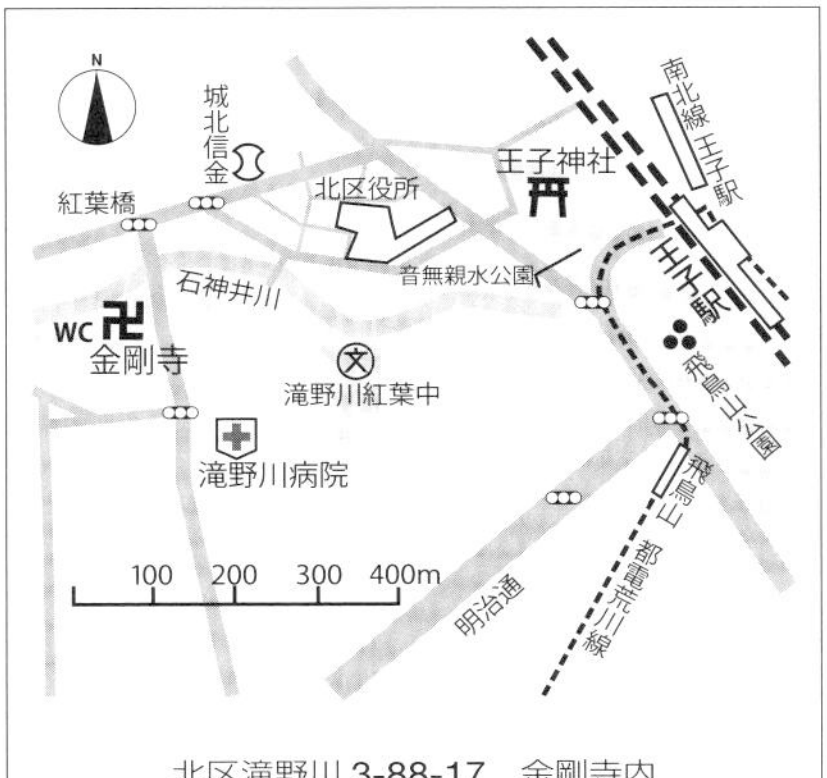

北区滝野川3-88-17　金剛寺内

上が風神、下が雷神と思われるが、一般に知られる風神雷神像とは趣を異にして地上に降り立つ形だ。

江戸川区

十九夜女人講《じゅうくやにょにんこう》

❖悪霊除け／除災招福／安産・子育て

かつては月ごとの決まった夜に講《こう》の構成員（仲間）が持ち回りの家に集まって、飲食物などを持ち寄り、念仏を唱えたり、お喋りなどをして楽しんだ。庶民にとっては信仰＝娯楽だったのである。そして何らかの記念に碑（月待ち塔）を建立する。

当時は旧暦（陰暦）だったが、新月から数えて、十三、十四、十五、十六、十七、十八、十九、二十、二十一、二十二、二十三、二十六夜講などがあった。

おおむね、それぞれ主尊が決まっており、「十九夜講」の主尊は如意輪《にょいりん》観音である。この仏様は特に女性や子どもの守り本尊といわれており、十九夜講は別名「子安《こやす》講」とも呼ばれるほど。したがって女性の集まりだった。

江戸川区昇覚寺《しょうがくじ》の「十九夜女人講」は江戸中期に組織されたそうで、見事な丸彫りの如意輪観音を台座に乗せている。

【関連】「如意輪観音」100頁。

江戸川区東葛西 7-23-17　昇覚寺内

女人講がこれだけ立派な碑を建てられる財力と実力を持っていたということは、当時の女性の力を示す。

二十六夜塔《にじゅうろくや》

❖延命／恋愛成就／水商売の守護

二十六夜の月は場所によって海から昇るため、江戸高輪や品川の海岸には屋台が出るなどし、多くの人が集まり、深夜（午前二時頃）の月の出を待った。主尊は阿弥陀如来、聖《しょう》観音菩薩、勢至《せいし》菩薩で、月光の中にその姿を現すといわれ、その光を浴びると長生きすると信じられた（主尊は他に愛染《あいぜん》明王が知られる）。ただし三日月だから、それほど明るくはなかったはず。

しかし天保の改革で娯楽が引き締められたため、徐々に廃れ、明治には見られなくなったという。そのせいか江戸では二十六夜塔はあまり見られないが、葛飾区の金蓮院《こんれんいん》には愛染明王が彫られた石碑が残っており「廿六夜《にじゅうろくや》待講中」の文字が見られる。

新宿区の西向《にしむき》天神の富士塚にも二十六夜碑が見られるが、これは月待《つきまち》塔ではなく、富士信仰の「月拝み」という法会《ほうえ》に関連したものだそうだ。

【関連】「愛染明王」108頁、「富士塚」154頁。

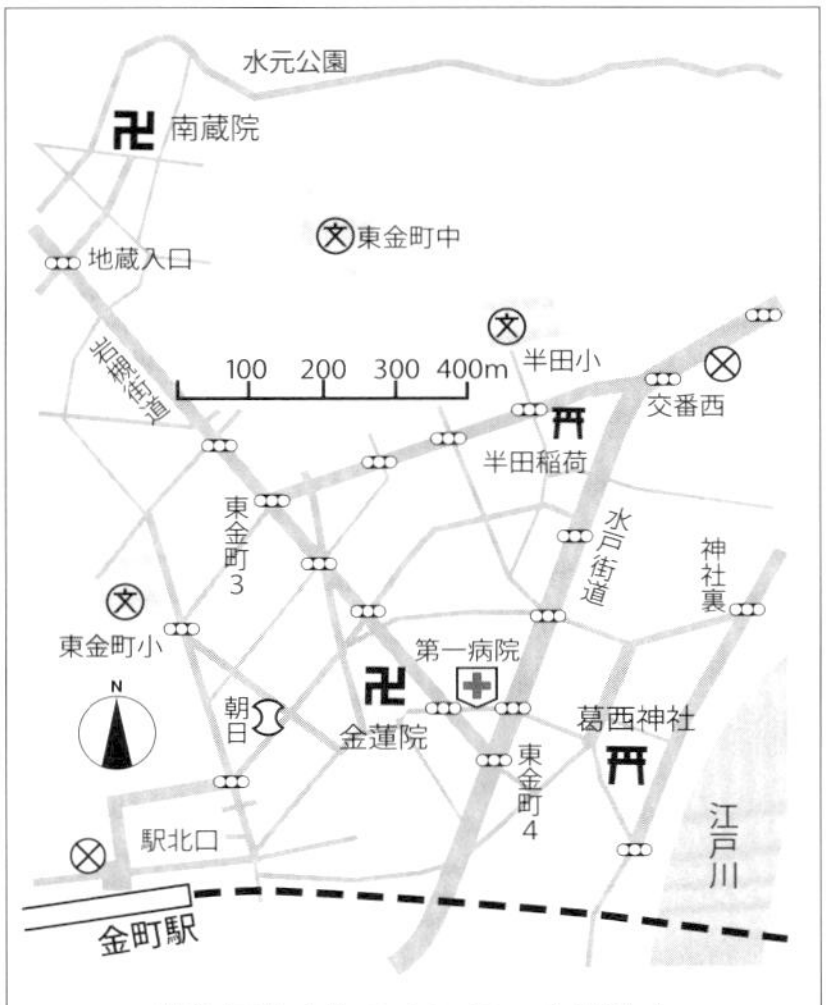

葛飾区東金町 3-23-13　金蓮院内

金蓮院の愛染明王。向かって右下に「廿六夜待講中」の文字が読める。愛染明王は恋愛成就の明王として水商売の女性からの信奉も受ける。

新宿区西向天神の富士塚にある二十六夜碑。月待塔ではない（新宿区新宿6-21-1）。

上行《じょうぎょう》（浄行）さま

❖咳止め／諸願

「東京の迷信　上行さま」（『東京朝日新聞』明治四十〔一九〇七〕年十二月）には、「法華寺《ほっけじ》には多く上行菩薩の石仏が安置してあるものだ、其内に下谷土富店《したやどぶだな》の抜寺に在るもの（土富店祖師）は市内の開祖で願懸《がんかけ》は何でもきかないものはないといふ、願ふ時には頭からざぶ〳〵と水を浴せかけ、願解《ほど》きのときもまた水を打ちかけ、持て行つたタワシでごし〳〵洗ふのが定法などは、何にしても暢気《のんき》極まつた次第である」とある。

法華寺とは日蓮宗の寺院のことで、記事は台東区元浅草二丁目の長遠寺《じょうおんじ》のこと。上行菩薩は創価学会でも祀られるが、一般にはあまり馴染みのない地涌《じゆ》の仏さまだ。

しかし一度見慣れると、あちらこちらで目につくようになるものだ。多くは石像の前にタワシが置かれている。

【巡拝】「人頭さま」39頁。

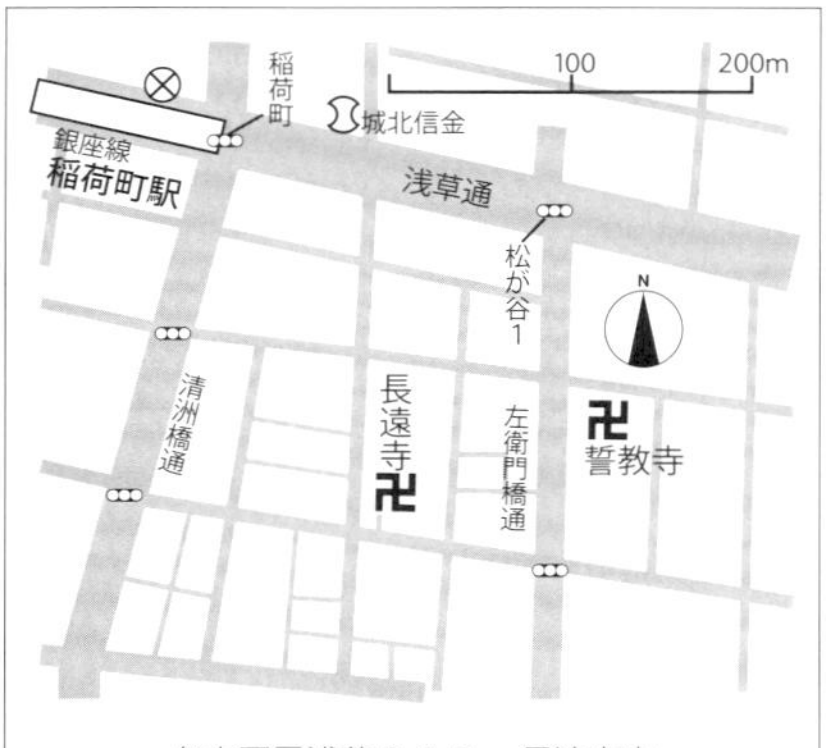

台東区元浅草 2-2-3　長遠寺内

台東区下谷土富店（長遠寺）の上行菩薩。傷みが激しいため、水周りから離されタワシなども置かれていない。

右：台東区妙行寺の上行菩薩。台座に「咳守護神」と彫られている（台東区谷中1-7-37）。左：台東区延寿寺の上行菩薩は水鉢の中に立っておられていかにも洗いやすい（台東区谷中1-7-36）。

関《せき》神社の毛《け》塚《づか》（髪の祖《そ》神《しん》）

❖髪の悩み／諸芸道向上

王子神社の境内にある関神社の祭神は、琵琶の達人で和歌にも秀でた、そして百人一首にも登場する蝉丸《せみまる》。他に、蝉丸の姉逆髪姫《さかがみのひめ》と侍女の古屋美女《ふるやのびじょ》が祀られている。

蝉丸は高貴な生まれだったが、重い病気にかかり、失明して逢坂《おうさか》山に捨てられる。「これやこの　行くも帰るも別れては知るも知らぬも　逢坂の関」という詠歌が、百人一首で知られる。その逢坂山で、蝉丸は逆髪姫に会う。彼女は髪が逆立ちする奇病で悩んでいた。そこで蝉丸は古屋美女と協力して、姉のためにかもじ＝鬘《かつら》を作り、髪を整える方法を考案した。

この神社は、滋賀県大津市の逢坂山より分祀されたものだ。社の手前に立つ「毛塚」は、釈尊が祇園精舎に入られたとき、一人の貧しい女が自らの髪を切り、油に替えて光を献じたという故事に由来して、毛髪を取り扱う業者、床山、かつらの関係団体が建立したもの。

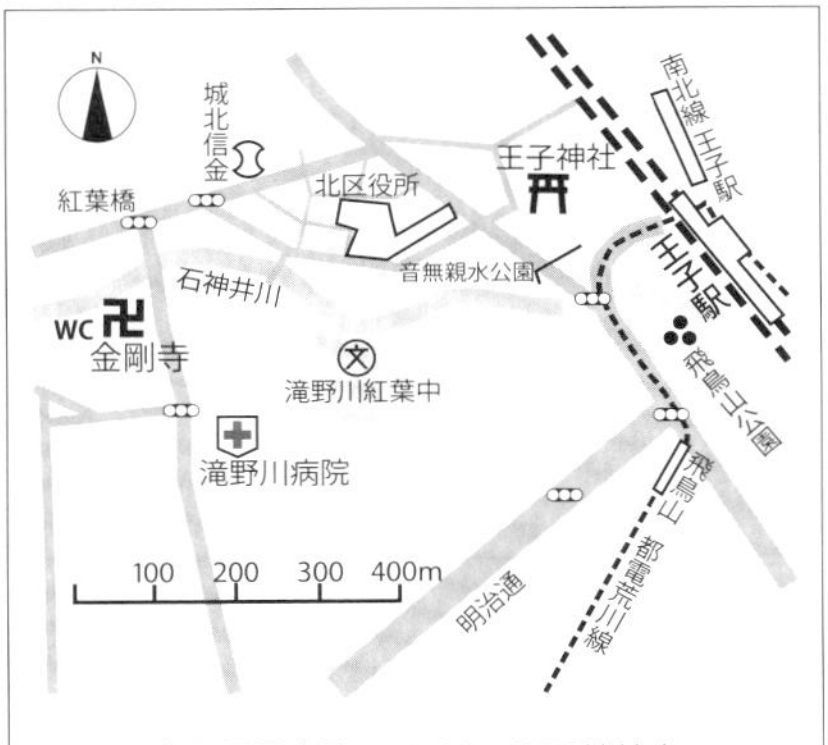

北区王子本町 1-1-12　王子神社内

社の前に立つ毛髪報恩供養塔は人毛商工組合、床山協会、東西かつら協会などの奉賛。

百人一首の蝉丸像。「これやこの行くも帰るも別れては（わかれつつ）知るも知らぬも逢坂の関」。

【巡拝】金剛寺「風神と雷神」53 頁、「王子の石神様」128 頁。

結神社《むすび》

❖恋愛成就／縁結び

由来は戦災で焼失し詳らかではないが、『新撰東京名所図会』を引用した金刀比羅宮《ことひらぐう》のパンフレットには、「良縁祈願に訪れた女性たちは、この結神社の前で自らの黒髪を一部切り取り、或いは折り紙を持参し、社殿の格子や周りの木々にそれらを結わい付け良縁を願い、成就させました。」とある。今は社務所で「良縁祈願セット（八百円）」を用意しており、手順に従って祈願するよう提唱されている。

もともとの「結神社」は、岐阜県安八郡安八町が本源のようだ。そこには、小栗判官《おぐりはんがん》とその妻となった照手姫《てるてひめ》のロマンが語り継がれている。すなわち熊野の湯に浸からなければ治らない難病の小栗判官を載せた地車《じぐるま》を、照手姫が大垣から大津まで引き、最終的に病の癒えた二人が結ばれ、この地に祀られたというものである。

【巡拝】興昭院「蒟蒻閻魔」320頁。

港区虎ノ門1-2-7　金刀比羅宮内

オフィス街で働く多くの女性たちが祈願に訪れる人気スポット。絵馬掛けには、良縁祈願セットに入っている赤い紐が多数結びつけられている。

轡《くつわ》神社

❖百日咳／喘息

今は競馬ファンや乗馬をしている人にしか馴染みのない言葉だが、「轡《くつわ》」とは馬の口に咥《くわ》えさせ、手綱を付ける馬具のこと。当社の祭神は倭建命《やまとたけるのみこと》だが、かつては「轡権現」だったという。この轡（一説では馬蹄《ばてい》とも）は、この地を訪れた徳川家康が乗っていた馬のものだそうだから、たかが馬具とはいえない。いずれにせよ、当社は江戸時代から霊験がある神として、遠方からの人々で賑わったという。

社殿の両脇には多くの草鞋《わらじ》が奉納されているが、普通の草鞋と雰囲気が違う上、薄汚れた色をした紐がぶら下がっている。解説を読むと、これは馬用の草鞋と麻紐なのだ。

本来は、祈願をする人がこれを持ち帰り、全快すると倍返しで返納するのだが、現代は当社に来て祈るより病院に行く人が多いからだろうか、草鞋は一様に古びている。この馬用の草鞋も、もう用意されていないそうだ。

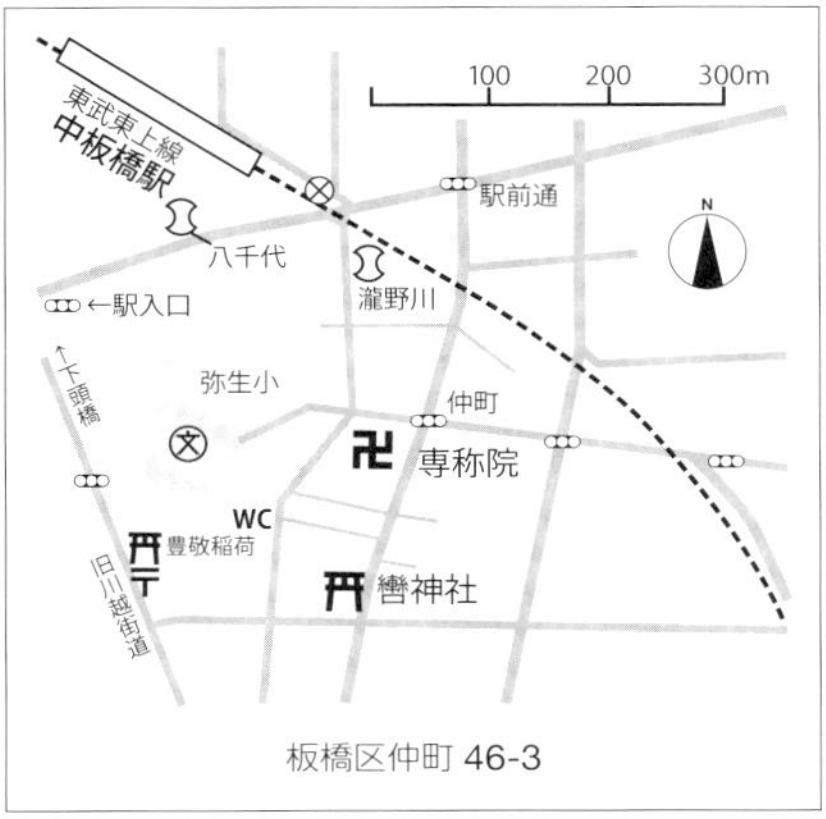

少し変わった形の草鞋だが、馬用と聞いて納得。

賑わっていた昔の面影は今はないが、寺務所には老夫婦もおり、境内は手入れされている。

【巡拝】専称院「溺水亡霊解脱塔」336 頁。

芸能浅間《せんげん》神社

❖タレント祈願／芸能人の守護

小さな富士塚で、鳥居の額には「三国第一山」と刻まれている。つまり富士山（祭神は木花《このはな》之《の》開耶《さくや》姫《ひめ》）を祀っているわけだが、この小さな社《やしろ》には昔から芸能関係者の信奉があった。

じつは花園《はなぞの》神社は、安永九（一七八〇）年と文化八（一八一一）年に大火で社殿を焼失している。その再建のため境内に劇場を設けて、見世物や演劇、踊りなどを興行したところ、これが大変な好評を得た。花園神社と芸能の縁はこの時から始まったのである。

昭和に入っても、花園神社の境内では、唐十郎の劇団「状況劇場」（現・劇団唐組）、通称「紅《あか》テント」の興行が盛んに行われたり、宇多田ヒカルの母親としても知られる藤圭子の歌碑（「圭子の夢は夜ひらく」）が奉納されるなど、新宿の大衆文化と密接に関わってきた。かつては宿場町、今は繁華街という環境も、大いに関係していると思われる。

新宿区新宿 5-17-3　花園神社内

規模はさほど大きくないが、都内では有名な冨士塚の一つ。

「圭子の夢は夜ひらく」の歌碑には庶民的な親しみを感じる。

【巡拝】花園神社「威徳稲荷大明神」142 頁、正受院「正受院の奪衣婆」312 頁、太宗寺「太宗寺の閻魔王と奪衣婆」314 頁、成覚寺「旭地蔵（夜泣き地蔵）」433 頁。

新宿区

八耳《やつみみ》神社

❖耳の病／聡明な知恵を授かる

神楽坂から少し北寄りにある赤城《あかぎ》神社の境内小社には、地主神の出世《しゅっせ》稲荷、「神楽坂の東照宮」といわれた葵《あおい》神社、そして聖徳太子（上宮之厩戸豊聡八耳命《うえのみやのうまやどのとよとやつみみのみこと》）を祀る「八耳神社」が合祀されている。聖徳太子は八人（十人とも）が喋っていることを一度に聞き分けられるといわれた。実際は志能便《しのび》という名の忍者を雇っていたからとされるが、それだけ聡明で情報収集能力が高かったのだろう、「あらゆることを聞き分ける天の耳を持つ」と信じられた。

今でも何か悩みのある時は「八耳様、八耳様、八耳様」と三回唱えてからお詣りすると、必ず良い考えが浮かぶと当社に伝えられている。また、その名から耳の病気を治してくれるという信仰もある。

聖徳太子ゆかりの寺院、神社は多いが、特に浄土真宗では太子信仰が強いという。

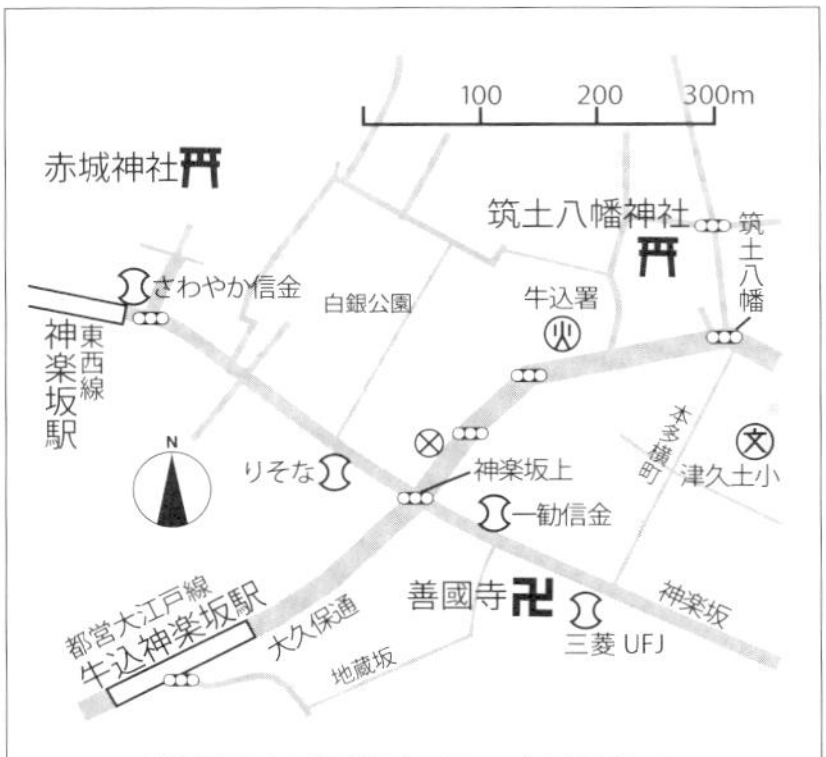

新宿区赤城元町 1-10　赤城神社内

この社は三体の相殿で、中心は出世稲荷社だ。

【巡拝】筑土八幡神社「庚申さま」67 頁、善國寺「虎神」195 頁。

祓戸社《はらえど》

❖罪穢れ除去

「祓戸の神」とは祝詞《のりと》に登場する四体の神々（伊邪那岐命《いざなぎのみこと》が禊《みそ》ぎをした時に生まれた四神）のことで、神道で唱えられる罪穢《つみけが》れを祓うのはこの神々の働きによるものだ。じつは神官がサッサッと振る白い紙の束（大幣《おおぬさ》）には、その時この四神が乗り移っており、我々の罪穢れを吸着してくれているという。

そして、その罪穢れをどこに持っていくかというと、（一）まず瀬織津比売《せおりつひめ》が川の速い流れの瀬に持ち去り、（二）つぎに速開都比売《はやあきつひめ》が海の潮が渦巻く場所で飲み込み、（三）気吹戸主《いぶきどぬし》神《のかみ》がそれを根国底国《ねのくにそこのくに》に吹き払い、（四）速佐須良比売《はやさすらひめ》が根国底国から罪穢れを持ち去り消してしまう、というシステムだ。

つまり、ほぼ女神たちばかり（気吹戸主神は性別不明だが）がこの作業に携わっているのである。神道のいう「女性の穢れ」とは、全く根拠のない男性神官たちの（かつての巫女主導体制への）言いがかりにすぎないことがわかる。

世田谷区等々力 3-27-7　玉川神社内

新しい石祠に移された祓戸の神々。神々の引っ越しは珍しいことではなく、あくまでも人間側の都合である。

箒神《ははきがみ》

❖安産／長居の客退散

トイレの神様（厠神、便所神）はかつて歌で有名になったが、箒も神様である。

箒が神になったのは、豊玉媛《とよたまひめ》が海岸の産屋《うぶや》で出産する時、多くの蟹が入り込んできたのを高忍比売《たかおしひめ》らが箒で掃き出し、無事に出産を終えたことに始まる。

女性が箒を跨いだり踏んだりするとお産が重くなるという言い伝えがあった。お産には「山の神」「便所神」（または杓子神《しゃくしじん》）、「箒神」の三神が立ち会わなければ始まらないともいわれ、それでいつも箒神は（わざと）遅刻するのだそうだ。現代と異なり出産は命がけだったから、様々な俗信が生まれたのだろう。

箒は掃き出す機能＝力を持っているわけだから、産室に箒を逆さにして立てるのも、長居の客を追い出すための願掛けも、同じ発想からきた考えだろう。箒には独特の美しさがあり、魔女が乗り物に使うのも納得できる。

値段はさまざまだが、帚には実用的な美しさがある。

鳥山石燕『百器徒然袋』に登場する箒神は「ははきがみ」と読む。使い古した道具が妖怪に変じる付喪神（つくもがみ）のようでもあるが、その歴史は記紀の時代まで遡り、全国的に庶民の信仰に根ざした民間の神だ。特に出産には欠かせない神であると信じられた。

【関連】「埴安姫命と埴安彦命」110 頁、「おしゃもじ様」120 頁。

天狗

❖火災除け／盗賊除け

東京で「天狗」といえば高尾山が有名で、二十三区内ではあまり見かけない。それもそのはずで、天狗は修験道によって「山の守護神」とされてきたからだ。

しかし、平安時代末期の『今昔物語』では天狗は鳶《とび》の姿をした妖怪・仏敵であり、南北朝時代の『太平記』などに登場する天狗は権力争いに敗れた貴人の怨霊だった。

江戸時代には山岳修験者の影響を受け、羽団扇《はうちわ》で風や火を自由に操り、人を攫《さら》う鬼神に変化してゆく。つまり、深山幽谷を住処として特殊な能力や怪力を持つ、お節介な偏屈鬼といったイメージである。何より火事を恐れた江戸の町においては、天狗を祀り上げることによって火事を防ごうとしたのである。

ところがその特殊能力ゆえに天狗は、次第に、穢れを嫌う寺社の護法守護神や、民間での火伏せの神となっていった。「鞍馬山の大僧正」「飯綱三郎坊《いづなさぶろうぼう》」「愛宕山太郎坊《あたごやまたろうぼう》」「英彦山豊前坊《ひこさんぶぜんぼう》」などが有名だが、中でも、「秋葉三尺坊《あきばさんじゃくぼう》」を祀る秋葉神社は江戸庶民に人気で、今でも都内に多くある。

明治時代に入ると修験道が禁止されたので、天狗の地位は曖昧になっていく。それで都内における天狗信仰は激減し、各所にあった天狗講も徐々に姿を消していった。たとえば港区高輪にある広岳院《こうがくいん》の天狗講、台東区松が谷の「奥山《おくやま》半僧坊《はんそうぼう》」（東信講）などである。

目黒区の目黒不動尊境内にも「太郎坊」「次

太郎坊社　港区愛宕 1-5-3　愛宕神社内

右：台東区霊梅寺・奥山半僧坊の碑（台東区松が谷3-3-4）。
左：奥山半僧坊。その名の通り半分僧の姿をした天狗（鎌倉建長寺の半僧坊の護符より）。

郎坊」の碑があるが、これは富士講が建てたようだ。もちろん、富士山にも天狗はいたのである。

　ところで、港区愛宕神社の境内には太郎坊社があり、「愛宕山太郎坊」が祀られている（今では猿田彦神に付会されている）。そこでは、天狗のトレードマークである羽団扇が描かれた護符を分けてくれる。太郎坊も中世には敵対する貴人を呪うなどの権力抗争に利用されたが、現代では、その呪力はわずかに盗賊除けの御利益にしか発揮されていないようだ。

　今でも山の神としてあがめられている地域もあるが、一般にはアニメや妖怪の世界での存在感が強くなっているようだ。

【関連】「秋葉のクロマツ」238頁。
【巡拝】金刀比羅宮「結神社」58頁、愛宕神社「出世の石段と招き石」152頁、興昭院「蒟蒻閻魔」320頁、真福寺「勝軍地蔵」427頁。

港区愛宕神社の太郎坊社。

目黒区目黒不動尊の太郎坊と次郎坊の碑は印象的な形だ（目黒区下目黒3-20-26）。

目黒区成就院の三尺坊の護符（目黒区下目黒3-11-11）。

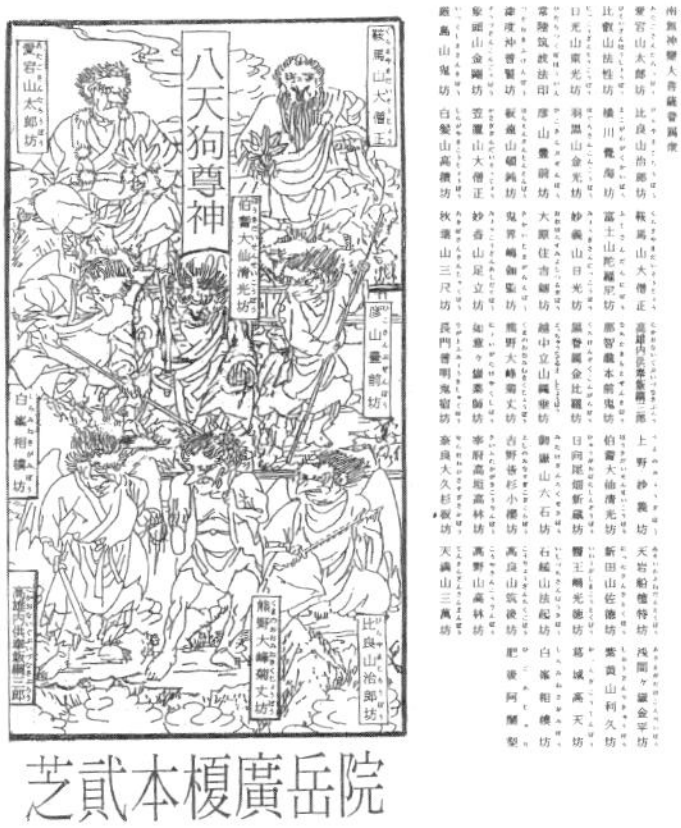

港区広岳院が出していた護符（港区高輪1-24-6）。

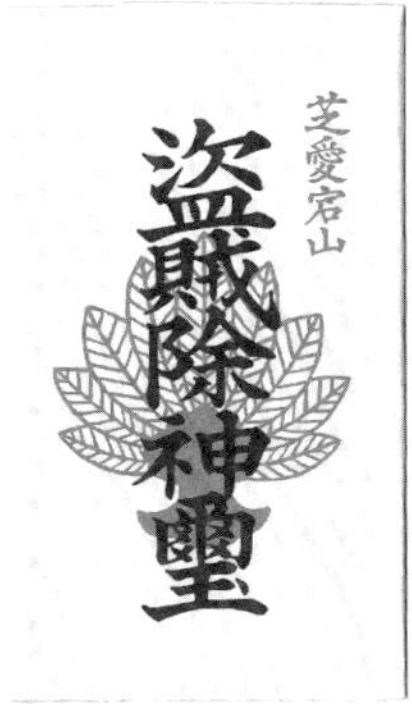

愛宕神社太郎坊社の護符。

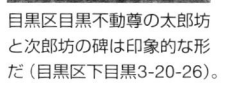

庚申《こうしん》さま

❖健康長寿／無病息災／縁結び

石仏・石碑には地蔵菩薩、如意輪観音、聖《しょう》観音などを多く見受けるが、「庚申塔」も非常に多く、全国のほとんどの寺社境内などで見られる。これらの庚申塔のほとんどは、講（信仰を通じた地域的な仲間）が何らかの記念に建立したもの。庚申塔が多数集まっている場所を庚申塚というが、現在残るものは後の時代に一箇所に集められた場合がほとんどである。

目黒区鉄飛坂上の庚申塔（目黒区平町2-18-13　帝釈堂内）。

板橋区東光寺の庚申塔。これだけ細かい庚申塔は珍しい（板橋区板橋4-13-8）。

庚申は道教や仏教の影響を受け、本来は多彩な要素が混じった複雑な信仰だが、庶民レベルではシンプルで、六十日に一度巡ってくる庚申の日に、トウヤ（当番の家）などに飲食物を持ち寄って集まり、庚申さまの掛け軸などを拝んで飲食をしたり、お喋りをしながら夜を過ごす。「話は庚申の晩」という諺があるように、この夜は親交、娯楽、若者への教育の一面をもっていた。

庚申塔の特徴は、一般的な主尊は邪鬼を踏んだ青面《しょうめん》金剛で、見ざる言わざる聞かざるの三猿《さんざる》（○◇型が横に三つ並んだような画一的なデザインも多い）などだが、主尊が地蔵尊などの場合もあるし、猿も一匹から三匹までのヴァリエーションがある。他にも日、月、鶏、夜叉《やしゃ》、童子、ショケラ（精螻蛄《しょけら》、髪を摑まれた半裸の女性で表される）などが彫られたものや、文字だけの文字碑もある。また、神道では猿田彦命を主尊に当てている（⇒114頁）。

庚申信仰の基本的な考えは、以下のようなもの。人の身体には三尸《さんし》の虫が住んでおり、それが庚申の夜に身体から抜け出し、天帝にその人の罪を密告する。すると天帝はその人を裁いて命を縮める。その人が死ねば、三尸の虫は自由の身（鬼）になれ

荒川区浄光寺の庚申塚（荒川区西日暮里3-4-3）。

るのだ。それで人々は、庚申の夜に三尸の虫が身体から抜け出ないよう、徹夜をする。

ただしこの夜は身を慎むことが大切で、特に男女の交接は戒められた。この夜にできた子は、泥棒になったり障害を持って生まれるからだ。他にも、地域によってさまざまな禁忌が課せられていたが、庚申の夜は庶民の娯楽でもあった。

右：三鷹市の一猿（三鷹市牟礼6-1-3）。中：新宿区筑土八幡の二猿（新宿区筑土八幡町2-1）。左：荒川区素盞雄神社の三猿は、如意輪観音を主尊とした庚申塔（荒川区南千住6-60-1）。

三尸の虫。それぞれ天帝への報告書を持つ（窪徳忠『庚申信仰』山川出版社、昭和31年より転載）。

荒川区誓願寺の三猿と文字塔（荒川区南千住6-69-22）。

❖諸願

青山の庚申塔《こうしんとう》

「東京の迷信　青山の庚申塚」（『東京朝日新聞』明治四十一〔一九〇八〕年一月）には、「青山権田原《ごんだはら》の練兵場寄りに古い庚申塔がある、此《こ》れまでは邪魔もの扱ひにされて居たものが、ツイ二三年このかた滅切《めつぽふ》はやり出して、ヤレ無尽が当つたとか、医者に持余された病気が全快したとか、夫《それ》からそれへと御利益の噂が伝はつて、わざ〳〵近在から参詣に来る者さへあるが、流行る塩梅《あんばい》は今が頂天であるらしい」とある。全くその通りで、現在は青山霊園立山墓地境外の南端にあり、ひっそりとしたものである。人々はいつの世も、このような身近な神仏を流行神《はやりがみ》に仕立て上げ、希望を見出そうとしていたのである。

権田原とはかつての青山御所（東宮御所）や陸軍練兵場（北青山アパート）を指す青山一帯の地名だが、今はわずかに明治記念館前のバス停にその名を残すのみ。しかし庚申塔の立つこの一画に限っては、まるで下町のような風情である。

港区南青山 4-28

「慶応元乙丑年五月大祥吉日」「右あをやま、内とうしん〔宿〕、ほりのう〔ち〕、左二十きおく〔二十騎御組屋敷か〕、百人おく、せんこ〔青山善光寺か〕」などの文字が読め、辻に立つ道標を兼ねていた。

【関連】「庚申さま」66 頁。

台東区ほか

韋駄天《いだてん》

❖足腰の病／アスリート（陸上競技）守護／盗難除け

「韋駄天」は増長天の部下となる八将軍の首位を占める仏尊で足の速いことでよく知られているが、巡り会う機会は少ない。

台東区谷中の西光寺《さいこうじ》の山門を入ってすぐ右には、唐風の甲冑を纏《まと》い、見上げるほどの韋駄天が威風堂々と立っている。とはいえ、つぶらな瞳と太い眉がなかなか親しみやすい風貌だ。

お隣は十一面観音。またサイズはぐんと小さくなるが、韋駄天に向かって左に立つ唐風のお役人は、閻魔大王の書記官である司録《しろく》だろうか、厳格な顔をしている。山門横には「足病平癒韋駄天安置」の石碑がある。

中央区人形町の大観音寺《だいかんのんじ》は、ビルの階段を上がったところにある寺院。境内に「護法韋駄天尊」の小祠があり、ガラスの奥には、彩色され、中空を睨む韋駄天が仁王立ちしている。幟《のぼり》には「アスリート守護」の文字が。

【巡拝】西光寺近くの長久院「笑い閻魔」319頁、大観音寺近くの「三光稲荷」360頁。

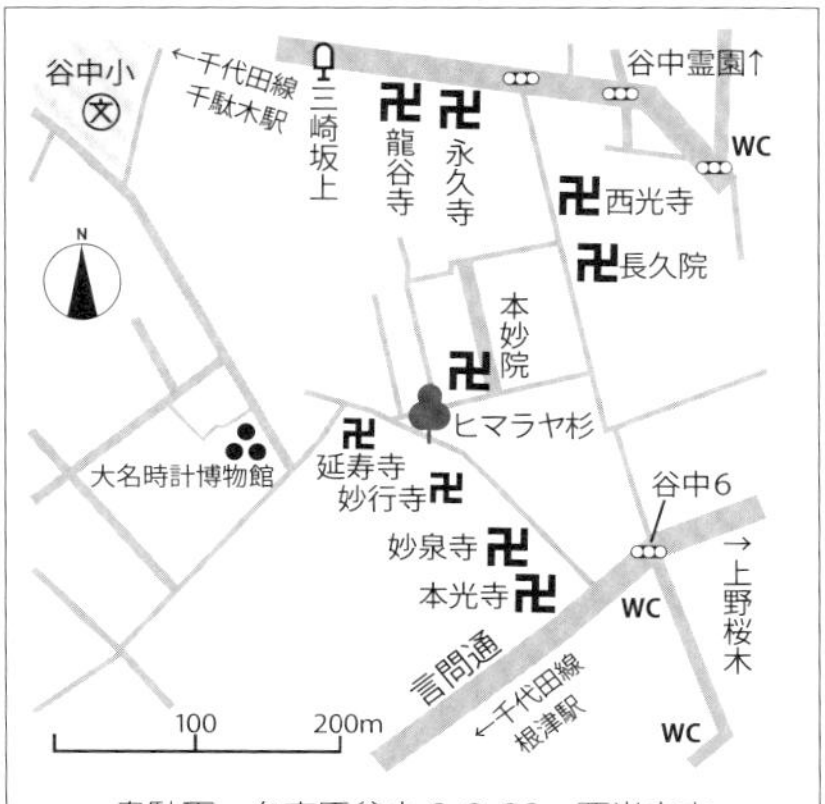

韋駄天　台東区谷中6-2-20　西光寺内

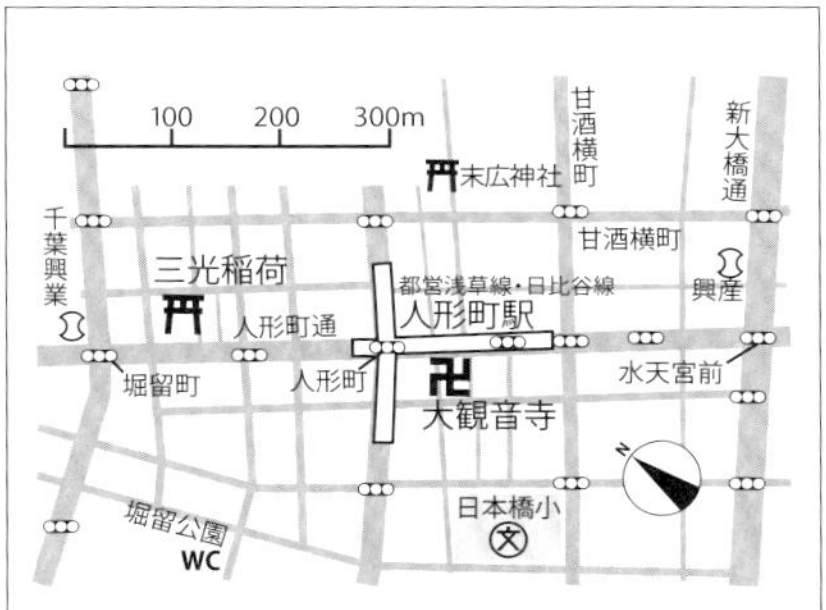

護法韋駄天尊　中央区日本橋人形町1-18-9　大観音寺内

右：中華風の甲冑を身につけた姿は迫力満点。左：大観音寺の韋駄天堂には草鞋が供えられていた。

摩《ま》利《り》支《し》天《てん》

❖勝ち運／論議に勝つ／敬愛を得る／護身／蓄財

「摩利支天」は日光や陽炎《かげろう》、蜃気楼を神格化した神で、昼夜の別なく光を放ち、常に太陽の前を疾走しているので、誰にもその姿は捉えられないという。猪に乗る女神または勇猛な男神として表され、猪は光のスピードと直進性を現している。

さらに目に見えないという隠形《おんぎょう》性から、戦国時代には毘沙門天（多聞天《たもんてん》）などの戦神《いくさがみ》と並び、忍者はもちろん多くの武将に護り本尊として信仰された。彼らがおこなったという摩利支天法は常に摩利支天を念じるという方法で、護身・隠身・遠出・得財・争論勝利などを目的としていた。この法をおこない、常に甲冑の中に小さな摩利支天像を忍ばせて敵を怖れさせた武将としては、楠木正成《くすのきまさしげ》が知られている。

ただし神格の性質から人目についてはならず、尊像を持っていることや信仰そのものも秘密にしなければならないそうだ。

豊川稲荷東京別院の尊像は三頭の猪に乗ったふくよかな女天（港区元赤坂1-4-7）。

上中里西方不動尊。不動尊像に並んで、猪に乗る摩利支天が祀られている。かつて近くに滝があり、行場であったらしいが、場所も移動しており、今はその面影はない（北区上中里1-47-34）。

徳大寺は山手線がJR御徒町駅から池袋方面（内回り）に向かって出るとすぐ左手に見える。こちらの尊像は男神（台東区上野4-6-2）。

迦楼羅天《かるらてん》

❖雨乞い／治病／怨敵即滅／降魔／航空安全

「迦楼羅天」の石像は珍しい。江東区の清澄《きよすみ》公園に隣接する本誓寺《ほんせいじ》のものは、朝鮮・高麗時代の作といわれる。

迦楼羅天はインド神話に登場する鳥の王・霊鳥だ。流星や彗星の擬人化ともいわれ、炎（迦楼羅炎）を吐き龍を捕らえて食べるが、後に仏教の守護神である天龍八部衆（観音二十八部衆）の一員となる。東南アジアを中心にアジアで広く信仰され、インドネシア航空のガルーダの名やマークもこの神に由来する。

日本の仏教、特に密教においては、迦楼羅を本尊とする修法で降魔《ごうま》、病除、延命、防蛇毒、さらに祈雨・止風雨の御利益があるといわれる。ちなみに、不動明王が背後に背負う炎は迦楼羅炎といわれている。

また、翼と嘴《くちばし》を持つ姿は、天狗の原型ともいわれている。そういえば、本誓寺の石仏のこのお姿は、横笛を吹いており、天狗囃子を連想させる。

江東区清 3-4-23　本誓寺内

本誓寺の石仏。

東南アジアではガルーダは人々に親しまれており、よく見かけるという（このガルーダ像は筆者蔵）。

【巡拝】「柾木稲荷」244 頁、「芭蕉稲荷」383 頁、霊巌寺「江戸六地蔵」434 頁。

都内各所

弁財天

❖開運／財運／才知・芸妓向上

本来は「弁才天」（辯才天）と表記されていたが、いつの間にか蓄財・金運方面の現世利益ばかりが強調され、「弁財天」の方の表記が圧倒的主流になった。

しかし、もともとは大河の流れる音を神格化した女神だから、知的弁舌や音曲技芸の神（この場合は妙音天《みょうおんてん》と同じで、琵琶を持つ）となっていた。また、八臂《はっぴ》の腕には武器などを持っていることから、戦神《いくさがみ》としても信仰された。

新宿区の津の守弁財天（新宿区荒木町10-9）。

足立区仲町氷川神社の弁財天は三猿の上に座っており庚申塔になっている（足立区千住仲町48-2）。

明治以降は廃仏毀釈《はいぶつきしゃく》（仏教排斥運動）の影響で、多くの弁財天が、同じく水に関わりの深い神道の女神である市杵島比売命《いちきしまひめのみこと》に差し替えられた。いずれにせよ、我が国では川・滝・池・洞窟などの周辺で祀られるようになり、水辺に生息すると考えられた龍や蛇を眷属とするようになる。そして川の蛇行は大蛇そのものであり、蛇は財宝を司る神獣と考えられていたから、これが才から財に移行していった理由の一つであろう。

中には、頭上にとぐろを巻いた蛇を載せている像もある。これは人頭蛇体の「宇賀神《うがじん》」である（76頁で詳しく述べる）。この宇賀神を頭に乗せている弁財天は「宇賀弁財天」と呼ばれ、財の方に特化した弁天さまの姿といえる。宇賀神そのものを弁天として祀っている例もある。

また、弁天さまというと裸で色っぽい女神というイメージもあり、江戸時代には人間の男と契りを結ぶ話まで登場し、すっかり好奇の目で見られるようになってしまった。男女でお詣りすると、「嫉妬されて別れることになる」などとも噂される。

しかし、以下は筆者の私見だが、裸像が多いのは、鎌倉時代

荒川区の中島弁財天。銭湯の中庭にあったもの（荒川区南千住1-23-11）。

豊島区南蔵院の八臂弁財天（豊島区高田1-19-16）。

目黒区蟠龍寺の八臂弁財天（目黒区下目黒3-4-4）。

台東区吉原弁財天の宇賀弁財天。頭に宇賀神を載せる（台東区千束3-22-3）。

北区金剛寺の滝野川弁財天（北区滝野川3-88-17）。

品川区品川寺の八臂弁財天（品川区南品川3-5-17）。

の仏師がそれまでの伝統一辺倒から芸術的探求心に目覚め、写実的な女体制作への欲求を弁財天に投影し、「裸《はだか》弁天」と呼ばれる像を造り始めたからではないか。それが庶民の間で評判を呼んだが、本来それらの像は衣装を着せられるものだったのである。

弁財天は七福神巡りでは必ずお目にかかれる一尊で、寺社境内の小堂などにもよく祀られている。

台東区吉原弁財天の裸弁天。御朱印（左）には蛇が添えられている。

新宿区厳島神社の抜弁天の祭神は市杵島姫命だが、実際は弁財天が祀られていることは衆知の事実である（新宿区余丁町8-5）。

世田谷区森厳寺の弁財天の前には宇賀神が共に祀られている（世田谷区代沢3-27-1）。

都内各所

龍神《りゅうじん》・龍王《りゅうおう》

❖運気上昇／雨乞い／水害防止

紀文稲荷神社の龍神。航海の安全を祈ったものか（江東区永代1-14-14）。

じつは「龍神」と「水神《すいじん》」（⇩172頁）の信仰は、ほとんど同じといっても良いくらい習合している。このテーマを追求すると本が一冊書けるほどである。それでここでは、ごく大雑把な概念だけ述べておく。

まず、「龍」という概念は中国から渡来したもので、それまでの日本には大蛇《おろち》とか鰐《わに》というイメージがあった。龍概念の渡来以降、たとえば八岐大蛇《やまたのおろち》は九頭龍《くずりゅう》に置き換えられるといった具合。龍が日本の大蛇と習合することは、ごく自然の成り行きである。それまでは山の稜線を大蛇に、山そのものをとぐろを巻いた蛇に見立てていた。山は水源であり、一般的に蛇は水辺を好んで棲息するから、ある意味で蛇は山の神であり、水の神でもあった。

一方、海には、龍王とは別に海神《わだつみ》という概念もあり、この場合その娘（豊玉媛《とよたまひめ》＝乙姫《おとひめ》）の正体は、古事記では「八尋《やひろ》の鰐（鰐《わに》鮫《ざめ》）」、日本書紀では「龍」ということになっている。海神の宮殿が竜宮城といわれるのは、大陸文化への憧れであり、その影響であろう。

記紀の筋書きによると、山の神（山幸彦《やまさちひこ》＝彦火々出見命《ひこほほでみのみこと》）と海神の娘（豊玉媛）が結ばれて、皇室の祖（鵜葺草葺不合命《うがやふきあえずのみこと》＝神武天皇の父）となる。したがって今でも龍は天皇家の象徴である。

中国の龍も、雲に乗り稲妻や竜巻を発する。鯉が滝を登り切ると龍になるといわれるほどだから、やはり水に深く関わる神だ。したがって、九頭龍川、天竜川、那智の滝のような奔流も、その正体は龍なのだ。

足立区高野胡録神社の鳥居に絡まる藁の竜神（足立区西新井本町2-32）。

浅草寺の金龍権現社と九頭龍権現社。金龍は待乳山に舞い降りたという伝説がある（台東区浅草2-3-1）。

新宿区抜弁天の手水（新宿区余丁町8-5）。

浅草寺の手水舎に立つ沙羯羅龍王。

その龍が仏教（特に密教）の影響を受けると、多少様相が変わってくる。江ノ島に棲んでいた悪龍は、降臨した弁財天に一目惚れし、その配下になる。また、空海が帰国するとき、海から（または船中に現れて）船を警護しながら従ってきた清龍権現《せいりゅうごんげん》は、八大龍王中、沙羯羅《しゃから》龍王の娘だ。

もともと龍はインド神話に登場する神であり、当初は前出の迦楼羅《かるら》天（⇒71頁）の宿敵だったというのも、興味深い話である。

【関連】「水神様」172頁、「迦楼羅天」71頁。

魔王といわれた第六天は悪龍に化身して仏敵となり布教の邪魔をする。『釈迦御一代図会』「三加葉魔軍と大小神通を闘はす図」より。画は葛飾北斎。

やがてその第六天も善神として祀られ、農耕の守護神である龍王となる。右は足立区三島神社境内の第六天龍王（足立区扇2-9-3）。

都内各所

宇《う》賀《が》神《じん》

❖開運／財運／穀物の神

初めて「宇賀神」を書物で知った時、「本物を見たい！」と思った。こんな怪しい姿をした神仏がいることに、信仰の面白さを覚えたのだ。妖怪濡れ女のようである（顔は老人だが）。

前述したように、この神は弁財天と同体または夫とされているが、仏教的には、僧侶や貧困者に対する財施《ざいせ》を意味する「宇《う》賀耶《がや》」という言葉から来ている。また神道的には、食物の神である倉稲魂命《うかのみたまのみこと》（稲荷神）と音が似ているため、食物を司《つかさど》る神とされている。

しかし筆者はもっと単純に、宇賀＝蛇（の古語）と考える。記紀の世界でも神は時として蛇の形で現れるし、蛇への信仰は古代から世界中にある。脱皮して再生する、男性器を連想させる、毒を持ち強い、殺してもなかなか息絶えない（執念深い）、農作物を荒らす鼠の天敵であるなどの理由から畏れられ、信仰されたのであろう。弁財天とは、水を介した仲間なのだ。

江島杉山神社（墨田区千歳1-8-2）の洞窟奥に祀られる翁顔の宇賀神。

墨田区木母寺の宇賀神。本来は老人の顔を持つとされているが、顔は老人というより若者だ。また中には、明らかに女性（弁財天）の顔をしたものもある（墨田区堤通2-16-1）。

中野区福寿院の宇賀神は、特に首が長い（中野区本町3-12-9）。

【関連】「弁財天」72 頁、「蛇塚」218 頁、「お蛇さま」220 頁、「白蛇大神」221 頁。

鍾馗《しょうき》

❖疱瘡／瘧《おこり》／学業向上

「鍾馗様」は一般に、旗、屏風、掛け軸などに描かれることが多く、葛飾区葛西《かさい》神社にあるような石像は珍しい。光背には「奉造立鍾馗為悪魔降伏」「金町村施主敬白」「念仏講結衆同行四十一人」「元禄八乙亥七月十七日」とある。左手に小鬼を摑んでいる姿は、青面《しょうめん》金剛がショケラを摑んでいる姿にそっくり。

もともとは道教の神で、受験に失敗し自殺した実在の人物といわれる。その鍾馗を手厚く葬ってくれた唐の六代玄宗《げんそう》皇帝が病で床に伏せ熱にうなされていると、皇帝を助けるため夢に現れたという。

我が国では五月人形や屋根に置かれる魔除けとして親しまれているが、これは鍾馗が鬼より強いと信仰されているためだ。病魔は悪鬼などが起こしたり運んでくるものと信じられていたのである。特に、朱で描かれた鍾馗像は疱瘡除けとされていた。

葛飾区東金町 6-10-5　葛西神社内

手にぶらさげているのは鬼＝病魔。

【関連】「鬼」322 頁。

都内各所

羅漢《らかん》さん

❖災害犠牲者の供養／悟りや会得・解脱の境地／心の安寧

「羅漢さん」といえば五百羅漢が有名だが、二人、十六人、二十人などと、人数はさまざま。

そもそも羅漢さんとは、供養や尊敬に値する釈迦の弟子、つまり仏教における聖者のことで、煩悩を滅尽《めつじん》して苦しみから脱却した人を指す。釈迦よりは、多少人間くさい気もしないではない。時として五百羅漢寺などの目玉になることもあるが、決して主尊となるわけでもない。仏教の教主である釈迦への信仰が、やがて実際の修行者であった羅漢へと移り、中国では宋代以後、日本では平安時代以降盛んになった。

都内で名高いのは目黒の五百羅漢寺《ごひゃくらかんじ》だが、拝観料が必要である。一見の価値は充分あるが、本書では同じ目黒区の大円寺《だいえんじ》の五百羅漢を紹介する。なお、五百羅漢寺が目黒区に移る前の五百羅漢寺跡の石柱は、江東区の西大島駅前に建っている。

明和九（一七七二）年二月に発生した江戸の三大大火の一つは目黒行人坂《ぎょうにんざか》大火とも呼ばれ、死者・行方不明者合わせて約二万人の犠牲者を出した。火元はこの大円寺で、その犠牲者の冥福を願って五百羅漢は造立された。中には女性らしき像もあり、キリシタンまでいるという説もあって、興味深い。

他にも下記のような羅漢がある。

●文京区椿山荘《ちんざんそう》の二十羅漢石――伊藤若冲の下絵による羅漢石は、我々がイメージする繊細で写実的な若沖らしからぬ、温かく飄々とした味わい深い表情をしている。

●葛飾区見性寺《けんしょうじ》の十六羅漢――十六羅漢は、こと禅宗において尊崇された。

目黒区大円寺の五百羅漢（目黒区下目黒1-8-5）。

台東区正寶院の飛不動にましまず語らい羅漢（台東区竜泉3-11-11）。

江東区西大島の羅漢寺跡（江東区大島4-5）。

文京区椿山荘の二十羅漢（文京区関口2-10-8）。

◉練馬区九品院《くほんいん》の蕎麦喰《そばくい》羅漢——二人の羅漢さんが蕎麦喰地蔵の正面で、楽しそうに語らいながら蕎麦を食べている（⇩413頁）。

◉台東区飛《とび》不動の語らい羅漢——こちらも正寶院《しょうぼういん》境内の片隅で、二人の羅漢さんが楽しそうに何かを語らっている。

ちなみに、羅漢さんに祈願するのは、夜中が良いそうである。こっそり詣でて、一つ一つ触れていくと人の体温を感じるというから、多少勇気が必要だ。

【巡拝】大円寺「とろけ地蔵」421頁、同「八百屋お七」286頁、見性寺「狸塚と貉塚」208頁、九品院「蕎麦喰地蔵」413頁、正寶院「飛不動」106頁。

葛飾区見性寺の十六羅漢には、台座にそれぞれの尊命がしっかり刻まれている（葛飾区亀有5-54-25）。

世田谷区ほか

念仏車《ねんぶつぐるま》

❖仏のご加護／心の安寧

「念仏車」とは念仏を唱えながら廻すものであり、寺院内の転輪蔵《てんりんぞう》（回転する経蔵）やチベット仏教のマニ車などがそれにあたる。一回廻すごとにお経を一度読んだのと同じ功徳があるとされ、念仏の功徳をより効率よく広めるものとして造立されたと考えられる。つまり、難解な経典の庶民化である。

世田谷区の念仏車は、いかだ道と中道の交わる場所に立つ小さなお堂の横にある。「いかだ道」とは多摩川で筏《いかだ》を流した筏師たちが家への帰途通った道だという。

いかだ道の念仏車　世田谷区喜多見7-8

当地の念仏車には石造四角柱の上部に六角形の車輪が取り付けられており、各面に「南無阿弥陀仏」の六字名号《ろくじみょうごう》が刻まれている（他所の念仏車には他の文言が刻まれている場合もある）。

解説板によると、「この念仏車は文政四（一八二一）年、喜多見郷の「女念仏講中」によって建てられた。念仏講は女性のみによって構成される場合がままあり、このような念仏講による地蔵などの造立例が区内でも幾つか認められる。しかし区内で近世以前に造立された念仏車の遺例は他に見られないので、この念仏車は近世世田谷の女性による信仰の遺例としてはかなり貴重な例といえる」とある。

目黒大円寺《だいえんじ》の車は円形で石造。ベアリングが入っているためか回転は滑らか。経文のような細かい文字が一面に彫ってあり、台座の正面にはとろけ地蔵、左面には摩尼《マニ》車とその解説、右面には「追善供養一回一誦」とある。背後には目黒行人坂《ぎょうにんざか》大火（明和の大火）の犠牲者を供養する五百羅漢像がずらりと並ぶ。

足立区長円寺《ちょうえんじ》の念仏車は、境外の地蔵堂前にある。車は木

いかだ道地蔵堂。すぐ手前に念仏車が立つ。

いかだ道地蔵堂の中。

いかだ道の念仏車。

製で傷みが激しく、文字などは解読不能。

都下（八王子市）だが、高尾山薬王院《やくおういん》境内や山内には、いたるところにこの念仏車風の石柱が建っている。薬王院ではこれを「六根石《ろっこんせき》」と呼んでいる。修験道との関わりを示すように、六角形の車輪にはそれぞれ眼・耳・鼻・舌・身・意（六根）の文字が彫ってある。

【巡拝】大円寺「とろけ地蔵」421頁、同「羅漢さん」78頁、同「八百屋お七」286頁、長円寺「石の大日如来」93頁、同「魚藍観音」101頁、同「子福さま」379頁、長円寺近くの「立石大神」126頁。

足立区長円寺の念仏車（足立区千住4-27-5）。

目黒大円寺の念仏車（目黒区下目黒1-8-5）。

願人坊主《がんにん》

❖疱瘡／麻疹／安産守護

享保〜文化年間（一七一六〜一八一八）にかけて、江戸の庶民信仰として半田稲荷の「願人坊主（半田行人《はんだぎょうにん》）」は大変な人気があった。

「奉納半田稲荷大明神」などと染め抜いた赤い幟《のぼり》に赤い頭巾と鉢巻き、もちろん赤い法衣に赤い脚絆《きゃはん》。背中に赤い「くくり猿」を背負い、鈴を鳴らしながら「葛西金町半田の稲荷　ほうそうも軽いな　はしかも軽いな　運授安産守護の神」などと面白く歌い踊りながら、ちらしを配って歩き回った。特に疱瘡前の子供のいる家で銭をもらうと、稲荷の真言を唱え、祝言といって抱えている箱から「一文《いちもん》人形」という土人形を取り出して子供に与えた。特に歳末には嚢《ふくろ》に米を貫い歩いた。残された絵によれば、行人の股の辺りから狐の首が伸び縮みして卑猥な笑いを誘っていたようだ。

彼らの出自は三宝院の坊主だったらしいが、普段は神田橋本町に集団で暮らした乞食坊主である。江戸時代には疱瘡が流行ったことなどと相まって、これが半田稲荷と組むことによって大人気となった。芝居や長唄にも取り込まれ、さらに人気を高めた。

葛飾区東金町 4-28-22　半田稲荷

半田稲荷は少なくとも一千年の歴史を持つ古い社だ。

坂東三津五郎扮する願人坊主の絵馬は半田稲荷で入手できる。

【巡拝】葛西神社「鍾馗」77 頁、金蓮院「二十六夜塔」55 頁、南蔵院「縛られ地蔵と縛り地蔵」396 頁。

第二章

主尊格神仏に求める庶民利益

本章で述べる精霊たちは、本来ならば本殿や本堂の中に祀られている場合が多い由緒正しい神仏なのだが、じつはそれほど教義やお布施、神仏に対する礼儀作法にこだわらずとも、我々庶民に御利益を分けてくださりそうな神々だ。たとえば神前に線香を供えても、仏尊に向かって思わず柏手《かしわで》をパンパンと打っても、笑って許してくれるようなおおらかさを感じる。心が込もっていれば許してくれそうなのである。

筆者は某神社で神職体験をしていた時に、じつに驚いた。神仏を敬《うやま》う「作法」は気持ちより形式と知識が優先されるのである。左右どちらの足を先に出すかとか、祝詞や経典をどれだけ暗記しているかどうかが、神仏を敬い畏れる心のあり方より優先されるらしいのだ。もちろん修行や学習は重要である。それを疎《おろそ》かにしてはならないが、これを一部の宗教者は明らかに権威付けの手段としている。さらに、作法を知らない者はその分を金銭で補うべきだと考えている。

なぜそうなってしまったのだろう。当初、神仏は権力者のためのものであって庶民のための存在ではなかったからである。

我が国に仏教が入ってきたのは西暦五〇〇年代中頃といわれるが、仏教には庶民から隔離された壮麗荘厳な寺院が伴った。それで神道派は慌てて、寺院に倣《なら》い社《やしろ》を建て始めた。

ちなみに、これ以降の神道を神社神道と呼び、それ以前の社の無かった神道を原始神道と呼ぶ。神は山や岩や巨木などに宿るとされていたのだ（原始神道に関しては第四章、第五章で解説する）。

原始神道以降に起きた神社神道における氏神は、地域の権力者が一族郎党の意思を団結するために奉祀した守護神であった。たとえば、今でこそ庶民の神とされる稲荷神は秦《はた》氏一族の、氷川《ひかわ》神社は出雲《いずも》族の、春日《かすが》神社は藤原一門の、八幡神社は清和源氏一門の氏神であった。一方の仏教は、煌《きら》びやかな寺院や仏像を建立した皇族や貴族の死後の浄土行きを約束するものであった。今では考えられないが、共に庶民を救うためのものではなかったのである。

繰り返しになるが、当初の仏教は国家守護と貴族など権力者の死後の安寧を保証するものであり、神社もほとんどが権力者の守護神として建立された。つまり信仰は常に権力や政治と共にあり、決して庶民のためにあったのではない。それで一部の新興仏教が庶民のところに降りてきたのは鎌倉時代の僧によって、神祇の場合は江戸時代の庶民によってである。

一方、本章に登場する神仏は、しがらみを持たず、教義や権威にとらわれず、自らわざわざ高座から舞い降りてきて、庶民が必要に応じて祀った神仏である。よく縁起や由緒で「我を衆目に晒《さら》すでない」などと宣《のたま》ったので秘仏とした、などとあるのは、宗教者による神格への権威付けの手段ではないだろうか。

本来、庶民のなけなしの賽銭を「チッ！　これっぽちか」（これは、筆者が実際に、式場の待機室で耳にした人間のセリフである）などといって蔑《さげす》む神仏は、いないのである。縁起や由緒は、あくまでも寺社側に都合良く書かれたものが多く、江戸時代にはそれを売り歩く修験者がいたという。

反面、これら開放的な神仏像は庶民の暮らしの場に溶け込んでいるため、特に最近は盗難に遭いやすいという現実も、残念ながら看過できない。

文京区本郷4丁目にある本郷薬師の参道。屋台が出ていて庶民的だ（⇨86頁）。

本郷薬師

❖疫病／インフルエンザ／食中毒

文京区の「本郷薬師」は、本郷三丁目交差点の近くに鎮座する。次頁左下写真に見られるように、この庶民臭さが好感度を上げて、まさに民衆のための薬師如来そのもの。

とはいえ、この場所は戦前まで真光寺《しんこうじ》の境内だったから、今のように道の片隅にポツリと建つお堂ではなかった。お堂は戦災で焼失し、この時真光寺は世田谷区給田一―一九―九に移っていったのだが、薬師のお堂は昭和二十二（一九四七）年に元の場所で改築され、さらに昭和五十三（一九七八）年に新築されている。つまり、住民が残したのである。

伝えによれば、ここに薬師堂が建立されたのは寛文十（一六七〇）年のこと。当時、疫病（瘧《おこり》＝マラリア）が大流行したが、真光寺の僧の夢枕に薬師如来が立ち、「下水を浚《さら》い、草むらを払い、水捌《は》けをよくし、できる限り水を清めるように」と告げた。マラリアは蚊が媒介するから、医学的に見ても理にかなったお告げである。

さらに、この如来に祈念すると他の病気も治ったということだから、ますます人気も高まる。もともと薬師如来は人間の病苦を癒し（一般には目の病）、苦悩を除く仏尊とされているから、お薬師様のお堂は、当時の庶民にとっては心理的治療（プラシーボ）効果を処方してくれる病院だったといえる。

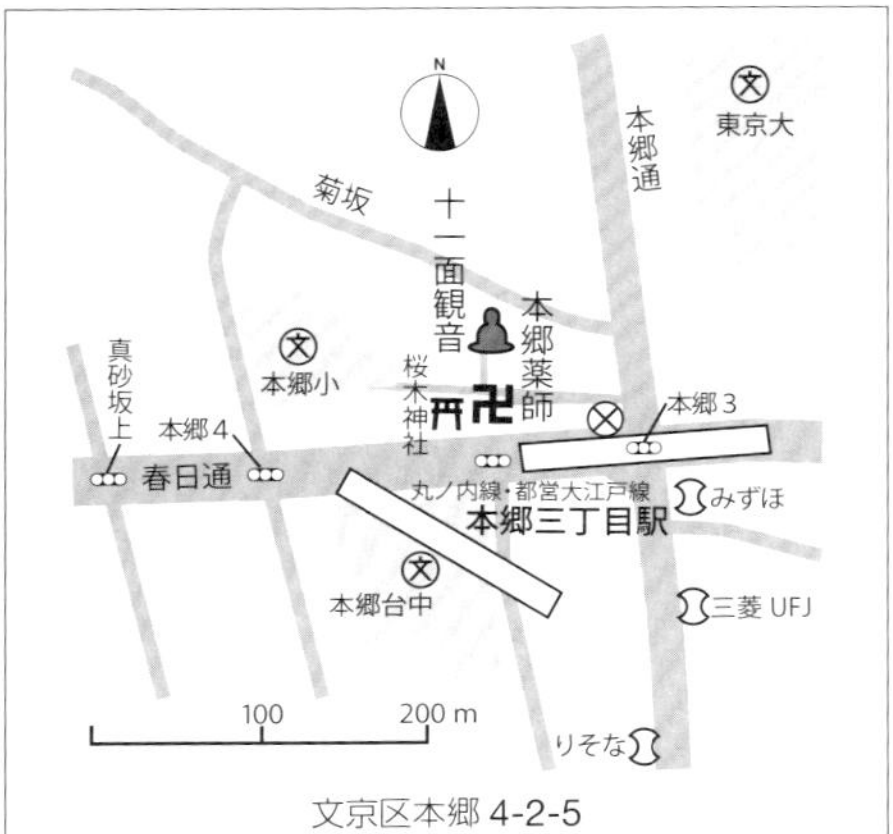

文京区本郷 4-2-5

本郷薬師の夜市は古くから人気があったらしく、飲食店や骨董、植木などの他に、古書を扱う店も出ていたという。『新撰東京名所図会』には「連夜商人露店を張る。毎月八日・十二日・二十二日は薬師の縁日なり。縁日の夜は、殊に雑踏を極む

お堂の中には両脇を四天王に守られたお薬師様が納められている。

るなり」と紹介され、神楽坂善國寺《ぜんこくじ》の毘沙門天や北区の王子権現（今の王子神社）の縁日と共に人気があった。

かつてすぐ近くの菊坂に住んでいた樋口一葉は、その日記に母と参拝したと記し、泉鏡花は『婦系図』に「薬師様の縁日」について記した。つまり、本郷周辺を表現する際に、「ああ、あそこね」と納得させる存在感があるお堂だったのである。

【巡拝】「本郷の十一面観音仏」１０２頁。

すぐ先の路地を右に入ると十一面観音露天仏が見える。

練馬区

石《いし》薬師

❖目の病／病気全般

練馬駅南口の千川通りを少し入ったところに大鳥《おおとり》神社があり、その境内に「石の薬師さま」が祀られている。かつてはここから五〇〇メートルほど南の路傍にあったというが、人々は神仏の違いなど気にしなかったのだろう、仏尊はすんなり神社の境内に移された。

この薬師さまも、例に漏れず眼の病に験があるといわれている。祈願には、「向かいめの字」が描かれた絵馬に願い事を託して奉納する。眼病平癒の祈念をする場合、対象の神仏が異なってもだいたい同じパターンの絵馬を奉納するところは興味深いものがあり、庶民祈願における共通性を感じる。

また、当社では社務所の前に置いてある名刺大のカード（無料で配布）に願い事を書いて納めることも可能である。

線香は二本ずつ立てるのが決まりだそうで、神社で線香というのも不思議な感覚だが、庶民に寄り添った配慮である。

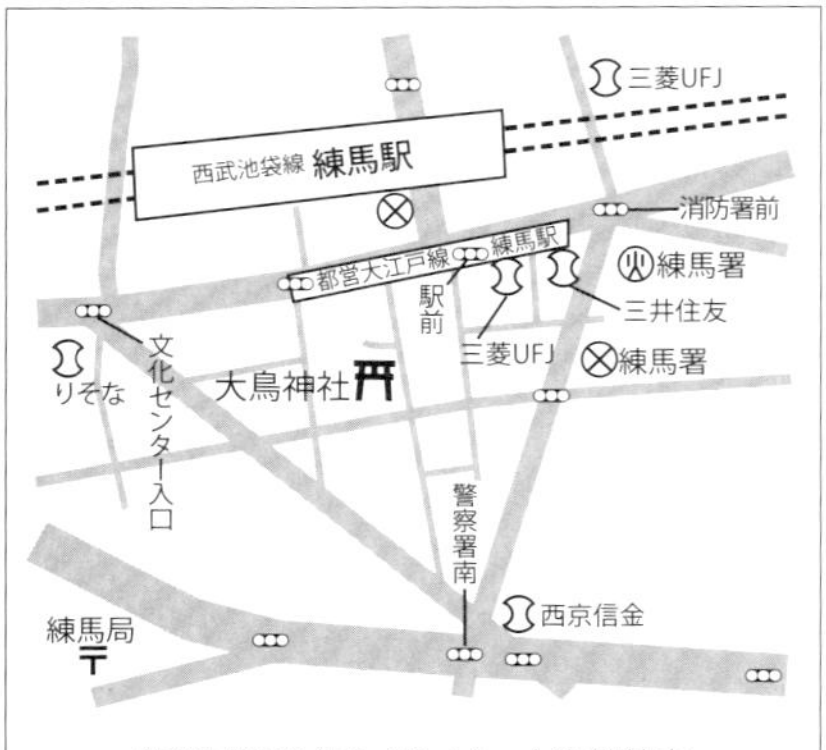

練馬区豊玉北 5-18-14　大鳥神社内

神社に仏尊とはいかにも庶民信仰らしい。

シンプルな石像はいかにも親しみやすい。

「向かいめの字」の意匠。ひと目で祈願の内容がわかろう。

【関連】「めやみ地蔵」400 頁。

目黒区

蛸《たこ》薬師

❖皮膚病／イボ取り

薬師如来を本尊とする目黒区成就院《じょうじゅいん》には庶民信仰のイメージはないが、御利益が蛸《たこ》（多幸）にちなんだイボ取りということゆえ紹介したい。

まず、山門を入った正面に、大きな蛸のイラストが描かれた看板が掛かっている。「ありがたや　福を　すいよせる　たこ薬師」と書かれており、蛸が万両、千両、十両の大判小判を吸い寄せている。このインパクトに、看板の下にまします由緒ある地蔵尊たちも影が薄い。これは徳川二代将軍秀忠の側室であったお静の方が奉納した「お静地蔵」なのだが。

本尊の「蛸薬師」は、慈覚大師円仁が全国を説法・行脚している時、海中から光り輝く薬師如来が現れたという由緒から彫られた。顕現の際、その足元を三匹の蛸が支えていたという。

イボが治るように祈願するには、蛸を絶って「おなで石」で患部をさするのだそうだ。

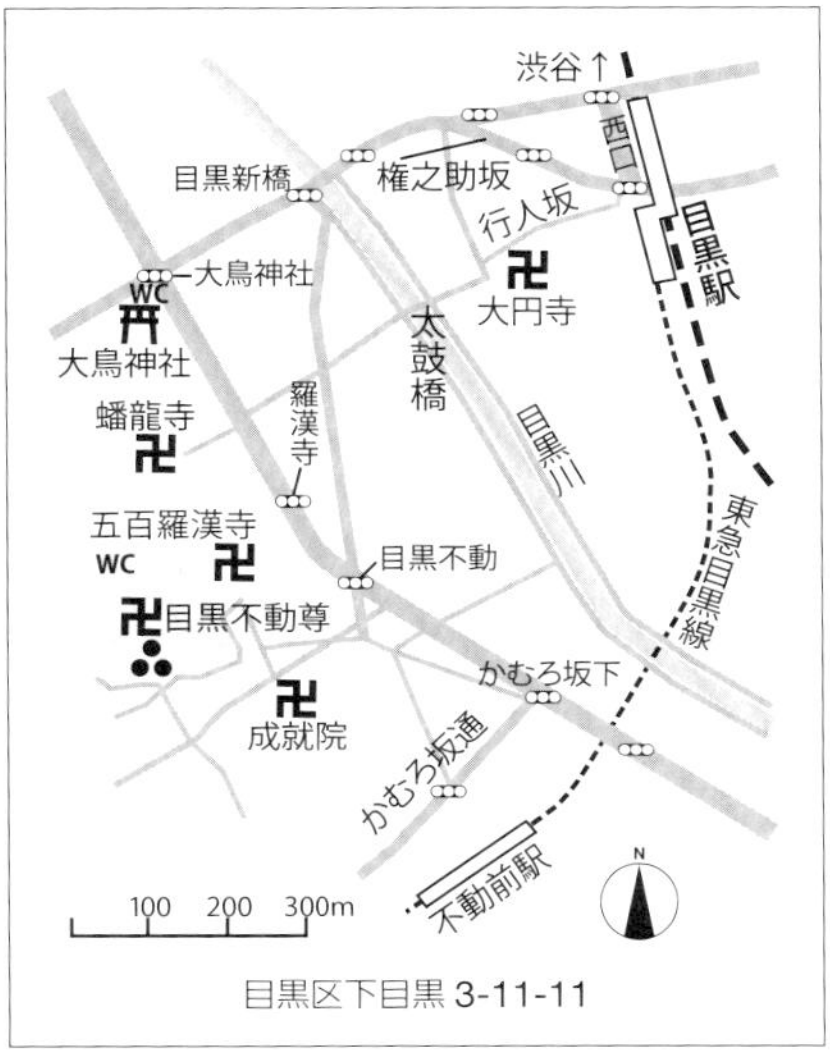

インパクトのある蛸の看板の下に立つのが「お静地蔵」。こちらも出世、子育てに御利益がある。

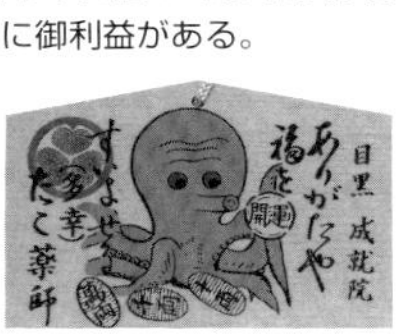

蛸薬師の絵馬。

【巡拝】目黒不動尊山門前「比翼塚」296頁、蟠龍寺「御化粧延命地蔵とおしろい地蔵」399頁、大円寺「とろけ地蔵」421頁、目黒不動尊「地主神」24頁、同「天狗」64頁、同「愛染明王」108頁、同「目黒の滝壺」176頁、同「目黒不動尊の閻魔王と奪衣婆」316頁。

江戸川区

妙音寺《みょうおんじ》の薬師堂

❖目の病

江戸川区一之江の妙音寺は、境内から南北朝時代の板碑数基が発掘されたほどの区内有数の古刹。本尊は安土桃山時代の十一面観音立像だが、鎌倉時代初期の作風を示す阿弥陀三尊像、他に鎌倉時代の春日仏師作といわれる薬師如来が祀られている。

「薬師堂」は、境内に入って右にある。額には「厄除祈願」と書いてあるが、懐かしさを感じさせる古びた「十眼」の絵馬が何枚も奉納されている。ただしこの絵馬を描いていた方はもう亡くなって、今は入手できないそうだ。

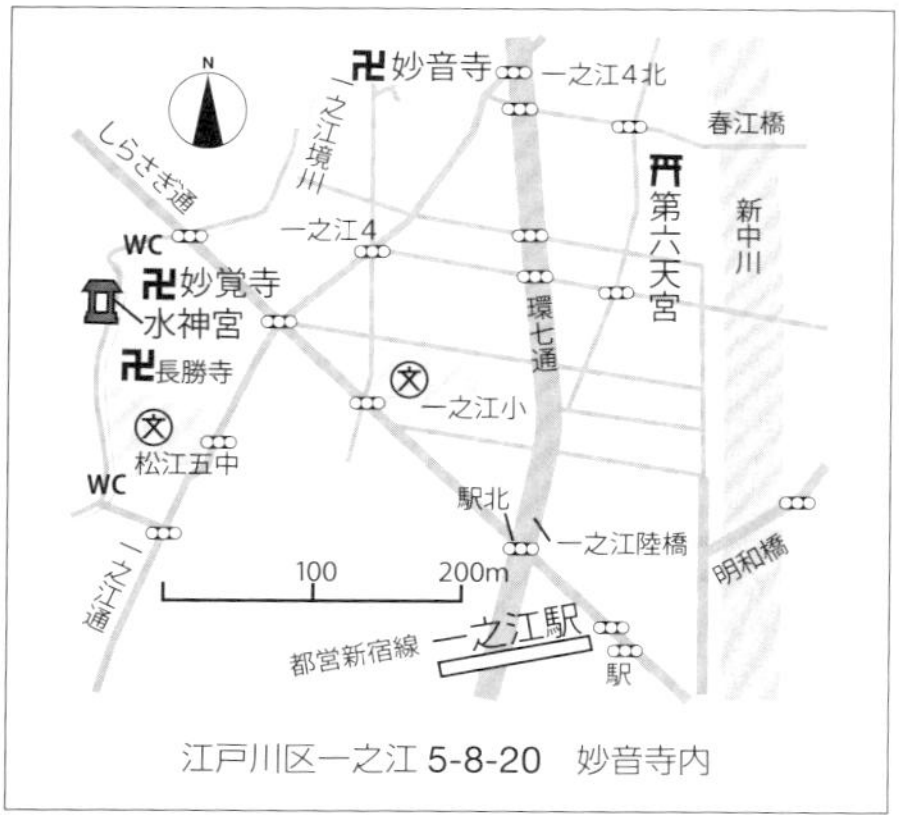

江戸川区一之江 5-8-20　妙音寺内

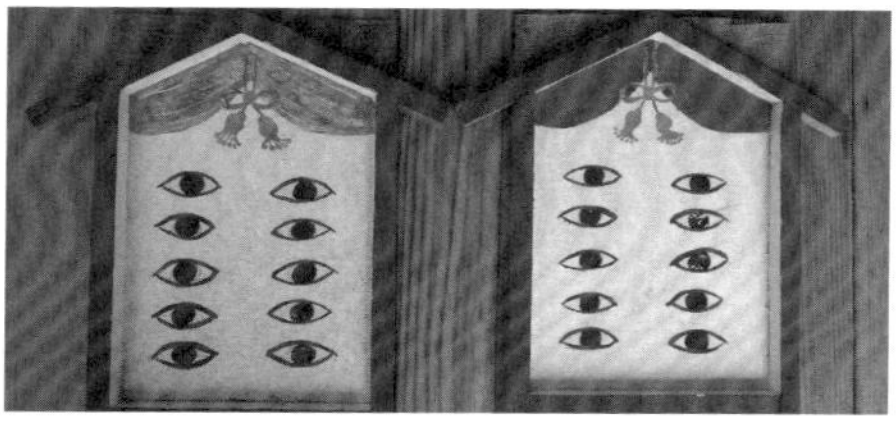
「十眼」の絵馬

『江戸名所図会』巻之七「医王山妙音寺」には、「弁財天の宮は、堂前池の中島にありて」云々とあるが、今ではその池はない。しかし、この池にまつわる伝説は残っている。

江戸川区教育委員会の掲示板によると、「むかし、ひとりの目の不自由な娘がいました。その娘は、目を治そうと、妙音寺の薬師如来に二十一日の願をかけ、食を断ってお祈りしました。すると満願の日に、目が見えるようになりました。娘はお礼にと薬師の池にたくさんの鮒《ふな》を放ったところ、鮒は全て片目になったといわれています」とある。

片目の魚とは日本古来の伝説の一パターンで、主に鮒や鯉など、池に住む魚の目が片方だけというもの。民俗学者の柳田國男翁も研究し、論文を書いている。

そのような池は寺社の境内または近くにある場合が多く、人々はそこに棲む魚を神に仕える神聖な神供の魚として尊重した。これは片目のものを神仏が好むという考え方で、他にも、片目を射られた武将が傷を洗ったために池の魚が片目になった

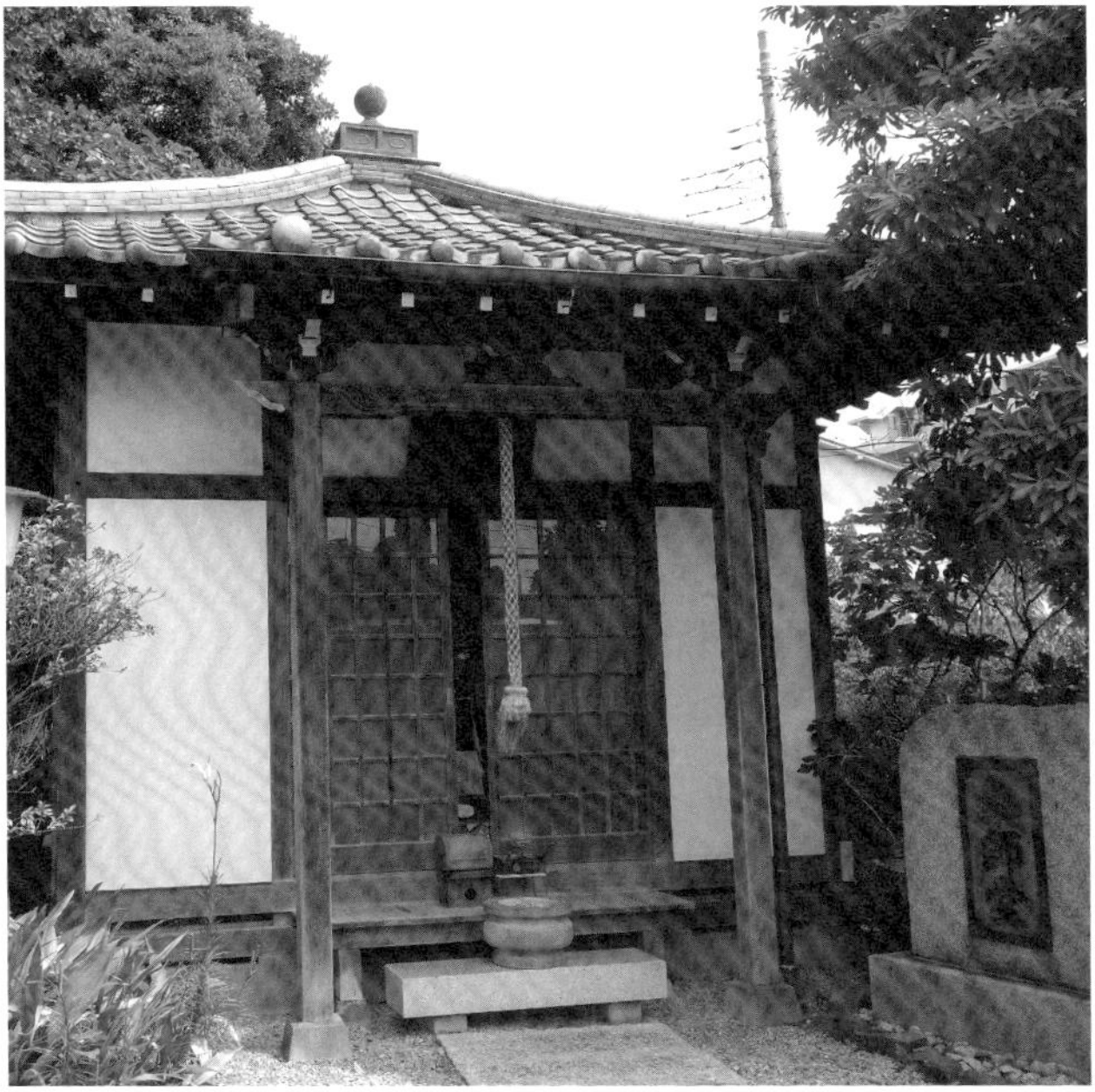

妙音寺は建久元（1190）年に開山された区内でも有数の古刹。境内の薬師堂には春日仏師作の薬師如来立像がある。

とか、高僧の食べ残した魚が池に入って片目となったなどの話は、全国にある。

つまり当社の伝説の要点は、目の治った娘がお礼に放生した魚をお薬師さまが喜んで受け入れた、または魚が娘の身代わりになった、ということなのだろう。

『江戸名所図会』より。右中程下に池があり「弁天」の小祠が描かれている。

該当部分拡大。

台東区

上野大仏

❖合格祈願／墜落除け

少々奇妙な姿なので、新聞や雑誌などで取り上げられ、最近はすっかり有名になってきた。この顔面だけの大仏は、台東区上野の大仏山と呼ばれる小丘に鎮座している。

はじめは寛永八（一六三一）年に完成した、高さ六メートルの釈迦如来像だった。ただし今のように金属製ではなかったという。

その後何度も、地震や火災の被害に遭い、そのたびに修復されてきた。ところが大正十二（一九二三）年の関東大震災で、頭部が落下した。そして太平洋戦争中に、頭と胴体部を金属供出で持って行かれて、顔面だけが残ってしまった。

それで、これだけ受難が続けばもう落ちようがないということで、現在は、受験生にとって有り難い合格大仏へとイメージチェンジしたというわけだ。「落ちない」となれば、飛行機旅行の安全祈願にもなるはずである。

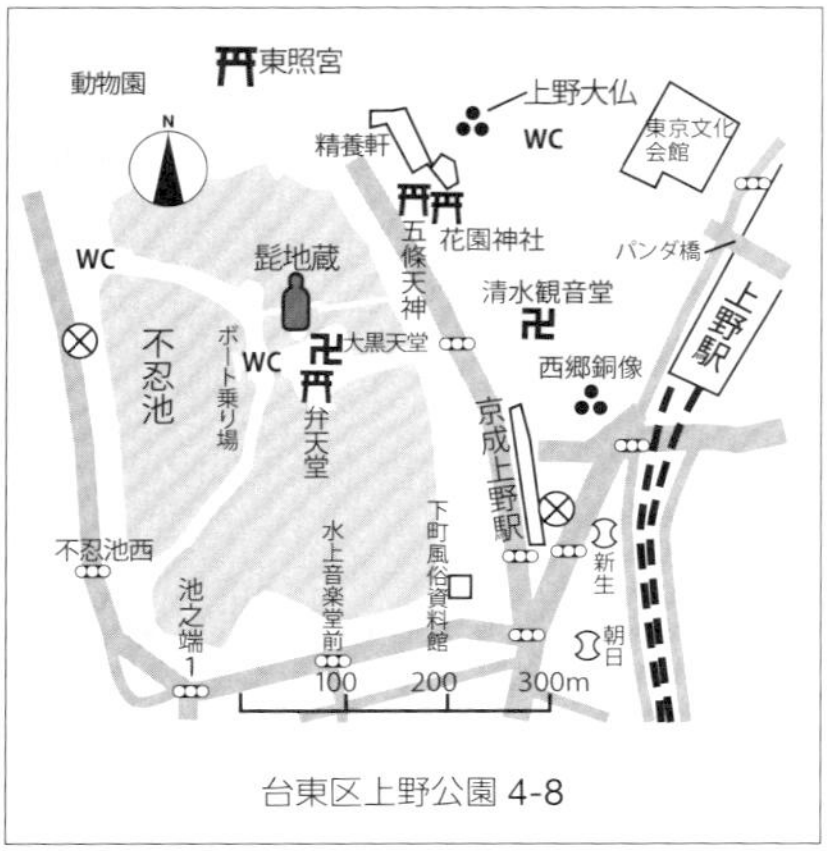

台東区上野公園 4-8

現在のお姿（上）とかつての勇姿（下）。

【巡拝】上野公園「不忍池の髭地蔵」130 頁、同「栄誉権現の狸神」210 頁。

石の大日如来

❖開運厄除／眼の病／安産

仏尊中でも位の高い大日如来の、大衆的な石仏は珍しい。

大日如来は、密教に於ける根本本尊でその名に表されているように太陽神であり、この世の隅々までを照らしてくださるというわけだ。東大寺の大仏（盧遮那《るしゃな》仏）と同じ仏様で、教理では金剛界の智と胎蔵界の理の中心に位置している。

といっても、足立区長円寺《ちょうえんじ》の大日如来像は、金剛界の智拳印《ちけんいん》（忍者が結ぶ印と同じ手の形）を結び、優しい癒し系の表情をしている。よく見ると、頭には五智《ごち》の宝冠を被り、垂髪で天衣《てんね》を着、脚は蓮の華の上で結跏趺坐《けっかふざ》する。その下の台座には獅子が彫れており、こちらも親しみやすい表情をしている

この長円寺には「魚籃観音」「子福さま」「めやみ地蔵」も祀られており、庶民的御利益がいっぱいである。

【関連】目黒不動尊の大日如来「地主神」24頁。

【巡拝】長円寺「魚籃観音」101頁、同「子福さま」379頁、同「めやみ地蔵」400頁。

足立区千住 4-27-5　長円寺内

長円寺の大日如来。寛永4（1664）年の銘がある。

目黒不動の本堂裏に鎮座する大日如来坐像。天蓋付きだが露天仏だ（目黒区下目黒3-20-26）。

聖《しょう》観音

❖衆生救済／万能

一般にいう「観音さま」とは、この「聖観音菩薩」のことを指す。

観音さまというと美しく優しい、そして気高い女性のイメージだが、じつは観音さまは女性でも男性でもない。しかし三十三の姿に変身し、後述するが明らかに男性風の馬頭《ばとう》観音や人妻が変じた魚籃《ぎょらん》観音などもあるので、実態は複雑。

寺院や墓所などの石像では、地蔵菩薩、如意輪観音などと並んで比較的多く見られる。左手に蓮の蕾（未開蓮）を持ち、右手は下げたまま手の平を前方に向ける「与願印《よがんいん》」を表している。これは、全ての生き物の願いを実現することを象徴するものだそうだ。

頭には本来、仏様を表した「化仏《けぶつ》」の宝冠を載せているが、石仏ではだいたい簡略化されている。墓地にあるものは、ほとんど墓石＝供養塔である。

杉並区釜寺・東運寺の聖観音像（杉並区方南2-5-4）。

豊島区盛雲寺の無縁塔。地蔵菩薩坐像の下で蓮台に立ち正面を向く聖観音（豊島区西巣鴨4-8-40）。

千手観音

❖危機からの救出

観世音菩薩は三十三身に変化するといわれ、中でも聖観音は良く知られるが、じつは病を治し罪障を除き寿命を永らえ、あらゆる願い事を叶えてくださると信じられていたのは「千手観音」である。手が千本あるといわれ、その手の平にそれぞれ目がついているのだから、あらゆる物事を見、救いの手を差し伸べてくださる。

奪衣婆《だつえば》（⇩312頁）でも後述する新宿区正受院《しょうじゅいん》にある無縁塔群の正面の石像は、通常よく見られる地蔵菩薩や如意輪観音ではなく千手観音で、非常に珍しい。元禄十六（一七〇三）年の銘がある。

同じ新宿区の西念寺《さいねんじ》にも千手観音像がある。この寺には服部半蔵の墓があるが、その墓（宝篋印塔《ほうきょういんとう》）に向き合っている。天保四（一八三三）年の造立で、非常に優しい表情をしており美しい姿を呈す。

新宿区新宿 2-15-20　正受院内

正受院の無縁塔（右）と千手観音菩薩（左）。

同じ新宿区にある西念寺の千手観音菩薩（新宿区若葉2-9）。

【巡拝】正受院「正受院の奪衣婆」312 頁、正受院近くの成覚寺「旭地蔵（夜泣き地蔵）」433 頁、「大宗寺の閻魔王と奪衣婆」314 頁、同「塩地蔵と塩かけ地蔵」404 頁、西念寺近くの蓮乗院「魚籃観音」101 頁、「三つの於岩稲荷とお岩水かけ観音」326 頁、法蔵寺「親子地蔵」391 頁、東福院「豆腐地蔵」414 頁。

馬《ば》頭《とう》観音

❖牛馬・ペットの供養／交通安全

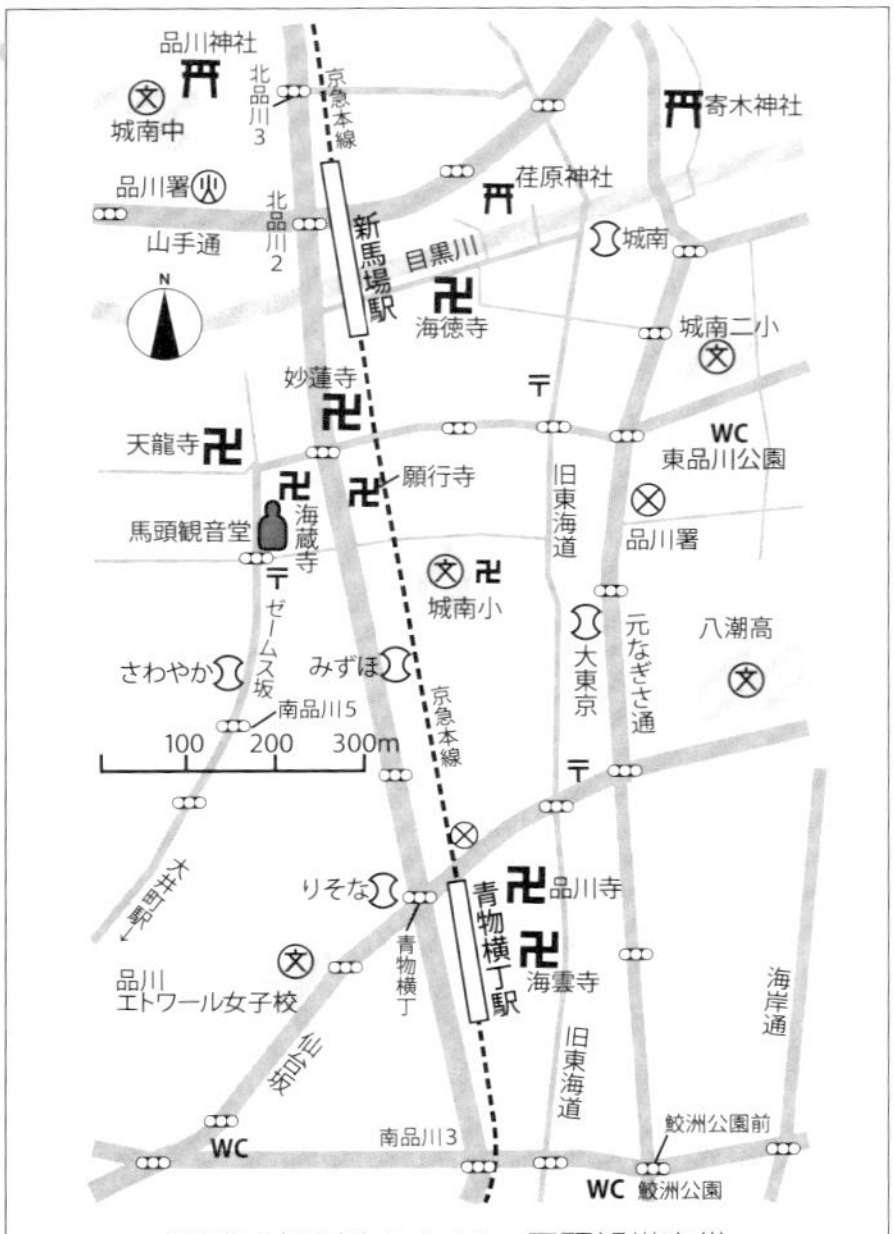

品川区南品川 4-4-19　馬頭観世音堂

観音菩薩は一般に慈悲に満ちた優しい顔をしているが、この観音像は怒髪《どはつ》で、頭上に馬の頭を載せた恐ろしい表情をしている。とはいえ、石仏には素朴で愛嬌のあるものも多い。また、尊名だけ彫ってある文字碑もある。

本来は仏界の来世における六道のうち畜生道に堕ちた者を救ってくださる菩薩なのだが、一般には、人のために働いてくれた牛馬を供養する仏尊と考えられている。したがって農村、宿場や、かつて馬捨て場だった場所にも多く建立された。

今ではあまり知られていないが、江戸時代には牛馬が死ぬと、飼い主が勝手に処分することが禁じられており、定められた場所に集められた。革は武具や太鼓ほか、小物を作るための必需品だったからである。これらの処分や加工は、「穢多《えた》」と呼ばれた被差別民が行っていた。

南品川のゼームス坂北端の旧東海道近く、海蔵寺《かいぞうじ》の西側に馬頭観世音堂があり、三面八臂《さんめんはっぴ》（顔が三つ、手が八本）の非常に立派な像が祀られている。それほど古いものではないようだが、保存状態も良く、立派だ。

板橋宿（中山道）の遍照寺《へんじょうじ》には、目を吊り上げているものの、頭に馬頭をちょこんと載せた愛嬌のある像がある。同じ板橋区には、近藤勇（⇩２７０頁）が処刑されたという馬捨て場の近くと思われる場所に小さな観音堂があり、中に馬頭観音の文字碑がある。他にも、かつての千住宿一帯には多くの馬頭観音が残っている。

練馬区錦一丁目の円明院《えんみょういん》の血之道《ちのみち》地蔵（⇩４２６頁）の向か

品川区馬頭観世音堂の馬頭観音。非常に立派な丸彫り像で、ここまで精巧なものは珍しい。

いに坐す三面六臂《さんめんろっぴ》像は、怒髪で迫力がある。

長野県にある伊那小学校出身の中学生が小学校の四年間を通じて育てたポニーが死んだため、その飼育や出産によって多くを学んだことを心に刻もうと、受験期にもかかわらず皆で製作した馬頭観音（「巣立ち観音」）は、印象的だった。平成五（一九九三）年の建立である。

【巡拝】馬頭観世音堂近くの「海蔵寺の首塚」292頁、海徳寺「ホームラン地蔵」394頁、天龍寺「責任地蔵」395頁、願行寺「縛られ地蔵と縛り地蔵」396頁。

右：板橋区遍照寺の馬頭観音（板橋区仲宿40-7）。中上：練馬区円明院の馬頭観音（練馬区錦1-19-25）。中下：足立区炎天寺の文字碑。旧日光街道に近い（足立区六月3-13-20 ）。左：人と馬の深い関わりを改めて教えてくれた長野県伊那市仲仙寺の巣立ち観音。

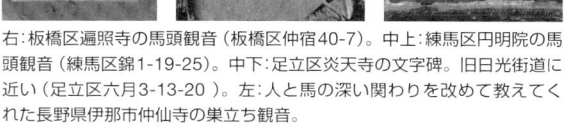

荒川区

馬捨て場の馬頭《ばとう》観音

❖運送業者の守護／交通安全

荒川区尾久の原公園奥の隅田川沿いに「馬捨て場跡」があり、ここに天保十二（一八四一）年と大正時代の二体の馬頭観音、竹駒《たけこま》稲荷などが祀られている。

一帯は大正時代まで村の共有地で、秣場《まぐさば》と呼ばれていた。かつてはここから五〇メートルほど西にあったようだが、スーパー堤防の建設に伴って移された。

馬捨て場とは、年老いたり死んだ牛馬を持ち込む場所で、全国の村々に存在していた。ここに持ち込まれた牛馬は、当時の被差別民によって解体され、武具・太鼓などの皮革製品や、肥料・薬品などに加工されて活用された。ここでは近年まで、牛馬の供養のための絵馬を奉納したり、生木《なまき》で作ったY字形のイヌトウバ（犬卒塔婆）を供える習俗が残っていたという。

境内には馬頭観音の他、近隣から集められた庚申塔や地蔵尊などが多く祀られている。

荒川区東尾久 7-4　馬捨て場跡

奥（真ん中）の碑は字が読めないので断定できないが、庚申塔のように見える。

正面に二基の祠が建つが、向かって右の祠に馬頭観音が祀られている。左の祠は「竹駒稲荷」。

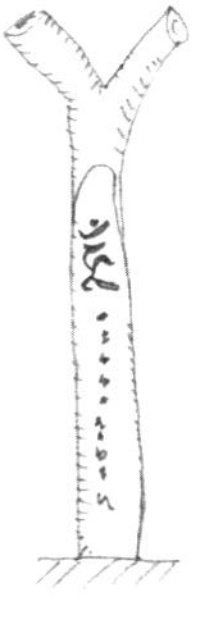

イヌトウバ。五来重『日本仏教民俗学の構築』（法蔵館、2007年）より転載。

目黒銀座の馬頭《ばとう》観音

❖安産／受験

中目黒銀座通りから一本線路側に入った道に鎮座する。境内には、読み取れるだけでも馬頭観音碑が四基、馬頭観音勧請祈念碑が一基ある。

解説板によると、大正の終わり頃、近辺には小規模な乳牛牧場や馬力運送業などがあり、目黒恵比寿畜舎運送組合が結成されていた。その代表者が発起人となり、大正十二（一九二三）年に、牛馬の息災や死後の弔い、土地の開発などを祈り、絵馬市で有名な埼玉県東松山市上岡の妙安寺から、馬頭観音の分霊を安置したということだ。確かに、境内の石碑は大正以降のものが多く、江戸や明治時代のものは見当たらない。

筆者は、この場所は蛇崩川《じゃくずれ》の畔でもあり、恐らくかつての馬捨て場跡と踏んでいて、関係者にも伺ったのだが、その痕跡を発見することはできなかった。

最近は、受験生の間で評判が高いそうだ。

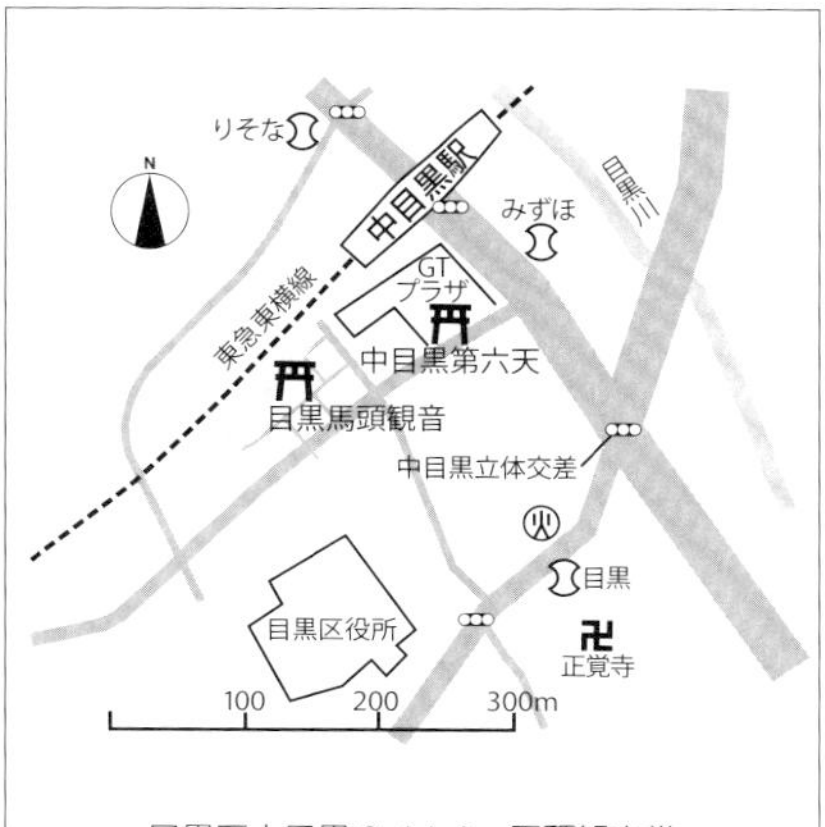

目黒区上目黒 2-14-6　馬頭観音堂

ここから300m東南方向の正覚寺（中目黒3-1-6）に牧場跡碑がある。左下写真はお供え物のニンジン。

【巡拝】「中目黒第六天社」51頁。

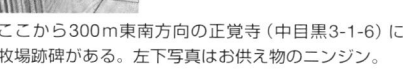

都内各所

如意輪観音《によいりん》

❖女性・子どもの供養／福徳・智徳を得る

寺院の境内や墓地で必ずといってよいほど見かける石仏で、立てた片膝に肘を付いた姿の観音様。これは右手（右第一手）を頬に付けて思惟《しい》している半跏坐《はんかざ》思惟型という姿で、人々を地獄道や畜生道などの迷界から救うことを誓願している姿だといわれる。

一般的には二臂《にひ》（手が二本）がほとんどだが、たまに六臂《ろっぴ》のものも見かける。しかし別項の馬頭観音（⇒96頁）とは対照的に、表情は優しく穏やかである。

無縁仏を集積した供養塔には、地蔵菩薩、聖観音の像と共にこの如意輪観音も多く見られる。如意輪観音は特に女性や子どもの供養塔（墓石）として建立されるから、注意深く観察すると、女性の戒名や俗名、没年月日が読み取れる。面影橋脇の「山吹之里《やまぶきのさと》碑」は、貞享三（一六八六）年に建立された如意輪観音供養塔の文字部分を彫り直して転用したものである。

右：新宿区勝興寺の墓地入り口に鎮座する六臂の如意輪観音は精巧で彫りも深く美しい（新宿区須賀町8-7）。左：神田川に架かる面影橋の豊島区側に立つ「山吹之里碑」。

墨田区多聞寺の如意輪観音群（墨田区墨田5-31-13）。

右：墨田区の回向院にて（墨田区両国2-8-10）。左：長野県駒ヶ根市のリラックス如意輪観音。

【巡拝】多聞寺「狸塚と狢塚」208頁。

都内各所

魚籃《ぎょらん》観音

❖漁業関係・料理人・釣り人の守護／毒虫・毒蛇除け

三十三観音の一である「魚籃観音」には、魚の入った魚籠《びく》を手に提げた姿と、大魚に乗った姿がある。明らかに唐風の女性で、しかも、元はれっきとした人妻である。

唐の元和年間（八〇六〜二〇）、金沙灘《きんしゃだん》という地に、籃《かご》を持って魚を商う一人の麗しい美婦がいた。男たちが求婚すると、女は「自分は仏経を好むので、それに通じる人なら夫にしよう」といった。男たちの中に馬《ま》氏という者がいて、難解な経をよく読誦《どくじゅ》したのでこの男と夫婦になったが、程なく女は死んでしまった。男は嘆き悲しむが、数日後に異僧が来たので、共に女を葬った塚を見に行った。するとその遺骨はことごとく金鎖に変じて、光を放っていた。それで人々は、女が観音の化身であったことを知った。ゆえに、彼女を魚籃観音と名付けた——という、少々荒唐無稽な話ではある。

馬郎婦《めろうふ》観音という像もあるが、同じ姿である。

中野区福寿院にある魚籃観音は無縁塔の前に立っている。魚籃の中の魚まではっきり彫ってあり完成度は高い。魚籃観音像は概して身体を左右どちらかに傾けており、独特な艶っぽいシルエットを持つ（中野区本町3）。

右：港区浄専寺の魚籃観音。東日本大震災で二つに割れてしまった（港区南麻布2-9-42）。左：新宿区蓮乗院の魚籃観音。傷みが激しくコンクリートで修復されている（新宿区若葉2-8）。

足立区長円寺の魚籃観音は石像とは思えぬ繊細な造りで美しい。小堂に収まり、千住宿吉田家の絵馬が奉納されている（足立区千住4-27-5）。

【巡拝】福寿院「宇賀神」76頁、長円寺「石の大日如来」93頁、同「子福さま」379頁。

本郷の十一面観音露仏

❖授福／除病息災／除怨／財産衣服の保証

市街地の露仏はあまり見ない。前出の本郷薬師堂（⇩86頁）と同様、この仏像も真光寺《しんこうじ》の境内仏だった。そして、知る人ぞ知る本郷のランドマークである。台座には「六十六部供養仏江戸神田鍛治町小林修理源義是作」、「享保五（一七二〇）」年等の銘がある。本体はうっすらと緑青《ろくしょう》に覆われているが、罹災を免れてきたとは思えないほど、凛とした露仏だ。

そもそも「十一面観音」とは、その名の通り頭上に十一の表情の異なる顔を戴いている。仏教の教えではそれぞれが慈悲の心を表すというが、ヒンドゥー的多面像の影響を受けていることは間違いない。十一面は、頂上の一面のみ仏面で、正面の三面は慈悲の菩薩面、向かって右三面を怒りの菩薩面、左三面は一見菩薩に似て微笑むがじつは牙を出す菩薩面、そして後頭部の面は大笑相《だいしょうそう》、笑怒相《しょうどそう》といわれる不気味に笑う表情をしている……はずだが、この露仏ではよくわからない。

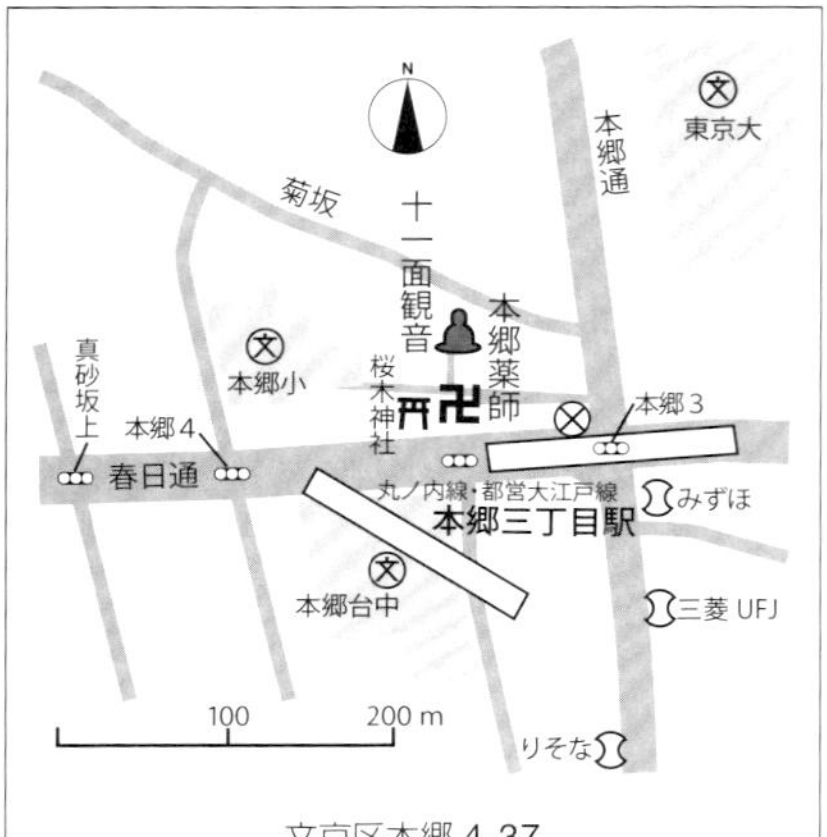

文京区本郷 4-37

都内の市街地で、露仏は珍しい。

【巡拝】「本郷薬師」86頁。

少彦名命《すくなびこなのみこと》

❖怪我・病気平癒

『日本書紀』では「少彦名命」、『古事記』では「少名毘古那《すくなびこな》神《かみ》」と表記される小さな神。国造りで知られる大国主命《おおくにぬしのみこと》の協力神、常世《とこよ》の神、医薬・温泉・呪い・穀物・知識・石の神などじつに多様な性質を持つ。特に古来より薬とされていた酒造りの技術を広めたことから酒造りの神として知られる。

大国主命が国造りに着手しようとしていたとき、海の彼方から草の実（ガガイモ）の鞘《さや》の舟に乗ってやってきた。二柱の神は兄弟の契りを結び、少彦名命は道後温泉で大国主命の病を治したりしたため、この二神は一緒に祀られることも多い。

神田神社（神田明神）では、境内に入り本殿に向かって左側、弧を描く波のオブジェの中に、少年のような姿で納まっている。隣の大きな大国主命とは対照的だ。この愛らしい姿が、さほどに偉大な神であるとは、知らない人には想像がつかないだろう。

【巡拝】神田明神「平将門」260頁、妻恋神社「妻恋稲荷」366頁。

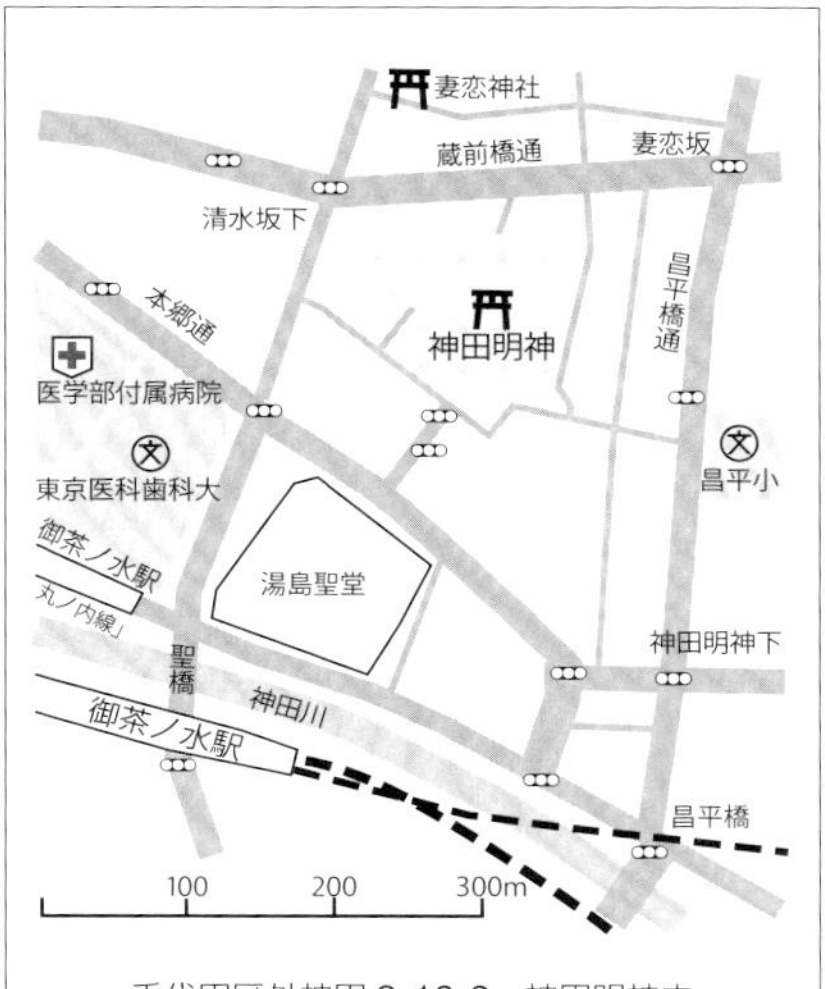

千代田区外神田 2-16-2　神田明神内

波の中にちょこんと納まる。

袈《け》裟《さ》塚《づか》耳《みみ》無《なし》不動

❖耳の病／梅毒

明治通りを挟んだ荒川区役所のほぼ向かいに、三河島三峰《みかわしまみつみね》神社がある。鳥居はあまり目立たない。しかし参道に入るとすぐに「耳無不動」の赤い炎が目に入る。耳なしといっても、左の耳が表現されていないだけ。垂らした髪で隠れているわけだが、これが耳なしの由来である。

この少々やんちゃ顔のお不動様には、じつは悲話が込められている。荒川区教育委員会の解説板には、次のようにある。

「光三郎（仙光院九世住職光慧《こうえ》）とお絹の情愛物語は、袈裟塚の耳無不動伝説として今も伝承されている。

伝承によれば、悪い病で耳が落ち腰も抜けた光慧は、仙光院（廃寺）門前に袈裟塚をつくり不動明王を安置して、村内の五穀豊穣と往来安全を祈願したという。宝暦十（一七六〇）年建立のこの不動尊台座には「東叡山領」の文字や道しるべが刻まれている。また、この不動を題材に、江戸の戯作者・山東京伝の『三河島御不動記』という黄表紙が寛政元（一七八九）年に板行された。明治二十九（一八九六）年、明治通り北側から三峰神社内に移された」。

光三郎とは筑後（福岡県）柳川藩立花家の家臣で、お絹は彼の許嫁《いいなずけ》だった。しかし同藩の佐野兵馬に略奪されて、江戸へ連れ去られる。光三郎は苦心の末、兵馬を見つけ仇を討つが、お絹は新吉原に遊女として売られており、光三郎はその遊郭に入り浸ることになる。その結果、重い梅毒を煩ってしまう。

その頃、光三郎は仙光院九世住職光慧となるが、門前の傍らに法衣を埋めて袈裟塚を築き、そこに片耳の不動尊像を安置し

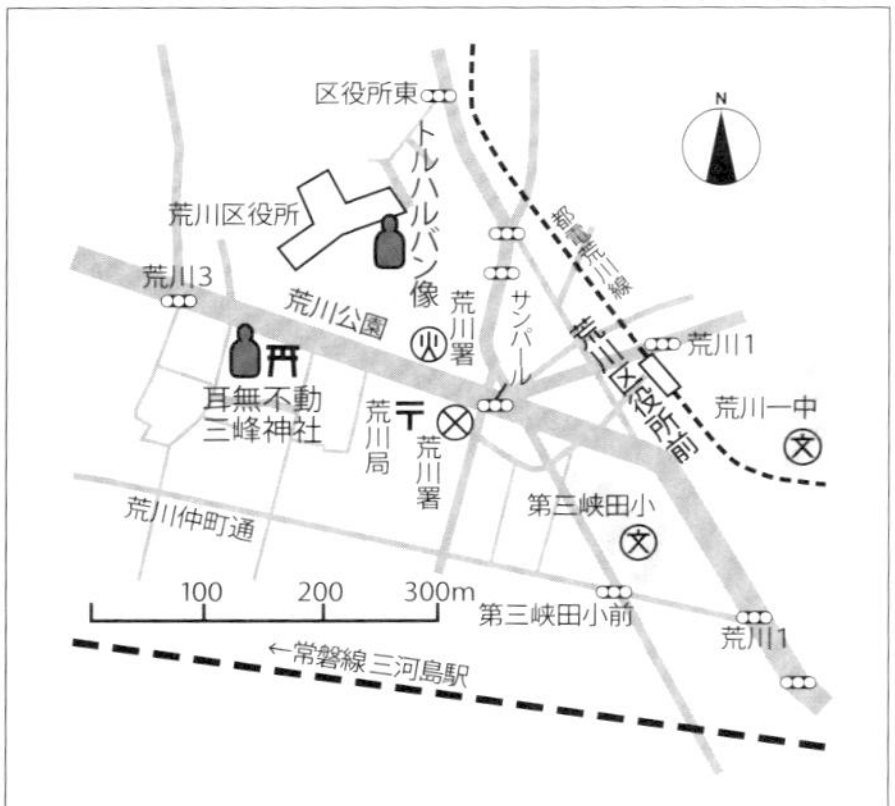

荒川区荒川3-22-10　三峰神社内

「庶民信仰健在なり」を感じさせてくれる境内はよく整頓されている。

た。やがて光慧が亡くなると、お絹も門前の松に首を吊って後を追ったということだ。

周囲には、底に穴を空けた茶碗が多数奉納されている。耳を病んだ人の耳が通じるようにというわけだ。

かつては吉原や千住宿の飯盛り女たちなど、花柳病（梅毒）に悩む人々も多く訪れて参拝していたという。

【巡拝】「トルハルバン」140頁。

入口は狭く、あまり目立たない。

容器の底には穴が空けてある。

飛《とび》不動

❖航空安全／ゴルフ安全

パイロットや飛行機乗務員、海外への旅行者までもが護符を受けていくほど人気がある、というより知られている。

昔この寺の住職が奈良の大峰山《おおみねさん》に不動明王の木像を持って修行に出かけ、像を安置していたところ、一夜にして寺へ飛び帰ってきたことから、「飛不動」の名が付いた。飛不動の名は、すでに十七世紀中頃から知られていたようだ。

やがて、不動明王本来の御利益よりも、空の安全を祈願する参拝者が多くなってゆき、特に航空機事故が起きるたびに注目を集めるようになったという。

ただ、なぜ大峰山から飛んで帰ったかという理由については、「一寸の無駄をも惜しんで人々に御利益を授けたかったのだ」ということになっているが、案外と修行嫌いだったのか、それとも、住職がうっかり木像を寺に置いていってしまった言い訳だったのか、など不謹慎な想像も止まない。

台東区竜泉 3-11-11　下谷飛不動（正寶院）

本尊は木造坐像だから、この立像は前立。しかし大峰山まで持って行こうというのだから、本尊もさほど大きくはないのだろう。

【巡拝】鷲神社「なでおかめ」113 頁、吉原弁財天「蛇塚」218 頁、太郎稲荷「太郎稲荷と西町太郎稲荷」370 頁、「吉原神社とお穴さま」382 頁。

炙《あぶ》り不動（宮益《みやます》不動尊）

❖金運／苦痛・疫病退散

渋谷区宮益坂《みやますざか》の渋谷郵便局隣のビルに鎮座する御嶽《みたけ》神社の境内にある。

神社に不動明王が祀られているのは奇妙に思われるかもしれないが、もともと御嶽神社は狼を祀り眷属とする神仏混淆《こんこう》の山岳信仰、つまり修験者が主体となり広めた信仰だから、彼らが重視する不動明王が祀られていても、不思議はないのである。

この不動像は延宝九（一六八一）年の建立で、古くから「炙り不動」と称せられ、苦しみや疫病などを香煙で炙り出すと伝えられていた。また「札《さつ》炙り不動」として、商売人や金融関係の人たちがお札《さつ》を炙れば、倍々に富を殖やすともいわれている。

祈念の方法は、まず賽銭を入れ、蝋燭《ろうそく》に火を灯し、その火で線香に点火して、その煙でお札を炙るのだそうだ。ただし、最後に蝋燭の火を必ず消さなければ、御利益はないという。確かに、燃え広がっては御利益どころではない。

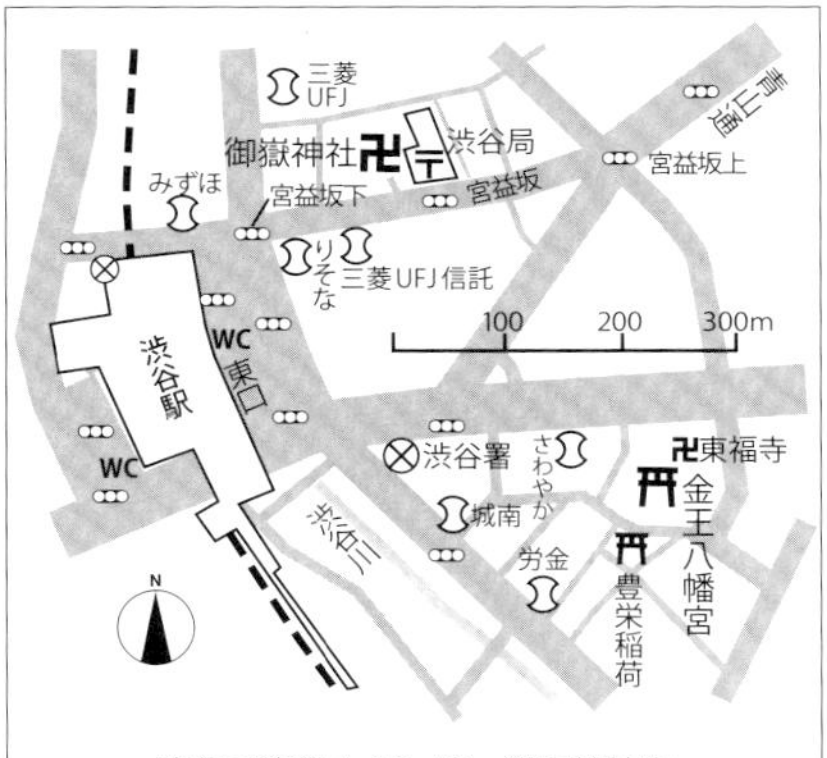

渋谷区渋谷 1-12-16　御嶽神社内

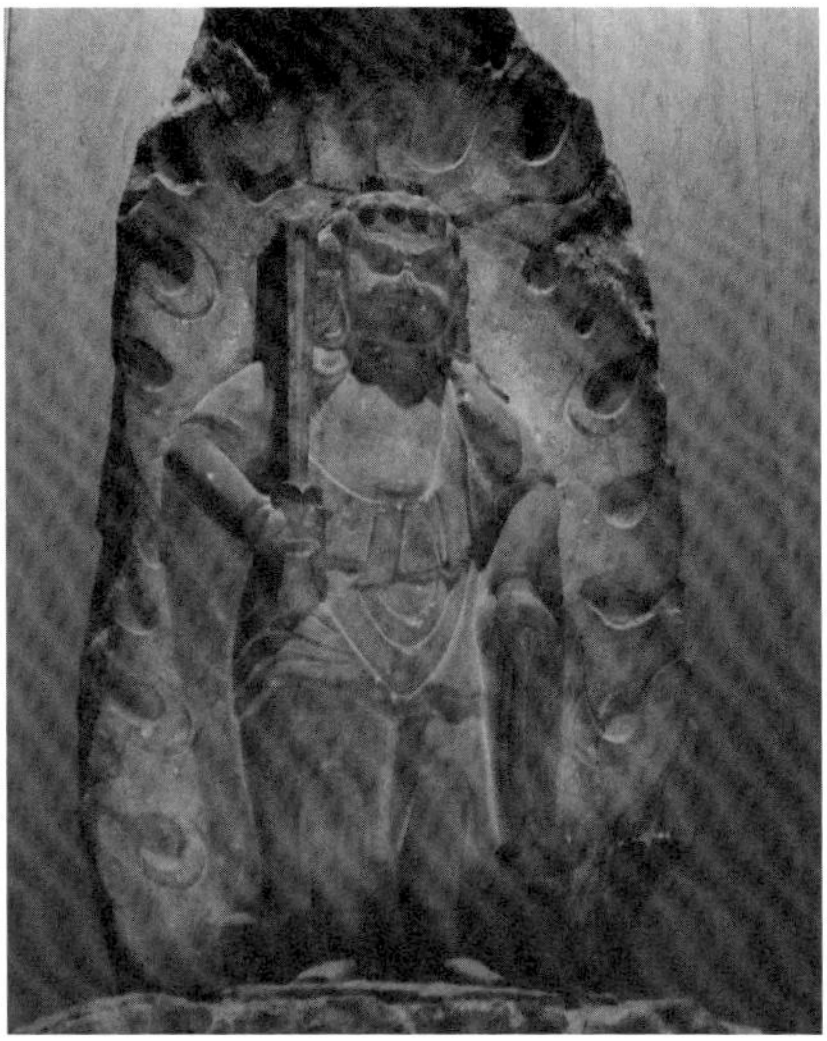

宮益坂にこのような神社があることを知る人は少ない。鳥居をくぐり階段を登れば境内に出る。狛犬は狼だ。

【巡拝】御嶽神社「狼（大口真神）」216頁、金王八幡宮「玉造稲荷」384頁、東福寺「塩地蔵と塩かけ地蔵」404頁。

愛染明王《あいぜん》

❖恋愛成就／協力者を得る／水商売・染め物関係の守護

筆者はこの明王を、「怒りのキューピット」と呼んでいる。尊像が彩色されている場合は、怒りで深紅に燃えているのだ。その怒りをもって、愛欲を貪《むさぼ》り喰らう心を清浄な悟りを求めようとする心へと至らしめる使命を持っている。つまり「煩悩即《ぼんのうそく》菩提《ぼだい》」という、凡人にとっては誠にありがたい仏尊である。

目黒不動尊の「愛染明王」は、本堂に向かって左隣に鎮座している。若い女性や水商売の女性に人気があり、またその尊命から染物業者に崇拝されている。

六臂《ろっぴ》の手には、向かって左上から蓮華、その下の手に箭《や》(矢)、五鈷杵《ごこしょ》(法具で武器)、右下に移って五鈷鈴《ごこれい》、その上に弓を持つが、最後の右上の手は空である。本書の読者だけにお教えするが、じつはその空の手に願いを書いた紙を握らせる(貼り付ける)のである。誰にも見られず、うまく首尾を遂げられるよう祈っている。ただし、本書のことは内密に。

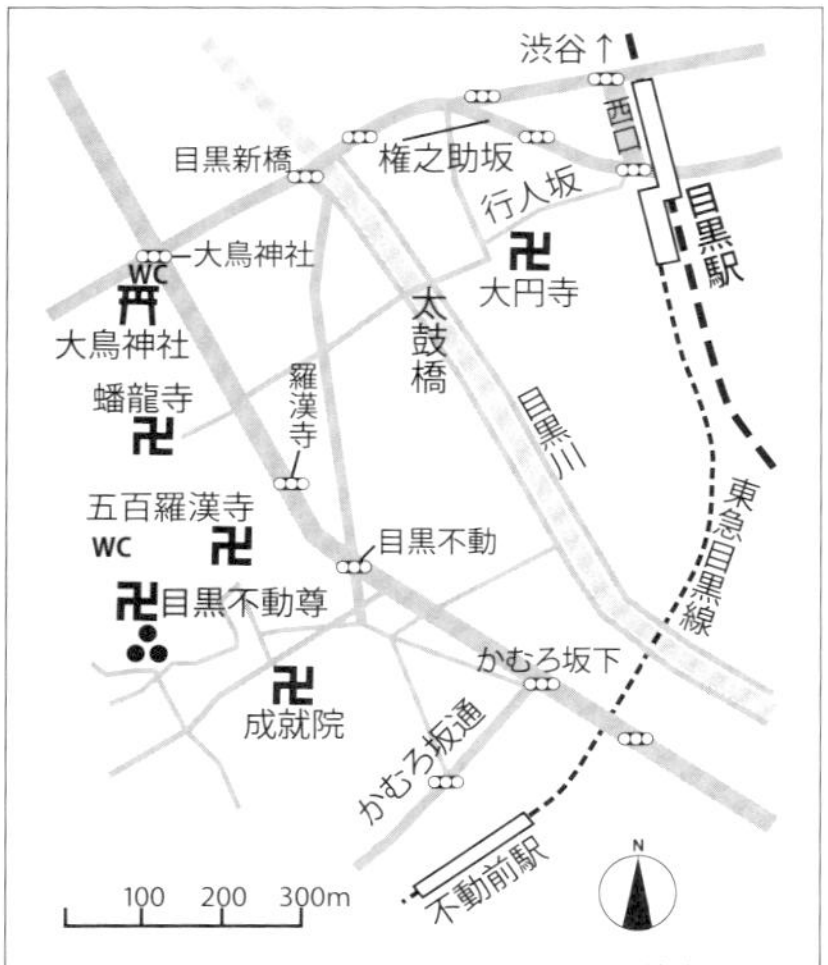

目黒区下目黒 3-20-26　目黒不動尊内

精巧に彫られた像で、各手に握られた武器や法具もよくわかる。目黒不動尊では絵馬(左下)の奉納法も指導している。ここでは像の周囲を回れるようになっており、男女でその方向が異なる。

【関連】愛染明王「二十六夜塔」55 頁。

品川区

烏枢沙摩明王《うすさま》

❖不浄を除く／婦人病／男子誕生祈願

「烏芻沙摩《うすさま》」「烏瑟沙摩《うすさま》」「烏芻渋摩《うすさま》」とも記される。さらに「穢積《えしゃく》金剛」「不浄《ふじょう》金剛」「火頭《かとう》金剛」などとも呼ばれる。

あらゆる不浄を除く力を持つとされ、一般には仏教（天台宗、禅宗）におけるトイレの神様とされており、曹洞宗の寺院である品川区海雲寺の清楚な厠にも祀られている。じつはこの明王の功徳は不浄除けだけでなく、病、怨敵、悪霊、蛇などの障害も除いてくれるそうだ。

また、特殊な力として「変成男子《へんじょうなんし》の法」という呪力が知られる。これは胎内に宿った女子を出生前に男子に変成させるというもので、男子の世継ぎが渇望された時代の、都合の良い修法だともいえる。

御利益に不浄除去と並んで婦人病（特に下半身）平癒とあるのは、多少なりとも男尊女卑的雰囲気の残るものともいえようが、霊験灼《あらた》かということであれば、ありがたいことではある。

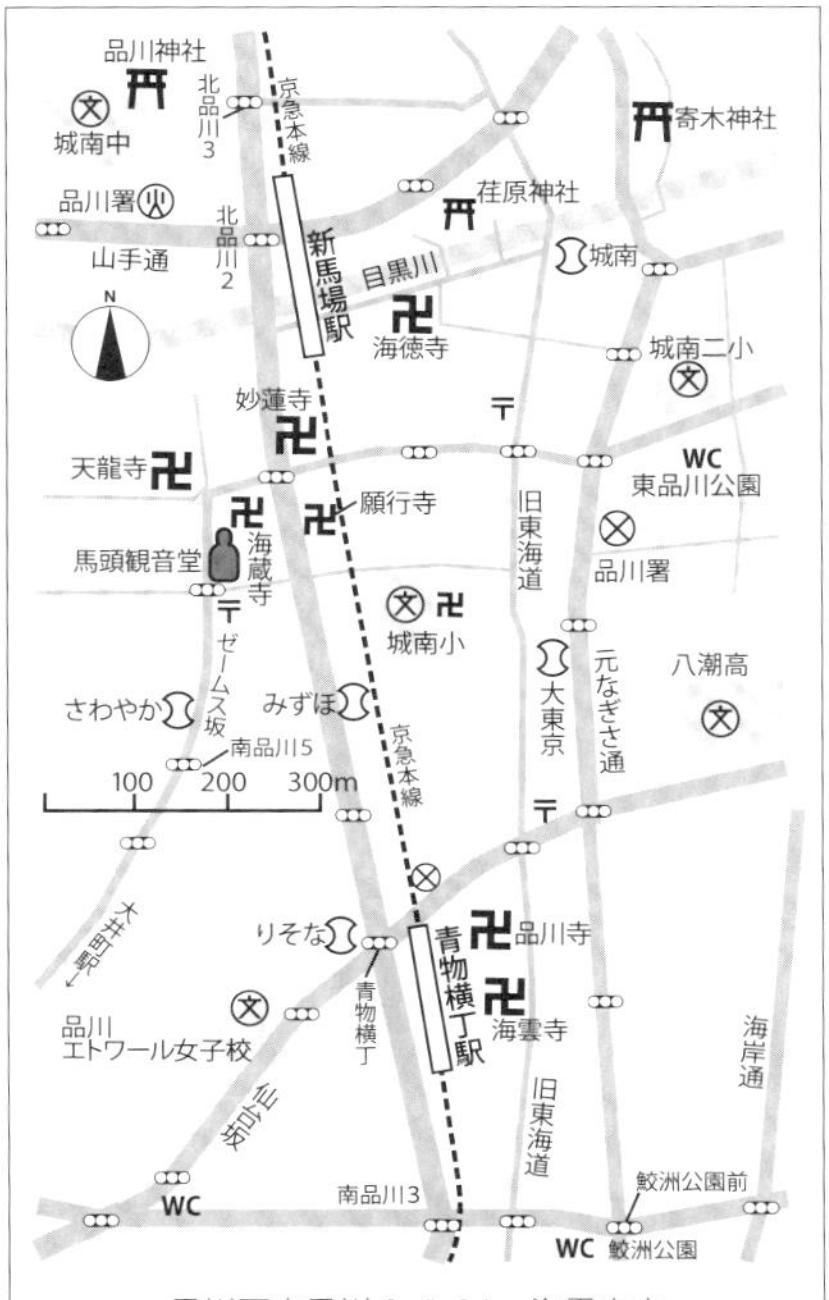

品川区南品川 3-5-21　海雲寺内

右は海雲寺で出された護符。当寺の烏枢沙摩大明王は動物（豚か）を踏む姿で、他ではあまり見ない。ただし静岡県の可睡斎の像は歓喜天を踏んでいる。

【関連】「埴安姫命と埴安彦命」110 頁。
【巡拝】海雲寺「平蔵地蔵」408 頁、品川寺「江戸六地蔵」434 頁。

各家庭

埴安姫命《はにやすひめのみこと》と埴安彦命《はにやすひこのみこと》

❖美しい子を授かる／子どもの守護／眼病／女性の下半身の病

「埴安姫命」と「埴安彦命」は、伊邪那美命《いざなみのみこと》が火の神を産んだために患《わずら》って床に就いた時、その糞から生まれた神だが、それゆえこの神は肥料や土を司《つかさど》る神でもあり、その次に生まれた兄弟の神々はそれぞれ水、穀物、食物を司る神々なのである。

この神話は記紀でよく知られているが、民間で語られる「便所の神様」も同じ神様を根源としていると思われる。庶民信仰や民俗学における神名は「便所神」「厠神《かわや》」をはじめ「かんじょがみ」「下屋《しもや》の神」「雪隠《せっちん》さま」「センチ神」など、地域によってさまざまに呼ばれる。

この神は箒神《はははき》（⇩63頁）、山の神（または竈神《かまど》）と共に、出産と深く結び付けられている。したがって、出産の際にはこの三神が揃わなければ無事に事が進まないといわれる。排泄物は肥料として作物を生育させる力を持っているため、便所は「生命力」とも結びついているのだ。ただ、人糞が肥料として広く使われるようになったのは江戸時代中期かららしい。

もし読者が風習を大切に守り続ける家で、産婆《さんば》に取り上げられてこの世に誕生した方だったら、産後二十一～三十三日頃の生まれて初めての外出は、宮参りより先に雪隠参り（便所参り、厠参り）だったかもしれない（「参り」ができるのは、昔の便所が家の外にあったからである。特に農家の場合は作業中に履き物を脱ぐのは面倒だし、肥《こえ》を汲み出しやすかった）。

このように厠が新生児と深く関わるのは、そこは生と死の境界であり、新生児の霊はこの境界を通過して誕生したと考えられていたからである。さらに生まれたばかりの子どもの魂はまだ安定していないとされ、あの世に引き戻されないようにと神様に祈ったのだ。もちろん現実的には、子どもが便所に落ちないようにお参りしたのだろう。

現代の感覚にはあまりそぐわない話かもしれないが、もし読者が美しい女性または逞しい男性だったら、お母さんは妊娠中に生まれてくる子のためにせっせとトイレの掃除をしていたのかもしれない。

庶民信仰における厠神は、夫婦神であるとも、恐ろしい男神ともいわれるが、特に埴安姫命は美しい盲目の女神であるとされる。それゆえトイレを掃除して差し上げれば悦び、特に妊婦が手ずから掃除すれば美貌の子を授けてくれるというわけである。

二〇一〇年に植村花菜さんが歌った「トイレの神様」は記憶に新しい。この曲では、便所掃除の苦手な孫にお婆さんが「トイレをピカピカに掃除すればべっぴんさんになるよ」と諭し、トイレを掃除した本人が美しくなることになっている。

ところで、トイレには禁忌がある。厠中に唾《つば》を吐いてはならないといわれている。これは、厠神は片手で大便、一方の手で小便を受けているため、さらに唾を吐けば、やむなく口で受けなければならないからである。それゆえ唾を吐けば神が怒り、それを守らないと歯が痛くなったり口中に腫れ物ができるといわれる。またトイレに入る時は、必ず咳をしたり指を鳴らすなどの合図をする。盲目の女神が人に姿を見られるのを嫌うからだといわれているが、これは一種のエチケットとして求められた所作だろう。

ちなみに「厠」とは排泄物を川の流れに落とすこと（川屋）からきたという。つまり流れの上や脇に小屋を仕立てて用を足していたのだ。これは南方系の文化が発祥とされるが、すでに『古事記』神武の項にも登場している。

【関連】「箒神」63頁。

西東京市の東伏見稲荷で入手した護符。

拙宅のトイレの神様（盲目の男女神を著者がデザインしたもの）。かつてはトイレ（雪隠）、井戸、橋、辻などは異界との接点で、そこには神がおられると考えられていた。

右：北斎漫画『日常茶飯』より。左：雪隠構造図。『大宮市史』より（『図説民俗探訪事典』山川出版社より転載）。外見はほぼ北斎漫画と同じだ。

豊島区ほか

鬼子母神《きしもじん》

❖子授け／安産／子育て

「訶梨帝母《かりていも》」とも呼ばれ、日蓮宗の寺院に祀られることの多い女神。かつては人の子を捕って食う、恐ろしい外道の鬼女だった。一方本人は、都合千人の子を次々と産み、その末の子を愛奴《あいぬ》と名付け溺愛した。そこで釈尊はその子を隠し、気も狂わんばかりに悲しむ鬼子母に、人の親の悲しみも同じであることを諭した。改心した鬼女は、人の子の守護神となったという。

その後、釈尊が人の味がするといわれる石榴《ざくろ》の果実を鬼女に与えたといわれているが、それは形式的な理屈で石榴は人の味などしない。石榴は子（実）がいっぱいに詰まった子宮の象徴で、子だくさんを意味しているものである。

多くの訶梨帝母が端麗で美しい天女姿であるのに反し、法明寺（雑司ヶ谷鬼子母神）境内や常在寺には、鬼女時代の恐ろしい面影の像が立っている。

【巡拝】法明寺の武芳稲荷「地主神」24頁、雑司が谷霊園「鬼薊清吉」284頁。

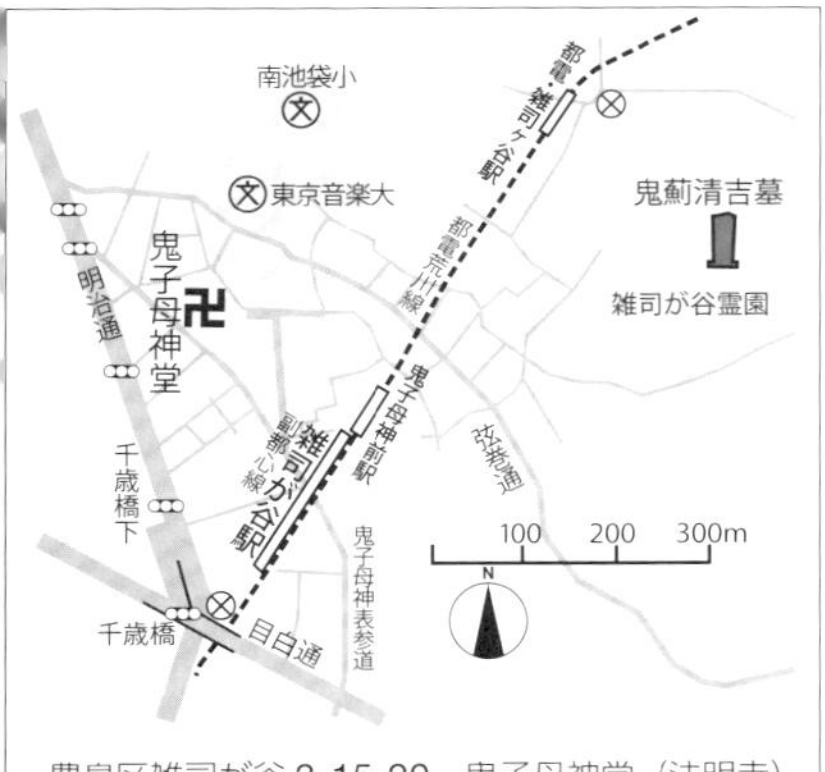

豊島区雑司が谷 3-15-20　鬼子母神堂（法明寺）

豊島区法明寺の鬼子母神石像と好物の石榴の絵馬（左下）。

世田谷区常在寺の二体の鬼子母神像（世田谷区弦巻1-34-17）。

なでおかめ

❖諸願

「おかめ（阿亀《おかめ》）」は不思議なキャラクターで、広辞苑を引くと「おたふく（お多福《たふく》）の仮面」とある。天鈿女命《あめのうずめのみこと》（⇩114頁）と同じ顔に描かれることが多く、現代人から見れば美人とはいえないが、下膨《しもぶく》れした愛嬌のある顔として知られる。ひょっとこ（火男）のパートナーでもあり、共に縁起ものとして古くから親しまれてきた。神楽にも笑いを誘う色っぽい女神役で登場する。

台東区 鷲《おおとり》神社の本殿正面、賽銭箱上に、この巨大な「なでおかめ」が鎮座している。

解説板には「おでこをなでれば賢くなり 目をなでれば先見の明が効き 鼻をなでれば金運がつく 向かって右の頬をなでれば恋愛成就 左の頬をなでれば健康に 口をなでれば災いを防ぎ 顎から時計回りになでれば物事が丸く収まる」とあって、何より願う側にとっても神社にとっても、彼女の表情どおり、笑いの止まらぬ御利益となっているのであろう。

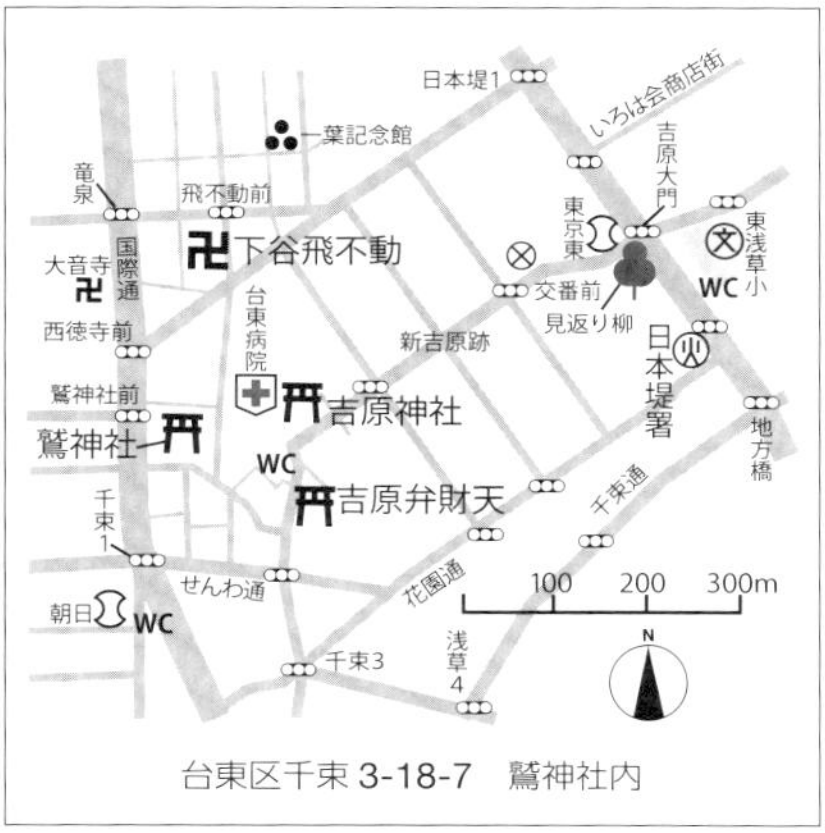

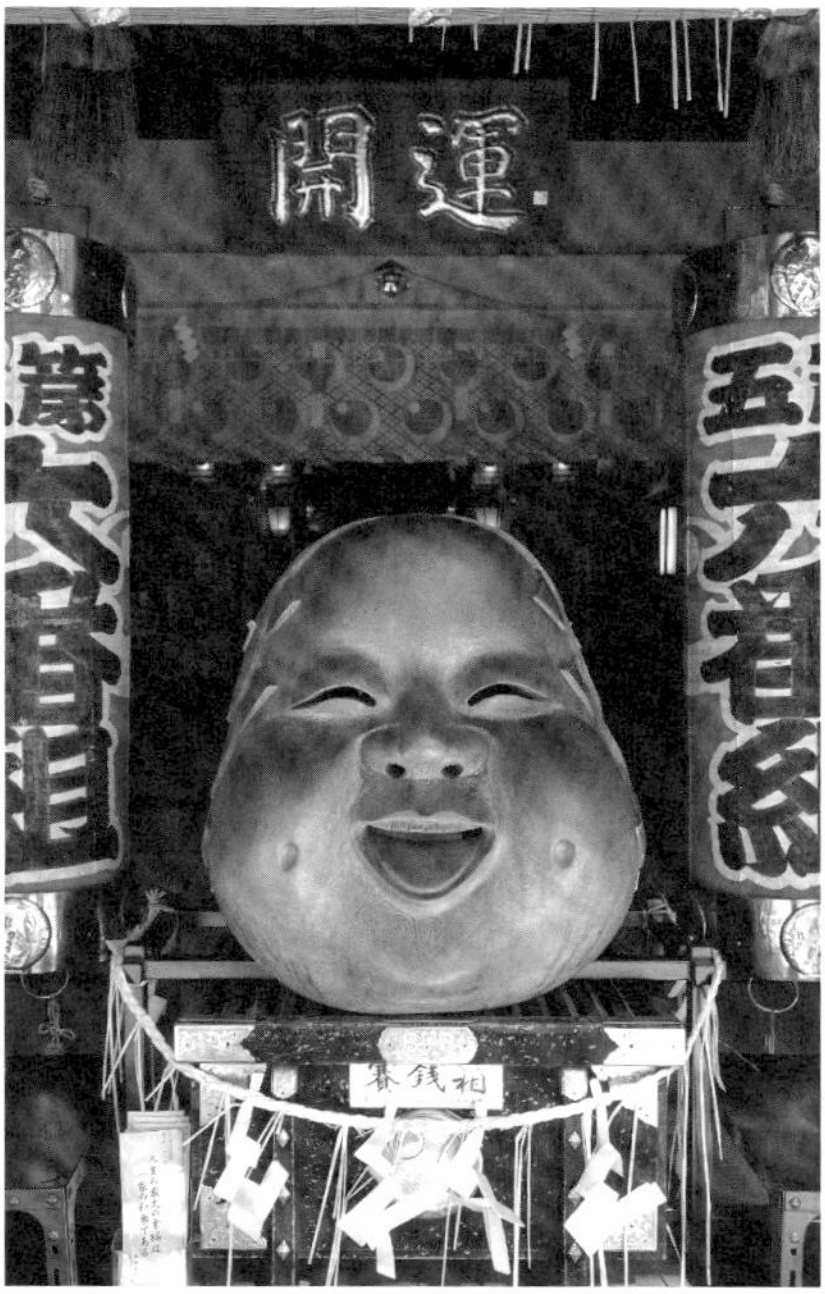

賽銭箱上の笑顔はインパクト満点。絵馬のデザインもストレートで良い。

【巡拝】「飛不動」106 頁、吉原弁財天「蛇塚」218 頁、太郎稲荷「太郎稲荷と西町太郎稲荷」370 頁、「吉原神社とお穴さま」382 頁。

天鈿女命《あめのうずめのみこと》と猿田彦命《さるたひこのみこと》

❖夫婦円満／［天鈿女命］諸芸上達／［猿田彦命］交通安全

品川の旧漁師町の鎮守である寄木《よりき》神社の本殿は倉造りで、漆喰の扉には伊豆の長八《ちょうはち》による漆喰細工（鏝絵《こてえ》）が施されている。描かれているのは天孫降臨の一場面で、向かって右の扉に凄みのある猿田彦命、左扉上部に瓊々杵命《ににぎのみこと》、その下はふくよかな天鈿女命（天宇受売命《あめのうずめのみこと》）である。豊乳を願う女性は皆、彼女の乳の部分を撫でるという。

社務所に声を掛ければ鍵を開けてくださり、間近で長八の鏝絵を拝見できる。絵の場面は、天孫降臨の神々一行の様子を覗う猿田彦命が天鈿女命の迫力に圧倒されているところで、その結果、降臨の案内を買って出、後にこの二神は夫婦になる。

当社の縁起によると、「日本武尊《やまとたけるのみこと》が東夷征伐の折、風雨激しく吹き荒れたため、海神の怒りを鎮めようと妻の弟橘媛《おとたちばなひめ》が船から海中に身を投じた。その船が砕けてその一部が寄り着いたものを祀り、この夫婦神を祀った。故に寄木という」とあるので、ここには二組の夫婦神が祀られていることになる。夫婦円満を祈念するにはまこと相応しい。

豊島区巣鴨の地蔵通り商店街（旧中山道）の端にある庚申塚には猿田彦大神が祀られていて、『江戸名所図会』でも紹介されている。庚申の「申《さる》」と猿田彦の「猿」が習合したわけだ。また、猿田彦は天孫降臨の際に瓊々杵命一行の道案内をしたということから、道の神、旅人の神、魔の侵入を防ぐ神とされるようになり、道祖神

品川区東品川 1-35-8　寄木神社

品川区寄木神社。

とも同一視されるようになった。

荒川区東日暮里三丁目には、神々森《かんかんもり》猿田彦神社がある。かつて周囲はカンカン森と呼ばれ、竹薮が茂る寂しい場所だったそうだ。もちろん猿田彦命を祀っているが、第六天社（⇩50頁）との合殿である。

足立区西保木間一丁目の氷川神社には、天宇受売命の珍しい丸彫石像がある。だいぶ傷んでいるが、しっかりと胸をはだけ、どこか聖母のような趣である。

【関連】「道祖神（塞の神）」44頁、「庚申さま」66頁。
【巡拝】足立区氷川神社近くの白旗塚「白旗塚と鬼塚」332頁。

都内では珍しい長八の鏝絵。天鈿女命（左）の右上は瓊々杵命（切れてしまい失礼）。

右：豊島区猿田彦大神の猿像庚申
（豊島区巣鴨4-35-1）。
左：足立区氷川神社の天宇受売
（足立区西保木間1-11-4）。

妙法華経千部供養塔《みょうほうげきょうせんぶくようとう》

❖死後の安寧／世界平和

江東区千田 12-8　宇迦八幡宮内

千部供養塔は本殿奥にある。

小名木《おなぎ》川扇橋閘門《こうもん》に近い宇迦《うか》八幡宮の境内に実に仏教的な型式の石塔がある。この形状は「六角幢幡《ろっかくばんとう》型宝塔石塔」と呼ばれ、高さは法輪と伏せ鉢を含め約三メートルある立派な物だ。

そもそも八幡宮の社名に仏教系の「宇迦」が付くのが奇妙だが、さらに境内に仏塔があるのも不思議。しかしこれはもともと貞享二（一六八五）年に富岡八幡宮に造立されたという石塔だから、もはや理屈ではない。

全く同じ石塔が奈良県の談山《たんざん》神社にあり、そちらは国宝だという。つまりそちらが型式、仏教美術的に貴重な塔だというのだから、こちらも都の文化財級の価値があろう。それゆえここで紹介するわけである。そもそも妙法華経千部供養とは、この塔を造立した人物がよほど大きな祈念を立て、法華経を一千回読誦した記念であろうと言うことである。

一般に、六角幢幡には六地蔵が彫られている場合が多いが、こちらには「大日」「弥陀」「釈迦」「薬師」「観音」「勢至」の仏像が彫られている。

当地に移ってきたのは昭和二十七（一九五二）年で、それまでに二度、場所を移されているゆえか痛みも激しい。しかし意識的に削られた台座やこのボッテリした形態はもはや難解な仏教哲学から抜け出して庶民信仰に歩み寄った「石の神」に見える。

第三章

原初的精霊——石神と性神

原初的な精霊というと、沖縄の御嶽《うたき》が思い浮かぶ。ノロの祈りでこの拝み山に降臨する神は、基本的に「御先祖様」だ。祖霊崇拝は、人間の定住に伴う「墓」の登場が前提である。そして人々が定住するようになると、太陽と月も崇拝の対象になり、夏至・冬至、春分・秋分へのこだわりが出てくる。季節の変化と定住生活は密接に関係するからだ。この時重要なのは周囲の景観、特に山である。どの山から陽が昇ってどこに沈むか、月の満ち欠けで人は刻《とき》や季節を知る。それに伴い日本には八百万の神々が登場する。「草木よくものを言う」である。

ここまでは村や自分と周囲（原や山川）との関係から生じる神々だったが、やがて人々は個人や村の利益を意識するようになる。つまり他界との葛藤や自分たちの繁栄を神々に祈るようになる。そこで登場するのが、本章で扱う道祖神、塞《さえ》の神、石神《しゃくじん》、性神、金精様《こんせいさま》などである。これらのアニミズムの香りが残る古いタイプの神々は、村や子どもたちの守護や子孫繁栄、食物の安定した確保に関わる。

現代では、村外れや峠などの郊外＝境界に男女の性器が祀られていたなどとは想像もつかないであろうし、非文明的と恥じる人も多い。じつはこのような神々は、西洋文明を導入し文明開化を標榜・優先する明治政府から、無知蒙昧な平民が祀る淫神邪教と断じられ、弾圧されたのだ。この時、心ある一部の人はこれらの性神を埋めたりして隠したという。

男女の性器では圧倒的に男性器が多く、石像や木像がある。女性器もあるが、概ね形の似た自然石である。男根はまれに遊郭などの室内に祀られた例もあり、「男根は陽気第一の物にて目出度《めでたき》ためしや」と、根岸鎮衛《やすもり》『耳嚢《みみぶくろ》』「陽物を祭り富を得る事」にある。

この男性器像は「石神《いしがみ》」と呼ばれ、それが「石神《しゃくじん》」となり、「杓子《しゃくし》」「社宮司《しゃぐうじ》」となって杓文字《しゃもじ》が奉納されたり、石《せき》が咳に転じて風邪や百日咳の神になったりと、さまざまな信仰のヴァリエーションが展開されてきた。このように同じ読みから意味が展開されていくこと（現代人からすれば駄洒落《だじゃれ》としか思えない）は、民間信仰においては決して珍しくない。

この石神は男女の性器信仰や古代のストーンサークルにおける石棒（石剣）の信仰から引き継がれたものと考えられるが、基本的には、女性性器も含め子孫繁栄（子授け）、五穀豊穣の役目などを担っている。特に中世から近世における子授けは、女性にとって深刻な問題であった。

大きな男性器（道祖神、塞の神）を村外れに据えた場合は、「ダイダラボッチ」「鹿島様《かしまさま》」などの巨人信仰と習合したものと考えられる。これらの藁《わら》人形にも大きな男性器が付けられていたのである。これらの神には、村に侵入しようと隙を窺う病魔や邪悪神、害虫などの侵入を防ぐ役割を期待された。つまり不審者の通行を見張る神であり、やがてそれが転じて旅人の守護神となる。また子どもの祭りである左義長《さぎちょう》、どんと焼き、道祖神祭りなどは村内の悪気や害虫を子どもたちの霊力で村外れまで送り出すゆえ、この神は子どもの守り神ともされた。

以上、主に男性器について述べてきたが、女性器について付け足すと、女性器も男性器同様に魔除けの霊力を持つと考えられたが、閉鎖的村社会において「道を開いて、外の文化や未知の知識や情報を持つ旅人（来訪神）を受け入れる」役割を担っていたともいわれる。

民家の庭に無造作に置かれた男根石。家主は留守がちで、いずれ盗難に遭う運命か。詳細不掲載。

おしゃもじ様

❖疫病除け／風邪の予防と平癒

こちらの道祖神は「おしゃもじ様」と呼ばれている。正面に「道饗《みちあえ》社祠」、向かって右面に「享保十二〔一七二七〕年」、左面に「明治四〔一八七一〕年再建」の文字が読める。道饗とは、京の都に魔物や疫病神が入らないよう、都の四隅道上に八衢《やちまた》彦神《ひこのかみ》、八衢姫神《やちまたひめのかみ》、久那斗神《くなどのかみ》の三柱を祀って守護を祈願したものだが、地方でも疫病が流行すると道饗祭《みちあえのまつり》が行われたという。これも、そのような理由で建立されたのだろう。

いずれにせよ「道祖神」「塞の神」などと同神であるが、ここではさらに石碑であることから、石神→しゃくじん→しゃくし→おしゃもじ様と転訛して、最終的に杓文字《しゃもじ》を奉納する信仰が生じた。今でも六月、十二月に祭祀が行われ、御神酒《おみき》と紅白の餅が振る舞われるそうだ。

ちなみに近隣の庚申塔も道祖神と呼ばれているそうで、そちらには草鞋が奉納されている。

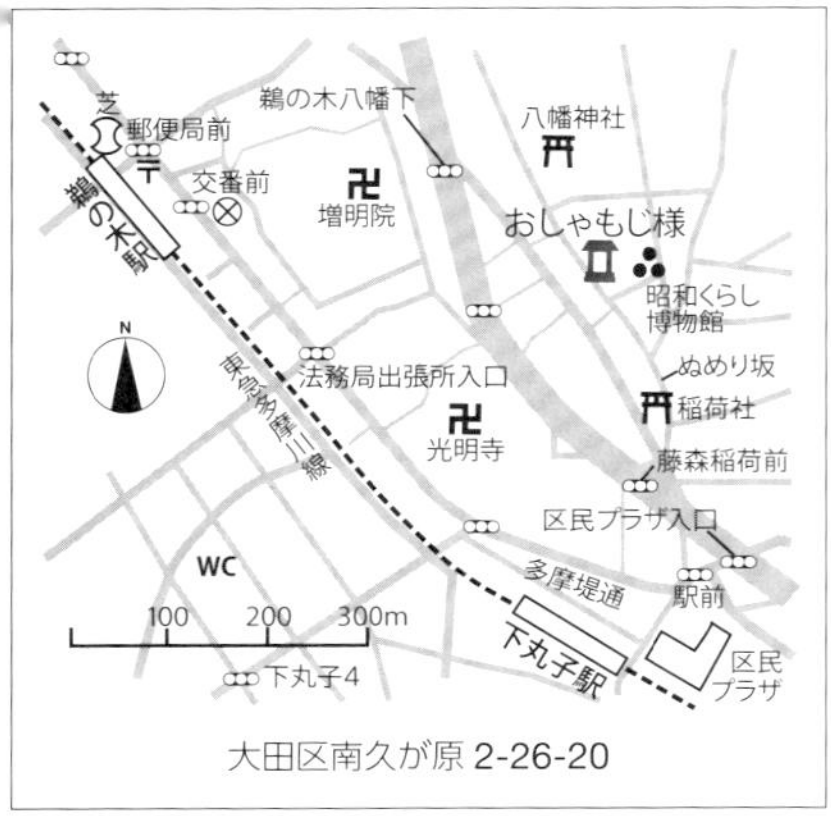

大田区南久が原 2-26-20

杓文字は庶民生活を支えるたいせつな台所用品であり、地域によっては子どもが風邪を患った際に借り受け、後に倍にして返す信仰がある。

【関連】「道祖神（塞の神）」44 頁、「塞神三柱」48 頁。

大田区

釈護子稲荷《しゃごじ》

❖子授け／安産

大田区「釈護子稲荷神社」は、糀谷天祖《こうじやてんそ》神社（糀谷神社）の境内末社である。

解説板には四大聖人の一人云々とあるが、どなたのことかよくわからない。おそらく「シャグチ神」＝石神《しゃぐじん》、または「遮《しゃ》軍神《ぐじん》」＝道祖神のことだろう。かつては石棒、石剣などを祀っていたのかもしれない。その後も道祖神的神格を持ち続け、今でも村境や子どもの守護神だそうだ。

ちなみに、隣には第六天の小祠（写真右端の小さな石祠）がある。第六天は近隣の西仲《にしなか》天祖神社にも合祀されている。

また、本書では特に紹介していないが、大田区多摩川一丁目、矢口渡駅近くにある安方《やすかた》神社も、八幡神社や地域の小祠だった天祖神社、そして釈護子神社と大六天社を合祀しており、糀谷天祖神社とは、神々の構成が非常に似ている。共に多摩川下流域という環境にあり、信仰形態もほぼ同じである。

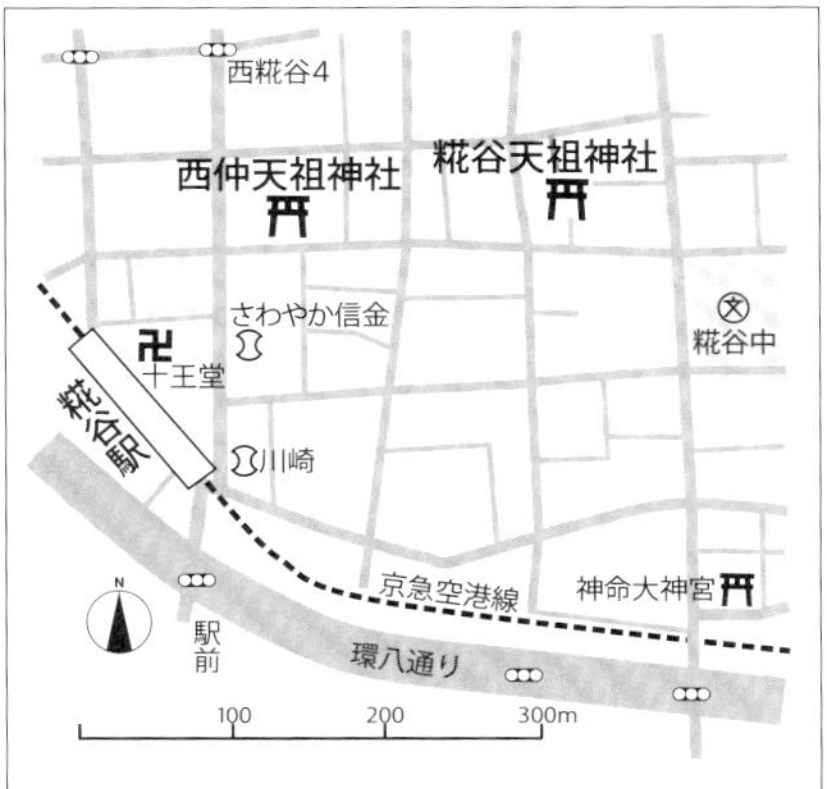

大田区西糀谷 4-7-18　糀谷天祖神社内

釈護子稲荷神社。向かって右奥の小祠が第六天。

【巡拝】糀谷天祖神社「第六天（大六天）」51 頁。

亀戸石井神社

❖咳／熱病／百日咳

弘法大師が発現し、祭神は級長彦命《しなつひこのみこと》（風水の神）、津長井命《つながいのみこと》（安産、産児守護）、罔象女命《みずはのめのみこと》（水、井戸の神）である云々の由来はともかくとして、古くから「おしゃもじ様」などと呼ばれ、親しまれている。

「おしゃもじ」とはシャクジン＝石神のことだから、石器時代の石棒が御神体だったのだろう。石井とあるので、井戸から出たのだろうか。

残念ながら石棒は失われてしまったようだが、由来書の解説板には、『野方舎随筆』に「葛飾の亀戸村の、オシャモジという神の祠有り、神前に杓子を夥しくつめり、依って其故よしを土人に問けるに、咳病を煩う人此神に願たてぬればさはやぐ事すみやかなり。此故に報賽に杓子を奉納するといへり」とある。今でも境内には数本の杓文字《しゃもじ》が奉納されており、民間信仰が絶えていないことを確認できる。

江東区亀戸 4-37-13

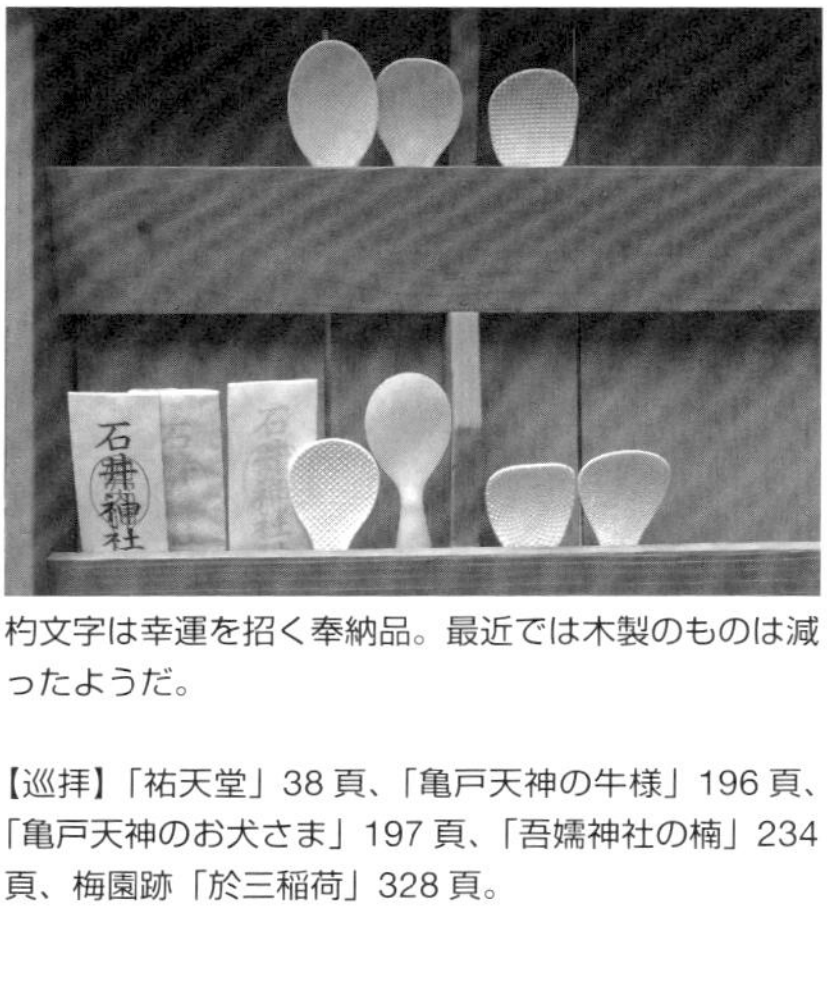

杓文字は幸運を招く奉納品。最近では木製のものは減ったようだ。

【巡拝】「祐天堂」38 頁、「亀戸天神の牛様」196 頁、「亀戸天神のお犬さま」197 頁、「吾嬬神社の楠」234 頁、梅園跡「於三稲荷」328 頁。

石根《いわね》大権現

❖合格祈願／食物に困らない

豊島区正法院《しょうほういん》の山門（玄関）は決して開放的な雰囲気ではなく、「石根大権現」についての解説もない。これは国道に面しているための用心ということだ。参拝なさる場合は一声かけて欲しいとのこと。

その玄関をくぐり、すぐ右に進むと正面に小祠がある。静かに小祠の扉を開くと、予想に反して、全容が見えないほど大きく立派で、不思議な模様をもつ石棒（自然石）が目に飛び込んでくる。

古代には、これを転がして脱穀に使用していたそうだ。それで食物の神様との信仰もあるという。床下は地面のため蟬殻が二つしがみ付いていた。

祠の中には昭和の古びた小絵馬が二枚かかっており、小祠の表には杓子《しゃくし》（杓文字《しゃもじ》）が三本ぶら下がっていた。「所願成就」「合格御礼・就職受験」「入学成就」などの文字が読み取れる。

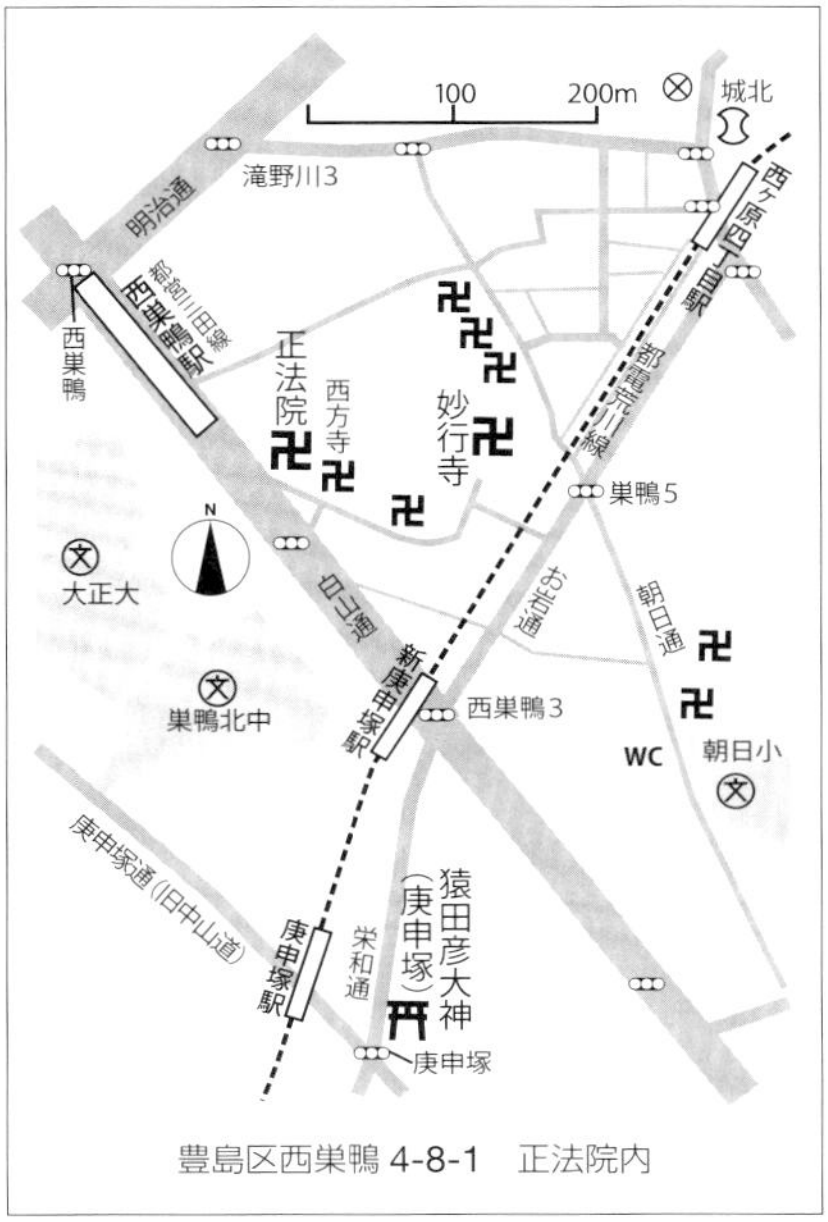

豊島区西巣鴨 4-8-1　正法院内

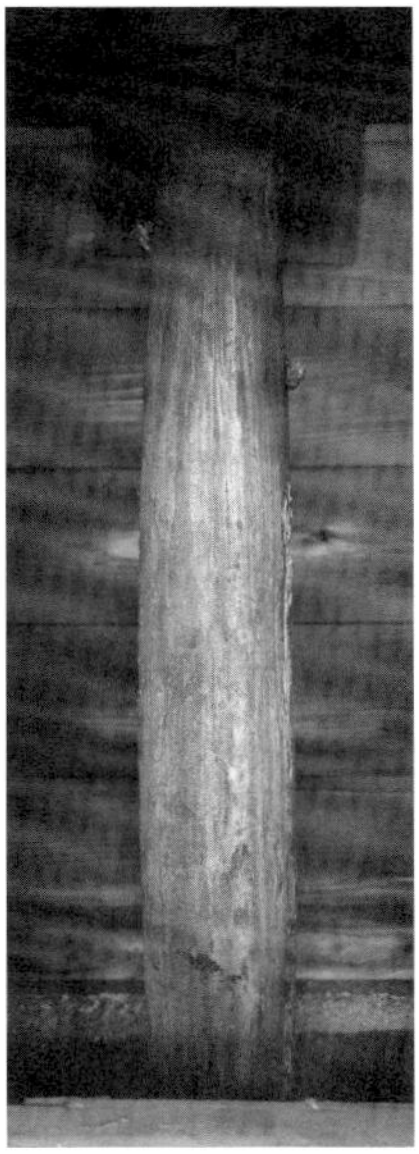

縄文時代のストーンサークルを連想させる石棒は、石神（しゃくじん）→杓子（しゃくし）→杓文字信仰へと展開する。

【巡拝】猿田彦大神「天鈿女命と猿田彦命」114 頁、妙行寺「お岩様の墓」324 頁。

石《しゃく》神《じ》井《い》大権現

❖厄除け／子授け

板橋区には延命寺《えんめいじ》が二箇所あり、一つは中台に、もう一つは志村にある（志村の延命寺に関しては⇩318頁）。

中台延命寺の墓地入口には多くの石仏や庚申塔が並んでいるが、そこに、しゃがまなければ扉を開けられないほどの小祠がひとつある。丁寧に扉を開いてみると、まるでキノコのような形をした男根状の石柱が立っている。

傘と本体の石材は別のようだ。傘は丁寧に仕上げられているが、本体には削り跡が残っている。

さらに正面上部には梵字《ぼんじ》が書かれており、「ア」つまり胎蔵界の大日如来を表していると思われる。当寺の教えでは、どのような仏尊も大日如来の応化身としているからであろう。

祠横の標柱には、「石神井大権現祠改築之碑」とある（裏に「昭和六十年七月」の刻印）。

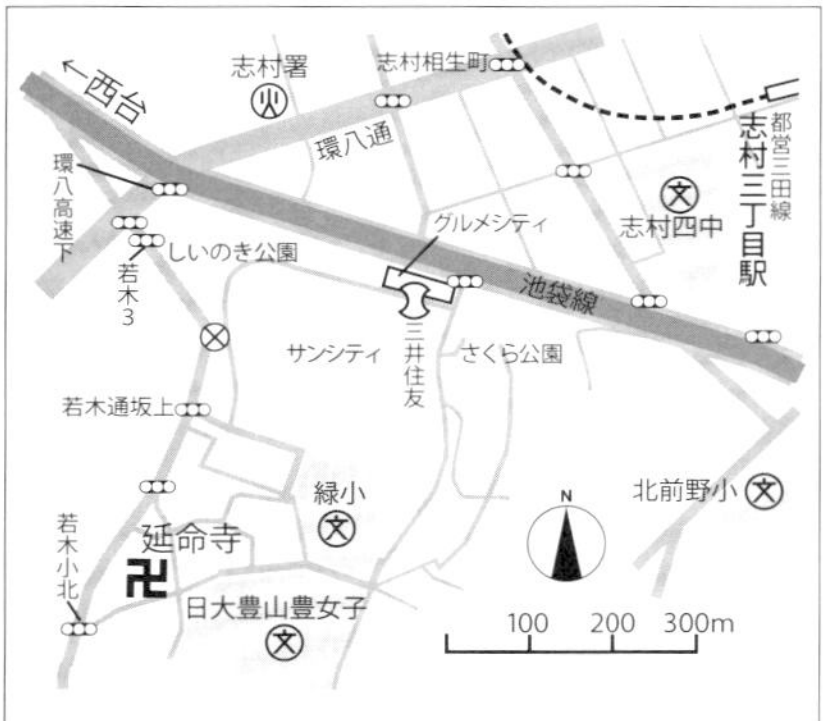

板橋区中台 3-22-16　延命寺内

梵字がなければキノコのように見える。

【巡拝】直線で西方向へ1キロメートル先に「おしわぶきさま」左頁、東方向へ約1.5キロメートル先に志村延命寺墓地「十王尊塔」318頁。

板橋区

おしわぶきさま

❖咳・痰封じ／子授け

板橋区西台天祖《にしだいてんそ》神社境内の男根は、「おしわぶきさま」とも「しゃぶきさま」とも呼ばれている。子授けを願うにはさするべきなのだが、残念ながら盗難防止と思われる頑丈そうなケージに囲まれている。

「しわぶき」とは咳の古語で、咳《せき》＝石《せき》であり、つまり「おしわぶきさま」という名は石棒や石神《しゃくじん》であることを表現しているのである。多くは男根型で、一般には「道祖神」「金精様《こんせいさま》」「塞《さえ》の神」などと呼ばれる神さまの部類だ。

道祖神は明治までは村や町の境、田畑の辻、橋の袂《たもと》などに祀られたものだったが、文明開化に目覚めた知識人や役人がこのような土俗の文化を恥じて淫神《いんしん》扱いしたため、その多くは姿を消した。

今は道祖神といえば男女の神が抱擁し合っている姿を連想しがちだが、それは双体道祖神と呼ばれるタイプのものである。

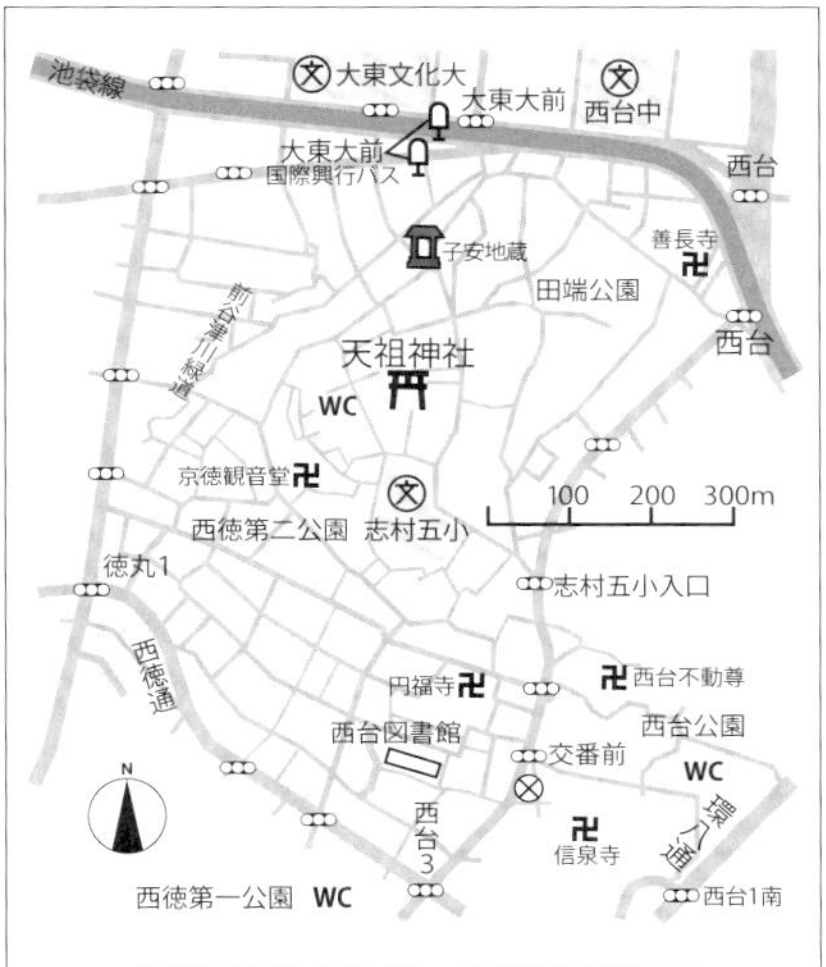

板橋区西台 2-6-29　西台天祖神社内

古墳だったという天祖神社境内には、富士塚をはじめ水神などの末社が多い。これらは明治時代に近郊の村々から集められたものではあるが、当時の人々の幅広い信仰心の様子が偲ばれる。

【関連】「道祖神(塞の神)」～「塞神三柱」44 ～ 48 頁。

立石大神《たていしおおかみ》

❖厄除け／子授け

世田谷区喜多見の氷川神社境内には、石棒が祀られている。付近から出土したもので「立石大神」と呼ばれている。

民俗学的には石棒や石剣の部類に入り、前記の石神（⇒124～125頁）とは制作年代が異なり、こちらの方が古い。形態や大きさはさまざまで、呪術や場合によっては武器にも使われた。

この「立石大神」と同じように、井戸を掘っていて出土したものが地名にまでなったのが、練馬区の「石神井《しゃくじい》」だ。こちらの石神は、いつの間にか紛失して現存しない。筆者はその由来となった石棒を捜して、練馬ふるさと文化館や本命の石神井神社、三宝寺池周辺などを訪ねたが、残念ながらその存在を確かめることはできなかった。相当前から行方不明となってしまったらしい。

ちなみに、地名としては葛飾区の「立石」もある。

世田谷区喜多見 4-26-1　氷川神社内

立石大神。近くには女陰形の自然石も置かれていたが、いつの間にか境内の隅に追いやられてしまった。

【関連】「立石様」164頁。
【巡拝】第六天塚古墳「第六天（大六天）」50頁。

金《こん》精《せい》和《わ》合《ごう》稲荷大明神

❖夫婦和合／厄除け／子授け

台東区の曹洞宗永見寺《えいけんじ》には「金精和合稲荷大明神」と称し、男女の性器に似た石が祀ってある。今は周囲に玉砂利が敷かれており、男根形の陽石は砂利に埋まった分だけ短くなっているのがお気の毒だ。ここには空襲で多少変形したという女性器（陰石）もあるので、「和合」と名付けたのだろう。

これらの陰陽石は、遊女たちが信仰していたことで有名。特に茶、花、俳諧、琴曲などの諸芸に通じ、殊に河東節《かとうぶし》（浄瑠璃の一種）の三味線と拳《けん》の妙手であった吉原角町「中万字屋」の人気太夫「玉菊」が、篤く信仰していたという。隣には、その玉菊を祀った「玉菊稲荷堂」がある。玉菊は気っ風が良く、酒も相当強かったためか、享保十一（一七二六）年、わずか二十五歳で亡くなった。玉菊提灯は、若くして死んだ彼女の霊を弔うため、新盆に灯したものといわれる。

【巡拝】妙音寺「金色姫」35頁、長遠寺「上行（浄行）さま」56頁、本法寺「熊谷稲荷」356頁。

台東区寿 2-7-6　永見寺内

男女の性器が並んでいる例は今では珍しい。本来は子孫繁栄を願ったものである。

北区

王子の石神様

❖願い事全般／縁結び／子授け

この石は王子稲荷の狐穴（お穴さま）の手前にあり、今は「願掛けの石」とか「御石様」などと呼ばれており、持ち上げたとき軽く感じると願いが叶うといわれる。

東京都北区立郷土資料館編『北区の昔 よもやまばなし』には、「石神様」という話が載っている。

「王子稲荷がまだ小さな岸稲荷と呼ばれていた頃、毎朝お詣りと掃除を欠かさない常爺《つね》さんとつね婆さんがおりました。

ある日村を流れる川に（近くには「名主の滝」がある）丸い石が浮いていました。皆が持ち上げようとしましたがとても重くて持ち上がりません。それで神さまのお気に入りの人を捜そうということになり常爺さんとつね婆さんが選ばれました。二人は案の定軽々と石を持ち上げたということです。」

それがこの石だが、どう見ても男根型ゆえ、石神様と呼ばれているのだろう。

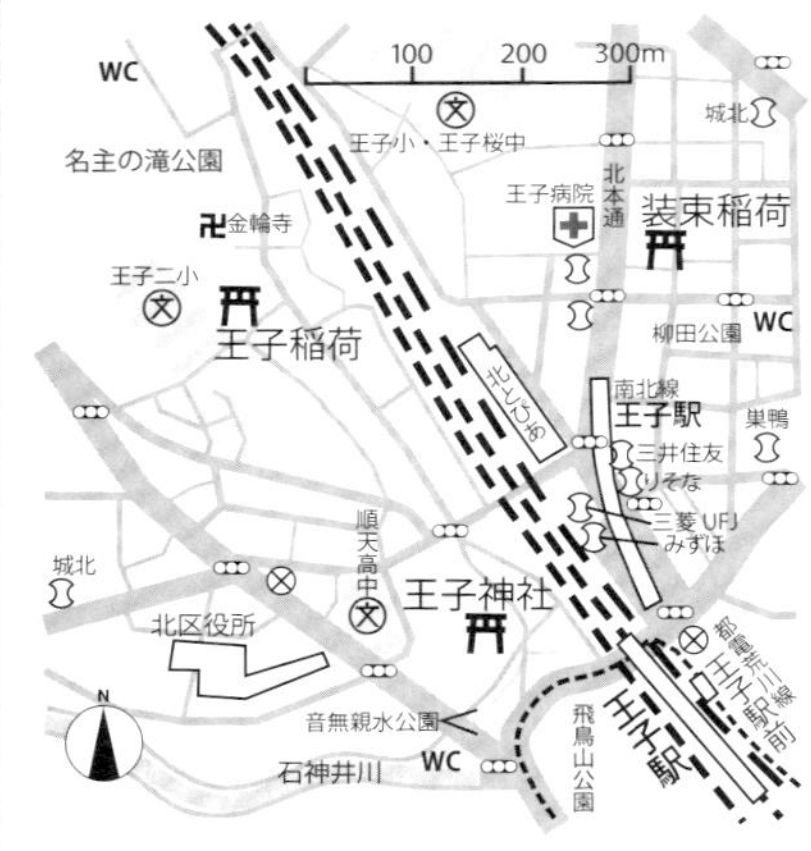

北区岸町 1-12-26　王子稲荷内

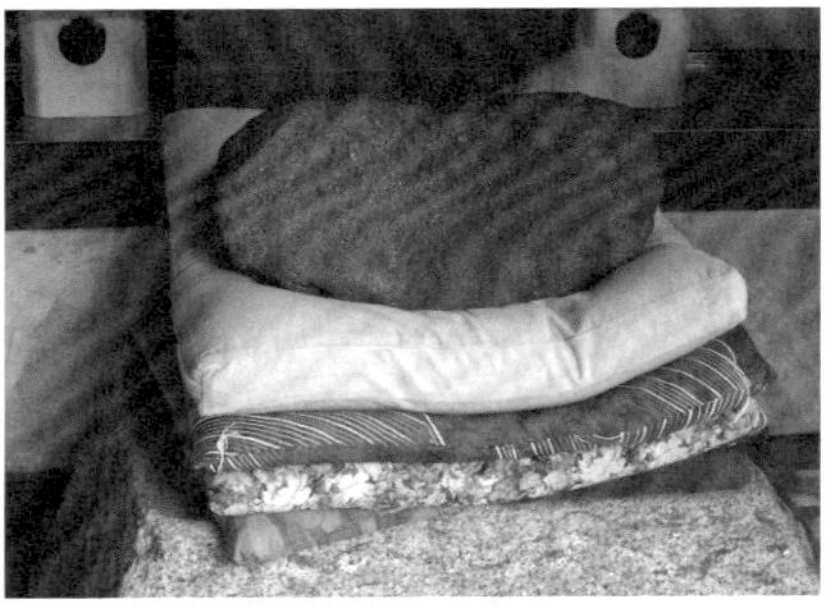

上：石神様。下：狐の巣穴といわれる小窟。

【巡拝】王子神社「関神社の毛塚（髪の祖神）」57 頁、「装束稲荷」378 頁。

石棒さま

❖五穀豊穣／縁結び／子授け

解説板も何もない。しかし今でもこのような男根形の石棒が祀られているということは、地元で大切にされ、そのような御利益が期待されているからであろう。祠には地蔵堂の卍の幕が下がり、提灯には「庚申」の文字。本体はガラス張りの大きな蠟燭立てで半ば隠されている。つまり建前上は「地蔵堂に祀られた庚申様」という恰好だ。中野区のウェブサイト「区内平和史跡案内」によると、もとは笠付きの庚申塔で、空襲によって破壊されたものを戦後間もなく地元の人々が石片を集めてセメントで固め改めて祀ったのだが、ご覧のような形になってしまったため「石棒さま」と呼ばれるようになったということである。社の隣が中学校だからか、道祖神を庚申塔とした（?）のは青少年の育成に忖度《そんたく》したように思えてしまうのだが、それにしても迫力がある。

【巡拝】「成子子育地蔵」424頁、「淀橋咳止地蔵」425頁。

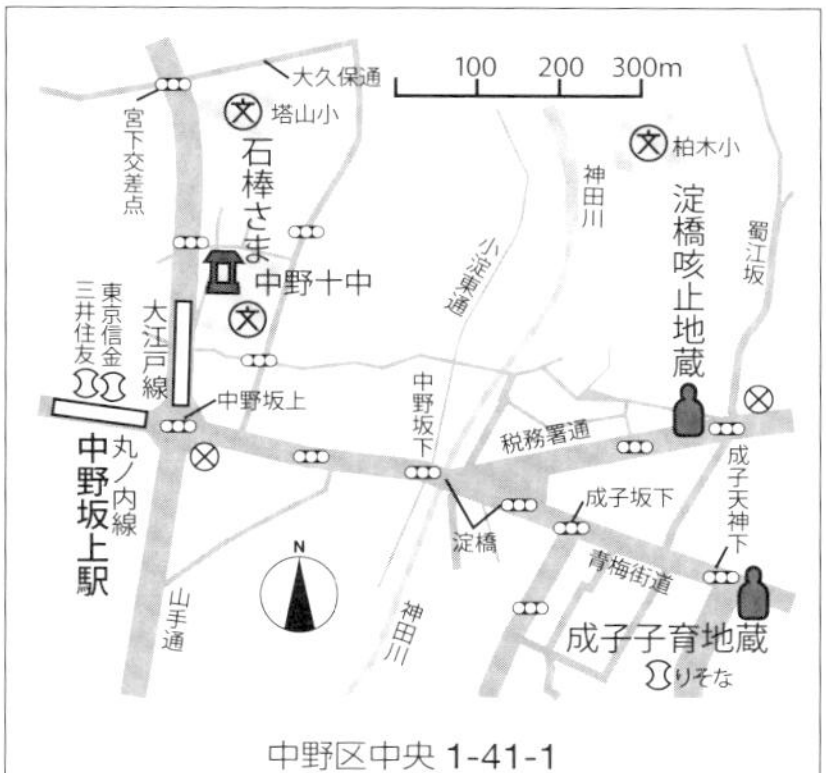

中野区中央 1-41-1

庚申塔だったといわれるが、笠付きの道祖神（金精様）だ。

お堂の背景の建物は区立第十中学校。

不忍池《しのばずのいけ》の髭《ひげ》地蔵

❖夫婦円満／子授け

台東区上野の不忍池・弁天堂の脇に、小さな石橋で繋がった小さな島があり、鳥居と小祠がある。

島は「聖天《しょうてん》島」と呼ばれていて、普段は入れないが、巳《み》の日に限り扉が開く。蛇や龍を眷属とする弁天様からのサービスなのだろうか。いや、弁天様へのサービスなのかもしれない。

なぜなら、この島には立派な男根が立っているのだ。

閉められた扉からでも、この石神は見える。巳の日になれば正面も拝め、そのお姿を拝せば「髭地蔵」と呼ばれるわけがわかる。しかし、じつは地蔵尊ではなく役行者《えんのぎょうじゃ》である。右手に錫杖、左手に金剛杵《こんごうしょ》を持っているので、地蔵様と間違えたのだろうか。

池の周辺には出会茶屋が多かったというので、やはり、弁天様が恋人たちに焼き餅を焼かぬよう、との取り計らいだったのかもしれない。

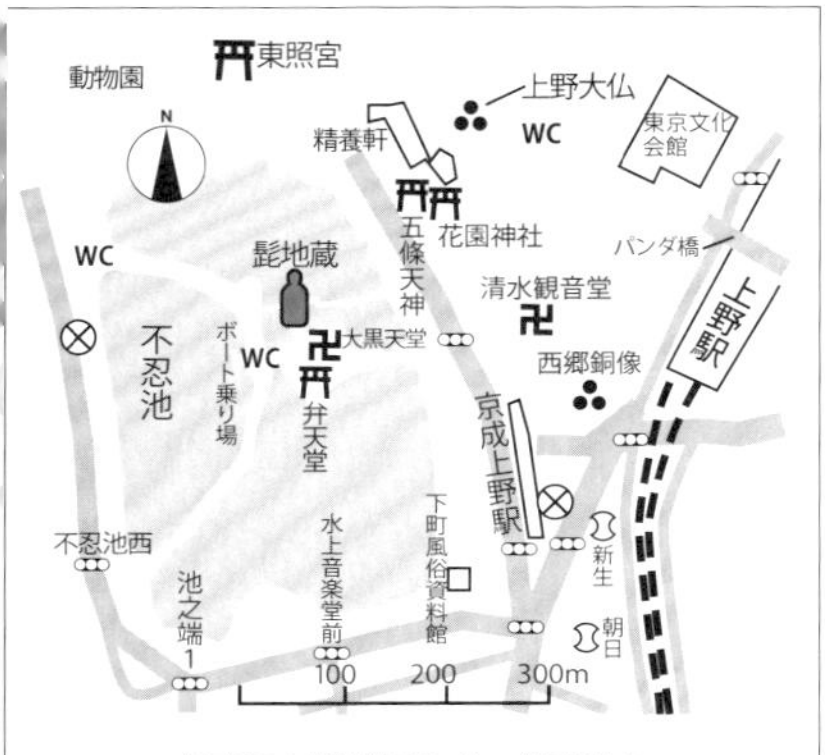

台東区上野公園 2-1　弁天島内

石橋の先の扉は「巳の日」のみ開かれる。

村はずれに置かれて、その地域を守っていた多くの男根形石像は、明治時代に淫神として撤去されたが、代わりに同じく境界を守る神仏として、形状も似ているお地蔵さまが置かれた。したがって意識的にせよ、そうでないにせよ、この役行者の石像を地蔵と呼んだことは「当たらずとも遠からず」という結果になる。

【巡拝】上野公園「上野大仏」92 頁、「栄誉権現の狸神」210 頁。

葛飾区

宝蔵院《ほうぞういん》の異様な石棒

❖下半身の病／浮気封じ／浮気性防止

葛飾区の宝蔵院は、新中川に架かる奥戸新橋のすぐ近くにある。山門を入ってすぐ左側に、まず「賽乃河原《さいのかわら》」と彫られた石柱があり、地蔵尊や如意輪観音が並ぶ細い道を進むと、子どもを供養する地蔵像と風車がびっしり立ち並んだ賽乃河原に出る。じつはその小径に入るところで、左奥をよくよく覗き見ると、石棒が五本立っている。寺では「異様な石棒」と呼ぶ。その手前に横たわっているのは女陰をかたどった石だ。

筆者が冒頭で賽乃河原を紹介したのは、この狭い場所に「生と死」を感じたから。男女の性器は生であり、地獄の河原は死だからである。

さらにこの賽乃河原の先には「式部薬師堂」があり、人はここで救いを求めることができる。偶然の産物かもしれないが、じつに巧妙に仕組まれた庶民信仰のフルコースになっている。

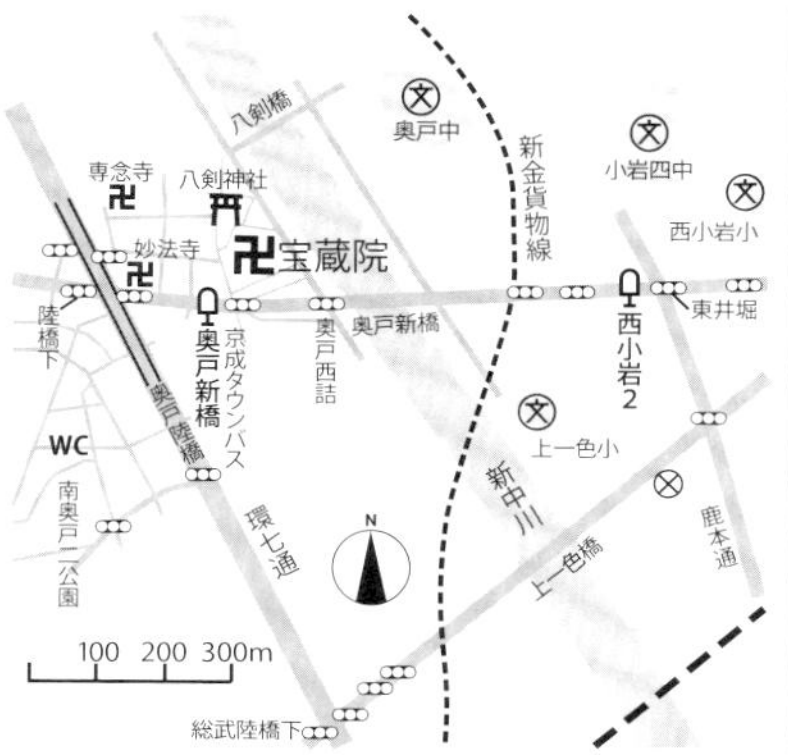

葛飾区奥戸 8-5-19　宝蔵院内

写真手前左下は女陰石。

賽乃河原には多くの地蔵尊と風車が並ぶ。

おまねぎ堂の陰陽石《いんようせき》

❖夫婦和合／家内安全／水商売繁昌

荒川区西日暮里の南泉寺《なんぜんじ》の境内に、「おまねぎ　客人祭」と書かれた額を掛けた小堂がある。格子から中を覗くと、ひとかたまりになって何だか楽しげでちょっと怪しげなパーティーでもしているように、複数の陰陽石が祀られている。一つひとつの形状は定かではないが、おそらく皆、自然石のようである。

「おまねぎ」とは、お招きのことだろう。客人祭ということはお客様（の神々）をもてなすというイメージか。ゆえにこのような陰陽石は、「お招き様」「お客神《きゃくじん》様」「招客明神《おまねきみょうじん》」などとも呼ばれたようである。

当然、色街の遊女たちの信仰を集めた。また庶民も商売繁盛、家内安全、夫婦和合、子宝などを願った。解説が一切ないのが残念だが、寺としてはあまりおおっぴらにしたくないのだろうか。密やかな堂の前には、賽銭箱もない。

【関連】「本妙院の金精明神と客人稲荷」左頁、「客人大権現」１３４頁。

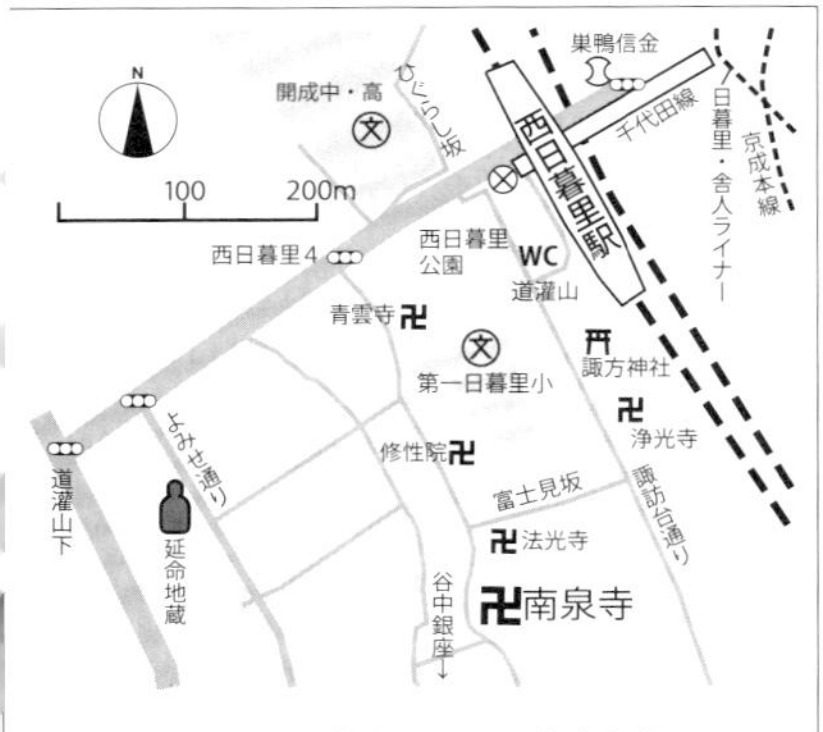

荒川区西日暮里 3-8-3　南泉寺内

一体の陽石以外は陰石のようであるが渾然一体となっており迫力がある。

台東区

本妙院《ほんみょういん》の金精《こんせい》明神と客人《まろうど》稲荷

❖五穀豊穣／子授け／水商売繁昌

右頁で紹介した南泉寺《なんぜんじ》を八〇〇メートルほど南下した谷中四丁目の本妙院には、金精明神が祀られている。山門を入ってすぐ左手の赤い鳥居の先は、客人稲荷大明神。金精明神はその足元の小さな祠に納まっている。

よほど注意しないと見過ごしてしまいそうで、大明神とは呼びにくいサイズではあるが、それでも立派な石神様で、筆者が訪れた時は夕陽を浴びて凜々しく直立していた。

じつはここから六〇〇メートルほど西には根津《ねづ》神社があって、明治二十一（一八八八）年までその境内や周囲には根津遊廓があったから、客人稲荷大明神と共に、遊女や娼婦たちの信仰を集めたことと思われる。

しかし根津には東京大学が創設されたため、遊女たちは江東区東陽一丁目（洲崎弁天町）の洲崎遊廓に移された。金精明神だけが残されてしまったのだろうか。

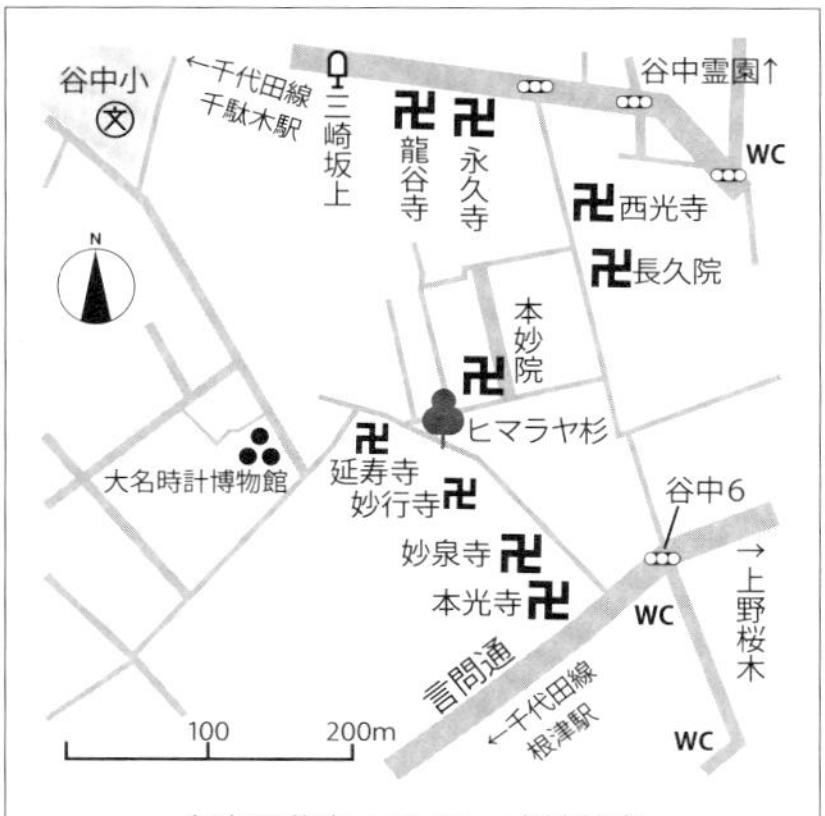

台東区谷中 4-2-11　本妙院内

小祠の中に超然と立つ金精明神は遊女たちの信仰を受けていたであろう。

【関連】「洲崎遊郭亡者追善供養碑」337 頁。
【巡拝】本光寺「人頭さま」39 頁、妙泉寺「貧乏神」40 頁、妙行寺「上行(浄行)さま」56 頁、西光寺「韋駄天」69 頁、永久寺「山猫めをと塚」204 頁、「龍谷寺のたんぼとけ」274 頁、長久院「笑い閻魔」319 頁。

葛飾区

客人《まろうど》大権現

❖性病（特に梅毒）／接客業の守護

客人神《まれびとがみ》は、あくまでもその寺社の主祭神ではないが、といって必ずしも主祭神に比べて位が低いわけでもない。しかしほとんどが、前記「おまねぎ堂」や「客人《まろうど》稲荷」のように本殿以外の社などに祀られている。

葛飾区四つ木には南北約一キロメートルの間に、一直線に白《しら》鬚《ひげ》神社が三社もひしめいている。北から四つ木白鬚神社、中程にある渋江白鬚神社、今の綾瀬川と中川が合流する上平井橋近くの王子白鬚神社と並んでおり、主祭神はいずれも猿田彦命《さるたひこのみこと》。この神は道案内の神として知られるが、同時に巡幸する神でもあるから、まるで白鬚橋あたりからこの周辺を歩かれたようでもある。

さて、そのうち渋江白鬚神社は白髭明神（猿田彦神）、八王子（須佐之男命《すさのおのみこと》の八柱の御子）、そして客人権現を合社したものだ。とはいえ江戸時代には、この社はむしろ客人権現の名で知られていたから、まさに主客転倒状態だったといえる。

じつは客人は「まらひと」とも読むということもあってか、芝居茶屋、遊郭、料飲業などの接客業関係者だけでなく、花柳病（性病）を煩った人々も多数ここに押しかけた。ただし今の当社の境内には、それとはっきりわかるように目立った男根形の石像を祀っている様子はない。

ところで、客人という以上どちらかから来訪されたということになるが、当社のウェブサイトでは「越の白山より比叡の山に飛びうつられ給うたので『まろうど』大明神と称し、のち大権現にまつられた」（葛西誌）とされているから、白山の白山《しらやま》比《ひ》

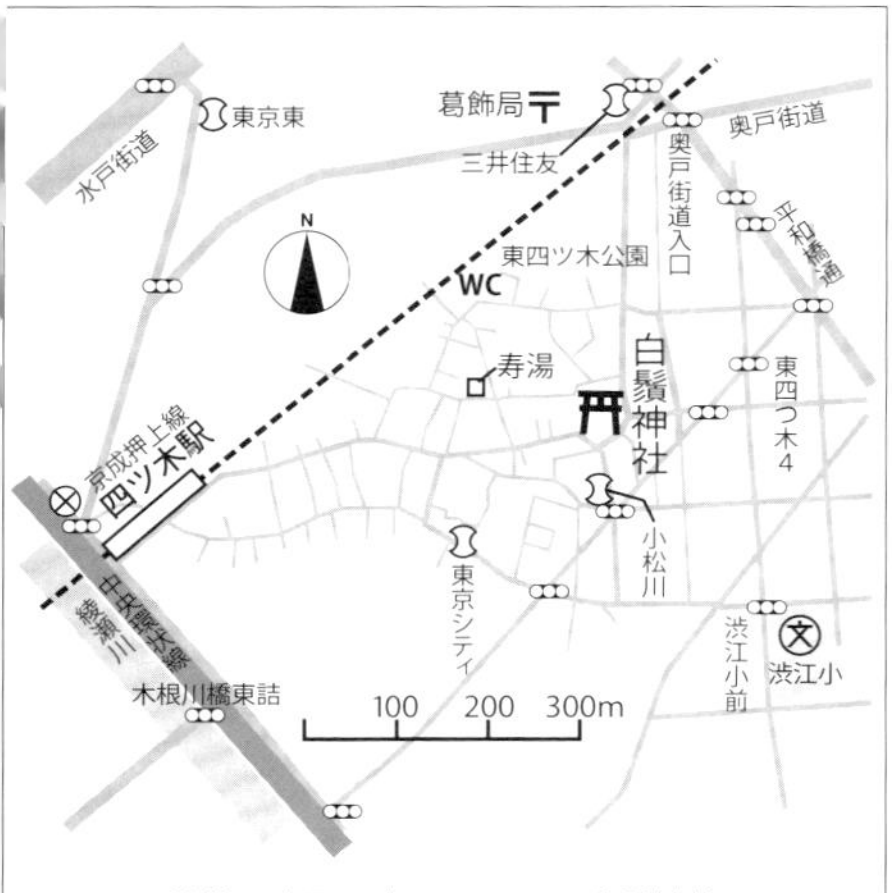

葛飾区東四つ木 4-36-18　白鬚神社

境内には「客人大権現」と彫られた文字碑が多数建っている。右は円柱状（男根風？）のもの。

咩《め》（菊理媛《くくりひめ》）が出自なのだろうか。また民俗学的に、客人権現とは東北・関東で古くから信仰された土着の神で男根を祀る「荒脛巾《あらはば》神《き》」ではないかともいわれる。

いずれの神にしても来訪神《らいほうしん》であることに違いはなく、この地の神がそれを招き入れ、丁重にもてなしているという信仰形態なのである。

【関連】「天鈿女命と猿田彦命」114頁、「おまねぎ堂の陰陽石」132頁、「本妙院の金精明神と客人稲荷」133頁。

江戸時代には梅毒が大流行していたため客人大権現には多くの参詣客が訪れた。

三基の小祠のうち、真ん中の祭神は高産霊神（たかみむすびのかみ）社で、もとは第六天社だった。

後楽園の陽石と陰石

❖夫婦円満／子授け

水戸徳川家が二代藩主光圀《みつくに》の時に完成させた後楽園は、明の遺臣朱舜水《しゅしゅんすい》の意見を多く取り入れた中国趣味たっぷりの回遊式築山泉水庭園。後楽園の名の由来は「天下の憂いに先だって憂い、天下の楽しみに後れて楽しむ」からだそうだ。そのインテリジェンスを弄ぶかのような超ブルジョア趣味は到底庶民感覚ではないが、権力者にとっては、ここは江戸時代のテーマパークだったのかもしれない。

それで、まさかこのような場所で、こんな庶民感覚の陽石やら陰石やらがどのようにして風景にはまっているのかと、筆者は懐疑心たっぷりに捜したわけである。

それはさり気なくあった。涵徳亭《かんとくてい》のほぼ正面、枝垂《しだれ》桜の近くだ。この少々離れた夫婦石の趣向について、来訪者たちはどのような話を交わしたのだろう。光圀公のいたずらに、見て見ぬふりをしたのだろうか。

陽石にはプレートがあるが陰石には何もない。

【巡拝】北野神社「貧乏神」40 頁、同「撫で石（牛石）」156 頁。

墨田区

長命寺《ちょうめいじ》の男根墓石

❖好色漢の守護

こんな仏様「好色院道楽寶梅（居士）」がいてもよろしいのではないだろうか。男根形といっても先の丸い円柱というだけでそれほどリアルな形ではないが、戒名を見れば容易にそれと判断できる。墓石そのものは新しいようだが、下の部分は埋もれていて、せっかくの辞世の句も最後まで読めない。

長命寺境内の端に邪魔者のように無造作に立っている姿は、寺として少々持て余している感さえある。それもそのはずで境内は保育園になっているのだ。子どもたちに「これなあに?」と聞かれても、保育士たちは返答に困るであろう。恐らく洒落で建立した生前墓と思われるが、何の解説もないのが残念である。

ついでながら、その隣の墓石の主は「好酒院杓盃猩々居士」で大きな杯《さかずき》の形をしている。この二人のあの世での会話を想像すると楽しくなる。

【巡拝】弘福寺「咳の爺婆尊」158頁、「三囲神社の白狐」212頁。

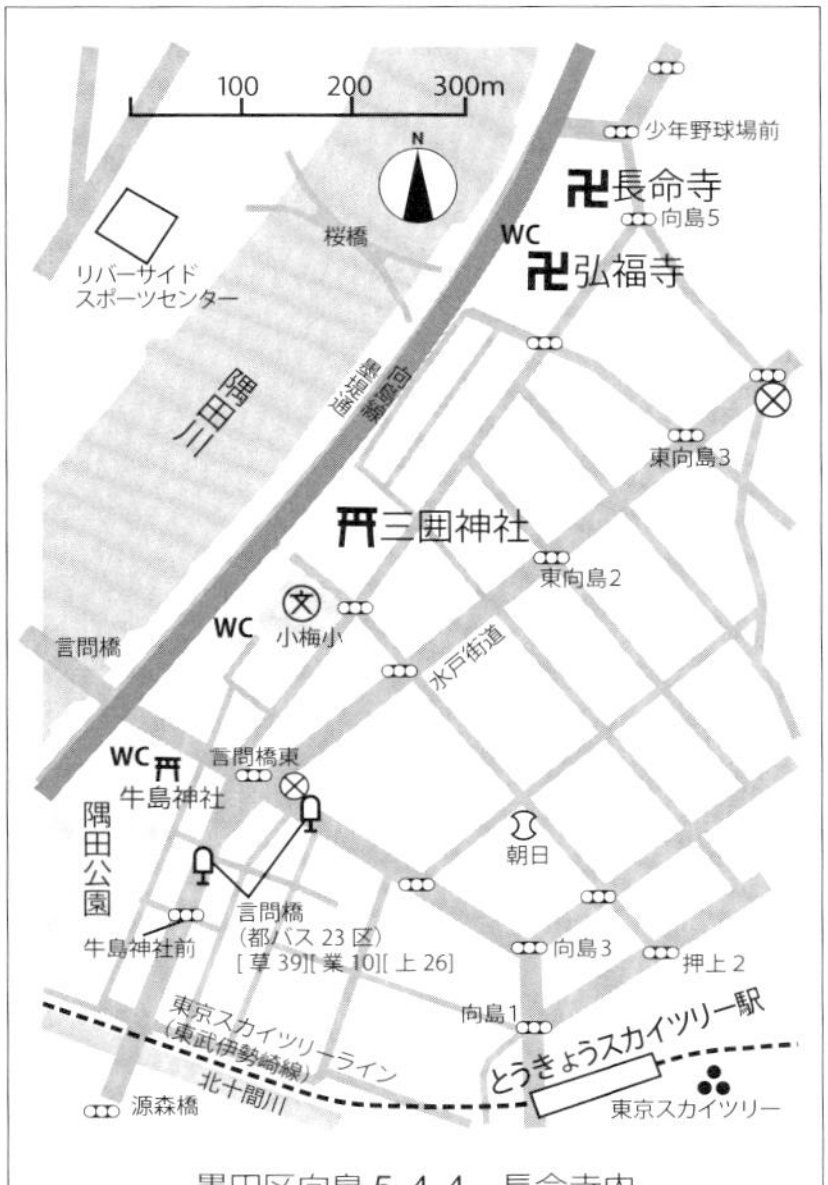

墨田区向島 5-4-4　長命寺内

風流寺ともいわれる境内には、十返舎一九、大田蜀山人、成島柳北、大黒屋光太夫などの碑がある。好色院や好酒院はどうしても品位に欠けてしまうせいか、肩身が狭そうでお気の毒だ。

池袋水天宮の田《た》の神

❖五穀豊穣／子宝

かつて我が国の農耕民の概念では、畑は女性の子宮であり、種《たね》は男性の精子であると捉えられていた。

また柳田國男の唱える日本人の死生観においては、「死者の魂は山へ昇り、当初は祟りをなす荒御魂《あらみたま》だったものが、祀られることによって和御魂《にぎみたま》となり、やがて多くの和御魂が集合してご先祖様〔山の神〕になる」と考えられていた。

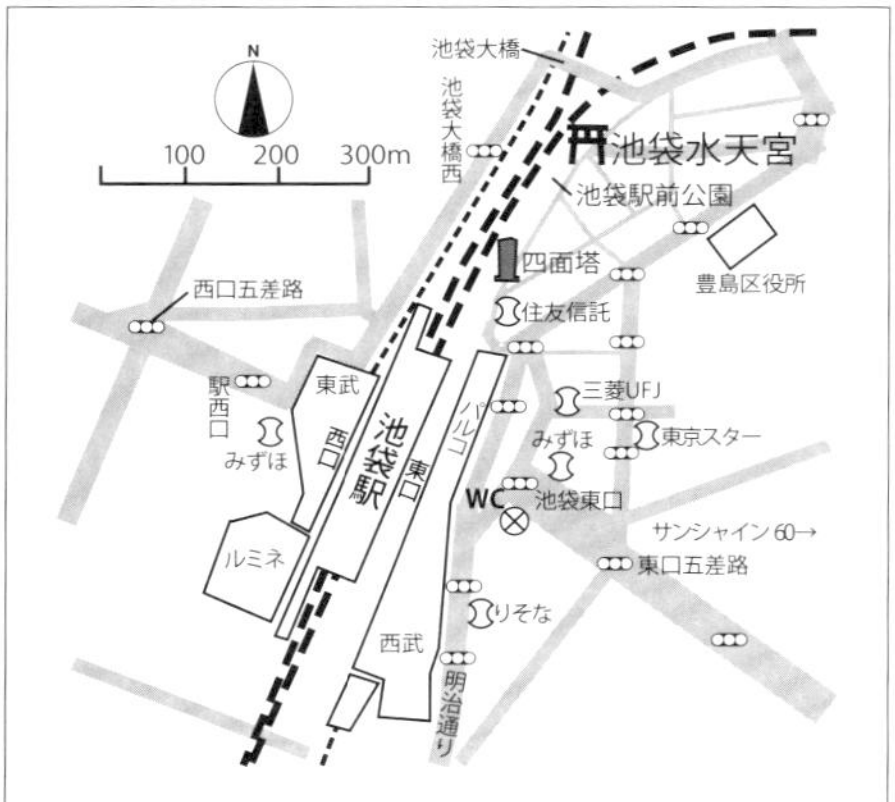

豊島区東池袋 1-50-23　水天宮内

そのご先祖様を初春（正月）に山からお迎えし、田畑の守り神、豊穣を司る神になっていただく。それが「田の神（たのかんさん）」である。山まで常緑樹の枝（神さまを降臨させるための憑《より》坐《まし》、依代《よりしろ》）を伐りに行ってご先祖様をお迎えする人は、今では少なくなったようだが（勝手に伐採できない）、代わりにご先祖様のための目印として門前に飾り付ける木の枝が、門松である。そして秋の収穫祭で、ご先祖様を再び山に送り返す。つまり田の神は、季節によっては山の神なのだ。

田の神信仰は全国にあり、地域によって農神《のうがみ》、作神《さくがみ》、百姓神、サンバイ様、地神《ちじん》などとも呼ばれる。また、恵比寿、大黒、稲荷神などと習合している場合もあるようだ。

写真の四体の田の神は、池袋駅東口の池袋駅前公園北側の水天宮脇に祀られているもので、手に杓子や椀を持っている。他に擂粉木《すりこぎ》や飯櫃《めしびつ》を持っている場合もある。これらは食、穀物、豊穣の神であることを表すが、背中が男性器の形状になっていることから、子孫繁栄、子授けの神でもあることは明らかであろう。

通常は田の畦《あぜ》や水口《みなくち》に祀られるので、池袋のものは周囲の開

四体が並ぶ水天宮の田の神。

発に伴ってこの場に集められたものと思われるが、形態は四体とも比較的似ており、同時期のものと思われる。
よく民俗学で「池袋の女」として、この地出身の下女に手を出したり密通すると池袋の土地神が怒り祟りをなすとされる話があるが、それはこの神々の仕業だろうか。

【関連】「お正月様（大歳神）」26頁。

社殿に向かって右下に田の神が並ぶ。かつて一帯は田園だったということだ。

後ろ姿は皆よく似ている。

荒川区

トルハルバン

❖厄除け／疫病除け／子授け

「トルハルバン」とは「石で作ったおじいさん（おじさん）」＝石爺様」という意味で、韓国済州《チェジュ》島のシンボルとも、守り神ともいわれる。頭には韓国伝統の帽子（モジャ）を被り、肩を怒らせ、メタボ気味のお腹、大きな目と鼻を持ち、唇を結んだ表情が何ともユーモラスで、好感が持てる。韓国のモアイ像ともいわれている。

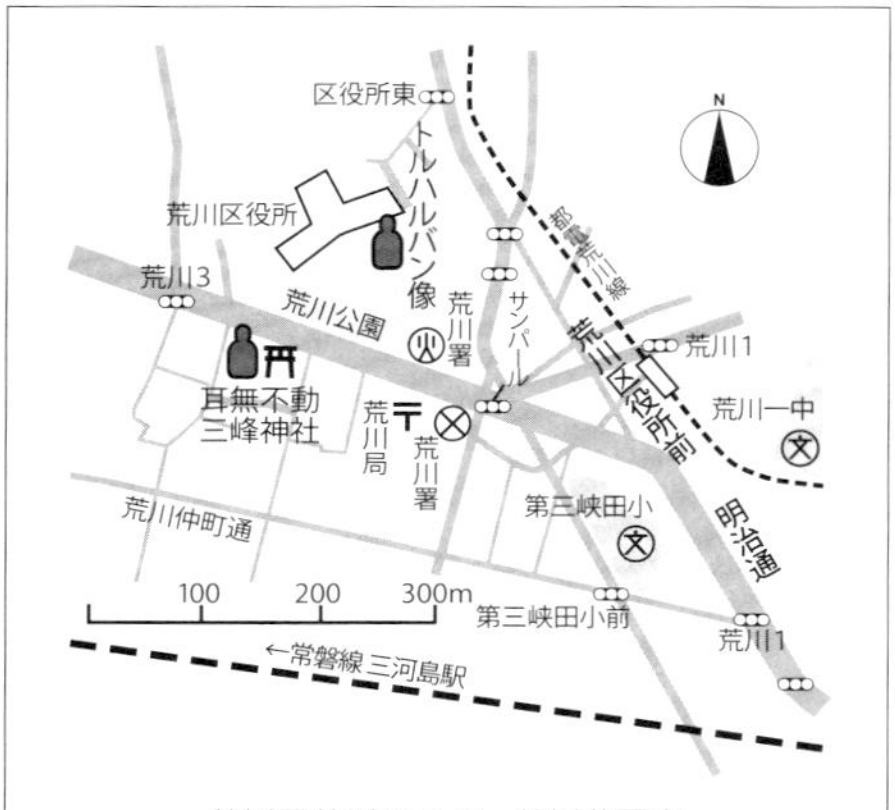

荒川区荒川2-2-3　荒川公園内

荒川区には約八千人の済州島出身の韓国人が住んでいるそうで、その関係から荒川区と済州市は友好都市になっている。この石像は平成十八（二〇〇六）年に済州市から荒川区に寄贈されたもので、荒川区役所の前庭（荒川公園）に立っている。ちなみに、兵庫県三田市の像も同市から寄贈されたものである。

高さは約二メートル、重さは約三トンあり、お腹の前で右手を上にした方が文官、左手が上の方は武官といわれている。一般にこの文官と武官の二体が対になっており、城門前、村の入口や重要な施設の入口などに置かれるそうだ。つまり我が国の道祖神、塞の神または仁王尊などと同じイメージの神と思われる。

この像には厄除け、疫病除け、平和をもたらすなどの御利益があるそうだが、その性神的な姿から想像できるように、子どもを望む女性が、像の帽子と鼻をなでると男の子、耳と口をなでると女の子を授かるといわれている。子授けの御利益があることから、トルハルバンが男性器をモチーフにしていることは間違いないようだ。

筆者は、新大久保の韓国料理店の前に立っている像を見たこ

荒川公園のトルハルバン。

とがある（左下写真、現在は閉店）。長年子宝に恵まれなかった夫婦がこの石像に触ると子どもができたという話があり、何通か礼状まで届いていたという。

トルハルバンが造られはじめた年代は比較的最近で、一七〇〇年代半ば、李氏朝鮮の時代だそうだ。済州島に聳える漢拏山《ハルラさん》の山神である女神を慰めるため、この石像を立てたともいわれる。元気なおじいさんである。

田の神（⇨前項138頁）の後ろ姿と比べて見れば、トルハルバンが男性器をモチーフにしていることは明らかだ。

かつて某韓国料理店の前に鎮座していたトルハルバンだが、この店は閉店してしまった。

威徳《いとく》稲荷大明神

❖家内円満／夫婦和合／歓楽街関係者の守護

「威徳稲荷」は西に新宿ゴールデン街、歌舞伎町を控えた花園神社の境内にあり、小さな社殿の正面に赤い鳥居が並んでいるのでわかりやすい。その社殿手前の梁《はり》に、長さ約二メートルほどもある巨大な男根が乗っている。

　意外な場所に横たわっているので、案外気付かない人もいるようだ。社殿の裏にも石祠があり、さらにその裏に廻ると、かわいらしい玉付きの陽石が立っている。

　社務所では、この威徳稲荷の御守りを出しており、御利益は「家内円満」「夫婦和合」。袋の中には、長さ二五ミリほどの男女の性器が入っている。当然、恋愛成就、結婚、子宝なども期待できるため、若い女性の参拝者も多いという。

　とはいえ、この威徳稲荷ははじめから花園神社の境内にあったわけではなく、昭和三（一九二八）年に、同じ境内末社である雷電神社と共に建立・合祀された。

　本来、性神は村外れの道祖神として外部からの悪霊の侵入を防ぐ「塞《さえ》の神」として、さらに子孫繁栄や五穀豊穣を祈る民俗信仰的な神として祀られてきたが、ここは飯盛り女（遊女）を置くための宿場町だったということから推測すると、この威徳稲荷がはじめから上記の道祖神的な神だったとは考えにくい。

　威徳の威とは男の精力のことだろう。つまり、当初から内藤新宿の飯盛り女たちの下半身に関わる信仰を得るために存在したのではないかと、筆者は考えている。

　宿場がなくなった今は「家内円満」「夫婦和合」の御利益を謳っているが、隣接するゴールデン街や歌舞伎町、区役所通り

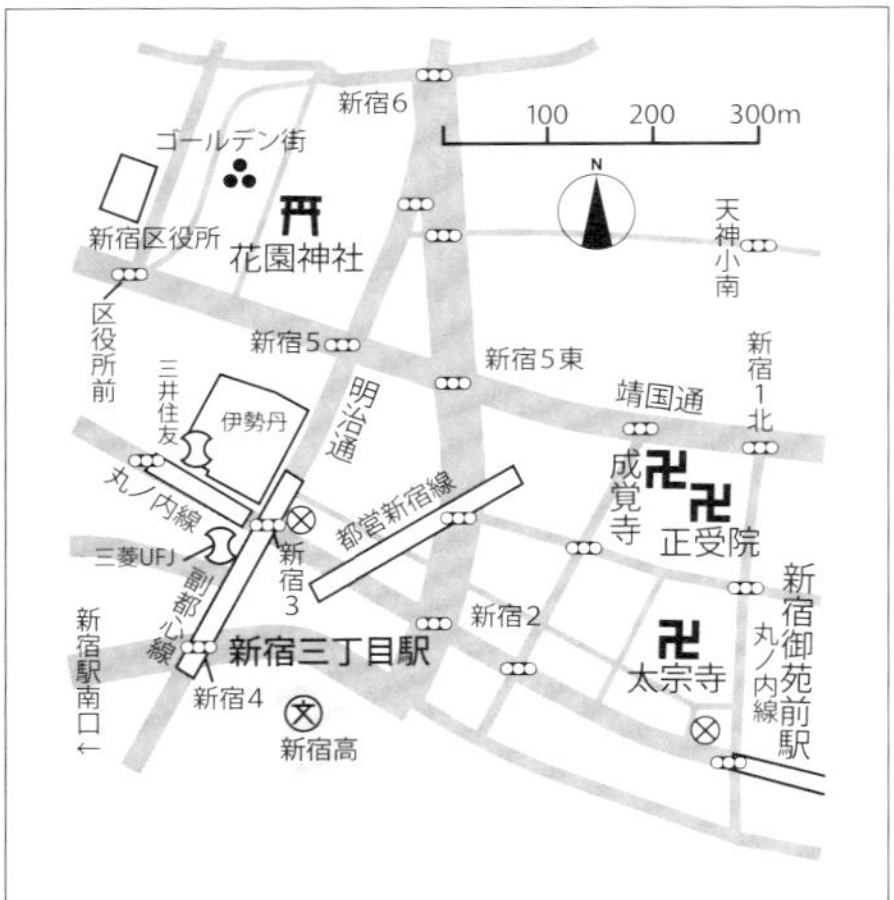

新宿区新宿 5-17-3　花園神社内

上方に注意しながら鳥居をくぐると男根が現れる。

などで働く水商売、男女の性風俗関係者、また少し前までは赤線地帯で働く娼婦たちからの信仰も篤かったのではないか。

つまり、威徳大明神とは男女の性愛を仲立ちし、下半身の病気を含む悩みを解決してくれる神徳を持つ「歓楽街の守り神」であると、筆者は考えている。

【巡拝】花園神社「芸能浅間神社」60頁、「正受院の奪衣婆」312頁、「大宗寺の閻魔王と奪衣婆」314頁、成覚寺「旭地蔵(夜泣き地蔵)」433頁。

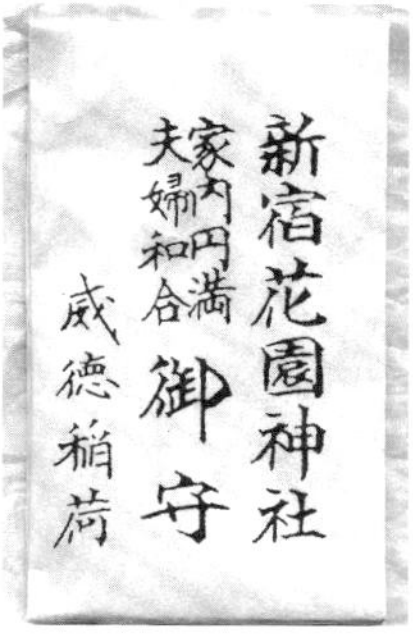

社務所で「威徳稲荷の御守りを」と言えばいただける夫婦和合、家内円満の御守り。筆者も入手したが、おおむね効果はあるようだ。

社殿の裏に廻ると、男根がひっそりと立っている。あまりこれ見よがしでないところが良い。

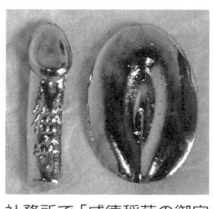

港区

子宝大黒

❖子授け／縁結び

港区麻布の大黒坂を上ると、一本松の手前右手に大黒天の幟《のぼり》が立つ大法寺がある。子宝大黒天は本堂内に祀られているが、声を掛ければ参拝させて頂ける。子宝に恵まれない女性がよくお見えになるそうである。

三つの米俵に跨がっておられるが、一般の大黒天は米俵二つだから、真ん中の一つは男性のシンボルということらしい。まれに後ろ姿が田の神のように男根になっている像もあるほどで（⇩138頁）、大黒天には子授けの神、性神としての信仰もあるのだ。

それもそのはずで、大黒天はインドでは夜叉だったが、日本には穀物の種子や五穀豊穣を司る神として渡ってきて、大国《おおくに》主命《ぬしのみこと》と習合する。こちらの神にも多くの姫神との婚姻談があり、百八十一人もの子があるといわれている。いずれにせよ、縁結びや子授けの御利益は期待できそうである。

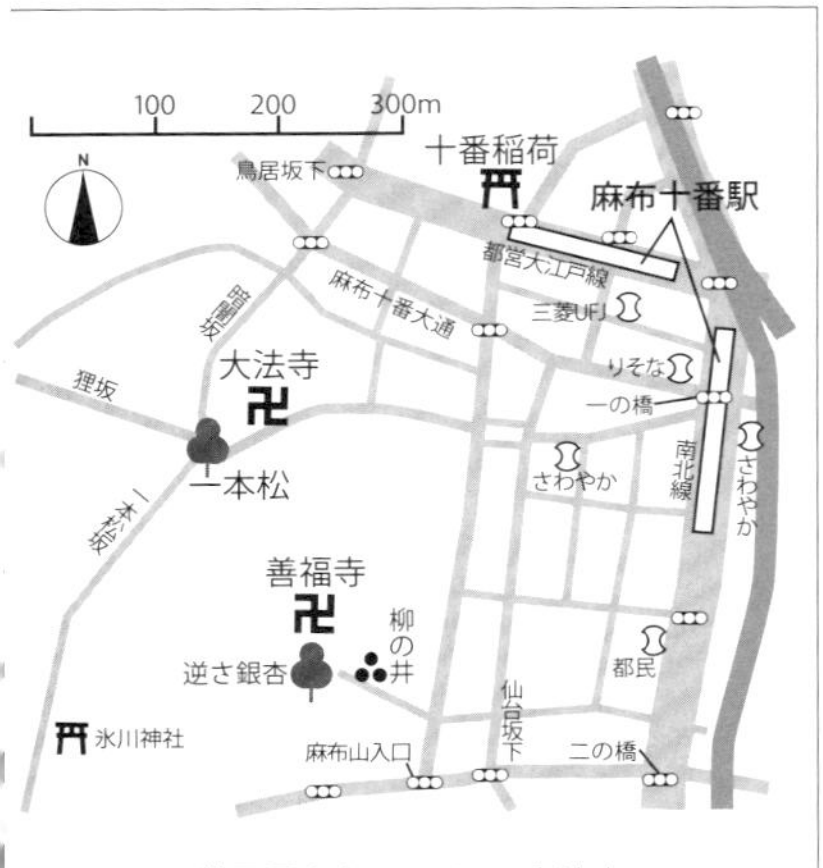

港区元麻布 1-1-10　大法寺

筆者の夢に現れ「自分も紹介するように」とおっしゃったので、本殿内に鎮座ましましているが紹介させていただいた。声を掛けると気さくに案内してくれる。

【巡拝】十番稲荷「上の字さま」200頁、「麻布一本松」235頁、善福寺「柳の井」171頁、同「大銀杏と逆さ銀杏」240頁。

大注連縄《おおしめなわ》

❖五穀豊穣／子孫繁栄／悪霊祓い

力強く立派な注連縄である。六メートルある。しかし本来は鹿島様（秋田県湯沢市）などに代表される、藁で作った巨人の道祖神と同目的のものだと思う。この神には大きな性器を付けるのが特徴だ。

葛飾区奥戸では「アクマバライ」と称し、この注連縄を担いで旧村内を回ったそうである。かつては「雄じめと雌じめ」があったというから豊穣・子孫繁栄の願いを込めた祭であり、外部から侵入する悪霊を祓ったものであろう。クライマックスには男女の交歓を演じて大騒ぎしたことと想像できるが、今は雄じめだけが大注連縄と称され、二本の石柱の上に恭《うやうや》しく捧げられている。ただ本来は、村はずれにこれ見よがしに置かれ、外部の悪霊を威嚇する役目の神様だったはずである。

また、これも時代の流れだろうが、今は東京では稲作もおこなわれなくなったため、稲藁は千葉県から調達しているそうだ。

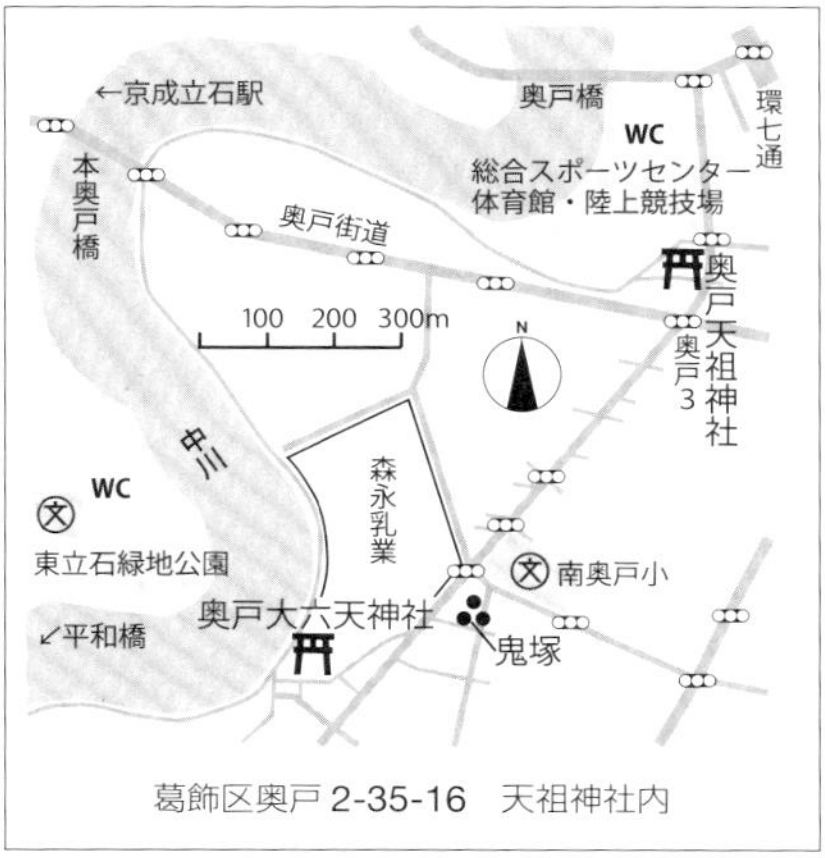

葛飾区奥戸 2-35-16　天祖神社内

高く掲げられた大注連縄。

【巡拝】奥戸天祖神社と奥戸大六天神社の「第六天（大六天）」50 頁、「白旗塚と鬼塚」332 頁。

石神《いしがみ》神社

❖家内安全／子孫繁栄

都内からは大分遠いが、これだけ立派な性神信仰の場所は珍しいので、本章の最後に紹介する。

ここはまさに石神の社なのだが、木製や陶器の金精様も奉納されている。彼らは現実の男性の性器などではない。石器時代から現代に至るまでの永劫の時代を支えてくれた、私たちの御先祖様のシンボルなのである。それが社の周囲に無造作に置いてある。

社は小さいが、それに不釣り合いなほど柱の龍の彫刻が見事なことも付け加えておこう。とにかく民間信仰研究者の筆者には、時空を超えた夢のような空間である。

秋深くに訪れると、傍《かたわ》らのコナラ（ご神木か）から社の屋根にコンコンパラパラと落ちてくるドングリの音がかまびすしいほどだ。すぐ隣は乙子《おとご》集落センターで、乙子集落の人々の、子授けや子の無事な成長を願う庶民信仰の心がひしひしと伝わる。

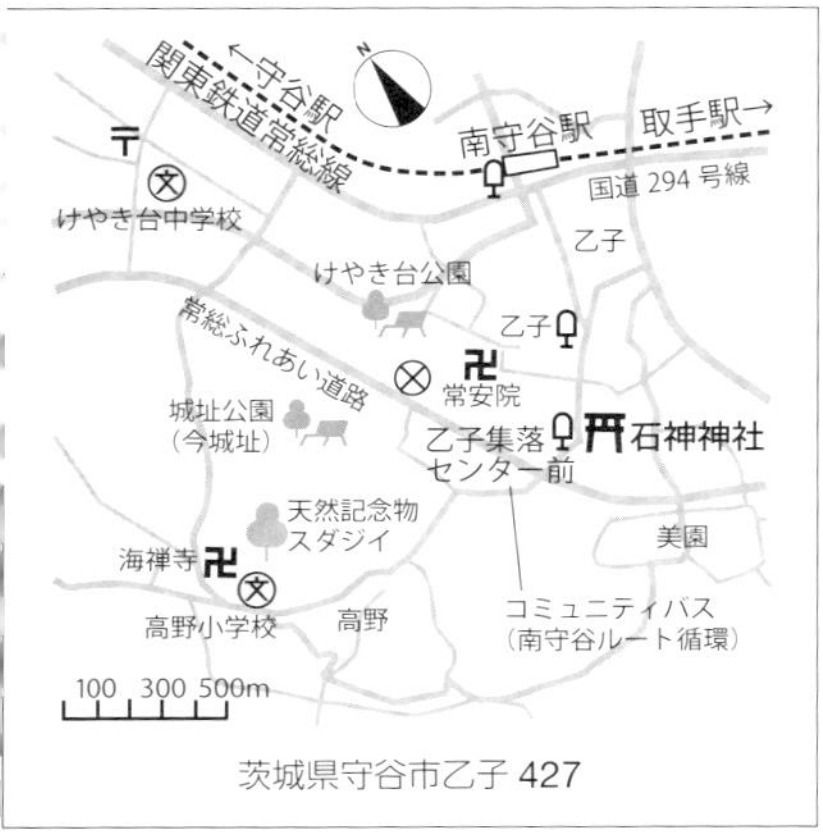

同社は『守谷歩こうガイドマップ』の「将門伝説コース」にも組み込まれている。あまり有名になって興味本位の参拝者が増えると、不都合が生じるかもしれない。どうぞ静かに参拝していただきたい。

第四章

石・水・橋・文字の霊力

ドラマの中などでの一般論であるが、江戸の庶民には金＝財力はないが生きていく上の経験や知恵はある。しかし最後の手段は神頼みである。

医者にも掛かれず薬も買えない貧しい人々の祈りを、「迷信だよ」と笑ってはいけない。真剣な神頼みには、今では医学的や心理学的にも証明されているプラシーボ効果が期待されるのである。つまり信じることによって健康も運命も好転させる手段を、江戸時代の人々は庶民信仰に見ていたのかもしれない。しかもこれは先の大戦時にも残っていた習俗である。出兵する兵士に弾除けと称して「女性の陰毛」や武運長久を祈る「千人針」を持たせた。「お百度参り」や「水垢離」「〇〇断ち」には非日常的な努力が必要だが、お金は掛からない。「信じる者こそ救われる」という原理を彼等は知っており、願いは通じるものと信じていた。

これを無知蒙昧《もうまい》な庶民の迷信などと切り捨ててはならないのだ。愚かな行為と思ったその時点で、我々の目は濁り、本来持っていた霊的なるものを見抜く力を衰えさせている。現代社会においてその盲点を突いてくるのが、カルト宗教ではないだろうか。

多くの日本人は追い込まれると「神様　仏様　御先祖様」と祈る。戦後の私たちは無意識のうちに日常をこの「日本教」と共に暮らしてきたが、いつの間にか我々の神様は「科学万能様　経済最優先様」に取って替わられてしまったのではなかろうか。そこで第四章、第五章では、そこに登場する神々の存在を再認識し、少しだけ「神頼み」をしていた時代の人々の気持ちを思いだしてみたい。

本章では、人々が石や水などの無機物にまで霊の存在を見出していた例を挙げる。

（一）日本には地域によって両墓制という習俗があった。人の遺体を葬るため一定の場所に土葬し「埋《う》め墓《ばか》」とするが、亡き人を偲び供養するため別の場所に「詣《まい》り墓《ばか》」をたてる（佐藤米司《よねし》『葬送儀礼の民俗』岩崎美術社、一九八五）。その後、埋め墓に詣ることはない。

（二）江戸時代、街が限界まで拡張したり、逆に大火事で壊滅すると、寺院は度々郊外へ移動させられた。ところが短期間での移動を強いられるため、墓石などの上物《うわもの》だけ移して地中のものは見捨てられる場合もあったので、江戸の街からはよく人骨が出た（鈴木理生《まさお》『江戸の町は骨だらけ』ちくま学芸文庫、二〇〇四）。

以上二つの例は、人の霊は遺骨や亡骸にではなく、その上に置かれた「石」やそれに刻まれた「文字」に乗り移ると考えられていた証だ。それは「位牌」や「遺影」「霊璽《れいじ》」の場合も同様である。

これは石や木、金属、文字を「依坐《よりまし》、依代《よりしろ》」として神や霊をそこにお招きする（降ろす）という感覚と同じだろう。ただ、それには儀式を伴う。それは「祈る」「揺らす」「叩く」「縛る」「声や音を出す」「供物を捧げる」などの行為である。ある意味、筆者はこの考え方を、石・水・橋・文字などあらゆるものに精霊が宿るというアニミズムから生じ、人間の都合に合わせて転じた信仰習俗と捉えている。

私たちは人の霊にとどまらず、八百万《やおよろず》の精霊や神は、ある特定の「物に寄り憑く」という畏れやリスペクトの観念を持っている。また逆に、ある特定の物に精霊や神を「降ろす」「招霊する」「招く」という能動的観念も持っているのである。そこには荘厳な施設は必ずしも必要ない。

荒川区南千住の石濱神社境内に立つ富士塚。さまざまな石造物が並ぶ。

大木戸《おおきど》の鉄《くろがね》

❖脚気

『重宝記』「大木戸の鉄」に、「脚気《かっけ》にてわづらふもの芝牛《しばうし》町の大木戸にいたり願ごめなす。則《すなはち》此道々古き雪踏《せった〔ママ〕》〔雪駄〕のかね〔鉄〕をいくつにても心にさだめ拾ひとりてこれをはさみ願がけをなしてかへるにすみやかにその苦痛平癒なす事神《しん》のごとし。せったのかねふるきは大道にあまた落ちちりあるものなり」とある。

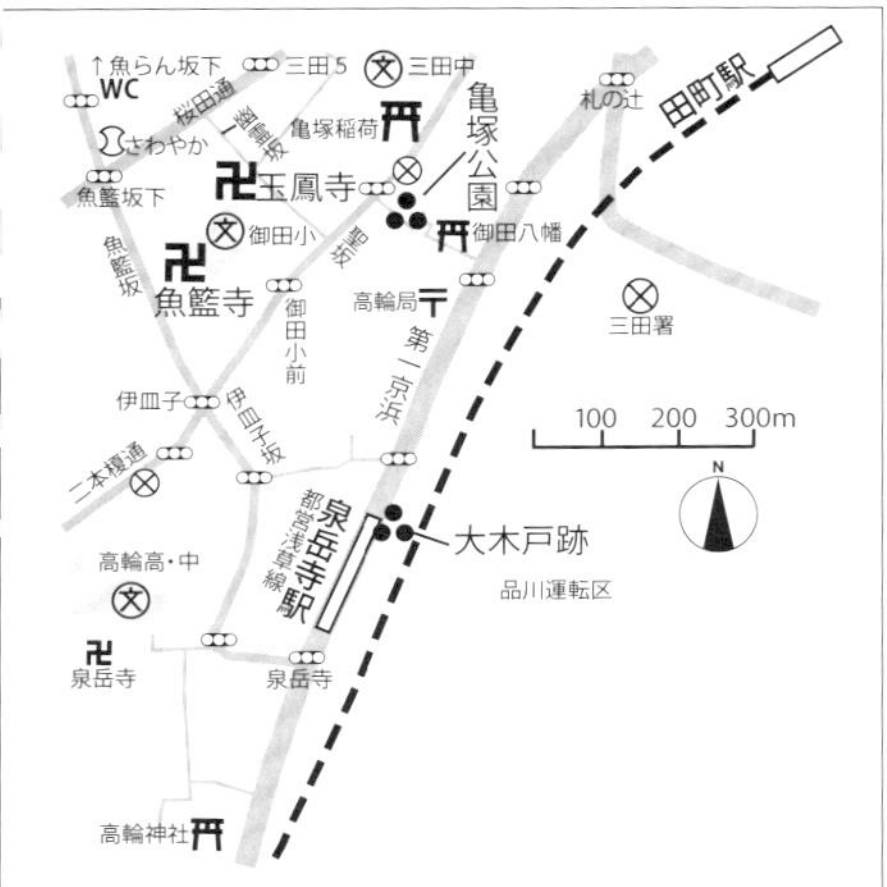

港区高輪 2-19　大木戸跡

「せったのかね」とは、雪駄の裏に使われる金具「尻鉄《しりがね》」のことと思われる。馬蹄《ばてい》、三日月、鉄鋲、テクタ、ベタガネなど、意外に様々な種類や形態があった。よほど落ちていたのだろうか、集めたら商売になりそうだ。

「芝牛町の大木戸」とは、今も東側だけ石垣が残る「高輪の大木戸」のこと。かつてその周辺は牛町と呼ばれ、牛車を貸し出す車借《くるまがし》が千頭の牛を抱えていた（左頁絵）。高輪や麻布には坂が多いためだろうか。

この大木戸は幅約六間（約一〇メートル）あり、当初は治安維持と交通の規制のため、暮れ六ツから明け六ツ（午後六時～午前六時前後）まで閉ざされていたが、江戸時代後期に設備は廃止されている。大木戸は東海道における旅人の送迎の場でもあったので、周辺には茶屋や料理屋などが何軒かあった。

さて、その石垣の隙間に拾ってきた尻鉄を挟んで願を掛ければ脚気の病が治ると『重宝記』には書いてあるわけだが、これはいかにも迷信臭い。

脚気は白米を主食とする都会人が患うといわれ「江戸やまい」ともいわれた。つまり一種の贅沢病だったから、江戸でも

今は落ちている尻鉄など見ないが、筆者が幼い頃は下駄や雪駄の尻鉄をたまに見かけた。

商人が力を蓄えるようになってから流行《はや》ったものと思われる。

雪踏の普及もしかりだ。

ちなみに、もともと「ちゃらちゃら」という語は小銭を振って出る音だけでなく、雪駄の裏の金具が響かせる足音のことをいったらしいのである。今ではさしずめ、腰にぶら下げた鍵束の音といったところだろうか。

【巡拝】魚籃寺「魚籃観音」101頁、高輪神社「力石」169頁、亀塚公園と亀塚稲荷「亀塚」222頁、玉鳳寺「御化粧延命地蔵とおしろい地蔵」399頁。

上:牛町の様子。奥には牛舎が、手前には牛が牽く荷車が見える。下:東海道を行き来する人々で賑わいを見せる高輪大木戸。右上に大木戸の石垣が、右下には高札場が見える。上下共に『江戸名所図会』巻之一より。

出世の石段と招き石

❖出世運／仕事運

天然の山としての都内最高峰は、港区にある愛宕山《あたごやま》で海抜二六メートルだ。

『江戸名所図会』巻之一「愛宕山権現社」には、「そもそも当山は懸岸《けんがん》壁立して空を凌《しの》ぎ六十八級の石段は畳々として雲を挿《さしはさ》むがごとく聳然《しょうぜん》たり。山頂は松柏鬱茂《うつも》し、夏日といへどもここに登れば涼風凜々としてさながら炎暑をわするる」とある。

港区愛宕 1-5-3　愛宕神社

少々大げさな印象はあるが、他に高い場所もなかった当時とすれば、そのくらいの表現は当然かもしれない。

そしてこの「雲を挿むがごと」き石段を馬で昇り降りしたのが、高松藩士の曲垣平九郎《まがきへいくろう》という豪傑。この時、徳川家光から「日本一の馬術名人」と讃えられたゆえ、この坂は「出世の石段」と呼ばれるようになったと伝えられている。しかも、この時平九郎が手折《たお》った梅の老木が「将軍梅」と名付けられ、今も境内に残っている。

ところがこれほど知られた話にもかかわらず、『江戸名所図会』に平九郎の話は出てこない。

ただモデルとなった人物は実在したらしく、安政元（一八五四）年、豊後臼杵《うすき》藩の馬役・雄島勝吉が名馬三春に乗ってこの石段を昇り降りしたという瓦版が残っている。その後も明治以降、数名が挑戦し達成したということである。

実際にこの石段を下からまたは上から望むと、人にとっても馬にとっても命がけだったことが伺え、たとえ講談の話だとしても、「出世の石段」といわれる理由が納得できる。

また、愛宕神社の境内には、「招き石」という複雑怪奇な恰好をした石が祀られていた。比較的新しい時代にどなたかが寄進したものと思われ、「撫でると福を招く」といわれていたが、特に由来があるわけではないようだ。

猫や蛙に見えないこともないが、愛嬌があり、確かにただものではない気配はあった。数年間置かれていたが、最近は見かけない。

【巡拝】愛宕神社「天狗」64頁。

当社は今でも人気が高く、老若男女が引きも切らず階段を昇り降りしているが、じつは山の下のトンネルの脇にエレベータがある。

撫でると福が身につくという「招き石」。

臼杵藩士雄島勝吉と名馬三春の記事を知らせる安政の瓦版。彼が後に講談『寛永三馬術』で語られる曲垣平九郎のモデルとなったといわれている。

都内各所

富士塚

❖子授け／安産／火伏せ／病気平癒

富士信仰について述べれば、とてもこの紙面では収まらない。ゆえにここでは、都内に残っている「富士塚」全体についての概略を紹介する。

富士塚やその遺跡などは都内だけでも百基近く残っており、そのほとんどが神社にあるが、塚が主役になることはあまりない。塚は主祭神ではなく、地域で組まれた講によって築かれたからである。

富士塚とは基本的に富士山の溶岩（黒《くろ》ボク石）を使って築かれているミニ富士山のことで、高さは地上一〇メートル前後のものから一～二メートルのものまであり、築かれた状況も、平地から積み上げたもの、斜面や古墳を利用したものなどさまざま。富士登山が疑似体験できるように参道が作られており（現在は登頂不可のものもある）、多くが頂上または麓に浅間神社を祀っている。かつては頂上から本家の富士山も仰げたようだ。参道の途中や中腹には講の記念碑、丁石《ちょういし》、烏帽子《えぼし》岩や行者《ぎょうじゃ》、天狗、猿などの像が置かれている場合もある。

富士信仰は室町時代の行者・長谷川角行《かくぎょう》が開祖の新興宗教だが、富士塚が築かれたのは江戸時代後期から昭和初期にかけて。最初の富士塚は、富士信仰を江戸中に広めた食行身禄《じきぎょうみろく》（⇩305頁）の弟子、植木屋で行者の高田藤四郎という人物が早稲田に築いたという。彼は「仏法を信じて極楽へ行こうとする人は多いが誰も生きて極楽を見たものはいない。釈尊の説く十万億土の極楽など凡人が生きて拝むことなど不可能である。しかし富士山は三国一の山で最も天に近く、登れば天上に生ま

練馬区八坂神社の大泉富士（中里富士、練馬区大泉町1-44-1）。

品川区品川神社の品川富士山頂の眺望（品川区北品川3-7-15）。

新宿区成子天神社の成子富士（新宿区西新宿8-14-10）。

れた心地になれる。極楽とは富士山より他にない」と説いた。

現実の富士山に登拝するのは至難の業だから、藤四郎は植木屋の技を生かし、婦女子でも気軽に登れるよう、富士山の岩を使ってミニ富士（高田富士）を造り、しかも御利益は同じと説いた。その結果、江戸とその周辺には千を超える富士塚が誕生したのである。

【関連】「食行身禄」305頁。

新宿区稲荷鬼王神社の富士塚（新宿区歌舞伎町2-17-5）。

足立区花畑浅間神社の花畑富士（足立区花畑5-10-1）。

中央区の鉄砲洲稲荷の富士塚（中央区湊1-6-7）。

渋谷区鳩森八幡神社の千駄ヶ谷富士（渋谷区千駄ケ谷1-1-24）。

撫で石（牛石《うしいし》）

❖知恵授け／願い事全般

北野神社は菅原道真公（天神様）を祀っているから牛《うし》天神と呼ばれ、本殿の向かいにどっしりと鎮座する大石も「牛石」と呼ばれる。

かつて、神社のある台地の下は入り江だったという（『江戸志』には小石川の入り江とある）。源頼朝公が近くの松に船を繋いで凪《なぎ》を待つ間、夢に道真公が現れ、武運満足などを約し、国の鎮定後はここに自分を祀る社を営むべしとのたまった。

夢から覚めて辺りを見回すと、頼朝公が乗っていた牛に良く似たひとつの岩石があったという。別の解説板には、頼朝公が坐った石だともいう。これがあったのは今も北野天神の北側にある牛坂（潮見坂、蠣殻《かきがら》坂、鮫干《さめほし》坂などとも）で、石が先か牛と関連の深い天神様の脇にある坂ゆえか、坂名の由来はわからない。

この石に願う時は、口元より撫でながら願いごとを唱えると良いそうだが、さてどちらが口元か。

文京区春日 1-5-2　北野神社内

解説がなければ牛には見えないが、立派な石だ。

下から見た牛坂。かつてはこの辺りまで波が押し寄せていたのだろう。

【関連】「後楽園の陽石と陰石」136 頁。
【巡拝】北野神社内太田神社「貧乏神」40 頁、同社内高木神社「第六天（大六天）」50 頁。

影向石《ようごういし》

❖熱病／夜泣き

「御福良石《おふくらいし》」とも。幸《さいわい》稲荷と瘡護《かさもり》神社が合祀された境内の隅にひっそりと鎮座する、腰掛けやすそうな石だ。脇に札が立っていて「御祠石影向石　此ノ霊石ニ水ヲ注ギ祈願スレバ熱病小児ノ夜泣キ忽チ止ムベシ」とあり、前に賽銭箱が置いてあるので「ただの石」ではないことはわかるが、非常に地味である。

ところが由緒によれば、この石は、慶長年間（一五九六〜一六一五）に増上寺第十二世観智国師の夢枕に当社の大明神が立ち、荒廃した社殿を修復建立すれば山内の守護および氏子崇敬者繁栄を守るべしと宣《のたま》った時、「腰打ち掛かり給」っていた（坐っていた）ものということらしい。つまり影向石とは神が内在する石のことだ。

いずれにせよ、氏子中では商売繁盛や子孫繁栄などの幸事が多くあったとして名付けられた「幸稲荷」の社号といい、疱瘡などの悪病除けに御利益がある「瘡護神社」といい、御利益満載の神社である。

港区芝公園 3-5-27　幸稲荷・瘡護神社（合祀）内

影向石は境内に入り向かって右側にある。

【関連】「笠森稲荷と笠森お仙」358 頁。
【巡拝】芝公園「蛇塚」218 頁、宝珠院「お蛇さま」220 頁、心光院「お竹大日如来」252 頁。

咳《せき》の爺婆尊《じじばば》

❖［婆］小児百日咳／咳・痰　［爺］口中の病

『重宝記』「石の婆々様」に「木挽町つきぢ稲葉侯の御やしきに年古き石にて老婆のかたちを作りなしたる石像あり。諸人たんせき〔痰・咳〕のうれひをのがれんことを、ぐわんがけするにすみやかに治《じ》する、願ほどきには豆をい〔煎〕りて供ずるなり。小児百日ぜきすべて咳になやむ人これを信ずること往古よりの事なりとそ、諸人是を石の婆ヒさまと称ず」とある。

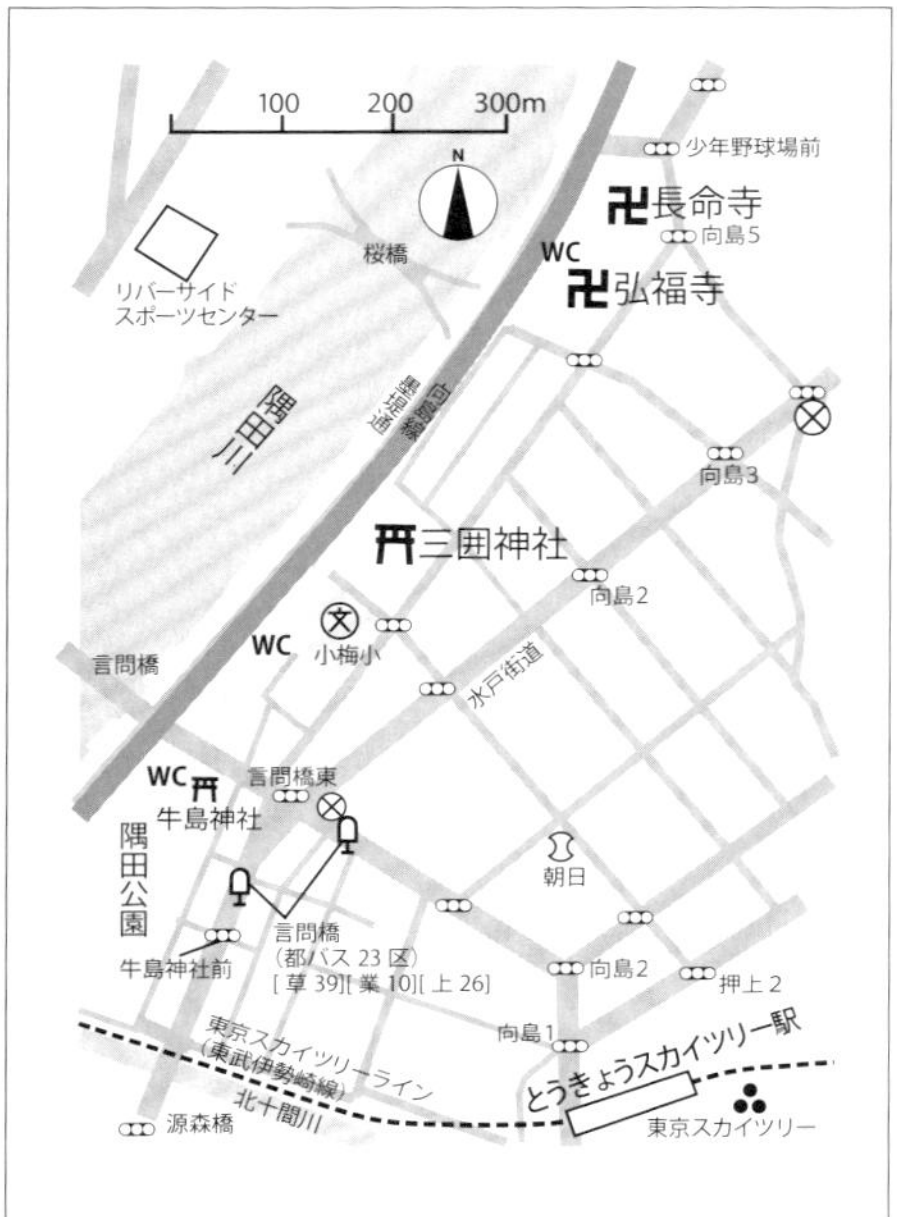

墨田区向島 5-3-2　弘福寺内

その像はいま墨田区向島五丁目の弘福寺《こうふくじ》に鎮座しており、隣にはひと回り小さな爺像が並んでいる。『重宝記』とは多少ニュアンスが変わって、「咳の爺婆尊」とある。

少々長くなるが、像の前の解説板「翁媼尊」には次のようにある。

「この石像は、風外《ふうがい》禅師〔名は彗薫《えくん》、寛永年間〈一六二四〜四四〉の人〕が相州真鶴の山中の洞穴に於て求道して居た折、禅師が父母に孝養を尽くせぬをいたみ、同地の岩石を以て自らが刻んだ父母の像です。禅師は之を洞内に安置し恰《あたか》も父母在すが如く日夜孝養を怠らなかったといわれています。

小田原城主当山開基稲葉正則公が、その石像の温容と禅師の至情に感じ、その放置されるを憐れみ城内に移し供養していましたが、たまたま同公移封の為小田原を去るに当り、当寺に預けて祀らしめたものです。

尚、古くよりこの石像は咳の爺婆尊と称せられ、口中に病のある者は爺に、咳を病むものは婆に祈願し、全快を得た折には、煎り豆と番茶を添えてその礼に供養するという風習が伝わって居ります」。

小さい方が爺だといわれるが、両方とも婆のようにも見える。

この話でも稲葉公の屋敷に祀られていたというから、『重宝記』の像と同じ石像にまつわる話であろう。この二体の石像が現在地に移された時点で、石＝せきが転じて咳封じの神になったわけだが、ひとまわり小さい爺の像が口中の病の神になったのは「おまけ」ではないだろうか。

ちなみに、煎り豆も番茶も弘福寺の寺務所で入手できるので、便利である。

【巡拝】「長命寺の男根墓石」137頁、「三囲神社の白狐」212頁。

この像を彫った風外の名から風邪やインフルエンザの祈願をする人も多い。

迷い子のしるべ石

❖人捜し／縁結び／失せもの捜し

台東区の浅草寺《せんそうじ》観音堂横に「まよひごのしるべ」と書かれた石柱が立っている。これはいわば迷子の情報交換をする伝言板である。幕末の安政七（一八六〇）年に新吉原の松田屋によって仁王門前（今の宝蔵門前）に建立されたが、空襲で崩壊したため、今のものは戦後に再建されたものだ。

江戸時代にはまだ天狗が人を攫《さら》うと信じられており、日常的に迷子や人攫いがあったのだろう。ただ基本的に、「まよひご」となる対象は、まだ自分で歩けない子どもである。自分で歩ける子は、迷子でなく失踪と見なされた。ちなみに保護者が見つからない場合は戸籍がないという理屈になるから、保護者が見つかるまで「非人」預けとなった。

「まよひごのしるべ」は他にも人通りの多い場所、すなわち湯島天神境内や一石《いちこく》橋、両国橋（現存せず）、筋違《すじかい》見附（現存せず）などにも立っていた。文京区の湯島天神境内のものの正面には「奇縁氷人石《きえんひょうじんせき》」と書かれている。中央区の一石橋のもの（迷子しらせ石標）は橋のたもと南詰に現存している。また浅草寺の南、寿二丁目の永見寺《えいけんじ》にもあるが、こちらは後の時代に他所から移されたものだそうである。中野区の新井薬師のものには明治十（一八七七）年の文字が刻まれている。

「まよひごのしるべ」は基本的には、側面の一方に「たづぬる方《かた》」、もう一方に「しらする方」などと彫ってあり、石柱上部の左右の凹部（ない場合も）に、行方を捜す人と情報を知っている人がそれぞれ子どもの人相や着衣などを記した紙を貼って、情報を交換する。

文京区湯島 3-30-1　湯島天神内

中央区日本橋川に架かる一石橋のしるべ石（中央区八重洲1-11　一石橋南詰）。

湯島天神境内の「奇縁氷人石」。氷人とは仲人、媒酌人の意。縁結びも期待できる。

台東区永見寺のしるべ石（台東区寿2-7-6）。

台東区浅草寺の「まよひごのしるべ」。正面上に「南無大慈悲観世音菩薩」とある（台東区浅草2-3-1）。

伊藤晴雨『江戸の盛り場』より。

中野区新井薬師のものは「百度石」を兼ねる（中野区新井5-3-5）。

迷子を捜し歩く人々は、鉦《かね》や太鼓、鍋などを叩いて「迷子の迷子の〇〇やーい」と夜更けの江戸の街を歩き廻り、その光景は淋しく哀れなものだったという。

【巡拝】湯島天神近くの心城院「柳の井」171頁、妻恋神社「妻恋稲荷」366頁。

あぶら石

❖歯痛

「東京の迷信　あぶら石」（『東京朝日新聞』明治四十〔一九〇七〕年十二月）に、「京橋区南八丁堀二丁目の路傍に、周三尺余高さ二尺余のあぶら石と称する自然石が古くより存在してゐる、以前は表面も頗《すこぶ》る滑《なめら》かであったが、数年前火災に罹《かか》つて油石の油も燃切り、今はガサ〴〵石と変じて了《しま》つた、何の理窟か分らぬが古来歯痛《はいたみ》の願を懸けるものが夥《はなは》だしい、又油石の下には石で作った男女の首が埋めてあるといふ説もある」とあり、この住所は今の中央区入船一丁目にあたる。

　ここは八丁堀（桜川）跡地にある桜川公園になっており、あぶら石は艶もなくなったせいか、「むしば祈禱石《きとういし》」として、入《いり》一《いち》地蔵菩薩、入一観音菩薩と共に公園の南西の一画に鎮座している。

　あぶら石の下はコンクリートの台になっており、石で作ったという男女の首の存在は残念ながら未確認。

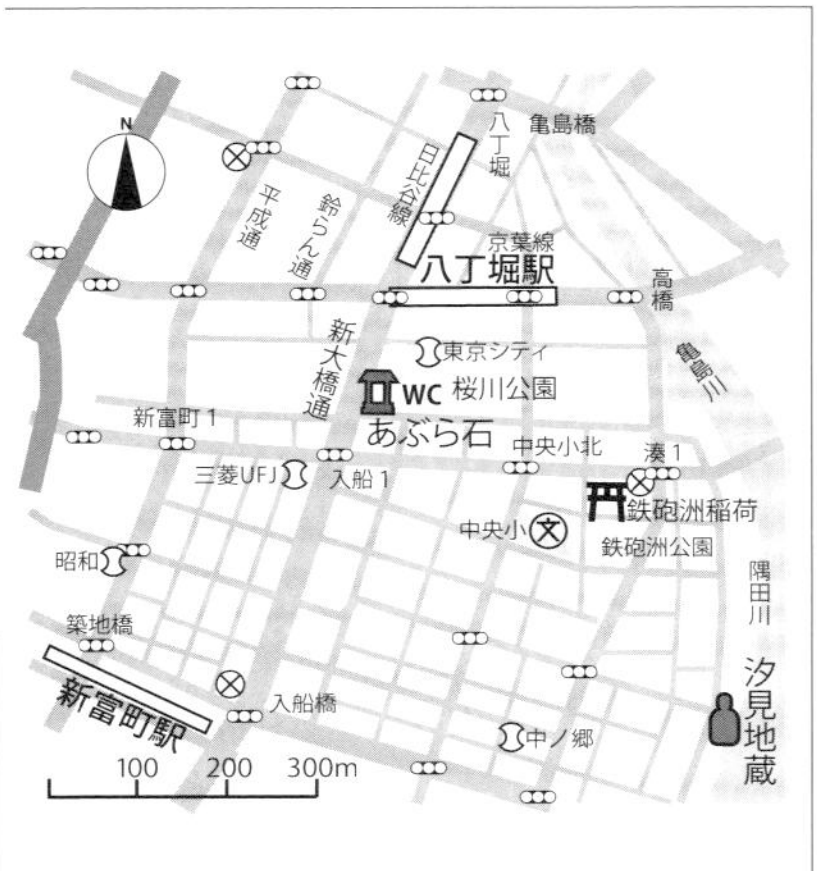

中央区入船 1-1　桜川公園内

お堂の向かって左下に据えてあるのが「むしば祈禱石」。よほど堅い石なのだろうか。

【巡拝】鉄砲洲稲荷「富士塚」155頁、「汐見地蔵」428頁。

江東区

曽我五郎《そがごろう》の足跡

❖心願成就／足腰の健勝／子どもの心身の健康（親孝行）

「深川のハイテクえんま」として名高い法乗院《ほうじょういん》の境内の正面には、背の高い鳥塚が立っている。その下に、鳥塚に比べるとあまり目立たない平たい石が横たわっている。近づくと「曽我五郎の足跡」の碑があり、その石の表面には立派な足跡が刻み込まれ、まるで足跡の化石だ。特に右足は力強く踏み込んだ様子で、これは曽我兄弟の弟・曽我五郎が年老いた母を背負って建久四（一一九三）年の仇討ち成就を報告しに赴いた時に残されたという。「よくまあ、ここまではっきりと窪んだものだ」と感心せざるを得ないが、そのように伝えられているのだ。

曽我兄弟の仇討ちは、武士をはじめ庶民の喝采をあびた有名な話だから、歌舞伎の人気演目にもなった。ゆえにその関係者が奉納したということらしい。祈念する時はこの石に乗るのだそうである。

【巡拝】紀文稲荷「力石」168頁、「於三稲荷」328頁。

江東区深川2-16-3　えんま堂（法乗院）内

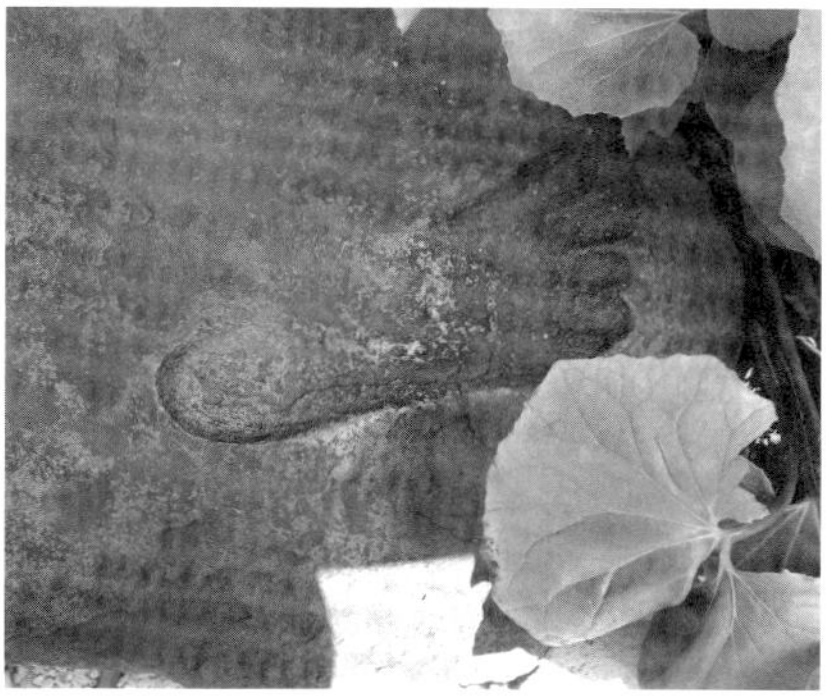
石に乗るには人目が気になる。

鳥塚。

歌川国芳画の曽我五郎も素足だ。

葛飾区

立《たて》石《いし》様

❖万病／弾丸除け

立石とは東京都葛飾区の地名だが、地上に約四センチほど顔を出しているこの石「立石様」が地名の由来となっている。「根《ね》あり石《いし》」とも呼ばれる。

その立石様は路地奥の立石児童遊園の中、立石稲荷神社の低い玉垣の中に鎮座している。かつてこの近辺には古墳がいくつかあったそうで、その石室に使われた石が千葉県鋸山付近に産する房州石という凝灰石の一種であり、その一部が地表に顔を出していると考えられている。

また、最新の探査技術による調査の結果、立石様の下には空洞があるらしく、石室の天井ではないかとの説もある。かつては公園内から埴輪が出たという話もあり、公園そのものが古墳の跡だったとも考えられている。

後になって奈良～平安時代頃、この付近を横断していた古代の官道であった古代東海道（墨田から小岩に抜けていた）の道標として転用されたともいわれている。古代においては官道脇に道しるべとして石を設置することがあり、その場所を「立石」と呼んだそうである。

かつては大人の背丈ほどあったらしいのだが、『新編武蔵風土記稿』や『江戸名所図会』によると、江戸時代後期には高さ一～二尺（三〇～六〇センチほど）になってしまった。

かつて立石様の根を掘り出そうとしたが、三～四日掘っても根元に届かなかった、または掘ったことで奇病が流行《はや》る、災いが起きたなどという伝説もいくつかあったそうで、いずれにせよ、人々はこの石を霊石として崇めるようになったのである。

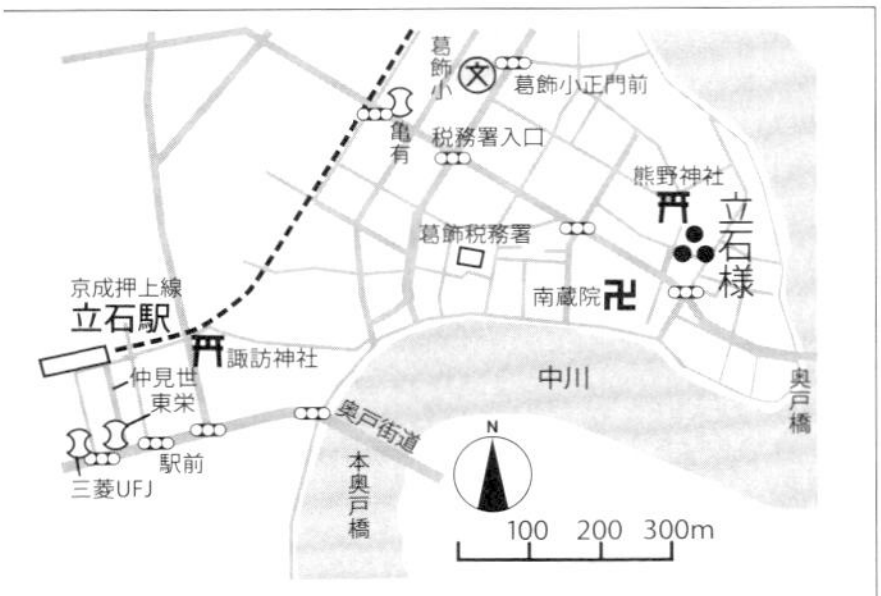

葛飾区立石 8-37-17　立石児童遊園内

古墳がそのまま稲荷神社になっている例は少なくない。

公園の中の小さな神社はこの地域の名の由来。素朴だが庶民信仰のルーツを見る思いだ。

近世には、立石様を欠いて持っていると病気に効くとされていたらしい。また日清・日露戦争の戦時中には弾丸除けの御守りとして兵士が携帯したともいう。

それらの信仰に加え、地盤沈下などの結果、立石様は今の高さまで縮んでしまったそうである。

【関連】「立石大神」126頁。

白く散っているのは桜の花びらと一円硬貨。

『江戸名所図会』巻之七「立石村立石」。男性たちの足元に見える。

御砂様《おすな》

❖商売繁盛／家内安全／病気平癒／招福

大田区羽田の穴守稲荷は、空港拡張のため、昭和二十（一九四五）年に今の大鳥居が残る辺りから遷座された。

かつては激浪のため、しばしば沿岸の堤防の腹部に大穴が空き海水が農地に浸入していたという。この風浪害を、堤上に稲荷を祀ることにより防いだのだと伝えられる。以来、あらゆる穴の守護神として、特に遊郭で働く女性などの信仰を得るようになった。

今の社殿の横（東側）に立ち並ぶ多数の鳥居をくぐり抜けると、古来から「お穴様」と呼ばれる奥の宮がある。ここの「御神砂」（招福の砂）を持ち帰り、それぞれの場所に撒くことによって、さまざまな御利益が得られるといわれている。ただし皆が持ち帰るものだから、砂は常時補充されている。そして、ご丁寧に専用の封筒が用意されているのがありがたい。

【巡拝】鴎稲荷「疫神様」42頁。

大田区羽田 5-2-7　穴守稲荷内

お穴様は今でも女性参詣者に人気が高い。

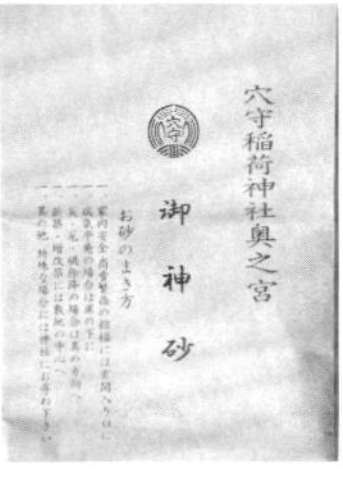

招福の砂用封筒。

大田区

鶴さん亀さんの力石《ちからいし》

❖ボケ防止／長寿健康祈願

よく神社の境内で見かける力石とは、男たちが祭りの日などに力自慢を披露するために持ち上げたり抱えたりした石のこと。一種の娯楽と神事を兼ねていた。

仲六郷の北野天神（止天《とめ》神）には「千年石の鶴さん」「万年石の亀さん」と名付けられた力石が残っている。この石は老若男女に親しまれ、これを交互に撫でて御利益を祈ったとあり、碑文には「〝ボケ〟ないで　すこやかな生涯を　長寿でまっとうしたい人は　鶴さん（千年石）亀さん（万年石）の力石に　やさしく手をふれて下さい」と書かれている。

当社の由緒によると、八代徳川吉宗公の馬が暴走したとき、北野天神のご加護で吉宗公は落馬を免れたといわれ、以来「落馬止め」が転じて「落ちない」となった。よって受験生に人気が高い。本殿には雄の木馬が安置されており、毎月二十五日の縁日には誰でも跨《また》ぐことができる。

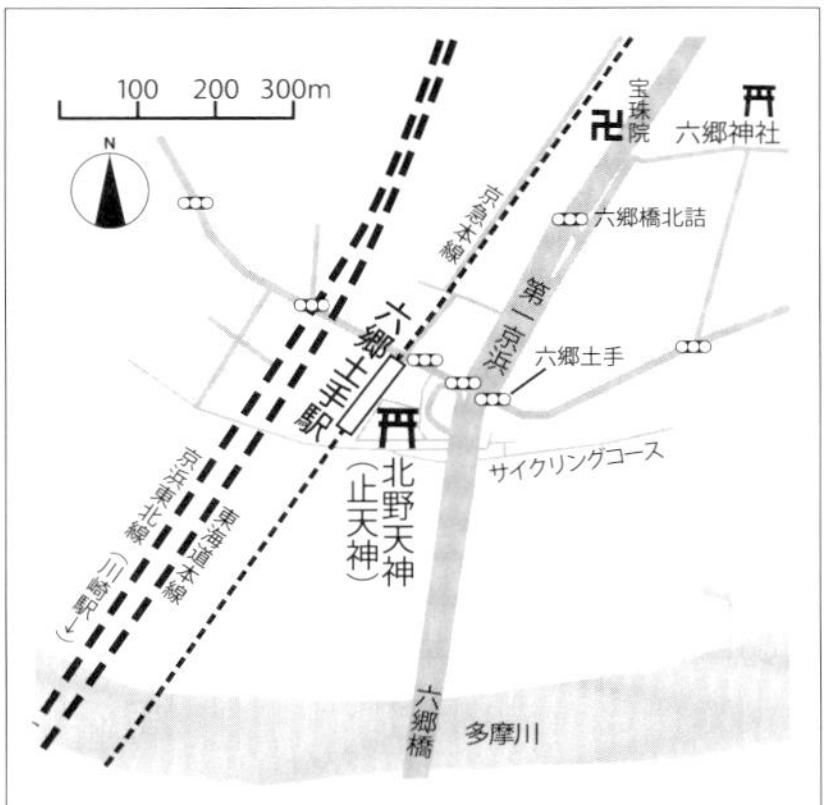

大田区仲六郷 4-29-8　北野天神

鶴さん亀さんの力石。

止天神の絵馬は受験生に人気がある。

境内には「通りゃんせ通りゃんせ天神様の細道」などがある。

力石《ちからいし》

❖病気平癒／疫病封じ／安産／夫婦和合／子宝

江東区永代 1-14-14　紀文稲荷神社内

紀文稲荷境内の力石群。石には「飛龍」「卵石」「山水」「大判」などの名が付けられている。

神社などでよく見かける「力石」は、石碑でも石像や石塔でもない。前項「鶴さん亀さん」などは例外的だが、一般にあまり注目されることはない。文献においても力持ちの見せ物興行などの記録はあるが、素人の力自慢に関するものはあまり残っていない。それでも若者の娯楽として各地で力自慢の大会は開催されていたようで、中には深川力持睦会《ちからもちむつみかい》のように今でもその伝統を受け継ぎ、東京都の無形文化財に指定されている場合もある。そこで用いられる力石たちは、江東区にある紀文《きぶん》稲荷神社の境内に並んでいる。

石には、「三十貫目《かんめ》」（約一一二キログラム）など重さが彫られていることが多く、中には石そのものに名が付けられていたり、持ち上げた人物の名が彫られているものもある。また「奉納」の文字も見かけるので、これらの石には何らかの霊力が籠っていると認められていたのであろう。また、力そのものを奉納したとも考えられる。

中央区や江東区などでは、「さし石」と彫られている場合も多い。中央区佃島にある波除《なみよけ》稲荷の解説板には、時化《しけ》の日の漁師たちが暇つぶしにこの石を持ち上げて遊んだとか、祭りの時にこの石を使って力自慢大会が行われ、昭和初期まで続いたなどとある。

千代田区九段北にある築土《つくど》神社の解説板では、力石は石神や道祖神信仰の変化であるとして村境における疫病（悪霊）の侵入を防ぐ神と同じ神格を持つと解釈しており、同社では疫病封じの護符を出している。

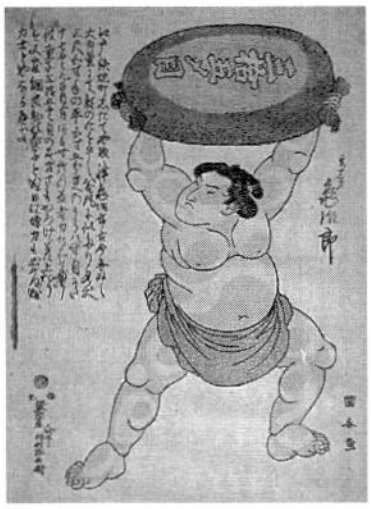
ウェブサイト『大道の歴史』「瀬戸神社の力石と力持ち」より。

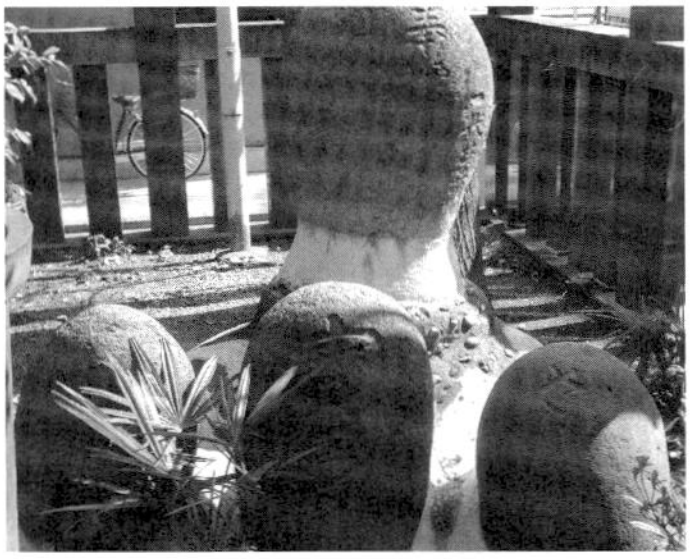
江東区佐賀稲荷神社の力石（江東区佐賀2-4-8）。

千代田区平河天満宮の「天龍石」（千代田区平河町1-7-5）。

台東区合力稲荷神社の「足持石」（台東区浅草6-42）。

港区高輪神社の道祖神で性神風の力石（港区高輪2-14-18）。

また、同区神田須田町にある柳森《やなぎもり》神社の解説板には「この道の力士」と呼ばれた「神田川徳蔵」（飯田徳三）や、神田明神下の酒屋で江戸後期の大関格といわれた「内田屋金蔵」、神田鎌倉河岸の「豊島屋徳治〔次〕郎」の名がある。

同区平河天満宮の力石は「天龍石《てんりゅういし》」と呼ばれ、「十店助次郎持之」「同新助」の文字が彫られている。

台東区浅草にある合力《ごうりき》稲荷の「三ノ宮卯之助石《さんのみやうのすけいし》」には、「足持石」と刻まれている。一八〇〇年代中頃に、見世物興行で日本一の力持ちといわれた卯之助が足で持ち上げたそうだ。

千代田区柳森神社の力石群。文字に朱が入って読みやすい（千代田区須田町2-25-1）。

杉並区井草八幡宮の力石は寝かされている（杉並区善福寺1-33-1）。

櫛塚《くしづか》

❖目の病／ボケ防止／糖尿病・生活習慣病

「櫛塚」は、目黒区最古といわれる大鳥神社の、本殿に向かって右脇に立っている。

碑そのものは平成元（一九八九）年に奉納された新しいもので、日本武尊《やまとたけるのみこと》と弟橘媛命《おとたちばなひめのみこと》にちなんで建立された。すなわち日本武尊が妃の弟橘媛命と東国へ渡る際、浦賀水道で風波が荒くなり、海神の怒りを鎮めるために妃は海に身を投げた。身代わりとなった妃の「櫛」が浜に流れつき、それが祀られたというわけである。大鳥神社の主祭神は日本武尊ゆえに、ここに愛妻の形見を祀ったということなのだろう。

また、伊耶那岐命《いざなぎのみこと》が妻の伊耶那美命《いざなみのみこと》を訪ねて行った黄泉《よみ》の国から逃げ帰る時も、髪に挿していた「竹櫛」に火をつけ道を照らして生還したように、櫛には霊力が宿っているのである。

筆者は、高尾稲荷（⇩352頁）への願掛けに櫛を奉納する信仰を想起した。

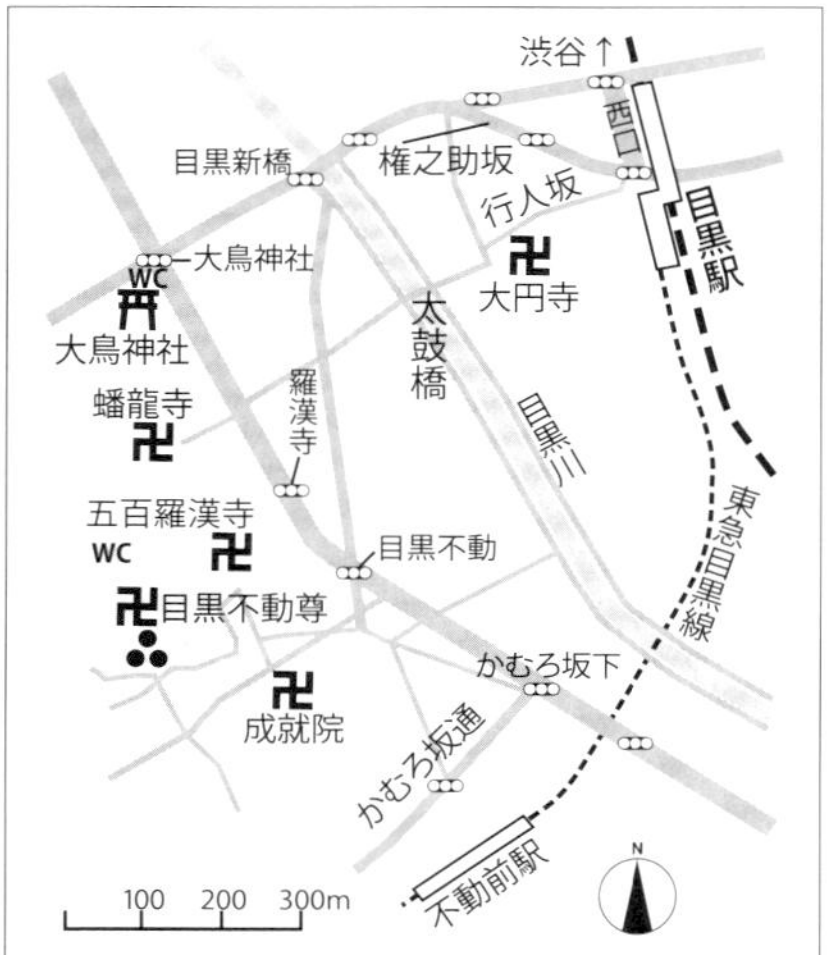

目黒区下目黒 3-1-2　大鳥神社内

櫛塚とは珍しいが、お年寄りにはありがたい。

【巡拝】目黒不動尊「地主神」24 頁、同「天狗」65 頁、同「愛染明王」108 頁、同「目黒の滝壺」176 頁、同「目黒不動尊の閻魔王と奪衣婆」316 頁、成就院「蛸薬師」89 頁、羅漢寺「白澤（獏王）」225 頁、蟠龍寺「御化粧延命地蔵とおしろい地蔵」399 頁、大円寺「とろけ地蔵」421 頁。

文京区

柳《やなぎ》の井《い》

❖美髪／厄除け

同名の井戸は港区麻布の善福寺《ぜんぷくじ》にもあり、おそらく全国的にはまだまだあると思われる。

文京区心城院《しんじょういん》の「柳の井」は、今でこそ手水のような規模だが、江戸名水の一つだった。湯島台地から湧き出ており、かつては太鼓橋が架かるほどの池が境内にあったという。このささやかな流れが、関東大震災の時には多くの罹災者の命を救ったという。

解説板によると、「江戸文献（『御府内備考』『紫の一本《ひともと》』『江戸砂子』等）に「〝柳の井〟この井は名水にて女の髪を洗へば如何ように結ばれた髪もはら〳〵ほぐれ垢落ちる。気晴れて風新柳の髪をけづると云う心にて、柳の井と名付けたり」と記されている。柳の井は古来より水枯れもなく、この名水の由緒により、数滴髪に撫でれば水が垢を落とすが如くふりかかる厄難を払ってくれると伝えている」とある。

文京区湯島 3-32-4　心城院内

流れは小さな放生池（心字池）に注がれ、そこには亀が放されている。

【巡拝】湯島天神「迷い子のしるべ石」160 頁、妻恋神社「妻恋稲荷」366 頁。

都内各所

水神《すいじん》様

❖雨乞い／水難除け／水への感謝／歯痛

日本は農業や水産業を重要な産業とする国であるが、集中豪雨や台風のたびに水害が多発する国でもある。にもかかわらず、都市では水を司《つかさど》る「水神様」は忘れられがちだ。上下水道が行き届いているため、現世利益《げんせりやく》とかけ離れてしまったのだろう。

しかし注意深く探すと川辺や海辺、滝、井戸端など、東京でも多くの水神様を見つけることができる。地方では水源地や池、山にも祀られている。じつは雪国の風物詩として有名な「かまくら」も、中に水神様が祀られている。それほど私たちの生活に深く関わる神さまなのである。

足立区西保木間の水神社。裏は毛長川（足立区西保木間4-14-1）。

北区船方神社の水神宮。裏は隅田川（北区堀船4-13-28）。

もっとも、そのうちの多くは、現世利益を期待できる弁財天や市杵島比売命《いちきしまひめのみこと》に替えられているかもしれない。それでも彼女たちの本質は「水神様」と変わりはない。水神様のお使いは蛇や龍などだから、弁財天とは習合しやすかったのであろう。また河童、亀、池や川の主《ぬし》なども水神様と関わりが深いとされている。

東京でいちばん規模の大きい水神宮というと、墨田区堤通の現・隅田川神社だろうか。近くには水神大橋も架かっている。綾瀬川と荒川が合流する鐘ヶ淵辺りは、旧江戸湾の河口であり、また大変な通行の難所でもあった。

移転が話題になった築地にも、水神社があった。白くて美しい社は小ぶりだが、市場関係者の崇拝を受けていたことが伝わる（現在は中央区築地から江東区豊洲へ移転）。

足立区西保木間の水神社は毛長《けなが》川の畔にあり、ここには伝説が残る。北面の武士だった小宮某という者がこの地に隠棲し、

墨田区隅田川神社の水神社・船霊社の碑（上）と亀（墨田区堤通2-17-1）。

品川区品川寺の水神（品川区南品川3-5-17）。

葛飾区諏訪野八幡宮の水神宮（葛飾区高砂1-18-27）。

中央区築地の水神社（中央区築地6-27、現在は移転）。

足立区扇三島神社の水神宮（足立区扇2-9-3）。

江戸川区前川神社の水神（江戸川区江戸川1-6-1）。

北区岩渕水門荒川知水資料館の水神社（北区志茂5-41-1）。

沼の大蛇と戦って斬り殺したものの、彼も蛇の毒息に侵されて数日後に死んでしまった。土地の人は彼をこの地に葬り、榎《えのき》を植えて印とする。同時に「蛇の霊も水神として祀り込め」、その沼を「水神ケ池」と呼んだそうである。さらにこの榎に歯を病む者が祈ると験《しるし》があるとして、祈願する人々が増えたともいわれたそうである。

【関連】「第六天(大六天)」50頁、「弁財天」72頁、「龍神・龍王」74頁。

太田区の水神祠は多摩川の近く（大田区六郷）。

江戸川区の一之江境川畔に立つ水神宮（江戸川区一之江5-13-14）。

鎧《よろい》の渡《わたし》の河水《かわみず》

❖疱瘡／はしか／百日咳／夜泣き

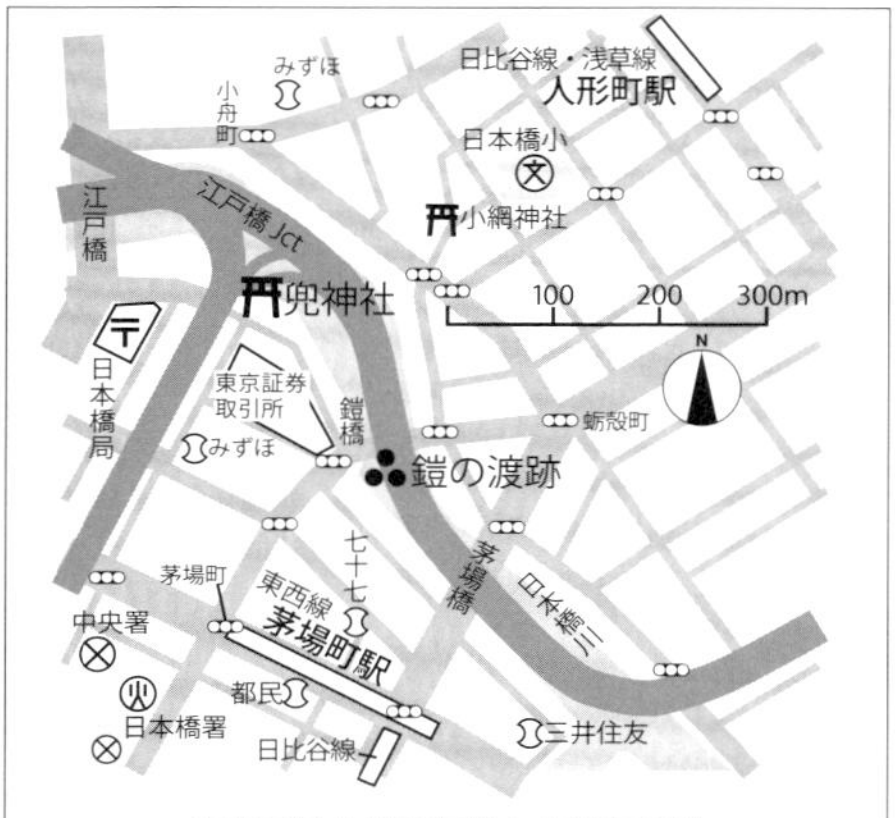

中央区日本橋茅場町と小網町の間

『江戸名所図会』巻之一「鎧の渡し」には、「茅場町牧野家の後ろをいふ。このところより小網町への舟渡を、しか唱へたり。往古は大河《たいこう》なりしとなり。里諺《りげん》にいふ、永承年間〔一〇四六〜五三〕源義家朝臣《よしいえあそん》〔一〇三九〜一一〇六〕、奥州征伐のとき、このところより下総国に渡らんとす。ときに暴風吹き発《おこ》り、逆浪《げきろう》天を浸《ひた》し、すでにその船覆《くつがえ》らんとす。義家朝臣、鎧一領をとつて海中に投じ、龍神に手向けて、風浪の難なからしめんことを祈請す。つひに、つつがなく下総国に着岸ありしより、このところを鎧が淵と呼べりとなり」、続けて『江戸鹿子』から引用して、「平将門〔?〜九四〇〕このところに兜・鎧を置く。兜は塚に築《つ》きて牧野侯の庭中にあり」とある。

すなわちこの塚は今の兜《かぶと》神社で、兜町という地名の由来になっており、鎧の渡は今、鎧橋となって日本橋川に架かっている。

そして『重宝記』「鎧の渡の河水」には、「小網町よりかやば〔茅場〕町へわたる間のよろひのわたし、此川中の流れ引汐にてもたゝ〔湛〕へる間なし。大川筋〔隅田川〕へちかく、ことに諸国の荷舟行《にふねゆき》かよひ繁《しげき》がゆゑ水のおだやかなるときなし。此渡《このわたし》のまん中なる水を汲《くみ》て湯をわかし疱瘡、はしかまへ〔麻疹前〕の子に湯あみするときはいたってかろ〔軽〕しといふ、百日咳などすべて小児のからだにこれをそゝけば夜なきなど止むこと神のごとしといへり、うたがふべからず。渡し守にたづねる人よくその用ゆることをくはしく物がたるなり」とある。

今の日本橋川はずいぶんと澱んでおり、当時の清流はとても

一時期よりはずいぶんきれいになったので心は癒してくれそうだ。

想像できないし、ましてやその水を汲んで子どもに湯浴みさせるなどとは思いも寄らないことだ。

しかしその分、疱瘡などは致命的な病気ではなくなった。人にとっては、どちらが豊かな生活なのかわからないが、水神様にとってはずいぶんと住みにくくなってしまったことは間違いなかろう。

【巡拝】兜神社「平将門」260頁、中央区新川の田宮神社「三つの於岩稲荷とお岩水かけ観音」326頁、「高尾稲荷」352頁。

二枚の絵には、共に川岸に倉がぎっしりと並び立つ様子が描かれている。右:『名所江戸百景』「鎧の渡し・小網町」より。左:『江戸名所図会』巻之一「鎧の渡し」より。画は歌川広重。

目黒の滝壺

❖小児の癇《かん》の虫／災厄除け

『重宝記』「目黒の滝壺」には、「小児月代《さかやき》を剃《そる》事を甚しくきらひ、其ときにいたりては泣さけび、これむりにおして剃んとおもへば、かへって虫をおどろかし、病《やまひ》のおこりとなることなどまゝあり。目黒不動の滝つぼへ行《ゆき》、此水をとりて湯にわかしあたまをぬらし、月代をそるにすこしもおどろくことなし。ためし見たる古老の話に不動の文字は不動《うごかず》とゝかむ〔解かむ〕字義より出たり。諺《ことわざ》ながらこれを信じて実《まこと》とせば其しるしなきにしもあらずと。俗説とおぼしけれどきゝおき〔聞き置き〕しまゝ、こゝにしるしおく〔記し置く〕なり」とある。現代ではまず役に立たない情報ではあるが、記述内容がおもしろいので紹介した。

　月代とは男性の前頭部の髪を半月形に剃り落としたもので、もともと武士の習俗だが、江戸時代になって庶民の間にも広まった。時代劇の登場人物の多くが月代を剃っているので、「あれか」とすぐにおわかりになるだろう。

　小児の「虫をおどろか」すという表現も聞き慣れない言葉だが、「癇《かん》の虫」の他にも「虫の知らせ」「虫が騒ぐ」「虫が好かない」「腹の虫がおさまらない」などの言葉は今でも残っている。もともと江戸時代の人の体内には寄生虫も多くいたし、天帝に自分の悪行を注進する三尸《さんし》の虫（庚申信仰に基づく）なるものがいるとも信じられていた。

　さて、その目黒不動（瀧泉寺《りゅうせんじ》）は台地の突端に位置するため、「独鈷《とっこ》の滝」と呼ばれて今でも湧出しているが、滝壺はもうないようだ。

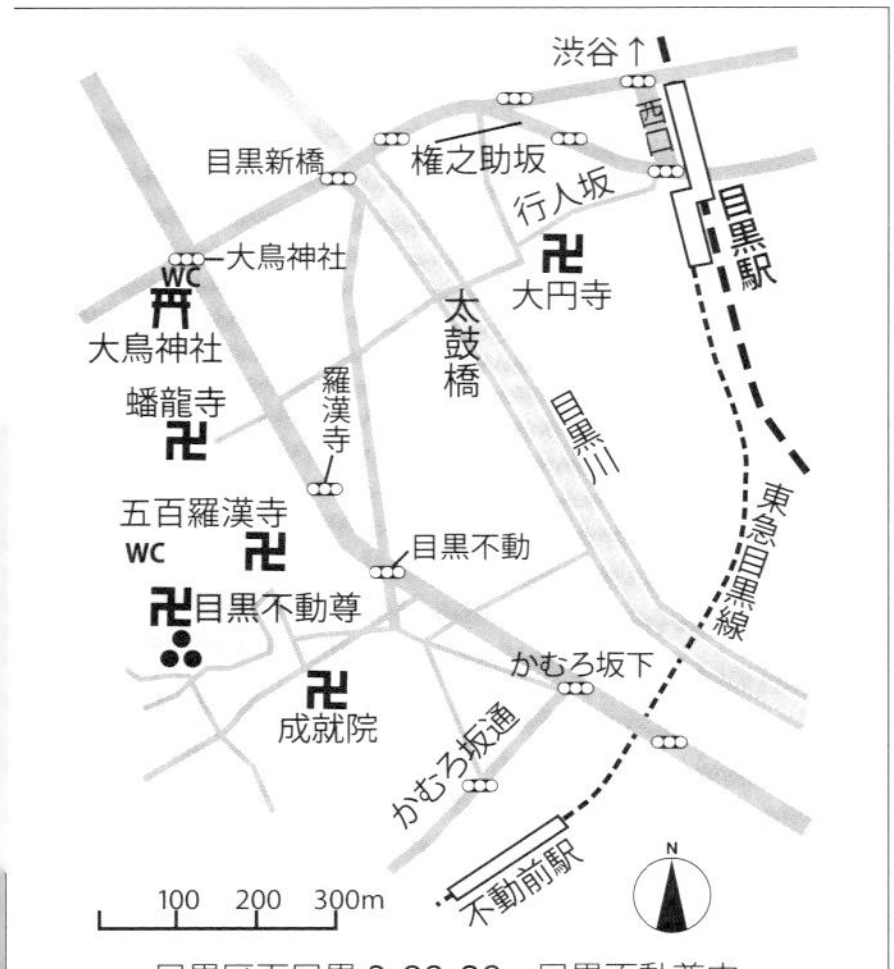

目黒区下目黒 3-20-26　目黒不動尊内

水の落ち口には足場があり、今でも滝行はできるようになっている。

かつては行者が水垢離《みずごり》をしていた池の傍らには、「水かけ不動尊」が立っている。自分の身体で具合が悪い部分と同じ不動尊の部分に柄杓《ひしゃく》で水をかけるようになっているが、像の背面（背中や腰）までは水が届かない。とはいえ、このお不動さまは願い事をする人の身代わりとなって、滝の水に打たれてくださるというわけである。

【巡拝】目黒不動尊「地主神」24頁、同「天狗」64頁、同「石の大日如来」93頁、同「愛染明王」108頁、同「目黒不動尊の閻魔王と奪衣婆」316頁、成就院「蛸薬師」89頁、大鳥神社「櫛塚」170頁、羅漢寺「白澤（獏王）」225頁、蟠龍寺「御化粧延命地蔵とおしろい地蔵」399頁、大円寺「とろけ地蔵」421頁。

不動尊の手前には柄杓が置かれている。

都内各所

橋の擬宝珠《ぎぼうし》

❖頭痛／歯痛／咳

橋に関する霊験談は日本全国にある。橋は異界への入口であり、そこには何者かが存在すると信じられていたからである（「宇治の橋姫」が名高い）。ただし『重宝記』では大勢の人々の気が集まるからだろうとしている。

『重宝記』「京橋の欄檻《らんかん》」には、「京橋〔中央区〕のらんかん北側のまんなかなるぎぼうしに荒縄をもってくゝり頭痛のぐわんがけをするに治《じ》すること神《しん》のごとし。平癒のとき青竹の筒に茶を入てこれをそゝぎかけ、また、かのぎぼうしにかけおくなり」とある。続けて『重宝記』「日本橋の欄檻」には、「京ばしのぎぼうしにおなじ、すべて橋のぎぼうしに願がけする事、東都のみにあらず。洛陽五條のはしにいたりて〔…〕歯のいたみをいのる。橋は大勢の人気《じんき》のよるところなるがゆゑなるべし。四ッ谷のさめがはし〔鮫ケ橋《さめがばし》⇒次項〕、麻布の笄《こうがい》ばし〔港区西麻布四丁目にあった〕などいづれも頭痛又は小児《こども》百日咳の願がけ也《なり》」とあり、頭痛、歯痛、咳など、その御利益はさまざま。

千代田区紀尾井町と港区元赤坂1丁目を隔てる弁慶堀に架かる弁慶橋の欄干。

「擬宝珠」とは伝統的な建築物の装飾で、橋や神社、寺院の階段、廻縁《まわりぶち》の手すりや欄干の柱の上に附属している飾りのこと。親柱が木製の場合、擬宝珠は銅、青銅などの金属製の場合が多く、風雨による木材の腐食を抑える役目もある。よく仏尊が手に乗せていたり、堂の屋根に据えられているのは宝珠《ほうじゅ》で、それに似ているから「擬宝珠〔ぎぼうし、ぎぼし、ぎぼうしゅ〕」と呼ばれるのである。この特殊で仏教的な形状が信仰を生み出したのだろう。

ちなみに『重宝記』に記されている「笄ばし〔笄橋〕」は、外

江戸東京博物館内の「日本橋」欄干（墨田区横網1-4-1）。

港区南麻布4丁目と白金5丁目の間を流れる古川（渋谷川）に架かる「狸橋」。ここには蕎麦を食いにくる親子狸の伝説（麻布の七不思議）が残る。

苑西通りと平行に流れていた笄川に架かる橋で、その南の地下鉄広尾駅上の交差点を「広尾橋」というのも、笄川に架かっていた橋名の名残。笄川は大正末期には暗渠《あんきょ》となった。

笄とは髪を整えるための、細長く箸に似た道具で、毛筋を立てたり頭のかゆいところを掻いたりするために、男女共に用いた。女性は髪飾りの一つとしていたが、男性は刀の鞘《さや》に差していた。

ところで江戸において橋や坂はその場所の目安であった。庶民にとって橋は生活に密着していた。生まれたての幼児が最初に行くのが「橋参り」または「便所参り」だったことからも、橋は日常における異界との接点、つまり神のまします場所だったことがわかる。

【関連】「鮫ヶ橋のせきとめ神」180頁。

人物と比べると欄干の柱の高さが良くわかる。『東都名所年中行事 四月 日本橋初かつほ』より。絵は歌川広重。

新宿区

鮫《さめ》ケ《が》橋《ばし》のせきとめ神《がみ》

❖百日咳／風邪／喘息／頭痛

今は迎賓館や学習院初等科がある赤坂台地の西の谷にあった鮫ケ橋という石橋は、『江戸名所図会』では「鮫河橋《さめがはし》」と表記され、「坂の下を流るる小溝に架《わた》す〔…〕海につづきたりしかば、鮫のあがりしゆゑに名とす」などと書かれている。当時は木橋であった。小溝とは桜川の支流の鮫川のこと。赤坂御用地の池、溜池などを経て日比谷入江に注いでいたが、今は埋め立てられている。

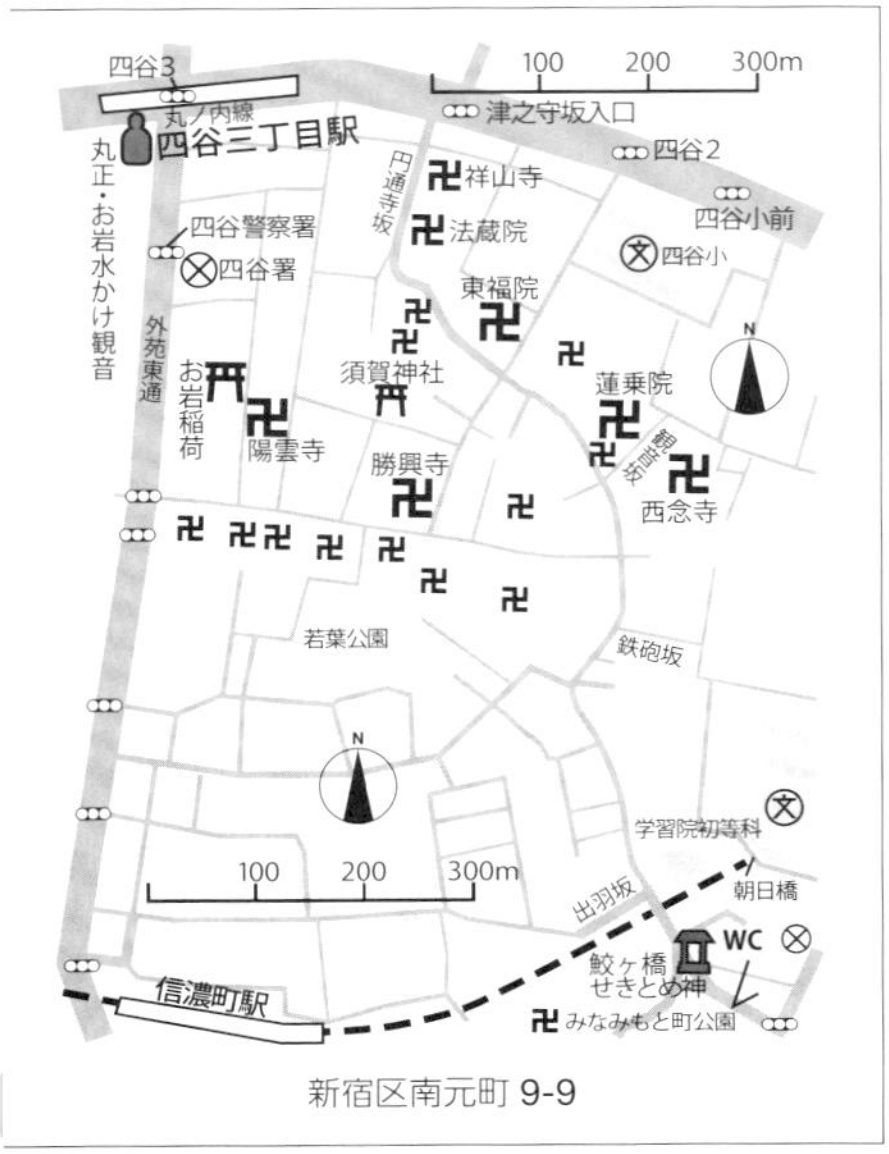

ここは江戸時代から、夜鷹や切り見世など、「最下級の女郎」がいる岡場所があったことで有名だった。それが明治から昭和初期にかけ、数千人が住む東京最大規模の貧民窟となる。現在その一帯は若葉町と改名され、橋も当時の面影はないが、迎賓館の西に接する坂下の「みなみもと町公園」の一角に「鮫ヶ橋せきとめ神」が残っている。そこには、他にも「蛇神」「子育て地蔵」「吉祥稲荷」などが祀られている。

ここには明治の頃から堰《せき》（水門）があり、御所の地下を通して赤坂見附方面の外堀へ排水するため、鉄柵で塵芥を集めてゴミを取り除いていた。

その堰の畔《ほとり》に杉林があり、ここで願い事をした。氏名などを記した紙に小銭を包み、紅白の水引で木に結び付ける。それが風雨に晒《さら》されて、堰の水に落ちる頃にはいかなる病も治るという民間信仰があった。「堰止める＝咳を止める」という掛詞《かけことば》から、百日咳や風邪、小児喘息、頭痛などの神さまとされたのである。医者にもかかれない貧民窟の住人も、ずいぶんと願を掛けたことだろう。

庶民信仰の面影が色濃く残るこの一画は貴重な場所である。

今ある「鮫ヶ橋せきとめ神」の碑は、昭和五（一九三〇）年、当時六十六歳の女性が建立した。その二十年後には荒涼とした場所に打ち捨てられたようになってしまったが、昭和四十六（一九七一）年、「鮫ヶ橋せきとめ神保存会」の手で現在地に移され、この頃から「せきとめ稲荷」とも呼ばれるようになった。

「蛇神」はここに棲みついていた二匹の蛇を祀ったもので、「子育て地蔵」「吉祥稲荷」は順次加えられた祠だという。

『江戸名所図会』「鮫が橋」より。「鳥の跡淋しさや友なし千鳥　声せずは　何に心をなぐさめがはし　茂睡翁」とある。江戸時代は木橋で堰はなく木の杭が並ぶ。後に石橋となり堰が作られ、溜池が掘られて周囲に杉が植えられた。

錐《きり》大明神

❖疾瘡（できもの）／梅毒

「錐大明神」の正体は不明だが、本書では「橋の霊」信仰に分類した。

『重宝記』「錐大明神」には、「両国橋のまんなかにいたりて飛騨《ひだ》の国《くに》錐大明神と念じて北の方へむかひ錐を三本づゝ川の中へ流して疾瘡《しつさう》〔できもの、梅毒〕のわづらひを平癒なさしめ給へと願かけするに、日あらずして忽《たちま》ちあとなくいゆる〔癒ゆる〕事神《しん》のごとし。平癒してのちふたたび錐を三本川へ流し礼拝なせばふたたび発することなし、をのれが年をしるし橋上《はしのうへ》の番屋にいたりしかじかのわづらひと歎《なげい》て錐を求め其としより朔日ごとに五ッときまで精進して飛騨国錐大明神ととなへてしん甚《じん》なすべし。断物《たちもの》　いわし、ひしこ〔かたくちいわし〕、ごまめ、たゝみいわし。縁日　卯の日　右三ヶ年の間禁ずべし」と、かなり詳しく解説してある。

「断物」とは、願を掛けている期間中に自ら禁ずる物や行為のこと。ここでは小魚類ばかりだが、食物、嗜好品、性行為など、願の内容によってさまざま。

橋には番屋が置かれ、橋の管理だけでなく、渡り賃を徴収する場合もあった。ただし武士は無料。

ところで、両国橋の袂《たもと》では大山詣りの人々が水垢離《みずごり》をするので、錐などを川に流して危険はないのか案じた筆者は、自分の家で試してみたが、先の尖った金属部の重みに傾くこともなく、沈むこともなかった。願掛け用の錐ならそのまま流れてしまい安全だろう。

ところで、東洋大学を設立し、妖怪博士・哲学者として知られる井上円了《えんりょう》は、全国巡講の中で、「東京ノ迷信」として、「両国橋ノ中間ニ北向シテ飛騨国錐大明神ト唱ヘテ錐三本ヅヽ流シテ祈レバ疾病タチドコロニ平癒スト云フ〔…〕」と述べているのに続けて、この行為を迷信と断じている。彼は迷信を打

中央区東日本橋2丁目と墨田区両国1丁目を結ぶ両国橋。かつて川の西側（浅草橋側）は武蔵国、東側（両国駅側）は下総国で、この二つの国に架かることから両国橋と呼ばれた。つまりこの橋は、神や霊が憑きやすい異界との境界線になっていたといえる。

今でいえば、両国橋の北に架かる総武本線の鉄橋（総武線隅田川橋梁、写真左上）に向かって錐を投げる感じになる。

破する立場から妖怪や幽霊を研究したのだが、それは明治という時代が目指した合理主義に即した学問だった。

しかし筆者は、素朴な民間信仰を否定するつもりはない。信じる者にとってのプラシーボ効果は、強いのである。

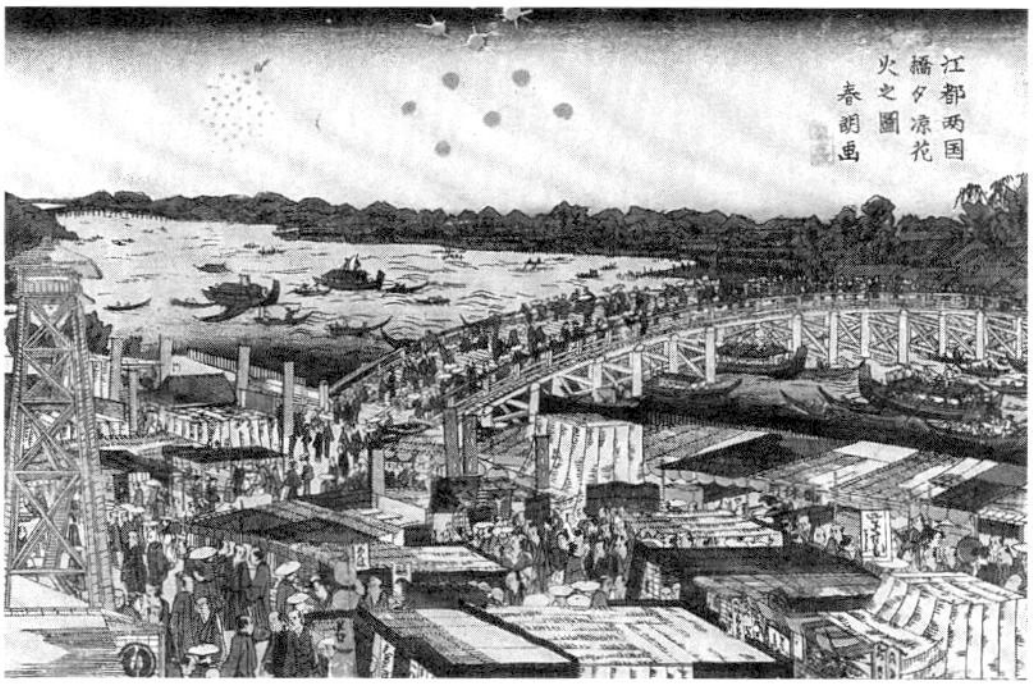

以前の両国橋は今の橋より100mほど下流に架かっていた。東詰めを真っ直ぐ進めば回向院に突き当たった。錐を供えるのは穴を開けるようにスッキリ治して欲しいからか（上:『江都両国橋夕涼花火之図』、下:『富嶽三十六景 御厩川岸より両国橋夕陽見』）。

蛇橋

❖水難除け／厄除け

足立区花畑８丁目　蛇橋跡

「蛇橋」は足立区花畑八丁目と埼玉県八潮市大曽根の間を流れる綾瀬川にかつて架かっていた橋だ。綾瀬川、伝右《でんう》川、毛長川が合流する地点にあたり、増水被害が容易に想像できる場所だ。埼玉県側の八潮市には、今でも用水が縦横に走っている。

特に御利益が謳われているわけではないが、この橋に関しては哀しい伝承が残り、筆者の思い入れが強いので、ここで紹介したい。享保年間（一七一六～三六）のこととされる、人の怨念が大蛇に化した伝説である。

綾瀬川の下流には将軍が鷹狩りの折に御膳所として使う小菅御殿（現・葛飾区小菅）があったが、綾瀬川が増水するたびにその御殿が水害に遭った。困った幕府は余分な水を堰き止めるため、蛇橋近くに堤を築く。そのため大曽根より上流の村々は、しばしば濁水に見舞われるようになった。幕府は百姓に犠牲を強いたわけである。

ある年の洪水で再び村が大きな水害を受けたため、大曽根の名主であった新八は、村を救うためこの堤を破ろうとした。堤より下流の村民たちはそれを知って新八を襲い、ついには殺してしまう。さらに幕府からは堤を切った咎《とが》を受け、新八の家族も村を追放されてしまった。

新八の母は村を去る時、見納めに橋の畔《ほとり》までやってきたのだが、悲しみと恨めしさが込み上げ、とうとう髪を乱して逆上した。恐ろしい形相で「新八や蛇になれ。新八や蛇になれ！」と、夜通し泣き叫びながら堤の上をさまよったあげく、「ワシも蛇になる！」と濁流に身を投げたという。

蛇橋が架かっていた場所の200メートルほど上流に桑袋大橋が架かる。親柱の上に大蛇、欄干には鱗のイメージをバックに伝承を題材にしたイラストがあしらわれている。つまり桑袋大橋は「新蛇橋」なのだ。

かつて蛇橋が架かっていた場所。対岸は桑袋ビオトープ公園。

その時から、橋の周辺に二匹の大蛇が出て村人を脅かすようになったため、いつとはなしにこの橋は蛇橋と呼ばれるようになった。そこで村人たちは、橋の袂《たもと》に新八母子の墓碑を建てて供養したという。

　水争いは、何も旱魃の時だけではなかったのだ。しかもこの場合は、幕府による人災だった。今の桑袋《くわぶくろ》ビオトープ公園周辺の話である。

ありし日の蛇橋（上:東京都足立区役所編『足立今昔』より。下:足立区立郷土博物館所蔵）。

堀の内の張御符《はりごふ》

❖病気平癒／無病息災／家内安全

一見普通の御符だが、その祈念方法が少し変わっている。

以下は『重宝記』「堀の内の張御符」から。「堀の内妙法寺祖師堂にて出る張御符の札をかり請《うけ》て病人の枕元にはりおき七日目ごとに上《うへ》へ上《あげ》る。廿一日目にはすみやかに病気平癒なすこと妙法の功力《くりき》うたがひすべからず、ことに難病又は長病の人は三七日《さんひち》（二十一日間）を過《すぎ》て又札を張《はり》かへるなり。尤《もっとも》古き札をかへし、あらたに札を乞請《こひうけ》て張《はる》なり。諸人よくしるところなれば、しるすにおよばずといへども祖師の利益いはんがために、こゝに載《の》す」。

つまりお札を病人の枕元に貼り（枕の下で可）、その位置を徐々に高くするというのだ。この札は今も「御張守《ごはりもり》」として配布されており、徐々に上げるからだろうか、「二十三夜尊札《にじゅうさんやそんふだ》」（主尊は勢至《せいし》菩薩）と呼ばれている。

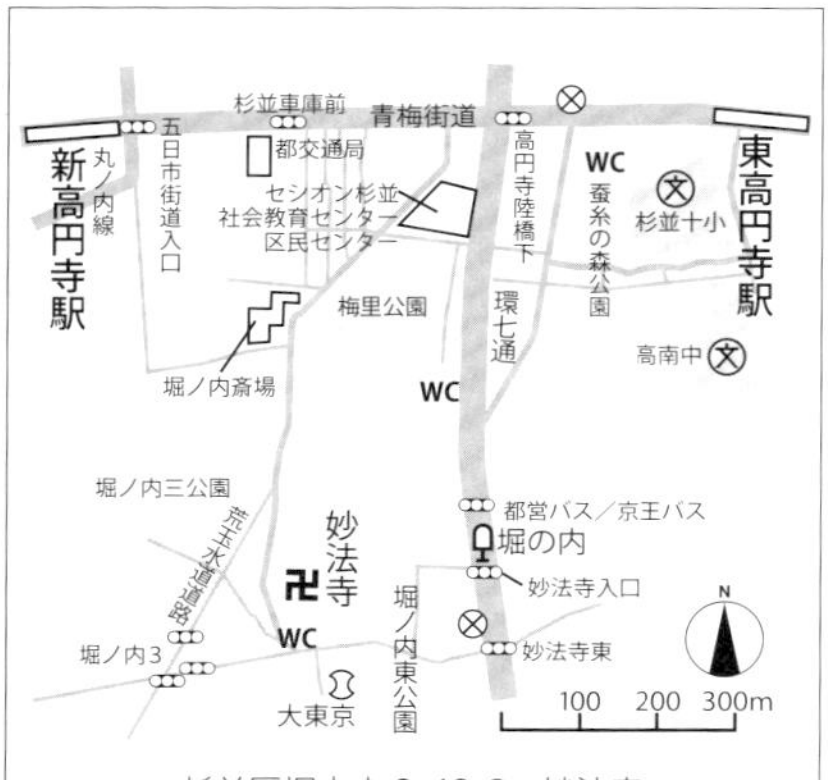

杉並区堀之内 3-48-8　妙法寺

御符の貼り方は本文にある通り。

妙法寺は「堀の内やくよけ祖師」として人気がある。

いつもじの御守《ごふ》

❖陣痛緩和／安産

中央区日本橋蛎殻《かきがら》町水天宮が出している由来記に、御守《ごふ》が入っている。これには五つの神呪《しんじゅ》文字が刷り込まれてあり、「いつもじ」（五文字）と呼ばれている。

この文字は、大寒の時期に筑後川の水を汲み七日間の祈禱を行った「神水」で磨《す》られた墨で刷られているという。水天宮の水天とは筑後川の水神のことだから、この御符には水神の霊が宿っている。つまりこの紙には、文字の霊と水神の霊が宿っていることになるわけで、その御利益は確かなものといわれている。

これをどうするかというと、妊婦が身体の具合がすぐれない時や陣痛があった時などに、一文字ずつ手でちぎって水に浮かべ、そのまま一緒に飲む。一度に五文字分飲む必要はなく、「の」の字を書くように中心、左下、左上、右上、右下の順で、必要に応じて飲むのだそうである。

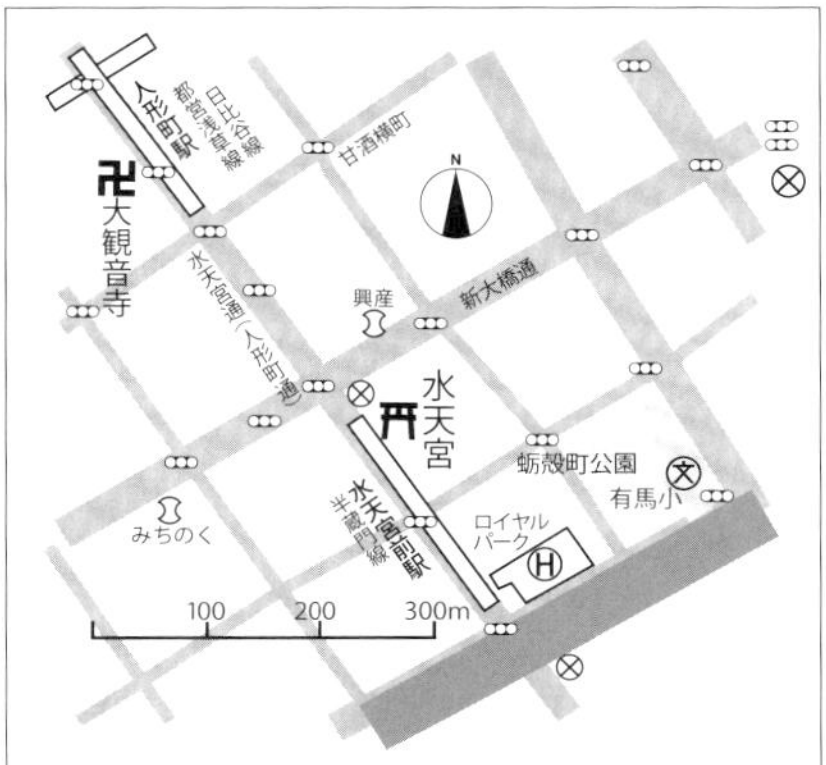

中央区日本橋蛎殻町 2-4-1　水天宮

今は紙を飲むのには勇気が要る。

ひと昔前は圧倒的に女性の参拝客が多かったが、昨今は男性と五分五分だ。

【巡拝】大観音寺「韋駄天」69 頁、「三光稲荷」360 頁。

子産石《こやすいし》（子宝石《こだからいし》）

❖子宝／安産

この丸石は、民俗学的には道祖神、石神信仰に分類されるものだろう。つまり生殖の神、安産の神で、類例は全国的に見られる。

解説板によると、「この子産石〔子宝石〕は清らかな海の岩のなかより長い歳月を経て自然に生まれでた石です。古より子産石を両手でやさしく撫で子宝に恵まれるように一心に願い祈れば子宝に恵まれると言い伝えられています。浅間神社のご祭神の一柱であります木花咲耶姫命は炎のなかで出産したといわれ、火防の神、安産の神、子育ての神として信仰されております。〔…〕」とある。

当社は浅間神社らしく、多摩川沿いにある小山の山頂に鎮座し、その斜面を利用した富士塚もあるが、この子産石も富士山の溶岩らしき岩を組んだ台座の上に据えられている。

【関連】「道祖神（塞の神）」44頁。

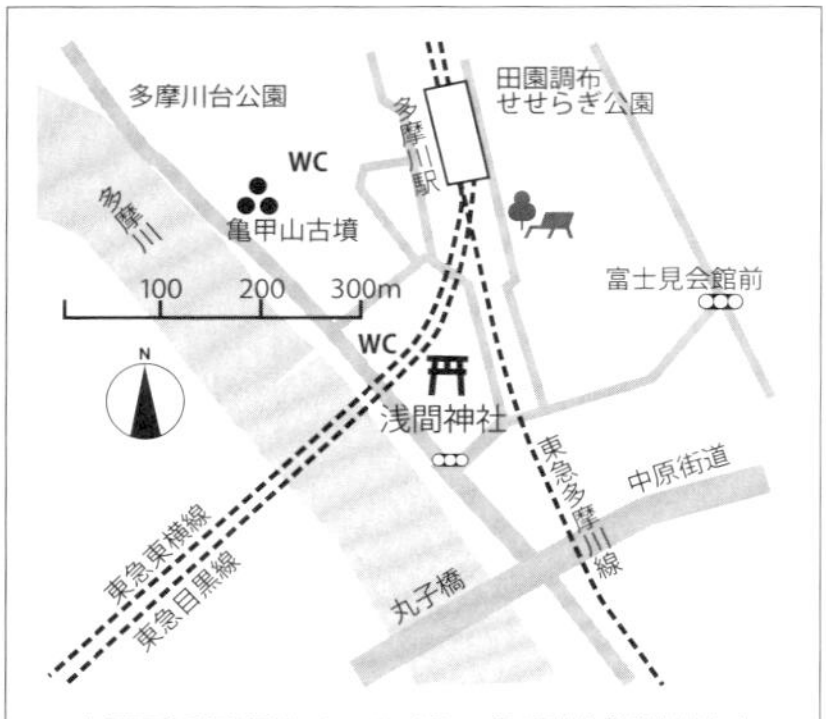

大田区田園調布 1-55-12　多摩川浅間神社内

丸石は通常道祖神として祀られる場合が多いが、当社の子産石も御利益は同じだ。

第五章

現代のアニミズム

縄文時代の私たちの御先祖は、集落を取り巻く自然と「共生」しながら一万年以上も生活してきた。その長きにわたる期間、決して自然や他の人々を征服しようとはしていない。四季に恵まれていたとはいえ、それでも狩猟採集生活や栽培（農業ではない）をしながらゆるやかに定住できたのだ。土器で煮炊きすることで食糧事情は画期的に向上している。ちなみに世界最古の土器は縄文土器といわれている。ひたすら自然を「征服、開拓、開墾」しながら農耕生活を営んできた大陸文化とは隔絶の感がある。

縄文の世界では稲荷神に代表される農業や工業、ましてや商業の神は登場しない。当時の信仰形態はアニミズムである。日、月、火、水、木、金、土の他、風雨などの天候や海、岩石にも神を感じていたことであろう。もちろん周辺の生物、また身近な母性の神秘にも神を感じていたに違いない。このような文化をこれほど長い期間維持してきた人類は地球上で日本列島にしかいなかった。

その縄文人のＤＮＡは、私たち現代人の体内にも一割以上残っているという。これは世界のどの民族も持たない大きな特徴だ。故に日本に八百万《やおよろず》の神々が誕生したのは当然の成り行きであった。全ての物、事象、生命に神や精霊を感じる能力は縄文人から引き継ぎ、まだ私たちのＤＮＡに残っているのである。あの時代と比較すると「現世利《げんせり》益《やく》」の祈願が圧倒的だとしても。

仏教が入ってくると、八百万の神々もぼんやりしてはいられなくなった。祭りや式のたびに社《やしろ》や石、木などに降ろされ、封じ込まれてしまう。または神輿などに乗せられ揺さぶられてしまう。

ただ神さま側も黙ってはおらず、配下を利用するようになる。その神々のお使いはたびたび動物の姿をして現れると信じられた。これらのお使いを総称して「（神の）眷属《けんぞく》」という。稲荷神社の「狐」、八幡神社の「鳩」、春日大社の「鹿」、日吉神社の「猿」、天満宮の「牛」、三峯神社や御嶽神社の「狼」、熊野大社の「八咫烏《やたがらす》」などは有名である。ほかにも本章に登場するのは虎、犬、馬、猪、蛇、蛙、亀、田螺《たにし》などの動物、大根、榎《えのき》、楠《くす》、松、銀杏《いちょう》、梅、柾木《まさき》などの野菜や植物、ほかに気象（天気）、妖怪の河童《かっぱ》や伝説上の霊獣白澤《はくたく》までもが、神または眷属として信仰の対象になった。蛇足ながら本書には登場しないが鉱山の神は蛇の天敵と考えられていた蜈蚣《むかで》であり、モンゴルでは大地を耕すミミズを神としている。害虫であっても悪霊・怨霊の使いと考えられた。

日本人は年を経た植物や動物（ヌシ）など人智を超えた自然の神秘の中にも、畏れや神性を感じ取っている。それは無意識のうちに八百万の神々に囲まれながら生活をしている私たちの「万物に精霊ないしは神が宿っている」という多神教的な考え方と軌を一にする。

一神教を奉じる人々の目には、このアニミズムが原始的で幼稚な信仰と写った。日本人でさえもそう考えていた。現代の私たちも、日常的にこれらの神々を意識しているわけではなく、現実は合理主義、拝金主義、科学万能主義、経済優先主義が世の中を席巻している。

しかしよくよく周囲を見渡せば、私たちは今でも無意識に動植物のみならず、石までも拝んだり彼等に向かって祈念したりしている。正月やお盆になればそのことがより実感できる。縄文人から引き継いだ私たちのＤＮＡは、今でも自然に感謝し、リスペクトする気持ちを忘れてはいない。

台東区松が谷の本覚寺には蟇大明神が祀られ、多くの蟇が奉納されている（⇨201頁）。

足立区

猿仏塚《さるぼとけづか》

❖子どもの厄除け／子どもの守り神

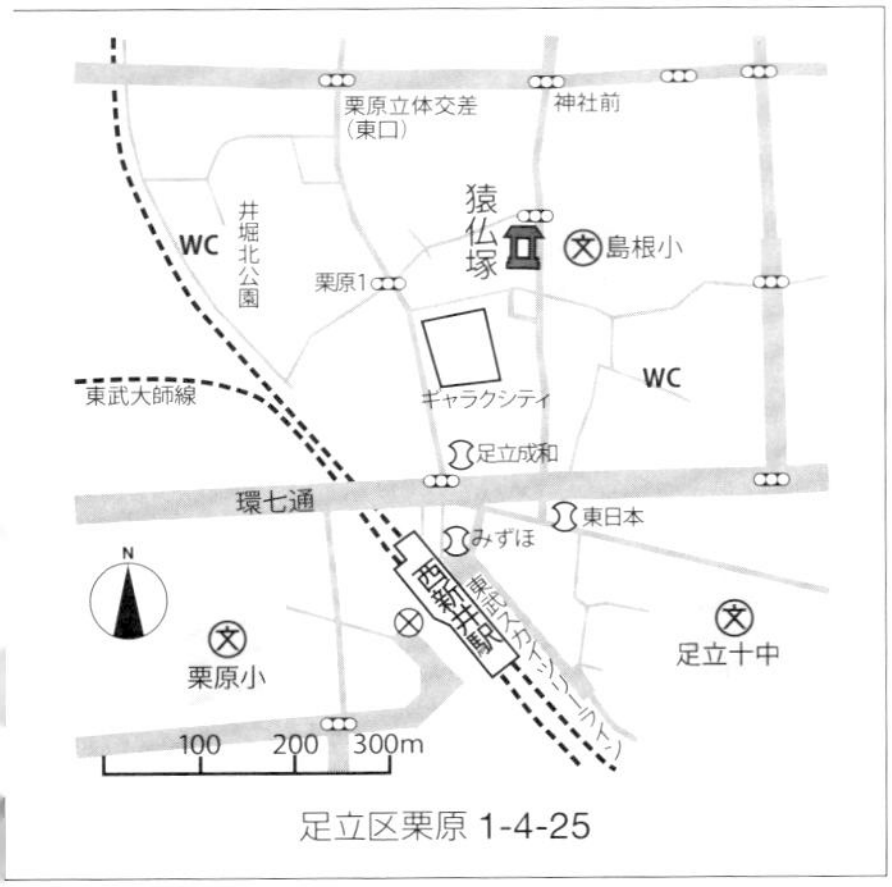

明暦頃（一六五〇年代中頃）の話。今の足立区栗原一帯、島根小学校周辺は笹に覆われていたが、榎《えのき》の古木が一本そそり立っていて、そこに塚があった。

当時、その近くにあった子どものいない農家が一匹の利口な猿を飼っていた。大変可愛がられていたが、やがてその農家に赤ん坊が誕生する。猿も赤ん坊の面倒をよく見たそうだが、ある日いつものように家人が田畑仕事で外に出ると、その日に限って赤ん坊が火の付いたように泣き出し、猿がいくらあやしても一向に泣き止まない。困った猿はこのような時に家人が、赤ん坊に行水させていることを思い出す。

さっそく湯を沸かして盥《たらい》に注ぎ赤ん坊を浸けたが、その湯は熱湯だった。当然赤ん坊はさらに泣き叫び、そして死んでしまったという。

その後の猿は食事も摂らず、墓守を続けて死んだという。それでさすがに猿を哀れに思った家人や村人は、この塚を築いて猿を子どもの守護神として祀ったそうである。今でもここには子どもが病気になると泥団子を供え、成就すると米だんごを供える習慣が残っている。

しかしここに立つのは庚申塔など三基の石塔だ。

あくまでも「語り伝え」だから理屈をいう必要はないが、本来猿が湯を沸かすことはあり得ないことだし、親が赤ん坊を猿と一緒にして家に残すことも考えにくい。

民俗学的に考察すると、この話の裏には何らかの悲惨な事情や事故、たとえば飢饉などを背景にした口減らし、将来的に労

街の一画に現れる素朴なスペース。飾り気がないだけに懐かしい。

働者として期待できない重度な障害を持った子殺しなど、当時の村社会の暗い事情があったに違いないのである。

それを皆知っていながら猿のせいにする、川が近くにあれば河童のせいにするなど、人々はいろいろな問題回避の方法を使ったのだ。だから猿仏塚に祀られていたのは必ずしも猿（申）とは限らないのである。

庚申塔は「申」の字がサルを表すから、この塚にはふさわしいと思われるが、穿った見方をすると、じつは庚申塔が先にあって猿仏塚の話があとから作られたという可能性もある。ちなみに向かって右の塔は念仏講の碑のようである。

千代田区

日枝《ひえ》神社の夫婦猿神《めおとさるがみ》

❖縁結び／安産／勝負運

国会議事堂近くの山王《さんのう》日枝《ひえ》神社には大山咋神《おおやまくいのかみ》が祀られている。山の神様であり、富士山の女神である木花咲耶姫《このはなさくやひめ》の父神だ。

神社の中には猿の像がいっぱい置かれ、絵馬も猿の絵柄だ。これは山の神のお使いが猿とされているからである。猿は「えん」と読むことから、この猿たちは縁結びに御利益があるといわれる。中でも本殿に向かって右に烏帽子《えぼし》を被った雄猿、左に子を抱いた雌猿がおり、雄猿を撫でると勝負事に秀で、雌猿を撫でると安産祈願になるといわれている。

猿の像は豊島区巣鴨猿田彦大神庚申堂（⇒114頁）や「猿寺」といわれる港区栄閑院《えいかんいん》でも見られるが、庚申塔にもよく彫られている。ただ平安時代末成立の『今昔物語』に登場する猿神は、美男子や処女の生贄《いけにえ》を要求するなど質《たち》が悪く、今でも若い女性好きの老人は狒々爺《ひひじじい》（狒々とは年老いて霊力を身につけた雄猿のこと）などと揶揄《やゆ》される。

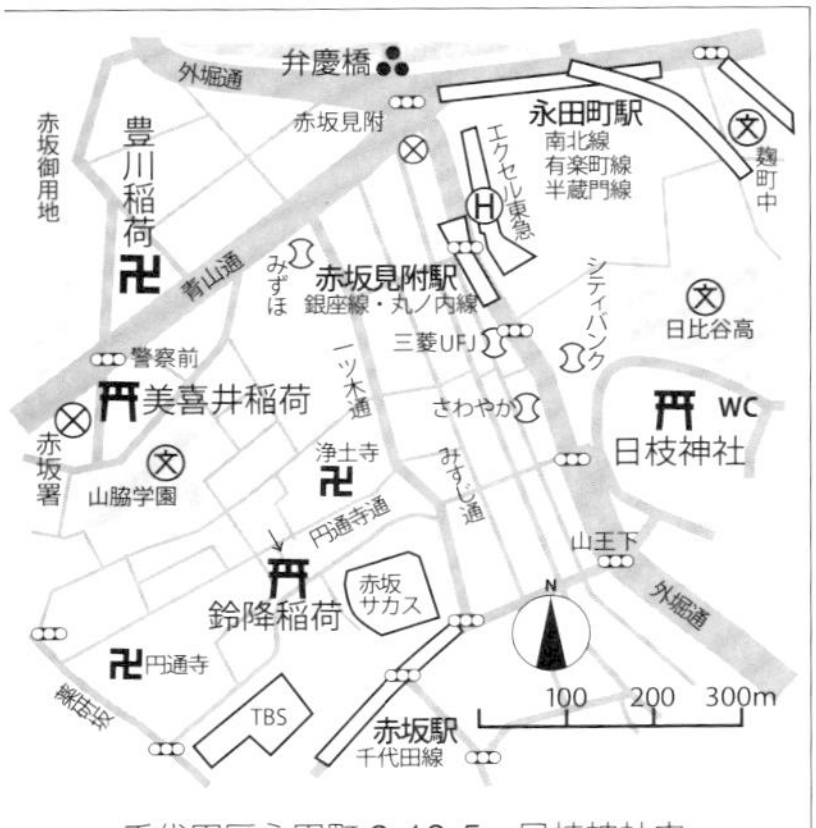

千代田区永田町 2-10-5　日枝神社内

写真上が雌猿、左が雄猿。

【巡拝】弁慶橋「橋の擬宝珠」178 頁、「美喜井稲荷神社の猫神」203 頁、「豊川稲荷の末社稲荷たち」372 頁、「鈴降稲荷」380 頁。

都内各所

虎神（毘沙門天の使い）

❖勝ち運／帰還／魔除け

毘沙門天（多聞天《たもんてん》）を祀る寺院では、狛犬ならぬ狛虎が本堂を守っている。新宿区善國寺《ぜんこくじ》の解説板によると、毘沙門天は寅の年、寅の月、寅の日、寅の刻に世に現れた北方の守護神とされている。

毘沙門天は四天王のひとり（多聞天）としてだけではなく、七福神の一尊としても庶民に人気がある。

善國寺の阿吽形《あうんぎょう》の石虎は嘉永元（一八四八）年に周辺の住民たちから奉納された。台石、基壇部を含めると二メートル以上になる立派なもので、台石の正面にも虎の浮彫りが見られる。共に縞模様も確認でき、技術的にも優れている。

港区天現寺《てんげんじ》には二対の石虎が鎮座している。『江戸名所図会』巻之三「広尾毘沙門堂」の挿絵を見ると狛犬風のものが一つだけ描かれているが、これが虎石なのかは不明である。

新宿区善國寺の石虎は肩の盛り上がり方など迫力がある。台石の浮彫りも見事（新宿区神楽坂5-36）。

港区天現寺の虎石二対。特に右下の吽形は筆者のお気に入り（港区南麻布4-2-35）。

亀戸天神の牛様《うしさま》

❖金運上昇／開運／諸病

皆が撫でるからだろうか、ピカピカに黒光りしている。

「東京の迷信　亀戸の牛様《うしさま》」（『東京朝日新聞』明治四十一〔一九〇八〕年一月）に、「亀戸天神の境内に名代《なだい》の牛様といふものがある。金を欲《ほし》がる者がよく願《ぐわん》を懸けるが、賽銭を投げる時に牛の頭の真中に銭の載る時は、近いうちに運が開くとあつて、欲の浅くないものが巾着銭《きんちゃくぜに》を叩《はた》くことがある。賽銭取りの手段も此の位ゐ巧《たくみ》なものは他にあるまい」と皮肉っている。

天神様（菅原道真公）を祀っている天満宮や天神宮の境内には、必ずと言ってよいほど牛がデンと横たわっていて、現代の参拝者は、だいたい自分の具合の悪い部分と同じ牛の部位を撫でるのが信仰的習慣になっている。

したがって、今は牛に賽銭を投げるという光景はあまり目にしないが、記事の状況から見ると、当時は遠くから拝んでいたのだろうか（地図は左頁）。

【巡拝】「祐天堂」38頁、「亀戸石井神社」122頁、「吾嬬神社の楠」234頁、梅園跡「於三稲荷」328頁。

江東区

亀戸天神のお犬さま

❖イボ取り／諸病

いつから亀戸天神の境内に、この「お犬さま」が祀られてきたのかは定かでない。いつも塩まみれでその全体像を摑みにくいが、阿形《あぎょう》の狛犬のようだ。もともとは近辺の神社に鎮座していたもので、戦災で相方を失ったという説がある。いつの頃から、塩を供えてその塩で自分の患部と同じ部位を擦《さす》るとそこが治癒する、という信仰が生まれたという。

三峯神社や御嶽山の「おいぬ様」とは狼のことだが、やはり塩を供えるそうである。しかし、こちらのお犬さまの体型は、どう見ても狼ではない。

また、塩が奉納されたり塩が盛られた地蔵尊もよく見かけるが、その多くに「イボ取り」の御利益が期待されているようである。しかし狛犬（本来は獅子なのだが）がイボ取りの神さまとして信仰されている例は、都内ではここだけということだ。

【関連】「塩地蔵と塩かけ地蔵」404頁。

江東区亀戸 3-6-1　亀戸天神内

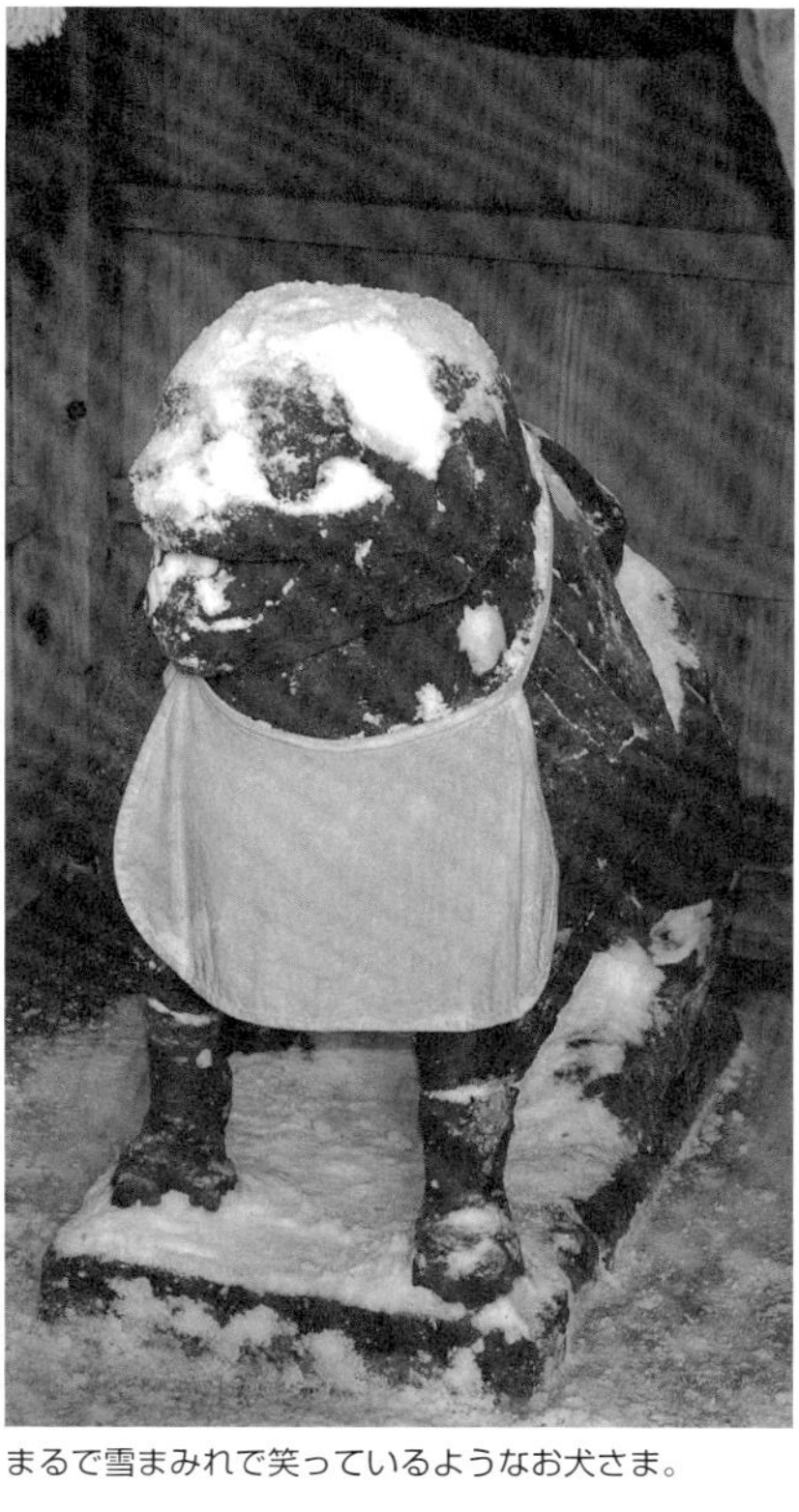

まるで雪まみれで笑っているようなお犬さま。

駿馬塚《しゅんめのつか》

❖足の病

『江戸名所図会』巻之六「駿馬の塚」には、「同所〔新鳥越＝今戸二丁目〕南側、何某《なにがし》が別荘のうちにあり。伝へいふ、康平〔一〇五八〜六五〕中、源義家《よしいえ》〔一〇三九〜一一〇六〕東征のとき、愛するところの青海原《あおうなばら》といへる駿足《しゅんそく》、たまたま病《やまい》してここに斃《へい》す。公おほいにこれを傷《いた》みて、朽骨《きゅうこつ》を駅路《えきろ》の傍らに埋《うず》めたまふとぞ。その後里民《りみん》、小祠《こほこら》を営み建つといへり。また近き頃その地のあるじ、公の明徳を千歳《せんざい》の下《しも》に顕《あらわ》さんことを欲して、塚の側《かたわら》に石碑《いしぶみ》を建てて、祠《ほこら》はその塚の東の方《かた》に遷《うつ》せり」とある。

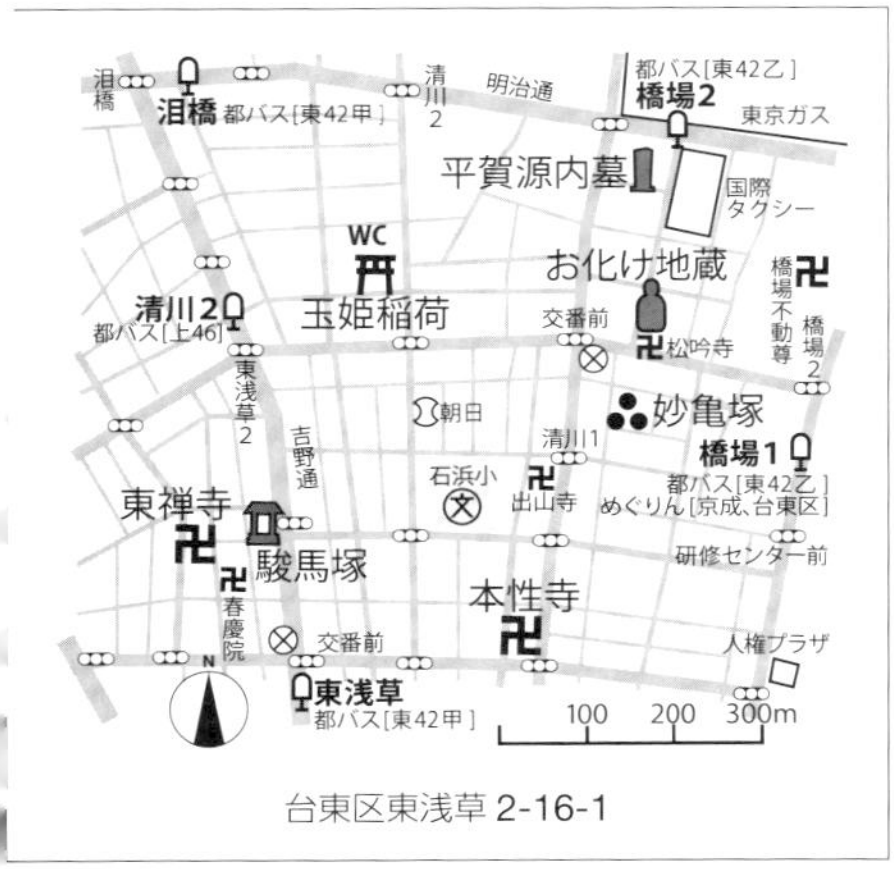

ところが「東京の迷信　駿馬塚」（『東京朝日新聞』明治四十〔一九〇七〕年十二月）には、「よし原堤下字ゴミの駿馬塚は、足の病に効験が著るしい《ママ》とて、昔から参詣が絶《たえ》ないのだ、所が墓石は大阪に在る淀君のものと同型式で、いかに八幡太郎の馬だとて少々立派過《すぎ》る、或人は之を練馬主馬之助《ねりましゅめのすけ》の墓石であらうといつた、主馬之助が此辺で討死をした事は太平記にも載つてゐる、して見ると駿馬塚は主馬塚の転訛したものであらう」とある。ところで、この主馬之助とは足利尊氏に付き従った側近の一色《いっしき》右馬介《うまのすけ》のことであろうか。創作の人物ともいわれ、詳細は不明なのだが、もしそうならば『江戸名所図会』の記載とは大分趣が異なってくる。

いずれにせよ台東区教育委員会の解説板には、おおむね『江戸名所図会』と同じ内容が書かれている。

塚は吉野通りから少し入った路地の中華屋に対面した、さらに細い小径の突き当たりにあるが、ぼんやり歩いていては通り

路地奥の塚は崩れかけた石ばかりだが「里民」の優しさを感じる。

過ぎてしまうほど目立たない。

今では「馬頭観世音菩薩」として祀られているが、おそらく戦災で焼けたのだろう、文字も判明できない残骸のような石が祀られているだけである。

しかし、上記のように「里民」によって今も大切に保存されていることに変わりはなく、庶民信仰健在なりの様子が窺える。

【巡拝】痔の神「秋山自雲」266頁、「平賀源内」303頁、「梅若塚と妙亀塚」338頁、玉姫稲荷「口入稲荷」376頁、「お化け地蔵」398頁、東禅寺「江戸六地蔵」434頁。

『江戸名所図会』の挿絵には塚と石碑が描かれている。

上《かみ》の字《じ》さま

❖防火／火傷／無事の帰還／若返り

麻布の十番稲荷の境内に大小二体の蝦蟇《がま》の石像が鎮座している。これはかつての蟇《がま》池の主《ぬし》で、防火や火傷の御利益が知られる「上の字さま」だ。合祀や遷座の末、上の字さまは蟇池からここに移った。

元麻布二丁目にある蟇池は、今は埋め立てられて小さくなり、周囲は私有地のため通常は見ることができない。

この蟇池には次のような伝説がある。山崎主税助治正《ちからのすけはるまさ》の敷地内の「池」に大蟇が棲んでいたが、ある時、二人の家臣に毒気を当てて殺してしまった。怒った主人が池の水を抜いて大蟇を退治しようとしたところ、大蟇が夢枕に立ち、詫びを入れた上で命乞いをして、今後は火災から屋敷を護ると約し、さらに火傷の薬を伝授した。そこで池の畔に小祠を建て祀ることにした。後日この屋敷に火の手が迫った時、この大蟇が出現して水を吐き火災を防いだという。

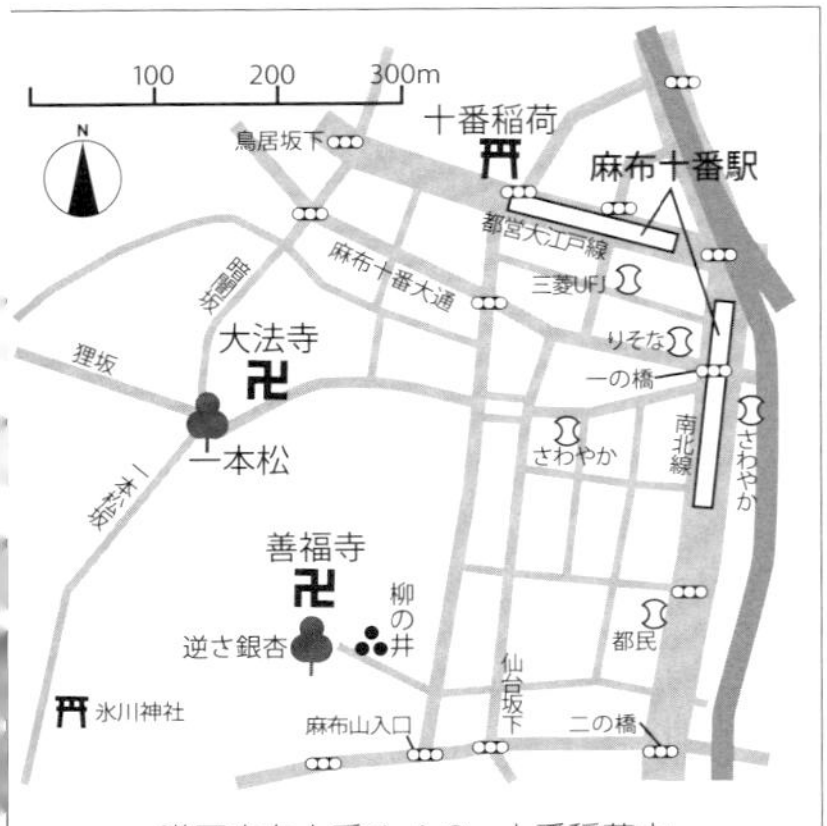

祈念する時は大小の蟇に水を掛ける。

「上之字御守」（左）は山崎家で出していたが、今は当時のままに復刻されて十番稲荷から出されている。

【巡拝】大法寺「子宝大黒」144 頁、「麻布一本松」235 頁、善福寺「柳の井」171 頁、同「大銀杏と逆さ銀杏」240 頁。

蟇《がま》大明神

❖映画芸能関係・人気稼業の守護／イボ取り

台東区の本覚寺《ほんがくじ》には「蟇大明神」＝「蛙蟇《がま》塚碑《づかのひ》」が祀られている。

縁起によれば、この碑は天保年間（一八三〇〜四四）に、秋山某なる人物が家業を助ける神として「蛙蟇塚」という碑を建てて信仰していたそうである。ところが大正十二（一九二三）年の大震災の折、当地は焦土となり、碑も行方不明になったものの、墓守の関某という人物が霊感を得てこの碑を探り出し、小堂に祀った。その後、昭和二十（一九四五）年の東京大空襲でも破壊・紛失したが、何故かこの蟇塚を崇《あが》め復興する人物が現れて、現在に至っている。

その来歴自体この大明神に何らかの潜在的威力、霊力を感じさせずにはいられないといわれ、現在も花柳界、歌舞伎・演劇界、映画芸能関係等の人気稼業に信者が多く、お堂には莫大な数の蟇があふれている。

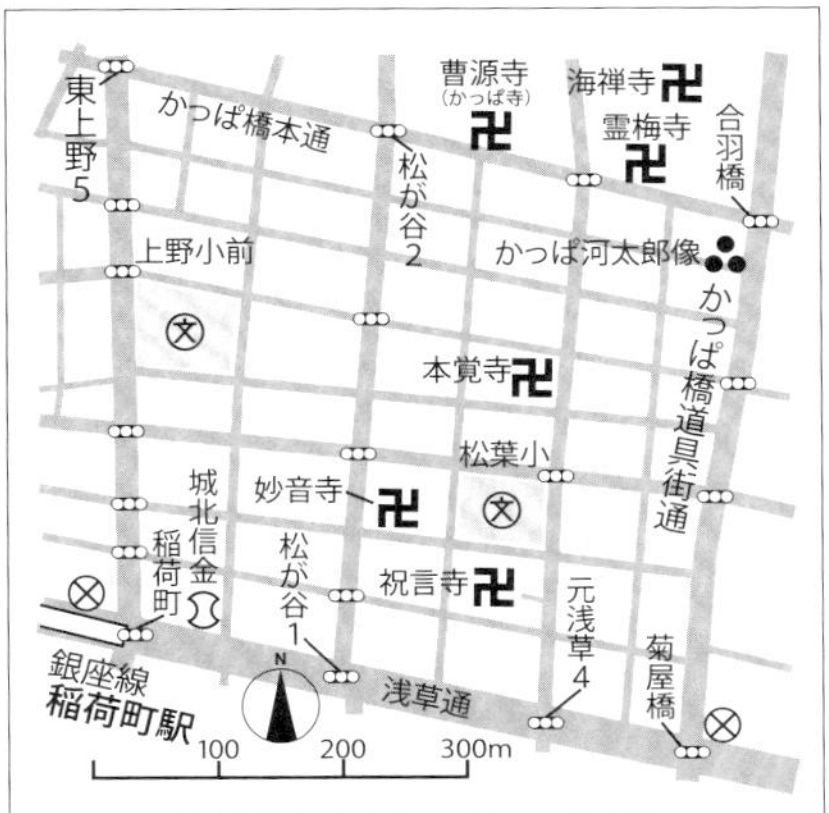

台東区松が谷 2-8-15　本覚寺内

蟇の焼き物はこれ以上置き場がないほどの量だ。

【巡拝】妙音寺「金色姫」35 頁、霊梅寺「天狗」64 頁、曹源寺「波乗福河童」246 頁、「かっぱ河太郎」247 頁。

ぶじかえる

❖交通安全／旅行の安全

掛詞《かけことば》つまり語呂合わせ、または駄洒落《だじゃれ》のようでもあるが、我が国の民間信仰では決して珍しいことではない。大げさに言うなら「言霊《ことだま》信仰」というもののひとつである。たまに観光地の土産物でも、このような「無事帰る」の蛙グッズを見かける。

品川神社には見事な富士塚があるが、その麓にある浅間神社の向かいに大蛙の親子が鎮座しており、これが「ぶじかえる」のご本体である。

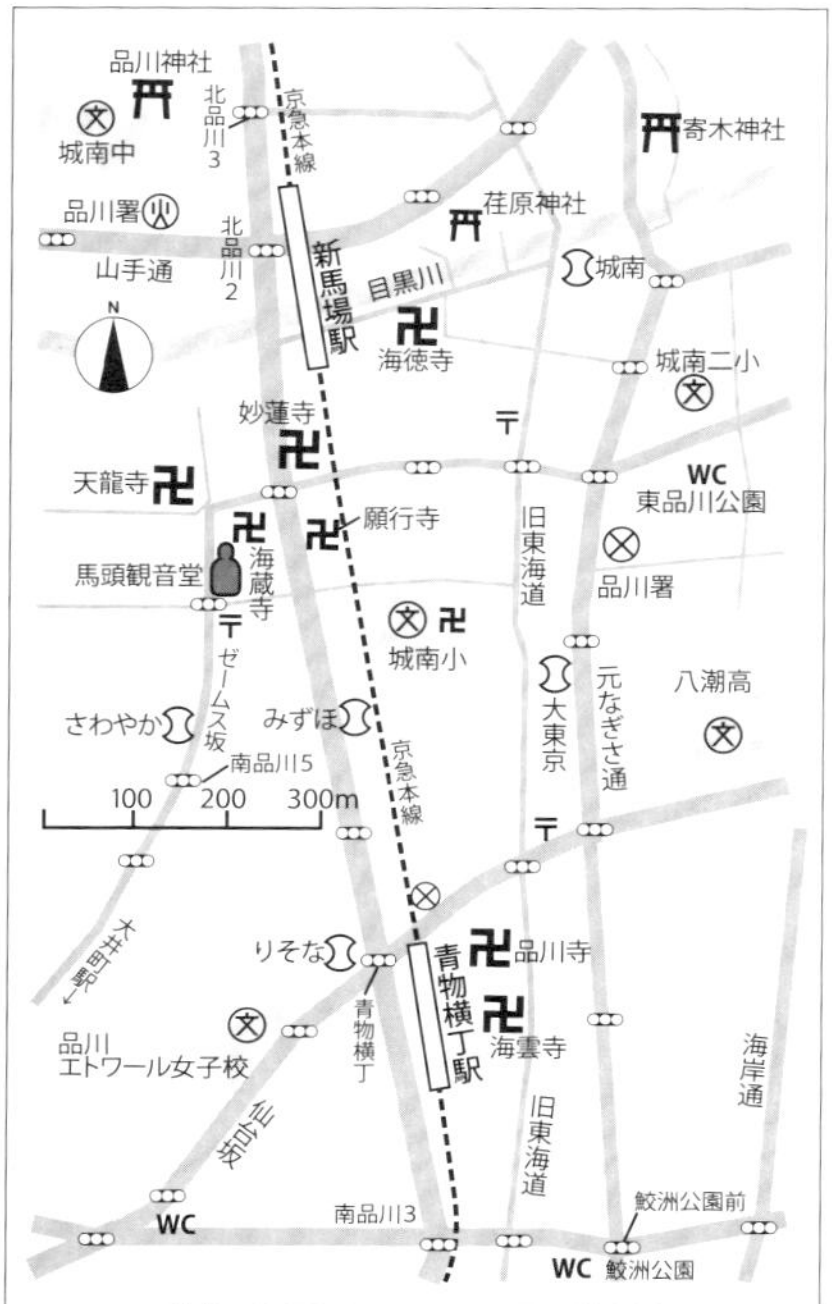

品川区北品川 3-7-15　品川神社内

本来、蛙の霊力は前出「上《かみ》の字《じ》さま」や「蟇《がま》大明神」のように蟇が特出していたようだが（蟇は山の霊気を食べて霊力を身につけるのである）、絵馬では親しみやすい青蛙になっている。旅姿の蛙の背景に富士が添えられている。しかし良く見ると、富士の山頂脇に「〝」（濁点）が付いており、フジではなくブジと読ませる洒落なのである。富士塚の下で祈念すれば御利益倍増というわけだろう。

この蛙も絵馬同様に蟇ではないようだ。

【巡拝】「馬頭観音」96 頁、寄木神社「天鈿女命と猿田彦命」114 頁、海蔵寺「海蔵寺の首塚」292 頁、妙蓮寺「丸橋忠弥之首塚」293 頁、海徳寺「ホームラン地蔵」394 頁、天龍寺「責任地蔵」395 頁、願行寺「縛られ地蔵と縛り地蔵」396 頁。

美喜井稲荷神社《みきいいなりじんじゃ》の猫神《ねこがみ》

❖ペット守護／商売繁盛

一般に、「猫神」が盛んに祀られたのは養蚕が盛んな地域と時代だった。蚕を食べる鼠の天敵だったからである。ただ、美喜井神社と養蚕の関係は不明だ。

拝殿の破風《はふ》には、鳥と戯れる猫と、人に覆い被さり人魂らしきものの尾を咥《くわ》える猫の像がある。狛猫《こまねこ》もおり、かつてはここで猫占いをしたということである。解説板には「美喜井稲荷のご守護神は京都の比叡山から御降りになりました霊の高い神さまです。この神さまにお願いする方は蛸を召し上がらぬこと。この神さまを信仰される方はなにも心配いりません」とあるが、詳細不明。祈願するには蛸を断つということだ。

ただ一つのヒントは、比叡山を食い荒らした鉄鼠《てっそ》（僧頼豪《らいごう》の怨霊）を退治したのは法力で現れた大猫だそうで、そのことと何か繋がりがあるのだろうか。

社紋は「剣片喰《けんかたばみ》」で、勇士に好まれるものだという。

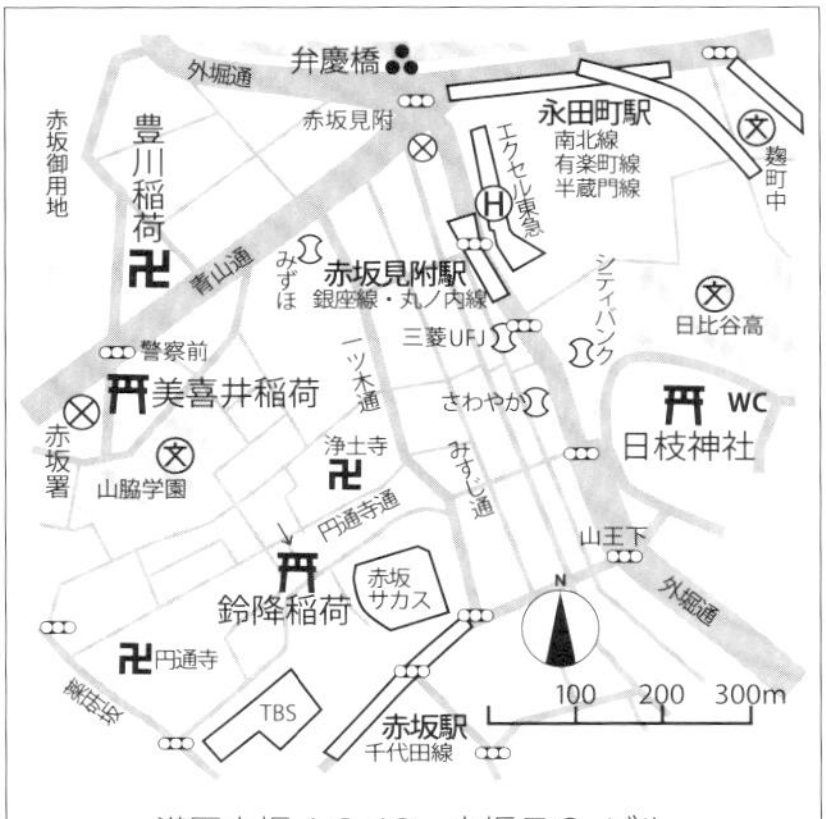

港区赤坂 4-9-19　赤坂 T.O. ビル

鳥と戯れたり（上）、人魂を咥えたり（下）。

鉄鼠（鳥山石燕『画図百鬼夜行』より）。

【関連】「金色姫」35 頁。
【巡拝】「日枝神社の夫婦猿神」194 頁、「豊川稲荷の末社稲荷たち」372 頁、「鈴降稲荷」380 頁、浄土寺「身代わり地蔵」419 頁。

山猫めをと塚

❖ペット供養／猫の守護

仮名垣魯文《かながきろぶん》は江戸末期から明治初頭にかけての戯作者・新聞記者で、主筆も務めていた。実話小説では高橋お傳（⇩288頁）を題材にした『高橋阿伝夜叉譚《たかはしおでんやしゃものがたり》』、夜嵐おきぬ（⇩290頁）を題材にした『夜嵐於衣花仇夢《よあらしおきぬはなのあだゆめ》』などを書いている。谷中墓地の高橋お傳の墓はこの時の芝居の儲けで魯文や関係者が建立したもので、正岡子規が「猫の塚　お伝の塚や　木下闇」と詠んでいる。

その「猫の塚」（猫塚碑）はその後、魯文の菩提寺である台東区永久寺《えいきゅうじ》に移された。魯文は猫マニアの元祖でもあり、彼の菩提寺には墓だけでなく、山門正面に「山猫めをと塚」「猫塔記念碑」や、上記の「猫塚碑」などが並んでいる。

台東区谷中 4-2-37　永久寺内

山猫めをと塚は、当時海軍卿だった榎本武揚が離島で雌雄の山猫を捕らえ、それを猫好きの魯文に譲ったのだが、野生ゆえか約一年後に亡くなったことを惜しんで建立されたもの。裏面には「榎本武揚君嘗賜雌雄山猫于猫々道人魯翁　該猫病而斃標石一基　卿表追悼之意　嗚呼」と彫られており、共に悲しんだ仲間十数名の名が列記されている。

猫塔記念碑は宝篋印塔《ほうきょういんとう》風だが、これは魯文が明治十一（一八七八）年に開催した「珍猫百覧会《ちんびょうひゃくらんかい》」（猫グッズ展）の収益で建てたのだという。丸窓の中では小さな猫が眠っており、下部には彼の別名「猫々《みょうみょう》道人記念碑」の文字が彫られている。

猫塚碑の上部には猫の顔が線彫りされており、中心部の目、鼻、口はよく観察すると魯の字になっている。

魯文の墓は猫塚碑に向かって右の階段を上った墓地の手前にあり、「かながきろぶむ」の石柱が立っている。墓石には聖《しょう》観音像が線刻された板碑がはめ込まれているが、そもそも板碑は鎌倉～戦国時代にかけて盛んに造られた供養塔であるから、他人のものを拝借したことになり、いかにも魯文らしい悪戯めいた図々しさが感じられる。言い訳という意味ではないであろうが、墓石の横には「遺言　本来空　財産無一物　俗名　假名垣魯文」と彫られており、痛快な墓である。

【巡拝】西光寺「韋駄天」69頁、「本妙院の金精明神と客人稲荷」133頁、「龍谷寺のたんぼとけ」274頁、「高橋お傳」288頁、長久院「笑い閻魔」319頁、功徳林寺と大円寺「笠森稲荷と笠森お仙」358頁、安立院「勝軍(将軍)地蔵」427頁。

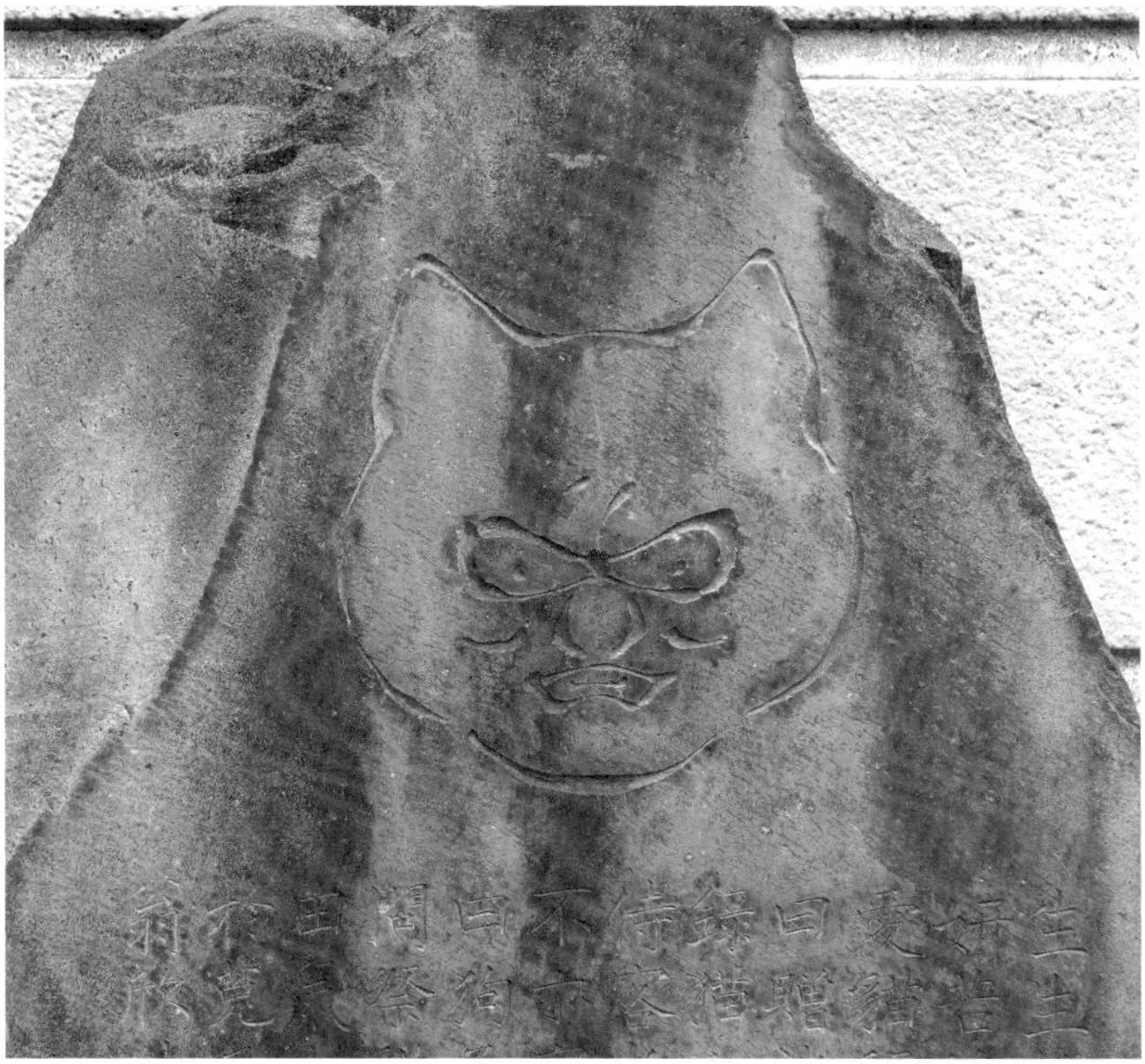

右上:山猫めをと塚。右下:猫塚碑。左:猫塚碑に線刻された猫の顔。

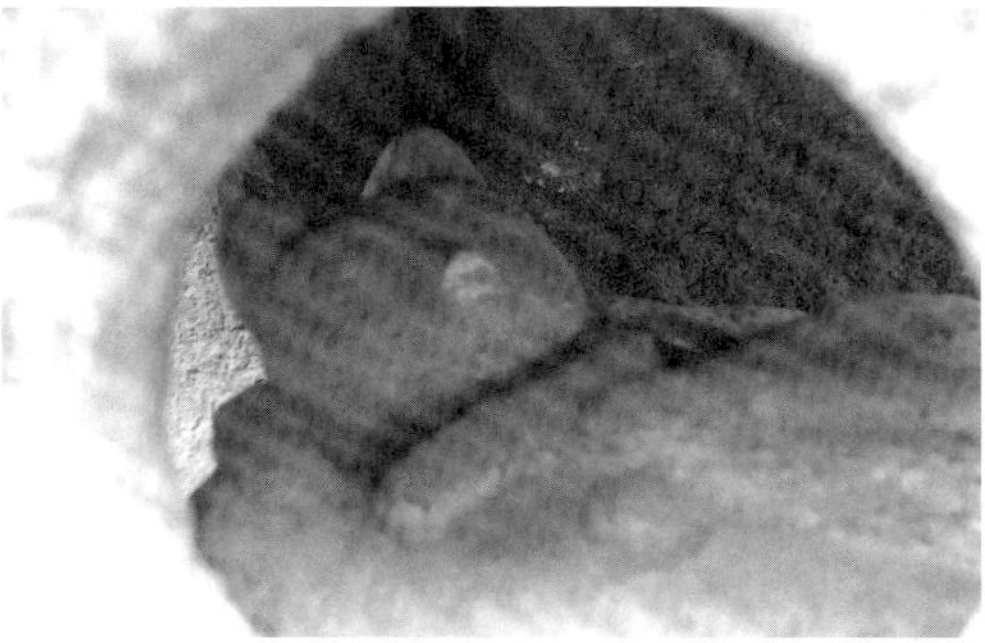

猫塔祈念碑。丸い穴の中には眠り猫がいる。

中央に他人の板碑がはめ込まれた墓石。

大田区

狐碑《きつねのひ》

❖狐憑き封じ／祟り塚

筆者は取材で祟り神などもよく巡ってはいるが、これにはさすがに衝撃を受けた。山王台地の西南端に建つ熊野神社境内隅の庚申文字塔脇に、「狐碑」がある。石に刻まれている文字を書き写した立て札があり、そこには以下の文字が書かれていたのである。

「狐碑　此狐《このきつね》人《ひと》尓《に》害《がい》をな須古《すこ》と久《ひさ》し　民《たみ》ミ那是《なこれ》越《を》悪《にく》む　今兹《いまここ》耳《に》　文久元歳辛酉《ぶんきゅうがんさいしんゆう》　御嶽靭矢市正埋禦《おんたけゆきやいちのかみうめふせぐ》　萬世掘事南可連《ばんせいほることなかれ》」

つまり文久元（一八六一）年、人に悪さをする狐を靭矢市正という御嶽の行者（修験者）が退治して、ここに封じ込めたということである。稲荷に祀り込まなかったところが珍しい。

実際に狐の死骸を埋めたのか、栃木県那須の九尾《きゅうび》の狐（玉藻前《たまものまえ》）のように石などに封じ込めて埋めたのかは不明だが、掘ってはならぬとされているので、謎である。よほど悪さをして、最後まで人に媚びなかったのだろうか。

大田区山王 3-43-11　熊野神社内

＊大田区には西蒲田にも熊野神社（蓮沼熊野神社）がある。お間違えなきように。

永久に掘ってはならないと警告された狐碑。

狐碑に彫られた文字を書き写してある。

新宿区

耳欠け神狐《しんこ》

❖身体の痛み

新宿区西早稲田にある水《みず》稲荷神社本殿の裏に回ると、そこには戸塚の町名の起源となった富塚《とみづか》古墳があり、稲荷祠が密集する狐塚にもなっている。塚の麓には狐穴もある。そのようなわけでここはお狐さまの巣窟になっているわけである。ちなみに古墳は狐にとって恰好の棲処《すみか》らしく、そのせいもあって、よく狐は死者のお使いとも思われていたのだ。

さて、塚から少し離れた本殿の横に、耳が欠けてしまった神狐がいる。欠けたからここに祀ったのか、祀った後で欠けたのかは不明。立て札には「耳欠け神狐　身体の痛い所と神狐と交互になでると痛みがやわらぐといわれます」とある。

つまり、お狐さまが身代わりとなって、痛みを引き受けてくださるらしい。「おびんずる様」「身代わり地蔵尊」「撫で牛」など、民間ではよく見る祈念法だが、対象がお狐さまとは珍しい。

【巡拝】山吹之里碑「太田道灌と紅皿」279頁。

新宿区西早稲田 3-5-43　水稲荷神社内

空を飛ぶ父母子の三狐のうち母狐だけ耳が欠けている。

富塚古墳。

神狐の福寿守り。

狐穴。

千代田区 ほか

狸塚《たぬきづか》と貉塚《むじなづか》

❖他を抜く／合格／勝利祈願／金運向上

お狸さまは狐に比べると愛嬌あるキャラクターで多少親しみやすいようだが、なかなか豪快な面も持ち合わせている。ただ、狸と狐の多くの場合に共通していることは、人間の土地開発への抵抗勢力だったということだ。

墨田区多聞寺《たもんじ》に「狸塚」がある。江戸時代以前、一帯は隅田川の河原で寂しい場所だった。池があり、そこに毒蛇や「牛《うし》松《まつ》」と呼ばれる松の大木があり、その根元の洞《ほら》に妖怪狸が棲み着いていたという。そこで和尚と村人たちはこの場所にお堂を建て、妖怪たちを追い払おうと牛松を伐り倒し、洞をふさぎ、池を埋め立てた。すると大地が轟き、空から土が降ってくる怪異が起こり、さらに和尚の夢に大入道が現れて「ここは自分の土地だ。出て行かなければ村人を喰ってしまうぞ」と告げた。そこで和尚は毘沙門天を一心に拝んだ。翌朝、二匹の狸がお堂の前で死んでいた。和尚と村人たちはこれを憐れみ、この塚を築いたということだ。

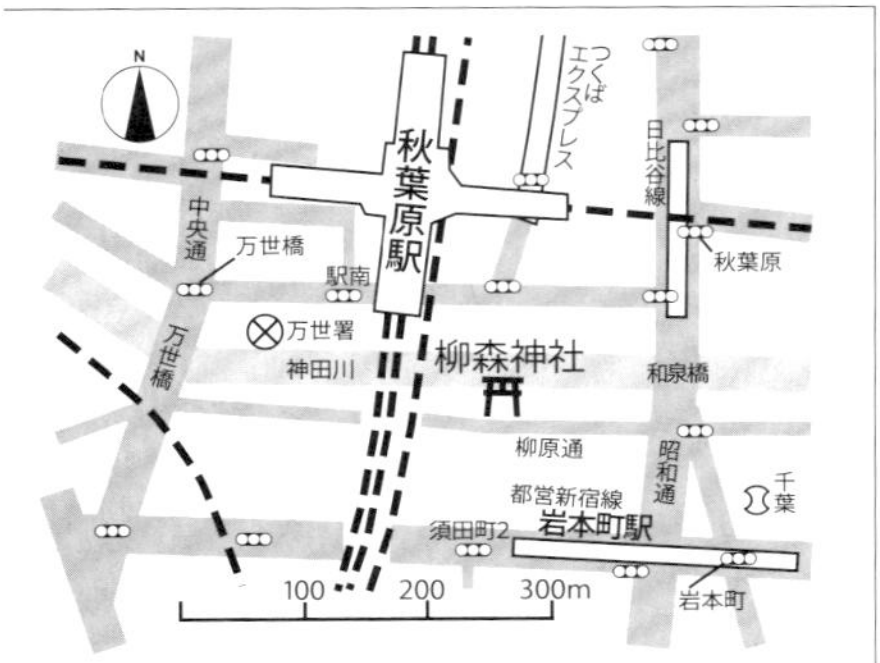

狸神　千代田区神田須田町 2-25-1　柳森神社内

千代田区神田須田町の柳森《やなぎもり》神社には、狸神「福寿神《ふくじゅしん》」が祀られている。五代将軍綱吉公のご生母である桂昌院が創建した稲荷で、大奥の御女中衆は、八百屋の娘だった桂昌院が他を抜いて玉の輿に乗ったことから、その幸運にあやかりたいと、こぞって崇拝したそうだ。

荒川区南千住六丁目にある誓願寺《せいがんじ》には、親の敵討ちをした子狸の話が残っている。魚屋の魚を盗んだ狸を叩き殺した後、魚が独りでに宙に浮くような怪異が起こった。それが健気《けなげ》な子狸の仕業とわかって、人々は親子狸のために小さな「狸獣墓《りじゅうぼ》」を建てた。

葛飾区亀有五丁目の見性寺《けんしょうじ》には「貉塚」が残っている。明治二十九（一八九六）年、常磐線が開通したばかりの頃、汽車は一時間に一本のはずだが、やたらと走る。狸が汽車に化けて走り、音までそっくりに再現していたそうだが、やがて本物の汽車に轢かれて多くの狸が死んでしまったため、その供養をしたという。

墨田区多聞寺の狸塚。この妖怪狸は毘沙門天（＝多聞天）に退治されたという（墨田区墨田5-31-13）。

柳森神社の狸（右）と福寿神（左）。

荒川区誓願寺の狸獣墓（荒川区南千住6-69-22）。

葛飾区見性寺の狢塚（葛飾区亀有5-54-25）。

多聞寺の護符。

栄誉《えいよ》権現の狸神《たぬきがみ》

❖出世／合格／勝利

お狸さまはお狐さまと共に人を騙したり悪戯をする動物霊で、さらに上位の神さまのお使いともなる。

狸を洒落て「他抜き神」と解釈するケースはよくあるが、その代表が上野山の東照宮境内に鎮座する「栄誉権現」。この栄誉権現とは、もともと四国八百八狸の総帥だったという超大物の狸だったという。

江戸城内の大奥で暴れ、大名、旗本や諸家までも潰すほどの悪行を重ねて恐れられていたが、大正年間に東照宮に寄贈されてからは、なぜか悪行もおさまり、他を抜く強運開祖の神として祀られるようになったのである。自尊心を満たされたのだろうか。それで今では、受験生や勝負師から信仰されている。

栄誉権現に参拝するには東照宮に入らねばならず入場料が必要だが、写真の絵馬のみだとチケット売り場で入手できる。

【巡拝】上野公園「上野大仏」92頁、同「不忍池の髭地蔵」130頁。

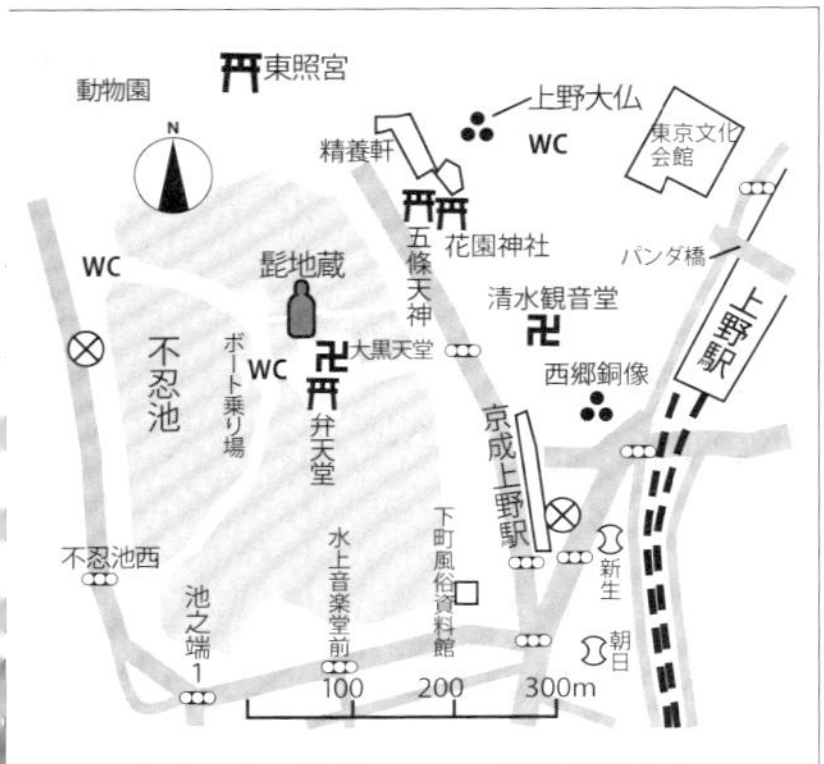

台東区上野公園 9-88　上野東照宮内

栄誉権現に参拝するには東照宮に入らねばならず、入場料が必要。入場するなら牡丹が見頃の時期がお勧め。ただし下の絵馬は切符売り場で常時購入できる。

鎮護大使者《ちんごだいししゃ》の狸神《たぬきがみ》

❖火除け／遊廓の商売繁盛／幇間の守護神

浅草寺《せんそうじ》の伝法院《でんぽういん》裏に大使者鎮護堂《だいししゃちんごどう》という小堂があり、ここに祀られているのも狸神である。かつて伝法院裏に住んでいた浅草寺の用人、もと侍だった大橋亘《とおる》という人の家の縁の下に狸たちが棲みつき、天井から石を落としたり、来客の下駄を鍋に入れたり、座敷に砂や木の葉を撒《ま》いて悪戯《いたずら》をするようになった。

さらに狸は、大橋家の娘に憑き「わらわは浅草のおタヌキさんだよ」などと言い出し、ある時には屋台の蕎麦を二十杯も食べたということだ。

そんなある夜、浅草寺の唯我詔舜《ゆいがしょうしゅん》大僧正と上野寛永寺《かんえいじ》の多《た》田《だ》孝泉《こうせん》僧正の夢枕に狸が同時に立ち、「我に住処《すみか》を与えれば火《ひ》伏《ぶせ》の神となろう」と言ったので、さっそく両僧正はこの狸神に「鎮護大使者」の名を与えた。これが鎮護堂のはじまりである。

チンゴに掛けて、遊女や花柳界からの参拝が多かったという。

台東区浅草 2-3-12　大使者鎮護堂内

下の写真が礼拝堂で、通常、参拝客はここまでしか入れない。その奥に本堂（上）がある。祭神は荼枳尼天（だきにてん）といわれ、堂の前には「招き狸」が鎮座している。現在本堂は撮影禁止。

【巡拝】伝法院大使者鎮護堂「鎮護堂の地蔵尊たち」431 頁、浅草寺「淡島様」30 頁、同「金龍山の仁王尊」32 頁、同「龍神・龍王」74 頁、同「迷い子のしるべ石」160 頁、同「大銀杏と逆さ銀杏」240 頁、同「文付け・粂平内」272 頁、同「披官稲荷」365 頁、同「かんかん地蔵」401 頁、同「塩嘗地蔵（銭塚地蔵）」402 頁、同「六地蔵石幢」430 頁、「姥ヶ池の旧跡」345 頁。

墨田区

三囲《みめぐり》神社の白狐《びゃっこ》

❖諸願

一般の狐は野狐《やこ》とも呼ばれるが、稲荷神のお使いであることはよく知られるところ。反面、人を騙したり人に憑くと信じられていたことから恐れられもした。

それに対して黒狐や白狐の出現は中世から吉兆とされ、とくに「白狐」は稲荷神（一般には狐を連れた老翁の姿）や荼枳尼天《だきに》（白狐に乗る女神の姿で寺院に祀られる稲荷神）の使いである。土産物の狐面や神社に奉納する狐の置物は白狐だし、歌舞伎に登場する狐もほとんどが白狐である。

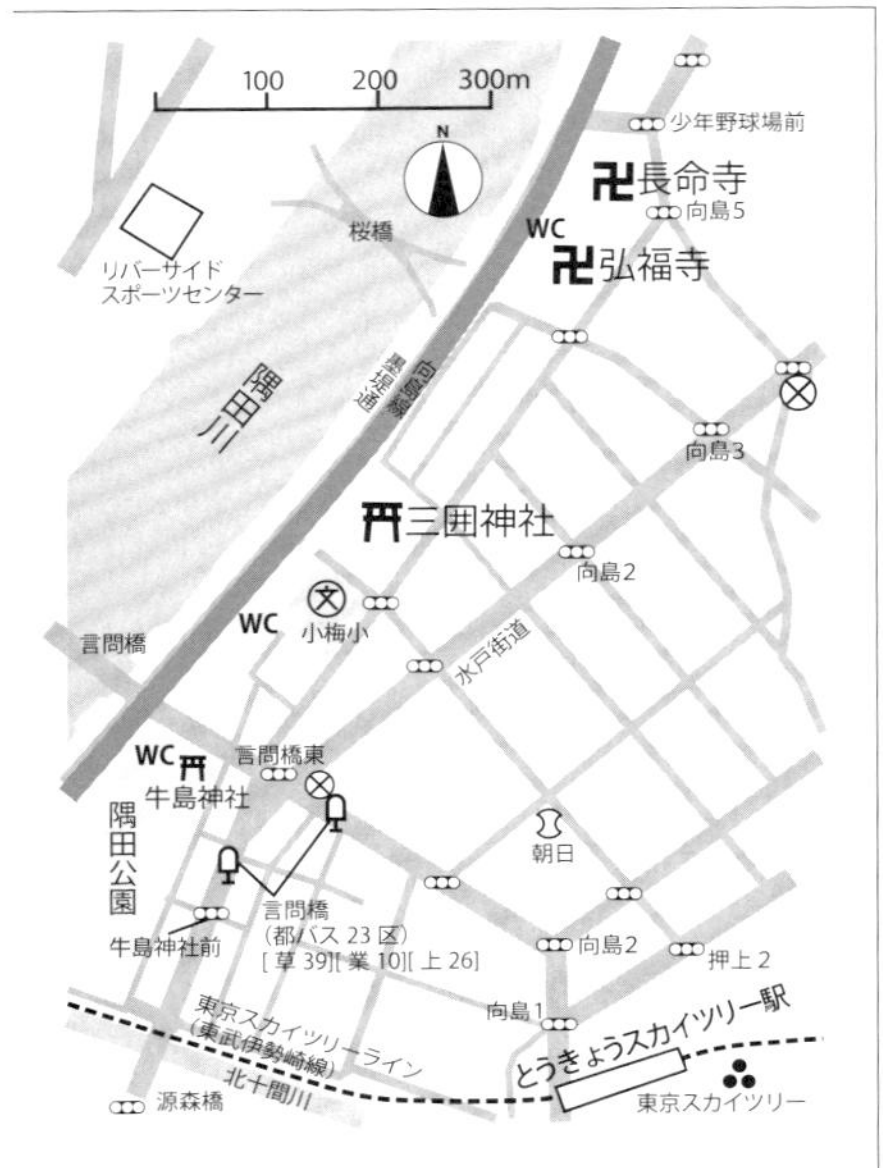

墨田区向島 2-5-17　三囲神社内

隅田川には、川を挟んで墨田区三囲神社（旧社名三囲稲荷）と荒川区石濱《いしはま》神社（⇒次項）に、白狐に関わる話が残る。

墨田区の三囲神社は、そもそもの縁起が白狐にまつわるものだ。三井寺の高僧が荒れ果てていた社殿を改築する時、地中から壺が現れ、中に白狐に跨った老爺の神像があった。このとき、どこからともなく白狐が現れ、その神像の周囲を三回巡って消えたので、社名を田中神社から三囲稲荷に改名したという。

さらに本殿の横に回り込むと稲荷の小祠と赤鳥居がいくつも並ぶ一画に出る。ここに石像の老翁老媼《ろうおうろうく》が慎ましく並んでおり、翁の方は凛々しい普通の老人だが、老婆のほうは有名な「狐使い」だったという。

『江戸名所図会』巻之七「三囲稲荷社」に「元禄の頃、当社の境内に一《ひとり》の老媼《うば》あり。参詣の徒《ともがら》神供をささぐるとき、この老媼田面《たのも》にむかひ掌《て》を拍《う》てば、一つの狐いづくともなく来り、これを食らふ。老媼世にあらずなりしとなり後は、狐もまた出でずとなり」と。

婆はずいぶん小柄な人だったようだ。狐も心を許しやすかったのだろうか。

つまりこの老婆が呼ばなければ狐は現れず、その狐が供物を食べるということは、稲荷神に願いを届けてくれることが保証された、ということなのだ。または狐そのものが願いを聞き届けてくれるとも信じられたようである。

この老夫婦は、その頃の当社の白狐祠の堂守だったということだ。

【巡拝】「長命寺の男根墓石」137頁、弘福寺「咳の爺婆尊」158頁、「石濱神社の白狐神」214頁。

境内の狐たちを探すのもおもしろい。意外な場所にも。

回廊とまではいえないが、さまざまな鳥居を巡れる。

石濱《いしはま》神社の白狐《びゃっこ》神

❖諸願

隅田川対岸にある台東区の三囲《みめぐり》神社の狐（⇨212頁）同様に、人々の願いを聞き届けると信じられていた狐が荒川区側にもいた。

白鬚《しらひげ》橋西詰から一〇〇メートル程上流に石濱神社がある。そこに合祀されている「御出《おいで》稲荷神社」に伝わる話（なお、この社《やしろ》は大正十五（一九二六）年まで、今の東京ガスのガスタンクの辺りにあったということだ）。

ここは江戸時代、門前茶屋の豆腐田楽が人気で、吉原帰りの遊客でもあった参拝者には「田楽で帰るが　ほんの信者なり」と詠われたほどだったという。

その狐は稲荷神社の縁の下の穴に棲んでいたそうだが、実際はただ人懐こいというか、怠け者だったということなのかもしれない。

『嬉遊笑覧《きゆうしょうらん》』によると、神主が穴の前に油揚げなどを置いて「御出〳〵（おいでおいで）」と手を叩くと、穴から出てきたそうだ。そして願い事がある者が持参した供物を狐が食べると、その願いが聞き遂げられるといわれていた。

ところが寛政四（一七九二）年のこと、どうしたわけか、この狐が陸奥国松前（今の北海道松前町）へ帰ることになったということで、門前茶屋の娘に憑いて「世話になった礼に何か形見を書き残したい」と口走った。そこで茶屋の主人が扇を出すと、そこに「月は露　露は草葉に宿りけり　夫《そ》れこそ爰《えん》よ　宮城野の原」との歌を書き残した。同時に娘の憑きも落ちたということである。

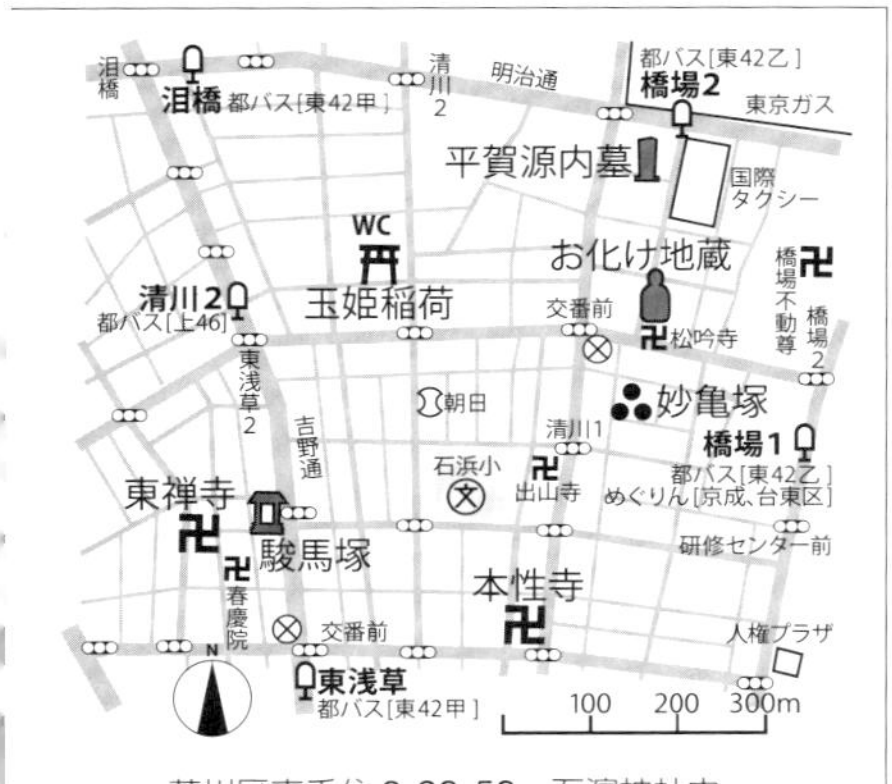

荒川区南千住 3-28-58　石濱神社内

本殿に向かって右側は富士塚になっており石碑が林立している。

しかし北海道へ帰ったとは、キタキツネだったのだろうか。松前に帰る狐がなぜ仙台の宮城野の歌を詠んだのか。あるいは売れっ子の狐が死んだということをごまかすために、茶屋の主人と娘が狐顔負けの一芝居を打って、新名物を創作したのかもしれない。

いずれにせよ、その狐穴は今はなく、富士塚の麓に御出稲荷の小祠と、その隣に「白狐神」の幟、その奥の浅い横穴に狐の石像がある。

【巡拝】「三囲神社の白狐」212頁、「平賀源内」303頁、妙亀塚「梅若塚と妙亀塚」338頁、「お化け地蔵」398頁。

横穴の中に坐す狐の石像。

狼（大口真神《おおくちのまかみ》）

❖火伏せ／盗難除け／憑き物落とし／魔除け／コレラ除け

「大口真神《おおくちのまかみ》（「おおぐちまがみ」とも）」とは絶滅したといわれる日本狼、つまり「おいぬさま」のこと。

関東では青梅の御嶽《みたけ》神社、秩父の三峯《みつみね》神社や宝登山《ほどさん》をはじめ、山梨、長野、静岡県を含む広い範囲で信仰されてきた。日本武尊命《やまとたけるのみこと》が東征の折、山中で山鬼に妨害され霧に巻かれて迷っていたところ、白い狼が現れて一行を先導しその危機を救ったという伝説が残っており、そこから祀られるようになったといわれるが、もともと比較的人里近くに棲む狼は、畑を荒らす鹿や猪の獣害を防ぐなどの役を果たす存在だったのである。しかし、逆に牛や馬などの家畜を襲うこともあるため、次々と殺され、さらに伝染病の流行などと相まって絶滅に追い込まれたということだ。もちろん人間にとっても恐ろしい存在だったから、里人は彼らを畏《おそ》れ敬ったのである。

その狼が今でも青梅御嶽神社の分社として、都会のど真ん中、渋谷の宮益坂・渋谷郵便局の隣のビルに祀られている。私たちは青梅や秩父まで出かけなくとも、渋谷で大口真神の神犬護符を入手できる。

これは青梅ではなく秩父三峯山の話だが、根岸鎮衛《やすもり》著『耳《みみ》嚢《ぶくろ》』巻之三に神犬護符を購入した男の話として、その人が「護符を受けるということは犬を借りることと同じだというが、実際は札を付与するだけではないか。実際に神犬のご加護を見てみたいものだ」と頼んだところ、別当《べっとう》（神社を管理する神宮寺の僧）が特別に祈念した札を渡した。するとその男が下山する時、一匹の狼が男の後になり先になりしながら付いてきたため、

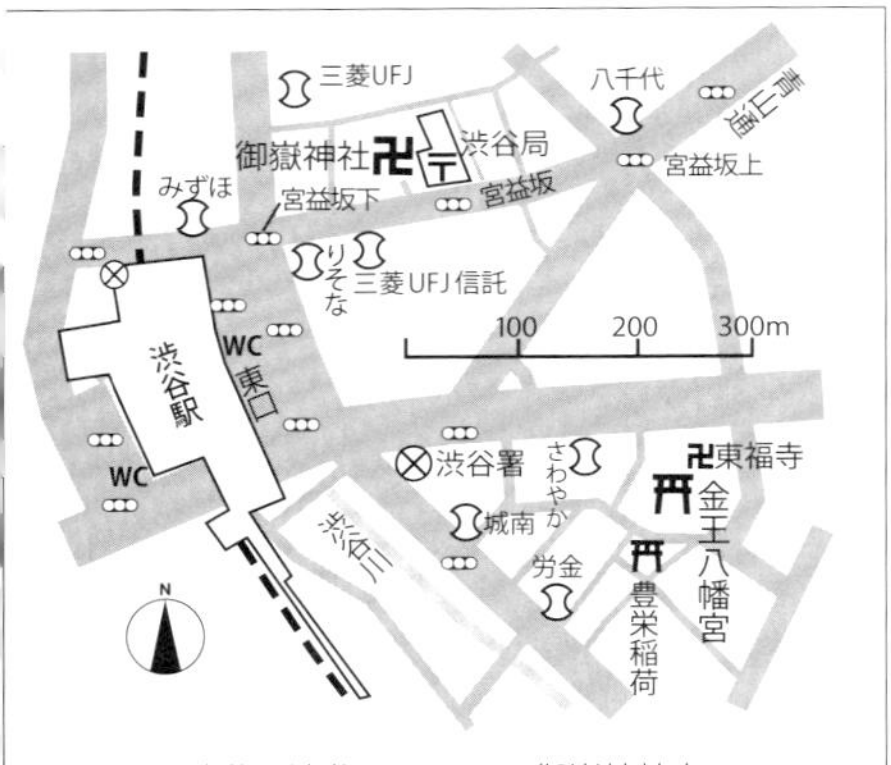

渋谷区渋谷 1-12-16　御嶽神社内

あまり狼らしくないが、本当の意味での狛犬だ。一般の狛犬のルーツはライオンである。

男はその神犬護符に偽りのないことを思い知って、疑心を悔い、狼を伴って帰ることの恐ろしさに、思わず山まで戻って「札だけを持ち帰りたい」旨を話し、再度普通の札を分けてくれるようにお願いしたという。

外国船がもたらしたといわれるコレラにも効果があるということで、護符は江戸時代後期に大流行した。

【巡拝】御嶽神社「炙り不動（宮益不動尊）」１０７頁、金王八幡宮「玉造稲荷」３８４頁。

宮益坂の渋谷郵便局横の狭い階段を上がる。

秩父・宝登山の大口真神。

蛇塚《へびづか》

❖金運・財運向上／商売繁盛

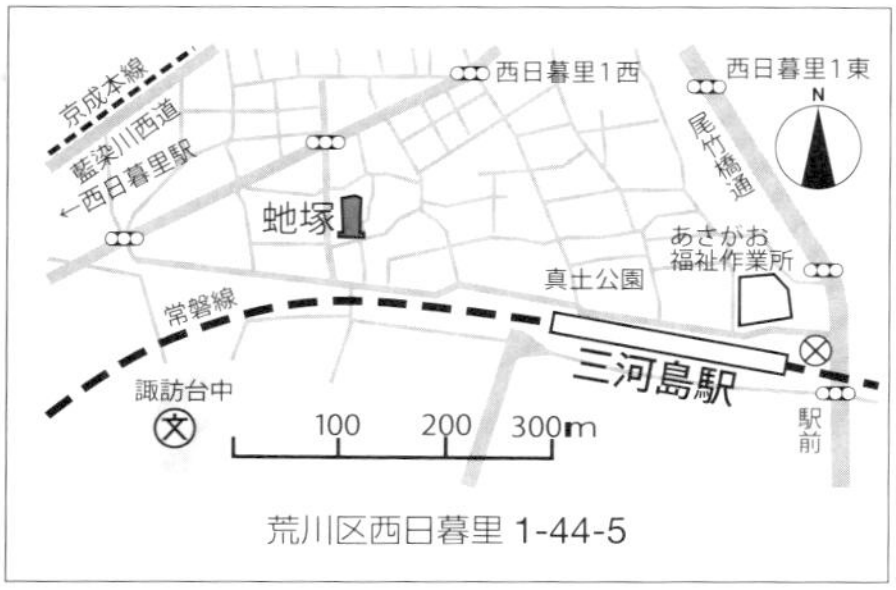

荒川区の新堀字蛇塚の虵（へび）塚。

「鮫ヶ橋のせきとめ神」（⇩180頁）でも紹介したように、蛇塚、蛇神は各地に見られる。蛇や龍は、共に弁財天の使いまたは弁財天そのものとして習合している例も多く見られ、水神と見なされる場合もある。

港区の芝公園は蛇と関わりが深く、「蛇塚」と呼ばれる場所が二ヶ所ある。一つは東京タワーの東麓の公園内で、もみじの滝の北側。数体の石仏が祀られており、その一番左奥の地蔵尊像の奥に、見えにくいが蛇の像が祀られている。昭和四十（一九六五）年、新宿の居酒屋の女将が、夢に蛇の夢を見るたびに店が繁盛したので、蛇を自分の守護神と確信し、蛇塚を造り祀ったのがはじまりだそうだ。

もう一つは、丸山古墳の北側の後円部斜面下。碑や解説板はないが、いかにも蛇には住み心地が良さそう。今でも棲息していると、公園の管理人が話していた。

塚ではないが、同じ芝公園内の宝珠院《ほうじゅいん》には「お蛇さま」と呼ばれる蛇の石像もある（⇩次項220頁）。

台東区の吉原弁財天境内には、鉄棒で補強されながらも倒れそうな蛇塚の石碑がある。かつてここは古墳だったともいわれ、周囲は湿地や田圃で多くの池があったそうだ。新吉原遊廓を造成した際、この地の池の一部は花園池（弁天池）として残された。畔《ほとり》（池の中の島とも）には弁財天の祠が祀られ、一株の木があって蛇が多く棲息していたそうである。その関係でこの碑も建てられたのか。ちなみに大正十二（一九二三）年の関東大震災では、多くの遊女たちがこの池に逃れて溺死した。

港区芝公園内の蛇塚。大きな石片や石仏が雑然と積まれ、いかにも蛇の好みそうな一角（港区芝公園4-8）。

荒川区西日暮里一丁目の住宅地の中に、「虵《へび》塚」がある。かつて当地は新堀《にっぽり》字蛇塚と呼ばれていた。『新編武蔵風土記稿』にも「蛇塚、陸田の内にあり」と記されているので、この塚は古くから田畑の中に祀られていたことがわかる。ただ、この地は谷中本村との入会《いりあい》地（共同管理地）で、その村境になっていたそうである。北の隅田川沿いには大蛇の伝説がいくつか残るが、ここの蛇塚に関する謂《いわ》れは不明。

【関連】「鮫ヶ橋のせきとめ神」180頁、「蛇橋」184頁。

芝公園丸山古墳の北側斜面下部（港区芝公園3-25）。

吉原弁財天境内の蛇塚（台東区千束3-22花園公園内）。

お蛇さま

❖金運／開運出世／巳成金《みなるかね》／無事故

ボッテリとした質感だ。解説板によると他にも「無病息災」「病気回復」「宝くじ」「試験合格学業向上」「事業達成」「縁結び」など、ご本尊や境内に祀られる閻魔《えんま》王をはじめとする他の神々顔負けの御利益が謳われている。その上「本院安置のお蛇さまは、はるか昔より霊験厚く今までに数多くのお礼の手紙等が寄せられている」とあり、さらに「一六八五年の宝珠院建立時、既にあり、芝の古老の語り継ぎによれば室町時代まで遡ることが出来る」とは、大した歴史である。その頃から皆が撫でてきた割には摩耗が少なく、何代目かのものだろうが、ありがたさに変わりはなかろう。

宝珠院は芝公園の西端、愛宕通りに面しており、池のある開放的な寺院だ。当寺の弁才天は港区七福神の一つだからご存じの方も多いだろう。この「お蛇さま」の石像は本堂に向かって右端にある。

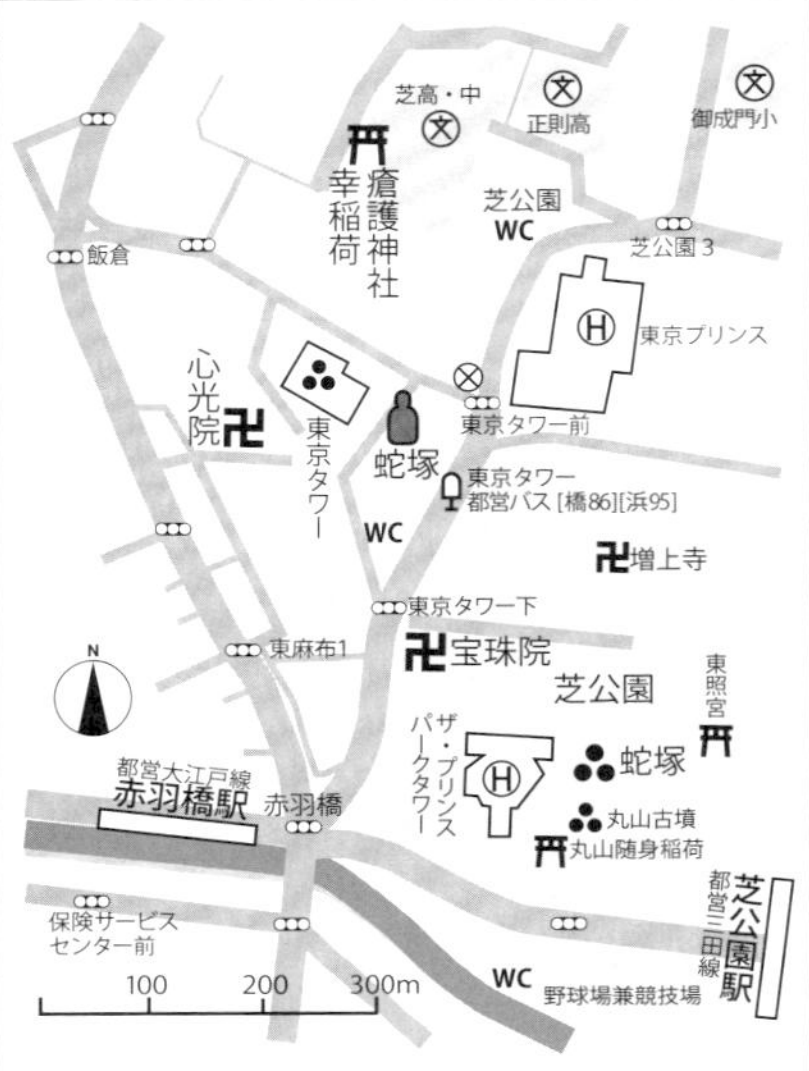

港区芝公園 4-8-55　宝珠院内

はじめは狛犬のように二体いたのではないか。

安らぎを感じる宝珠院の弁天池。

【関連】「蛇塚」218 頁。
【巡拝】幸稲荷・瘡護神社「影向石」157 頁、心光院「お竹大日如来」252 頁。

白蛇大神《はくじゃ》

❖立身出世／美白／除災招福／病気平癒

蛇に限らず狐でも猿でも、アルビノの白い動物は神聖視され神の使いとされた。それでこの品川区の上神明天祖《かみしんめいてんそ》神社内にある厳島弁財天大神に鎮座する「撫で白蛇」＝「東京の白蛇さま」は、手作り感たっぷりの大蛇や白龍と共に、「巳《み》が辰《たつ》」つまり身が立つということで、出世、金運向上から美白までさまざまな御利益がいただけるということになっているわけである。

境内の稲荷社には同一人物（真鍋氏）が奉納した白狐も鎮座しており、少々失礼な言い方かもしれないが、秘宝館的な怪しさが漂う空間となっている。

もともとこの地は「蛇窪《へびくぼ》」と呼ばれていたらしく、飢饉を救った龍神の神霊を勧請したのが始めという。

また社殿近くから湧き出る洗い場近くには白蛇が棲息していたなどの話もあり、蛇窪という地名と相俟《あいま》って、白蛇、龍神、弁財天などの信仰が混然としている様子である。

品川区二葉4-4-12　上神明天祖神社内

蛇が苦手な人でも撫でやすそうだ。

弁財天の社には白蛇や白龍が絡まっていて、独特の空間を形成している。

【関連】「弁才天」72頁。

亀塚《かめづか》

❖長寿／恋愛成就

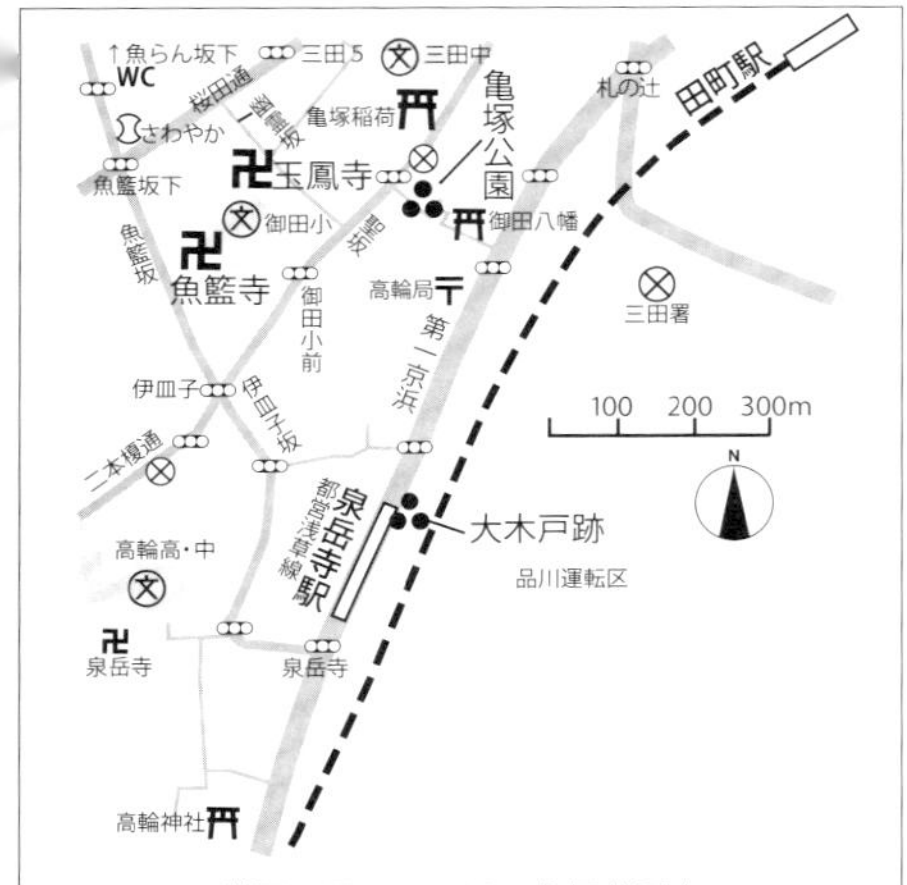

港区三田 4-16-20　亀塚公園内

亀はご存じのように浦島太郎の話では竜宮（乙姫）の使いだが、乙姫そのものという話のパターンもある。いずれにせよ、海の彼方からやってくる水神またはその使いとして信仰されている。一般に水神は龍や蛇と関わりが深いという認識があるが（⇩172頁）、亀には、より古い南方的な信仰を感じる。

また、その形から、亀の名を冠した古墳は全国にある。東京でも大田区の亀甲山《かめのこやま》古墳、狛江市の亀塚《かめづか》古墳などが知られる。

そのようなわけで、やはり古墳かと推測される港区三田の亀塚公園もその一つ。近くには、道路（聖坂）を挟んで亀塚稲荷神社もある。

かつてこの近辺の海岸は二十六夜待《にじゅうろくやまち》（月光の中に阿弥陀三尊が見え、その光を浴びると長寿になるという信仰）の月見の名所だったから、台地の突端に当たるこの地は「月の岬」と呼ばれていた。

ここに白い霊亀が棲みついていたが、大雨が明けた朝、亀は石になっていたという。人々は驚き、この石を祀った。その後、太田道灌がこの地に物見台を築いた時、社を建立したという。それが今の亀塚稲荷神社ということだ。

それとは別に、ここには江戸で最も古い話の一つといわれる「武蔵竹柴伝説《むさしたけしば》」がある。その概要は次のようなもの。

御所で働く衛士《えじ》の竹柴が故郷を恋しがって、独り言を唱《とな》うようにつぶやく。それを皇女が聞き「私を連れ出して、お前の故郷を見せておくれ」とせがむ。男は驚くが、これも前世の約束かと覚悟し、姫をおぶって七日七晩で武蔵国に飛んで帰った。追っ手が武蔵まで来たが、姫は「自分はここで満足して暮らし

亀塚公園の亀塚霊神祠跡。

ています」と言い張るので、仕方なく朝廷も男に武蔵国を預けることにした。やがて姫は亡くなり、男は屋敷を寺にして姫を葬った。それがこの亀塚だといわれている。
話としては、こちらの方がロマンチックではある。

【巡拝】魚籃寺「魚籃観音」101頁、大木戸跡「大木戸の鉄」150頁、玉鳳寺「御化粧延命地蔵とおしろい地蔵」399頁。

沼田城主土岐頼熙（ときよりおき）が建てた亀山碑。

亀塚稲荷神社（港区三田4-14-18）。

『江戸名所図会』巻之一「竹柴寺の古事」より。

『江戸名所図会』巻之一「高輪、海辺　七月二十六夜待」より。

中央区

❖招福

イル・ポルチェリーノ（猪）

この猪は「イル・ポルチェリーノ」と呼ばれ、ベビー用品で知られる日本橋久松町のピジョンビルの正面に鎮座している。他にも東京駅八重洲地下街（こちらは「幸運の子豚像」と呼ばれていたが今はない）など、日本各地に五、六体はあるようだ。

解説板には、イタリアのフィレンツェにある通称「猪市場（メルカートヌオヴォ広場）」の入口に一六〇〇年代前半（日本では寛永年間頃）以来飾られているものと同じ像で、オリジナルはピエトロ・タッカの作品。非常に精巧で迫力があり、アニメ『もののけ姫』に登場するタタリ神「乙事主《おっことぬし》」（＝巨大なイノシシ神）を連想させる。

鼻の先を撫でると幸運を招くそうで、鼻先は皆に撫でられて光っており、足元には蛇や蛙、カタツムリなどもいる。口から水を吐き、その下は小さな泉になっていて、コインを投げ込めるようになっている。

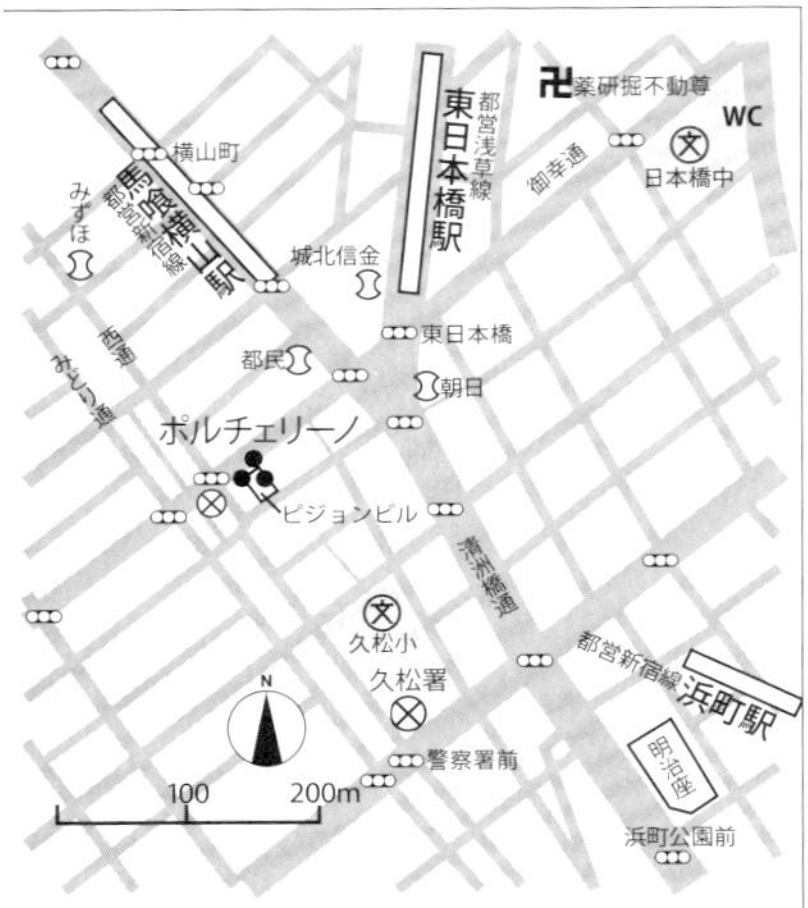

中央区日本橋久松町 4-4　ピジョンビル前

インパクトがあり思わず立ち止まって撫でたくなる。

【巡拝】「三光稲荷」360 頁。

目黒区

白澤《はくたく》（獏王《はくおう》）

❖悪夢霧散／病魔・悪魔払い／生活安泰

五百羅漢寺《ごひゃくらかんじ》に入るには拝観料がかかるが、その価値は充分にある。羅漢堂の出口近くに、不思議な神獣が鎮座している（撮影禁止）。これは「白澤」と呼ばれ、宝船の帆に描かれる獏と同じものと考えられている。つまり悪い夢を食べ、良い夢を与えてくれるという。

姿は人面牛身寅尾《いんび》で、顔と腹の両脇に各三個、計九つの目を持つ。徳の高い為政者の治世に姿を現し、病魔除けになるとも信じられている。人語を解し、中国の黄帝《こうてい》（三皇五帝の一人）の前に現れ、人に災いをもたらす病魔や天災の象徴である一万一千五百二十種の妖異鬼神について語り、それらへの対処法を教えたという。

それで白澤の絵は厄除けになるとされ、日本では江戸時代に、道中の御守りとして身に付けたり、病魔除けに枕元に置いたりしたそうである。

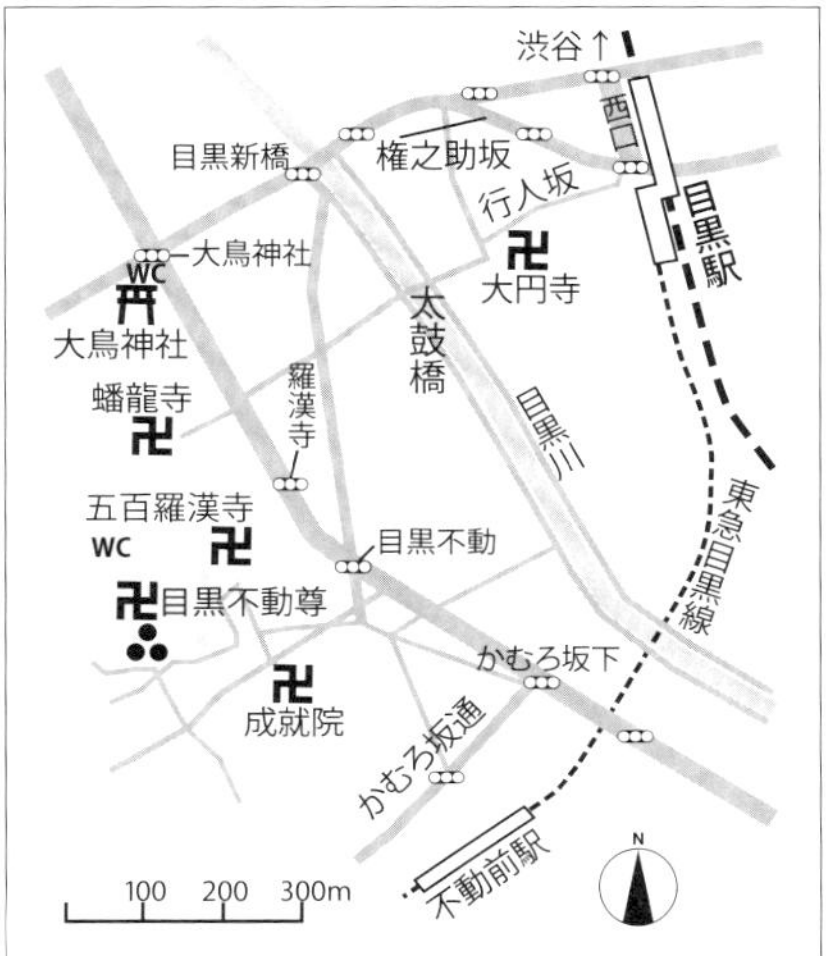

目黒区下目黒 3-20-11　五百羅漢寺内

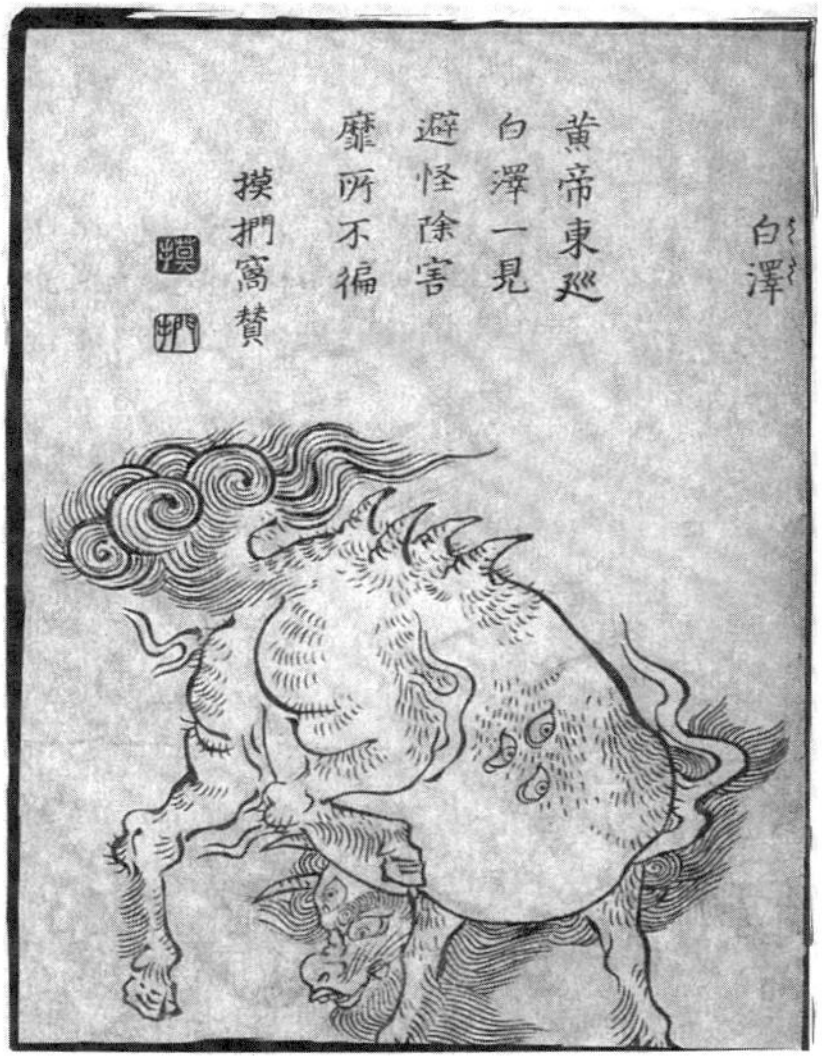

鳥山石燕『今昔百鬼拾遺』より。

【巡拝】成就院「蛸薬師」89 頁、目黒不動尊山門前「比翼塚」296 頁。目黒不動尊内「地主神」24 頁、同「天狗」64 頁、同「石の大日如来」93 頁、同「愛染明王」108 頁、同「目黒の滝壺」176 頁、同「目黒不動尊の閻魔王と奪衣婆」316 頁。

田螺《たにし》稲荷

❖火防

錦糸町駅北口にある観光案内板の右上に、「田螺稲荷」が紹介されている。駅から五分ほどの近さだが、捜すのには少々苦労する。そのくらい目立たない場所、ビルの谷間にひっそりと鎮座しており、細長い谷間は即、参道。隣が塾なので参道入口に「神社入口に付、単車・自転車をおかないこと　江三町会」と書かれている。しかし最近は、地元でもこの社の価値が再認識されているようで、よく整備されている。

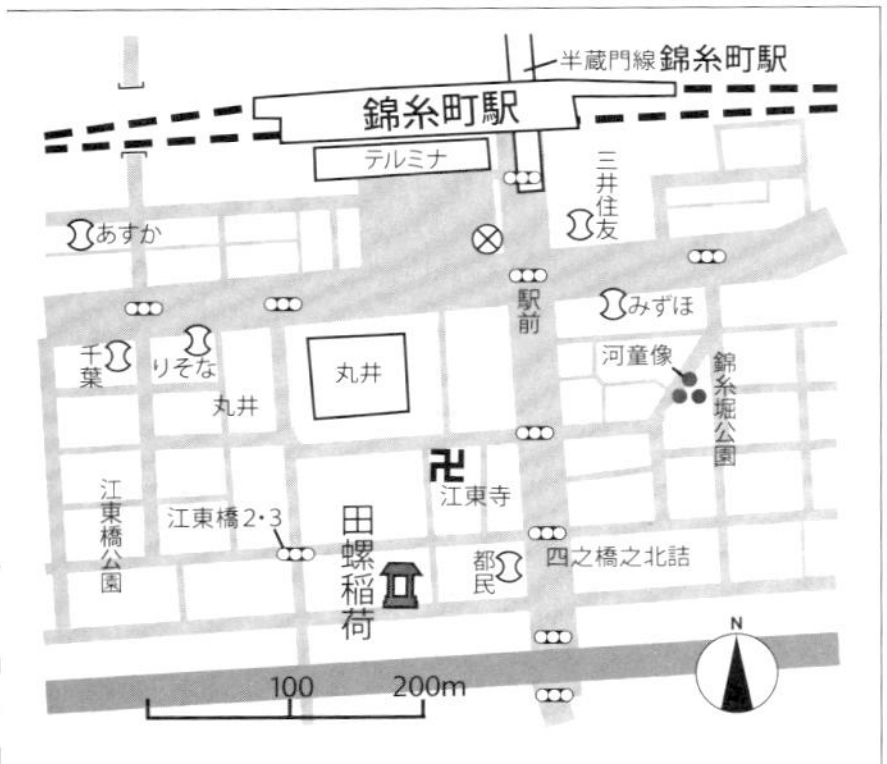

墨田区江東橋 3-3-9

駅前の案内板によると、かつては「田中《たなか》稲荷」と呼ばれていたそうで、祭神は田螺というわけではなく、宇迦之御魂神《うかのみたまのかみ》だ。何の変哲もない稲荷の小祠だが、田中稲荷が田螺稲荷となったのには訳があるらしい。

逸話として次のようなものがある。

ある時、周辺に大きな火災があった。周囲が次々と燃えていく中、社の池から田螺が続々と這い出して、お稲荷さんの社《やしろ》の壁にびっしりと張り付き、田螺は火に焼け焦げながらも社を守ったという。または、その火災の時、類焼を逃れるため近くの川（竪《たて》川か）に社を投げ込んだところ、田螺がびっしり貼り付いて守ったという話もある。

以来、田中稲荷は霊験灼《あらた》かな「火防《ひぶせ》」（火災除け）の神として、信仰を集めるようになった。

実のところ、もともと稲荷神社は「火防」の神として祀られる場合が多いのである。とはいえ、このように田螺が自らの身を犠牲にして社を守ったという話は、江戸では珍しい。ただ地方によっては、田螺は水を吹くために、火災除けの呪《まじな》いとして

春の彼岸前に田螺を投げて屋根を越させると火災に遭わないといわれる。

屋根越しに投げるなどの習慣があるそうだ。

田螺は「田主」とも書かれ、田の神として大切にされていたから、この神社はもともと田螺が祭神の「田螺稲荷」で、明治に淫祠とされるのを避けるため、一般に名の通った、しかも音も似ている「田中稲荷」と名を変えて一時的に難を逃れ、戦後再び「田螺稲荷」に戻したとも考えられる。

【関連】火伏せの神「天狗」64頁。

田螺稲荷は平岩弓枝「御宿かわせみ」シリーズ第30巻『鬼女の花摘み』に登場する。水鉢には田螺が。

台東区

待乳山《まつちやま》の二股《ふたまた》大根

❖夫婦和合／恋愛運／良縁

浅草寺《せんそうじ》の北「待乳山聖天（歓喜天）」のシンボルは二股大根と巾着《きんちゃく》である。ひと目見れば連想できるが、これは女性の下半身を表し、二本の二股大根が交差する「向かい大根」は男女の和合を表している。寺側では、大根は身体の毒素を取り清浄にすると説明しているが、これは優等生的な解釈といえるかもしれない。

台東区浅草 7-4-1　待乳山聖天

もともと聖天様はインドにおいて象頭人体のガネーシャ＝迦《が》那《な》鉢《ばち》底と呼ばれ、人々から恐れられた人肉食魔王だった。

それが釈迦に遣わされ女体に化した十一面観音に一目惚れし、仏教に帰依する条件で抱き合い、善神となった。この時の和合が叶った喜びの姿から、日本では「歓喜天」と名付けられた。だからこそ男女の良縁に御利益があるとされているのである。祈念するには社務所で大根（本来は二股大根）を購入し、それを本堂にお供えする。

一方の巾着には「お金が貯まる」「財宝に恵まれる」などの御利益が謳われているが、筆者はこれも鬼子母神《きしもじん》（⇩112頁）の石榴《ざくろ》の実と同様、女体＝子宮と見ている。歓喜天の好む女体を通して子宝に恵まれる、つまり良縁に恵まれると考えた方が自然な成り行きであろう。穿《うが》った見方だと腹を立てられる方もいらっしゃるかと思うが、たとえば子だくさんで良縁と恋愛成就の神さまとして名高い大国主命《おおくにぬしのみこと》＝大黒天も、二股大根が好物で巾着がシンボルであることを思い出していただきたい。第三章でさんざん紹介したように、「性」の問題抜きに民俗や民間信仰は語れないのである。

密教における歓喜天の姿。相手の足を踏んでいる方が十一面観音。

「奉献」「文政三年庚辰秋九月」「新吉原神楽講中」の文字がある。

ガネーシャは祀り方を間違えると恐ろしく祟る神としても有名だが、現在のインドでは商売繁盛の神さまとして大変な人気がある。つまり「商売繁盛」＝「五穀豊穣」＝「夫婦円満」＝「子宝に恵まれる」ことなのである。

しかし庶民信仰に厳格さは不要だ。おおらかな気持ちで聖天様に願いを込めれば、二股大根も巾着も御利益いっぱいのシンボルに見えてくるはずである。

【巡拝】「姥ケ池の旧跡」３４５頁、浅草寺「鎮護大使者の狸神」２１１頁ほか。

二股大根とともに、境内のあちらこちらで巾着も見受けられる。

奉納された大根は、後に参拝者に無料で配布されている。

榎《えのき》稲荷

❖婦人病／下《しも》の病気／縁結び／子授け／金縁

渋谷区千駄ヶ谷二丁目にある瑞円寺《ずいえんじ》門前の榎《えのき》坂を下ると、「榎稲荷」がある。戦前までは榎坂の途中に榎（椋《むく》だったとも）の古木があり、その根元の形状が女陰に似ていたという。それゆえ「榎さま」という他に、「お万《まん》榎」「おまんこ榎」とか「古《ふる》里《さと》大明神」「古里神社」などと呼ばれていたようである。

つまり母体原理への原始的性崇拝から生じた俗信で、根元の洞《うろ》には小さな祠が祀られていたという。

したがって、期待された御利益は「縁結び」「子授け」「子どもの病気平癒」「下《しも》の病気平癒」など。特に、新宿の赤線地帯で働き、性病など下半身の病に悩む女性の参拝が多かった時代もあったそうである。これは明らかに性神信仰だが、一方では植物霊への信仰でもある。

ただし、江戸時代における信仰の記録は残っていない。まだ榎が変形していなかったのだろうか。

榎は空襲で焼かれてしまったため、昭和二十三（一九四八）年、地元有志の手によって「郷土の安寧慶祥を祈る」目的で坂の下に再建され、崖際の洞穴に神霊を祀った。その二年後には崖上の平地にも新しい社殿が建立された。

この頃、社殿に「稲荷」の社号を冠したのであろう、そして御利益に「商売繁盛」「金縁」などが加わったようだ。当社の成り立ちを辿れば、本来の稲荷神社でないことは明らかだ。また他にも、歯痛（房楊枝を供える）や白癬《たむし》（切り飴を供える）への御利益があった時代もあったそうである。

また一説によれば、件の榎は二代目で、初代はその形態が疎

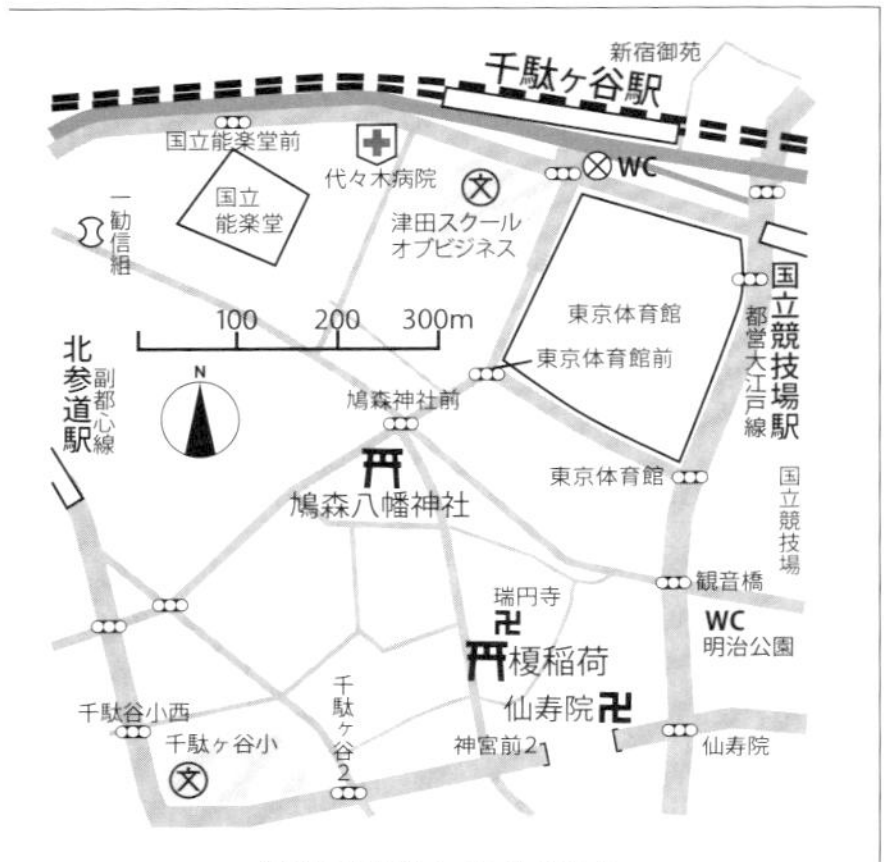

渋谷区千駄ヶ谷 2-29-8

「朝夕香烟屡々として揚り、夜間等には献じた光願寺蠟燭の光に暗をボーツト照らして鬼気迫るの感を催さしむる」と『千駄ヶ谷町報』に書かれた洞穴祠の雰囲気は、今も健在（大島建彦『民俗伝承の現在』三弥井書店より）。

まれて伐られてしまったのだが、その跡から白蛇がウジャウジャと現れ、樹を伐った関係者は皆亡くなってしまった。それで残された娘が切り株から出た新芽を大切に育てたところ、不思議なことに初代と同じ形状に成長したので、そこに祠を建て榎の霊を祀ったのが榎稲荷の初めだということである。

【巡拝】仙寿院「道祖神（塞の神）」44頁、鳩森八幡神社「富士塚」155頁。

斜面上に新しい社と鳥居が見える。この日はサラリーマン風の男性がお詣りしていた。奥の白い建物は瑞円寺。

板橋区

縁切り榎《えのき》

❖縁切り／悪縁絶ち／禁酒・禁煙／ストーカー除け

板橋宿で最も有名なものは、この榎かもしれない。「縁切り榎」の話はよく知られているし、筆者も著書の中で何度か取り上げている。

以前は旧日光街道を挟んだ反対側に生えていた。もとは榎と欅《けやき》（槻《つき》）が同じところから生え、あたかも一株の樹のように育っていたらしい、または、もともと欅であるとか、榎のほうは

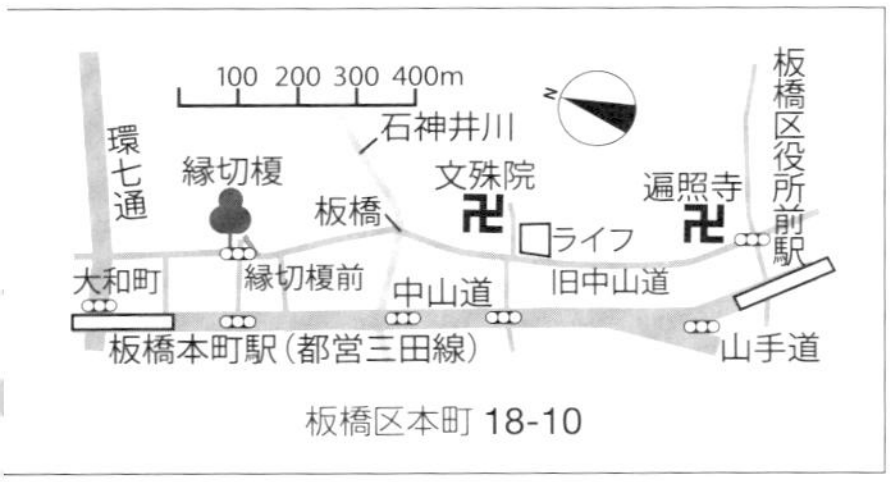

縁切りを望んだりストーカー被害に悩む人の多さには、驚くばかり。

枯れたが欅のみ生き残った、などの説もあってややこしい。

現在のものは三代目と四代目で、正真正銘の榎。もともとは老木の洞《うろ》（幹が朽ちてできた空隙）に祀ってある第六天祠（⇩50頁）の神木だった。

本来、榎は縁の木に通じることから縁結びの木とされるはずだが、それがなぜ縁切りになったかというと、これにもいろいろな説がある。

・エノキが「縁退《えんの》き」
・榎と槻《つき》で「縁の尽《つ》き」
・樹の前の坂を俗に「岩《いわ》の坂」と呼んだので、そこにある榎と槻を合わせて「榎木《えのき》槻木《つきのき》岩《いわ》の坂」という語呂が生まれ、それが「縁尽《えんつ》き嫌《いや》の坂」となった

……等々、合体型の複雑な説もある。

はじめは、飯盛女《めしもりおんな》が馴染み客との良縁または馴染《なじ》まぬ客との縁切りの両方を祈願したらしいのだが、いつの間にか縁切りのほうに霊験が突出し、ついには、この樹皮を剝いでその煮汁を別れたい相手に密かに飲ませると必ず験《しるし》があると信じられるようになったという。

焼けた初代縁切り榎は、いたばし観光センターに展示されている。

「やかぬはず　女房榎を　呑ませる気」
「板橋へ　三下《みくだ》り半の　礼詣り」
などという具合。

そうなると、これから結婚する者は、忌み嫌って木の下を通らなくなる。嫁入りや婿入りの行列はこの道を避け、わざわざ遠回りをした。和宮《かずのみや》の徳川家への輿入れの時は、この木が婚礼の行列から全く見えないように根元から葉先に至るまで菰《こも》を被せたという有名な話が、史実として残っている。

【巡拝】文殊院「子の大権現」28頁、遍照寺「馬頭観音」96頁。

コンクリートで補強された初代の一部。

昭和初期の縁切榎と第六天祠。火災で焼失した太い幹と若木が見える。伊藤晴雨『江戸東京風俗野史』より。

吾嬬《あずま》神社の楠《くす》

❖虫封じ／道楽封じ／苦病平癒／海上船中の守護

周囲はかつて吾嬬《あずま》の森に囲まれていたが、海岸線に面した浮洲だったともいわれている。西には吾妻《あずま》橋があるが、ここがその橋名の由来なのである。

社名の「吾嬬」（「私の妻」の意がある）が示すとおり、ここには日本武尊《やまとたけるのみこと》の妻で海に身を投げて暴風を鎮めた弟橘媛《おとたちばなひめ》の伝説がある。日本武尊がこの地に上陸し、弟橘媛の御召物が同地の磯辺に漂着したので、これを築山に納めて吾嬬大権現として崇めたのが始まりだと伝えられる。品川区の寄木《よりき》神社にも同じような伝説がある。

また、日本武尊がこの時に使用した箸を「此箸二本共に栄ふべし」と宣って立てると、それが男木女木の楠の大木となり、その葉や皮をもって御符としたところ、苦病を払い平癒したということだ。しかし、皆がこの木の皮を剥いでしまうので、神社では他の御符を出すようにしたそうである。

墨田区立花 1-1-15

大きな樹洞があり、いつ倒れるか心配。

【巡拝】「祐天堂」38 頁、「亀戸石井神社」122 頁、「亀戸天神の牛様」196 頁、「亀戸天神のお犬さま」197 頁、梅園跡「於三稲荷」328 頁。

港区

麻布一本松

❖咳止め

この松は三代目とも五代目ともいわれ、植え継がれてきた。「冠《かんむり》の松」とも、「秋月邸の羽衣の松」とも呼ばれていたそうだ。またある話では、平将門を討伐にきた源経基《つねもと》が、一軒の民家に泊まって料理をふるまわれた。翌朝、装束を改めて出《しゅっ》立《たつ》したのだが、そのとき脱いだ衣服をかけたのが（礼のつもりだろうか）、この一本松だという。

もともとここは古墳だったという説もあり、江戸初期に関ヶ原の合戦で送られてきた首級《しゅきゅう》を家康が検分し埋めた所だともいわれ、その関係からか、「首吊《くびつり》塚」とも呼ばれていた。

また、地名の「六本木」のうちの一本だという話もある。平家の六人の落ち武者がそれぞれ木になったのだが、そのうちの一人がここまで逃げ延びて一本松になったというものだ。

狸坂、暗闇坂、大黒坂、一本松坂が集合した場所に立つが、この松と咳止めという御利益との関係は不明である。

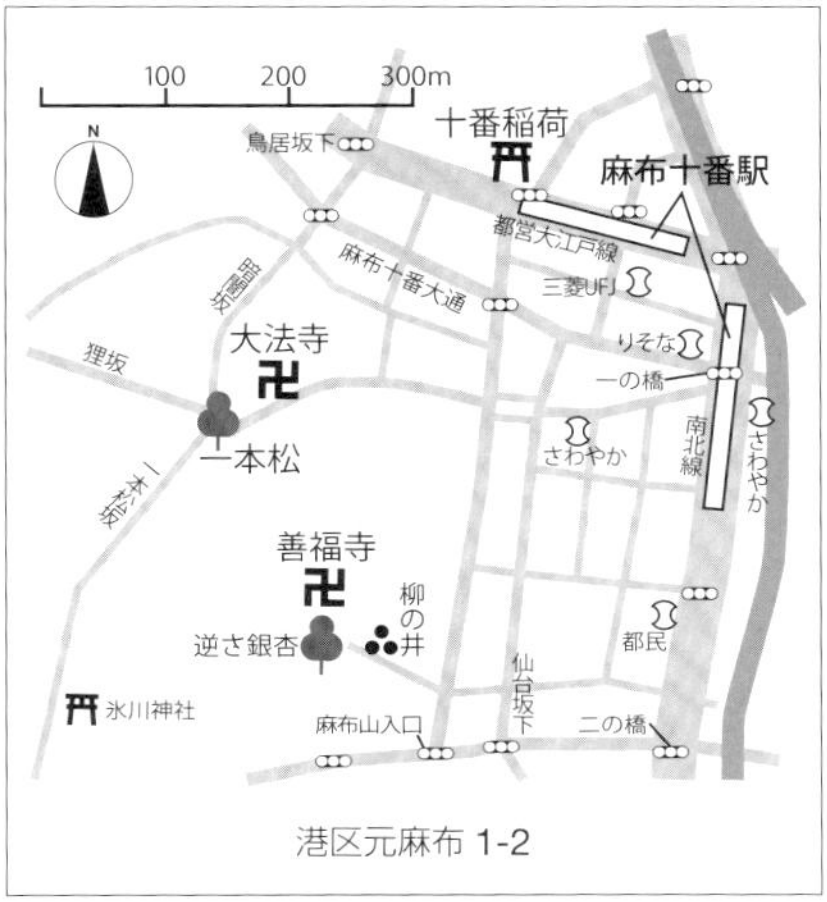

この黒松の下には『江戸砂子』の解説が彫られた石碑がある。

【巡拝】大法寺「子宝大黒」144 頁、善福寺「柳の井」171 頁、同「大銀杏と逆さ銀杏」240 頁、十番稲荷「上の字さま」200 頁。

首尾《しゅび》の松

❖上司の勘気を解く／恋愛成就／出世

蔵前橋の西詰南側に「首尾の松」記念碑が建っている（北側には浅草御蔵跡碑が建つ）。この首尾の松は、かつて蔵前橋の一〇〇メートル程下流、江戸幕府御米蔵の四番堀と五番堀の間の岸に、枝が川面にかかるように生えていたという。ちなみに、今の蔵前橋は三番堀あたりに該当する。

その名の由来については、以下の説がある。

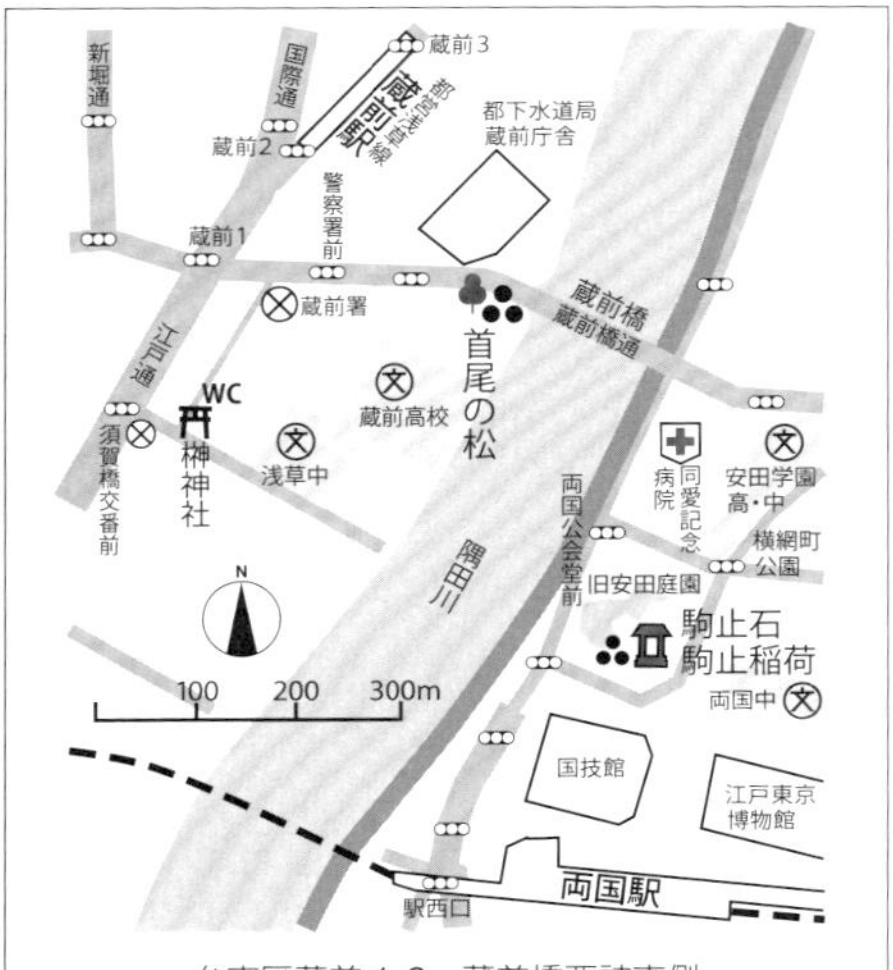

台東区蔵前 1-3　蔵前橋西詰南側

●寛永年間（一六二四～四四）、三代将軍家光から不興を買っていた阿倍豊後守忠秋《あべぶんごのかみただあき》が、隅田川が氾濫したとき被害の状況を見るため、家光の面前で人馬もろとも川に飛び込み見事に対岸に渡りつき、その状況を報告した。これを賞して謹慎を解かれたので、側らに立っていた松を「首尾の松」と称した。

ちなみにその時馬を繋いだ石が「駒止石《こまどめいし》」といわれる。

●柳橋から吉原まで猪牙舟《ちょきぶね》で川を往来した遊客たちは、中間地点にあたる松の大木を見て、行きは期待に胸を膨らませ、帰りはその「首尾」を語り合ったから。

●かつてこの辺りで海苔をとるための「篊《ひび》」（海中に立てる竹など）を立てていた。これが転じて「しゅび」となり、近くにあった松を「首尾の松」と称した。

しかし筆者は、以下の説を唱えたい。

歌川広重の『名所江戸百景』「浅草川首尾の松御厩《おんまや》河岸」（左頁下）を見ると、枝を張る松の下には逢い引きのための屋根舟が停泊し、簾《すだれ》には女性の影が映っている。しかも舟の奥には柵まで立ててある。つまりこの場所は、江戸の人々のデートスポットだったのだ。それで、首尾の意味は、「松の下の行為を指

首尾の松がかつてあった辺り。右は蔵前工高。白い橋は蔵前専用橋、その奥に見える橋が蔵前橋。

今の首尾の松は蔵前橋の西岸にある。

首尾の松の碑。

している」のだと考える。そしてこの話が言い継がれるうちに、「この松に祈ると、首尾良く事が運ぶ」と信仰されるようになったのだろう。

男女の睦みごとを見てきた初代「首尾の松」は、安永年間（一七七二〜八一）に強風で倒れて以降、数々の災害に見舞われた。そこで浅草南部商工観光協会と地元関係者が、昭和三十七（一九六二）年十二月、現在の場所に碑を建立。今の松は、七代目だそうである。

【巡拝】「駒止石と駒止稲荷」３６８頁。

首尾の松の下にもやう屋根船。簾に女性の影が写っている。

秋葉《あきは》のクロマツ

❖火災除け／災害除け／盗難防止

都の天然記念物で推定樹齢約三百年、樹高一七メートルの立派な黒松である。ダイナミックな枝振りと幹を覆う鱗は、まるで龍が変じたかと思わせる神々しさ。ただしこの松が生えている場所は私有地のため、直接木肌に触れることはできない。

田園調布の郊外にあるにもかかわらず「秋葉のクロマツ」と呼ばれる所以《ゆえん》は、その大木の下に秋葉《あきは》神社の小さな社《やしろ》が祀られているからで（こちらは直接参拝できる）、つまり、この樹は秋葉神社の神木となっているのである。

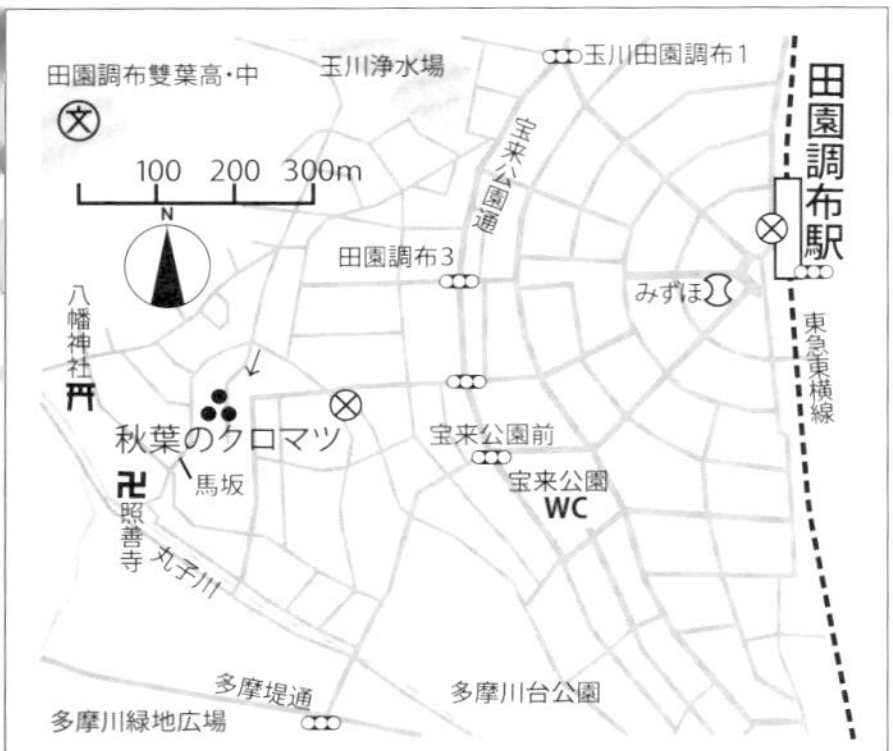

大田区田園調布 5-3-19　秋葉神社

秋葉神社は都内でもよく見かけるが、それは江戸では火事が多く、稲荷神社などと共に火除けの神さまとして祀られたからである。国際的に有名な電気街「秋葉原」の地名も、大火後に設けられた火除け地と、そこに祀られた社名からきている。

秋葉権現とは、もともとは静岡県の秋葉山《あきはさん》に祀られた天狗である。本源は新潟県から出た三尺坊《さんじゃくぼう》という僧だが、長野県戸隠で修行を積み、天狗と化して秋葉山に飛んできたという。天狗は手にしている羽団扇《はうちわ》で火と風を自由に操るため、人々は天狗を祀って火災除けを祈ったのだ。

秋葉権現と同じように愛宕《あたご》権現、飯縄《いづな》権現（高尾山薬王院《やくおういん》の本尊）、高鉢《たかはち》権現（富士太郎坊）、道了尊《どうりょうそん》（神奈川県大雄山最乗寺《だいゆうざんさいじょうじ》）などの神々の姿は、共に天狗である。これらの信仰には、山岳修行者（修験道）が深く関わっている。

さて秋葉のクロマツだが、筆者はこの大木を見た瞬間、幕末～明治期に活動していた浮世絵師の河鍋暁斎《かわなべきょうさい》による『東海道名所之内　秋葉山』を連想した。松と思われる巨大な樹木の上で烏天狗たちが楽しげに酒宴を催しており、根元の大きな洞の中では、これまた他の天狗たちが料理までしている。

この秋葉のクロマツの場所はわかりにくく、周囲には立派な赤松などもあるので遠目からすぐにそれとは判断しにくいのだが、樹の下から見上げると、その雄大さに圧倒される。

【関連】「天狗」64頁、愛宕神社「出世の石段と招き石」152頁。

鱗も立派で樹肌も美しいのは、私有地に立っているおかげだろう。

秋葉神社

馬坂から見える秋葉のクロマツ。この坂を上がりきって、さらに迂回しなければ祠まで行けない。

秋葉権現とは狐に乗った烏天狗で、それ以外は基本的に不動明王と同じだが、狐の脚に弁才天を表す小蛇が絡まるなど、いくつかの神々が合体した姿をしている。この霊札は静岡県秋葉山の中腹にある秋葉寺のもの。山頂に秋葉神社があるが、こちらでは今は天狗を祀っていない。

河鍋暁斎の浮世絵『東海道名所之内 秋葉山』。大名行列を見下ろし何やら楽しそうな様子だ。

大銀杏《おおいちょう》と逆さ銀杏

❖子育て／乳の出が良くなる／咳止め

銀杏《イチョウ》の葉・皮・実などにはボケ防止、高血圧治療、また狭心症、糖尿病、夜尿症、咳・痰といった症状にさまざまな薬効があり、欧米ではよく知られている。ところが、原産地中国で銀杏はほとんど見られず、逆に、どこでも見られる日本では残念ながら薬効が過小評価されているようだ。そして、よくいわれる「乳の出が良くなる」という効能は、薬草の本には出ていない。

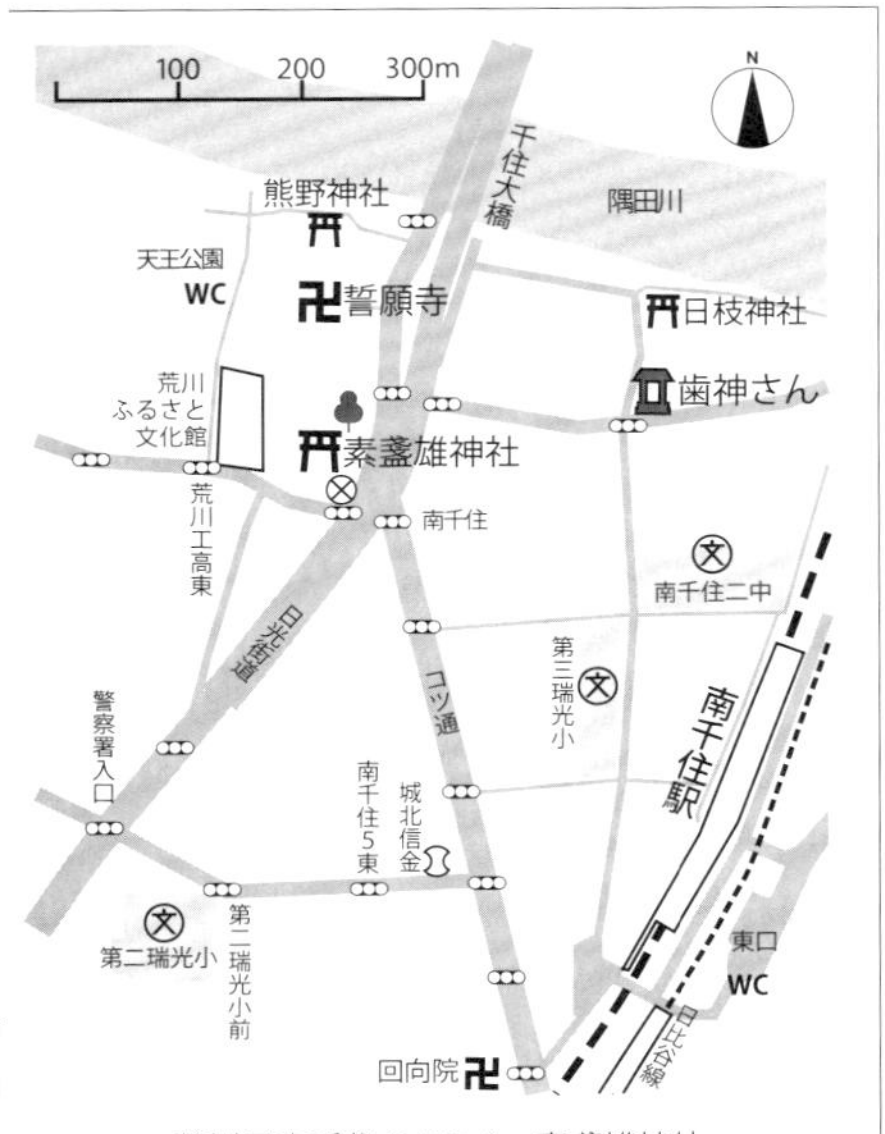

荒川区南千住 6-60-1　素盞雄神社

この効能は、大木となった銀杏に見られる気根（乳根）の見た目から来ていることは明らかだが、それほど立派で多くの乳根を垂らしている銀杏に願いを託す行為は、乳の出に悩む婦人やその親族としては、当然の成り行きだったのだろう。

このような信仰の対象となった銀杏の老木は、「乳出《ちちで》の大イチョウ」（愛媛県喜多郡内子町）を始めとして日本全国に存在しており、東京では日比谷公園や小石川植物園、浅草寺《せんそうじ》境内などでも見られる。

荒川区素盞雄《すさのお》神社（天王社）の大銀杏「子育ての銀杏」も、その一本。幹の周囲は三・三メートル程だが、母乳の出ない婦人がその皮を煎じて飲み、幹の周囲に米の研ぎ汁を撒いて幼児の無事成長を祈願したということで、今でも絵馬を奉納する習慣が続いている。

港区元麻布にある善福寺《ぜんぷくじ》の「逆さ銀杏」は、幹回りが一〇・四メートルあり、樹齢は七百五十年以上で、都内では最大といわれている。ただし上部は損なわれ、幹の部分には東京大空襲による焦げ跡も残っている。気根もよくせり上がり、枝先が下に伸びているところからこの名が付いたが、親鸞聖人が地に挿

素盞雄神社（天王社）の大銀杏と子育ての絵馬。

台東区浅草寺の神木銀杏（台東区浅草2-3-1）。

港区善福寺の逆さ銀杏（港区元麻布1-6-21）。

した杖が成長したという伝説があり、「杖《つえ》イチョウ」とも。

同様の話は台東区浅草寺の神木にもあり、こちらは源頼朝公が挿した枝から発芽したといわれている。やはり焦げ跡が生々しく残っているが、気根の方はまだ短く、むしろ憩いの木陰を提供しているようだ。観音堂の裏にも大銀杏が数本残っている。

【巡拝】素盞雄神社近くの誓願寺「狸塚と狢塚」208頁、「歯神さん（山王清兵衛）」262頁。

墨田区

飛木《とびき》稲荷の銀杏

❖健康／厄除／勝負運

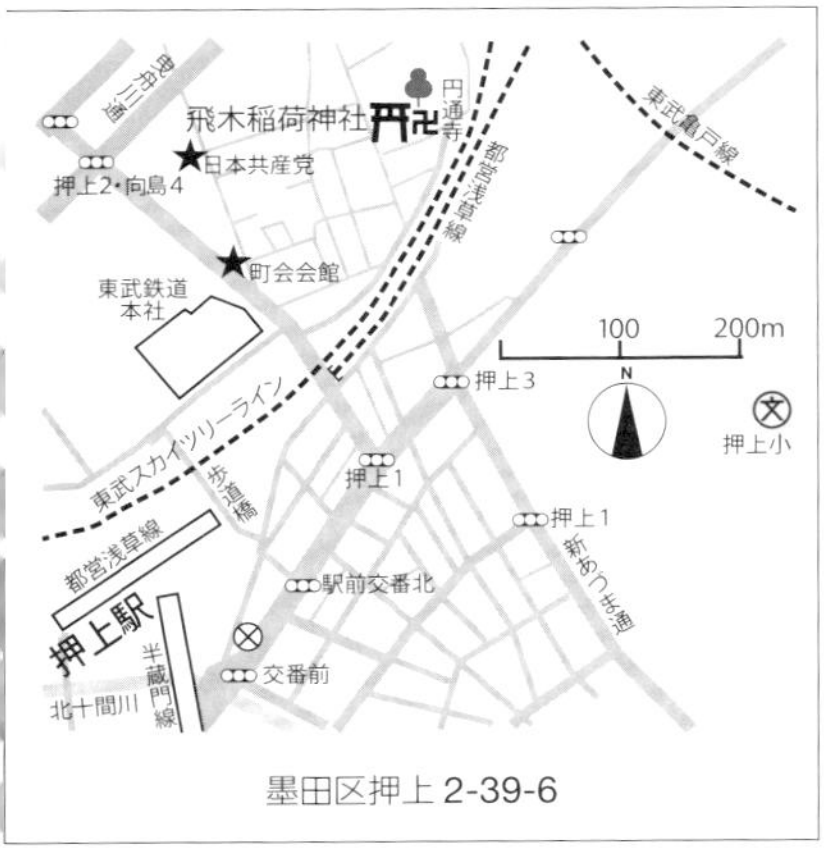

鳥居の先に聳え立つ銀杏は、戦争の愚かさを物語る。今も生々しく残る焦げ痕は東京大空襲で負ったもの。

樹齢五、六百年はくだらないといわれる大木だが、この木も戦火に遭って一部を消失し、今の高さは一五メートル程。とはいえ、目通りは約四・八メートルある。幹には痛々しい焦げ痕が残るが、これは懸命に東京大空襲時の延焼を食い止めて、多くの人を救った証といわれている。それでも数年後には緑の芽を吹き出し、やがて樹形も整ってきたということで、地域の崇拝を受け、人々に希望を与えているのである。

解説板には「〔…〕古老の言い伝えによれば、大昔のある時、暴風雨の際、どこからかいちょうの枝が飛んで来て、この地に刺さったとのことです。そしていつの間にか亭亭《ていてい》とそびえたので、時の人が、これは異状のことであるとして、稲荷神社をお祀りしたのが始めであると言われております。飛木稲荷の名もこれから起こったものです〔…〕」云々とある。

千代田区

縁結びの梅

❖縁結び／恋愛成就

千代田区平河天満宮の境内、社務所の前に、まだ若い梅の木がある。「縁結びの梅」といわれ、若木の前には多くのおみくじが結ばれている。

梅の原産は中国といわれているが、九州や四国の一部には固有種もあるそうだ。しかし梅林や庭木など一般に見られる梅は基本的に渡来種。薬効もよく知られており、ざっと挙げるだけでも解熱、咳止め、痰切り、吐き気止め、駆虫、収斂《しゅうれん》、健胃、整腸、防腐、殺菌、歯痛止めなどがあるが、ここではそれらに縁結びが加わっている。実の付き方に特徴があり、二つの実が寄り添うように並んでいるのがその理由だそうだ。

この様子を守袋に織り込んだ縁結びの御守りもある。

さらに樹齢・樹勢が増してくると、もっと多くの実を付けるようになるのだろう。

【巡拝】平河天満宮「力石」169頁。

梅の木は思ったより小さく「縁結びの梅」の札がなければ気付きにくい。

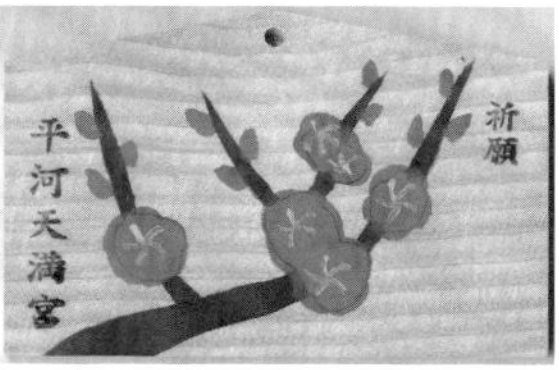

下書きの鉛筆跡も生々しい手作り絵馬。

柾木《まさき》稲荷

❖イボ・腫れ物平癒

今は「正木稲荷」と書いているが、やはり「柾木」の方が重みが感じられる。由来によると、隅田川と小名木川が合流する場所に架かる萬年橋の北側に柾木の大木があり、稲荷大明神の社《やしろ》があったという。そして子どもたちが柾木の葉を丸めてピーピーと鳴らしていたそうである。

古くから腫れ物に効く「おできの神さま」との評判が高く、大木が朽ちた後も、曲亭馬琴（深川生まれ。江戸後期の戯作者）の妻女が腫れ物平癒の願掛けをしたり、花柳界の綺麗どころが人力車を連ねて参拝に来ていたということだ。祈願中は蕎麦《そば》を絶ち、全快すれば蕎麦を献じて報賽《ほうさい》（御礼参り）する信仰があったという。かつてはこの柾木の葉が腫れ物に効いたともいわれていたが、それはこの神社の神木だったからであろうか。柾木の実際の薬効は皮や根にあり、民間療法では月経不順、利尿、前立腺肥大症に良いとされている。

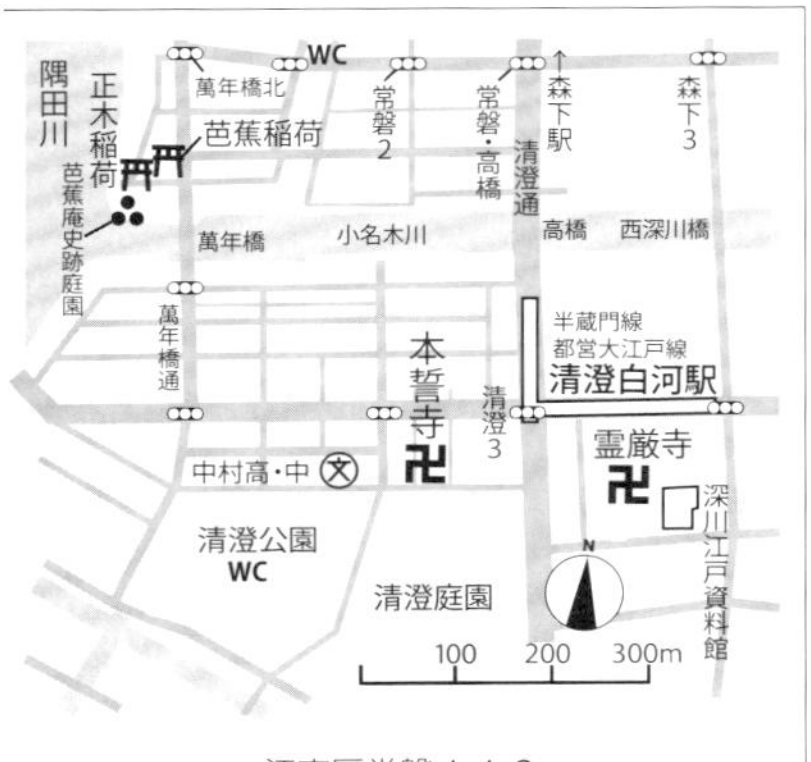

江東区常盤 1-1-2

「おできの神様」の幟が立つ。

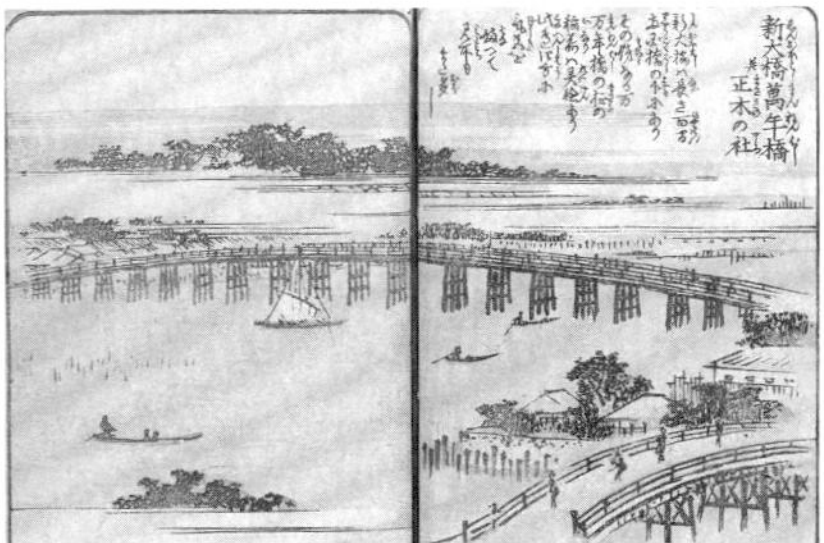

歌川広重『絵本江戸土産』第二編「新大橋、萬年橋、並に正木の社」。手前は萬年橋。橋の袂に描き込まれた木のどれかが柾木か。

【巡拝】本誓寺「迦楼羅天」71 頁、「芭蕉稲荷」383 頁、霊厳寺「江戸六地蔵」434 頁。

氷川様の呻《うな》り樫《かし》

❖癪《しゃく》（胆石症／胃痛／虫垂炎／生理痛などから来る腹痛）

昔からこの神社は「癪封じの神」として、体や心の痛みを鎮めてくれる御利益があるといわれていた。境内には古い樫《かし》の木が多く、その皮を煎じて飲むと癪に効くと信じられていた。

大正時代、そのうちの一本で、神木と呼ばれ、よく繁茂していた古樹（赤樫《あかがし》）から（毎晩十二時頃から三時頃にかけて）呻《うめ》き声が聞こえると話題になり、「氷川様の呻《うな》り樫」と噂されたという。

ご神木が枯れる前の断末魔（軋《きし》み）だったのだろうか。皆が皮を削ったのも一因ではあろうが、ご神木はついに枯れてしまった。しかしその株は今も祀られ、気を放っているという。

それで筆者もその株を拝みに行ったのだが、なるほど、その火炎土器にも似た姿の存在感はなかなかのものであった。

なお、欅《けやき》と思われる「お招木《まねき》」（筆者命名）も印象深いので、ここに写真を掲載した。

【巡拝】光福寺「幽霊地蔵とくずれ地蔵」420頁。

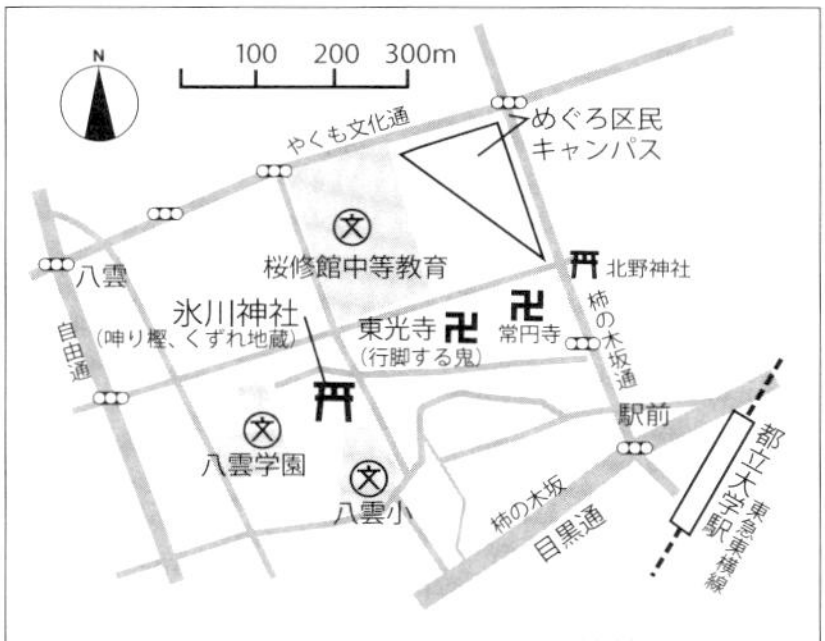

目黒区八雲 2-4-16　氷川神社

縄文土器を彷彿とさせる樫の古株。

境内にある欅「お招木」。いかにも手招いているような形姿。

波乗福河童《なみのりふくかっぱ》

❖商売繁盛

威勢の良い「波乗福河童」は、かっぱ橋本通りの曹源寺《そうげんじ》、通称「かっぱ寺」に鎮座している（地図は次頁２４７頁）。

伝説では合《かっ》羽《ぱ》川《かわ》太郎《たろう》（合羽屋喜八）という実在したらしい人物が私財を投じ、水気の多かった近辺の排水のため川の掘割工事に取りかかったとき、かつて喜八に助けられた隅田川の河童たちが工事を手伝い、無事完成したということである。

この川が、今は暗渠となり「かっぱ橋道具街通り」の下を流れる新堀《しんぼり》川。この話は合羽橋の名の由来のひとつとなっている。

波乗河童大明神堂の前（向かって左側）には夫婦河童の石像があり、その後方には合羽川太郎の墓といわれる墓標が立ち、「てつへん（天辺）へ　手向《たむ》けの水や　川太郎」という句が添えられている。

この墓の上部には凹みが彫られており、頭の皿の形になっているのも、愛嬌である。

波乗河童大明神堂を窺くと「水虎の手」のミイラが見える。

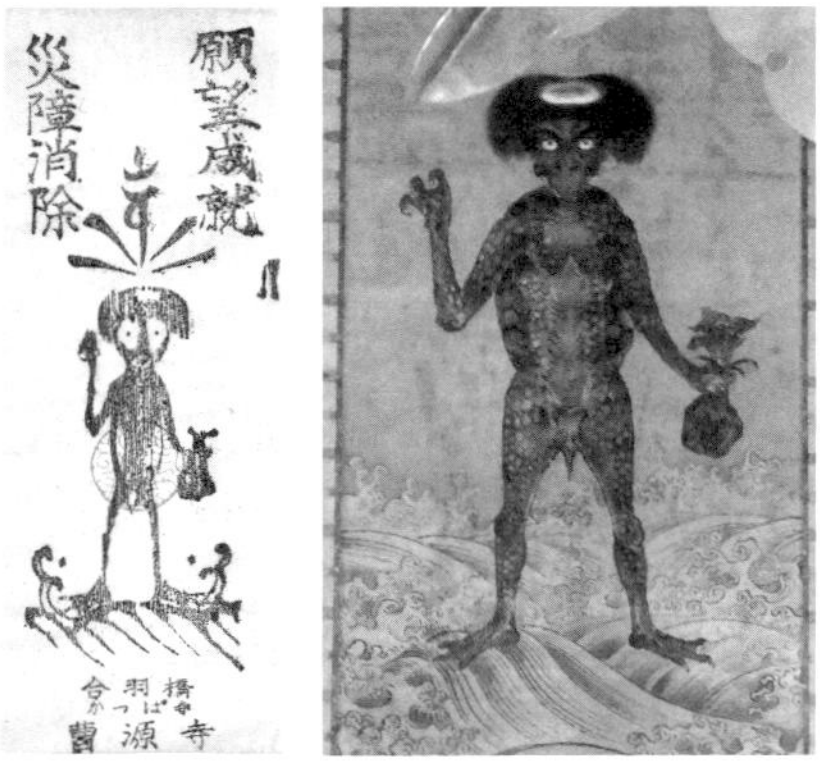

右：明神堂の奥に下がる掛け軸。左：護符。

愛嬌ある夫婦の前には常にキュウリが供えられている。

【関連】「水神様」172 頁、「かっぱ河太郎」247 頁。
【巡拝】妙音寺「金色姫」35 頁、霊梅寺「天狗」64 頁、本覚寺「蟇大明神」201 頁。

かっぱ河太郎

❖商売繁盛

曹源寺《そうげんじ》から一〇〇メートルほど浅草方面（東方面）に進むと、かっぱ橋道具街通りと交差する合羽橋交差点に出る。右に折れてすぐの小さなスペースに、「かっぱ河太郎像」が立つ。合羽橋商店街振興組合が商売繁盛の御利益を願って建立したという、金箔に覆われたブロンズ像だ。

「かっぱ河太郎」の名は曹源寺で祀られている合羽《かっぱ》川太郎（合羽屋喜八）を連想させるばかりか、どこから見ても凜々しい男性をモデルにしており、像高も一・五メートルと、妙に人間くさくてリアルだ。

「河童を目撃すると商売繁盛する」という謂《いわ》れに由来してかさすがに金ピカすぎて、少々強欲、サービス過剰な雰囲気がしないでもないのが、いかにも商店街の発案らしい。しかし、外国からの観光客にとっては撮影スポットになっており、筆者も好んでよく撮影する。

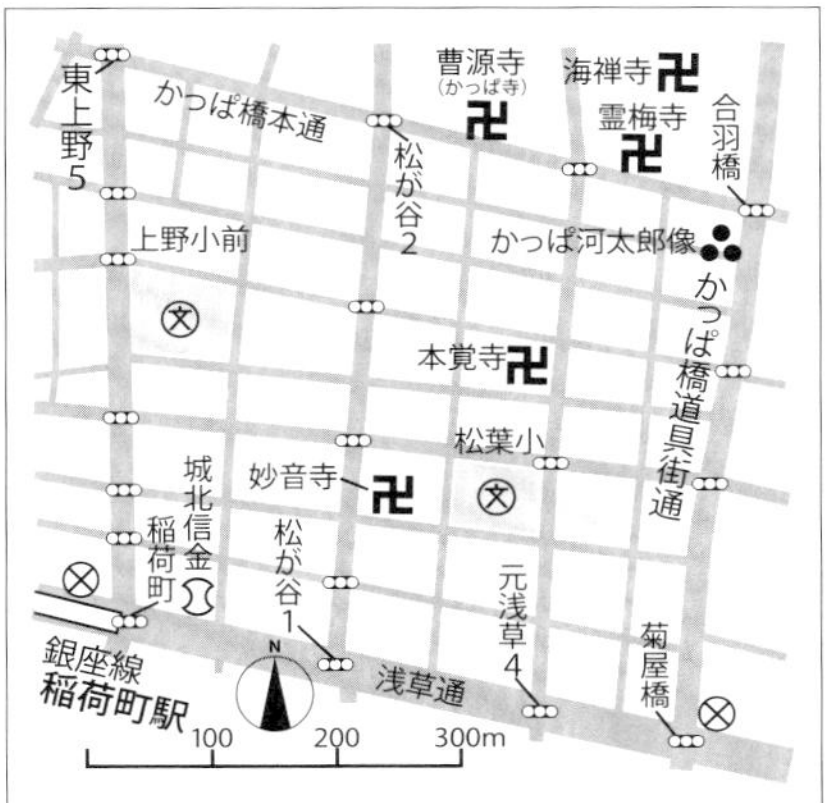

曹源寺　台東区松が谷 3-7-2 内
かっぱ河太郎　台東区松が谷 2-25-9

商売繁盛を願う合羽橋商店街のキャラクターだけあって金ピカだが、インパクトは強烈だ。

【関連】「水神様」172 頁。曹源寺「波乗福河童」246 頁。
【巡拝】妙音寺「金色姫」35 頁、霊梅寺「天狗」64 頁、本覚寺「蟇大明神」201 頁。

気象《きしょう》神社

❖天候に関する祈願／脱雨女・雨男祈願

子どもが翌日の天気を占うのに下駄を放る遊びは、今ではほとんどなくなった。「表になれば晴れ、裏になれば雨」というわけだが、下駄を履く人すら今は滅多に見かけない。しかしこ高円寺の気象神社では、ミニチュアの下駄を奉納し、「結婚式に晴れますように」などそれぞれに願い事を書き込んでいる。中でも多いのは「脱雨女」。もちろん「雨男」や「雨女」は偶然であり迷信だろうが、意外と多くの人が悩んでいるのには驚く。

この神社の創建は新しく、昭和十九（一九四四）年、旧陸軍気象部の構内に奉祀され、知恵の神である八意志兼命《やごころおもいかねのみこと》を祭神としている。今は高円寺氷川神社の摂社になっているが、前述のように、そのユニークさからか、気象関係者に限らず、多くの人の知るところとなり広く信仰されている。例大祭が気象記念日（六月一日）というのも、なるほどうなずける。

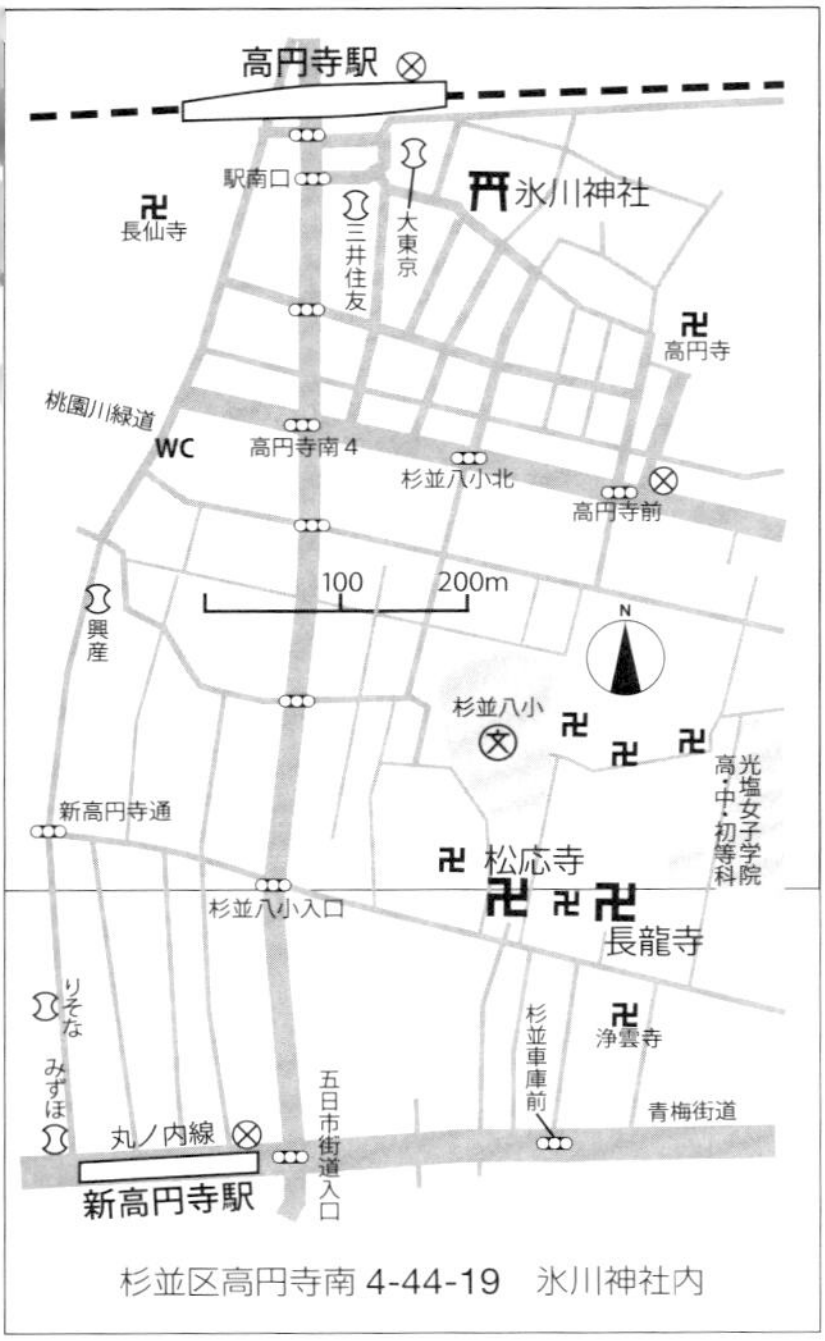

杉並区高円寺南 4-44-19　氷川神社内

氷川神社境内にひっそり佇むが人気は高い。

天気の祈願に下駄とは微笑ましい。

【巡拝】松応寺「日限地蔵」410 頁、長龍寺「豆腐地蔵」414 頁。

第六章

神に昇格した人の魂魄と執念

人が神になるなどとは、一神教の世界ではあり得ない。ところが八百万《やおよろず》の神々がましますが我が国では、偉人どころか、極悪人や病人、不運な生涯を送った人までが、神として祈りの対象になっている。

その理由はさまざまだが、第一に、私たちが祖先崇拝の心情を強く持っていることだろう。これには仏教の影響も大きい。それによると、人は亡くなると成仏するのだ。つまり仏様になるわけだから、拝まれて当然である。

中世特有の御霊信仰の影響も大きいだろう。政争に敗れた崇徳上皇や菅原道真、朝敵とされた平将門など、高貴な人や武将の怨念が怨霊と化して、人々に災いをなす。それを畏れ鎮めるために権力側が彼等を神に祀り上げる例は、国史上多く見られる。農民のために一命を捧げて処刑された義民、佐倉惣五郎もよく知られている。

怨霊とはいえないが、鼠《ねずみ》小僧や鬼薊《おにあざみ》清吉、幸﨑甚内《こうさきじんない》などは、悪人だったにもかかわらず神に昇格した。大悪党はなかなか捕えられなかったため、「すり抜け」の名人として受験の神、博打《ばくち》の神になったのだ。彼らに対しては、反体制を喜ぶ江戸庶民感情や判官贔屓《ほうがんひいき》の感情も強くはたらき、はては彼らを神にまで昇格させている。

八百屋お七《しち》や常磐《ときわ》姫などは、残された多くの人々による強い同情や追善の念が凝縮した結果、塚に祀られたり地蔵尊などが建立され、人々の心の中に再生されているのかもしれない。

恵まれなかった人の霊が浮遊霊として漂っている場合もある。無名の彼らは、年に一度の御霊会《ごりょうえ》や施餓鬼会《せがきえ》などで慰められることになっている。

また豊臣秀吉や徳川家康などの天下人が死後、国家を護る神として祀られる例もある。また民衆を救うため自ら死を選び即身成仏した聖人もいる。ただしこの場合、「自らの魂魄で人々を救済しよう」または「恨みを晴らすための怨霊になろう」という意思や信念がよほど強力でなければならない。聖人とまではいかなくとも、歯神となった山王《さんのう》清兵衛《せいべえ》、痔の神となった秋山自雲《しゅうざんじうん》などもこれに当たる。

ちなみに仏教においては「成仏」と称されるが、神道の場合は、人の魂はまず「荒魂《あらみたま》」と呼ばれる荒ぶる霊魂となり、時が経つにつれて穏やかな「和魂《にぎみたま》」へと移行し、やがてそれらが集合体となって我々を見守る「御先祖さま」になるといわれる。通常は山の彼方に鎮まっているが、正月になると里へ下りてきて「田の神」になるとも考えられてきた。秋の収穫が終わると、感謝祭によって再び山に送り返される。

私たちは困った時によく「神さま仏さま御先祖さま」と唱える。つまり御先祖さまは神仏と同格の存在なのである。また、御先祖さまほど過去の人でなくとも、自分が九死に一生を得た時や永年の願いが叶った場合などによく「亡くなったお婆さんが陰で助けてくれたんだね」などという。「ツイている」とも表現するが、それは神が付いた（憑いた）ことである。ただ、そのツキは突然落ちる場合もある。いずれにせよ日本では貴賤にかかわらず、人の霊は場合によって神となりうるのだ。

逆に祟られる場合もある。さらに世の中には「死霊」ばかりでなく「生き霊」といった観念もあるから、くれぐれも他人《ひと》様から恨まれぬよう、注意が肝要である。

品川区南大井の鈴ヶ森刑場跡に立つ御題目塔。ここで処刑され、後に精霊とされた人も多い。

お竹《たけ》大日如来

❖脱貧困／開運

中央区の江戸通り沿いの大伝馬町に、江戸初期に突然出現して、生きながら流行神《はやりがみ》となった「お竹」についてのごく地味な史跡、「於竹《おたけ》大日如来井戸跡」がある。

『武江年表』「寛永年間記事」に、「寛永の頃、〔日本橋〕大伝馬町の豪家、佐久間某〔名主の佐久間勘解由《かげゆ》、同じく佐久間善八、馬込家などの説あり〕が家の婢女《はしため》たけといふもの、仁慈の志厚く、朝夕の飯米菜蔬《はんまいさいそ》、我が食ふべき物を乞食に施し、其の身は主家の残れると、又は流し隅に網を釣りてたまりし物を食し、常に称名《しょうみょう》〔念仏〕怠る事なし。しかるに武州比企郡に住める何がし行者〔羽黒行者乗蓮《じょうれん》〕、湯殿山へ参詣し、生身の大日如来を拝せん事を願ひしに、わが形容を看《み》んとならば、江戸に赴きて、佐久間某が婢女たけを拝すべしといふ、霊夢の告げを蒙《こうむ》り、彼《か》の家にいたり、竹女を拝す。後に竹女は念仏三昧《ざんまい》にして大往生を遂げ、佐久間の親ぞく馬込某より、大日如来の像を造らしめて、湯殿山黄金堂に納む。これを世にお竹大日如来と云ふ」。

このようにお竹は、江戸庶民からも「誠に大日如来の再生」と信じられたほどの善女だったという。

このお竹が愛用し、その前には貧困者が列をなしたという「於竹大日如来井戸跡」は、小津和紙の本館ビルの一画にある。お竹らしく、非常に簡素である。

また、『江戸名所図会』巻之一「心光院《しんこういん》」には「かの竹女がつねに網をあて置きし水盤〔流し板〕は、いま、増上寺念仏堂心光院の門の天井に掛けてありとみゆ。件《くだん》の水盤より光明《こうみょう》を放ちたりしことは、当寺の縁起の中に詳《つまび》らかなり」とある。水

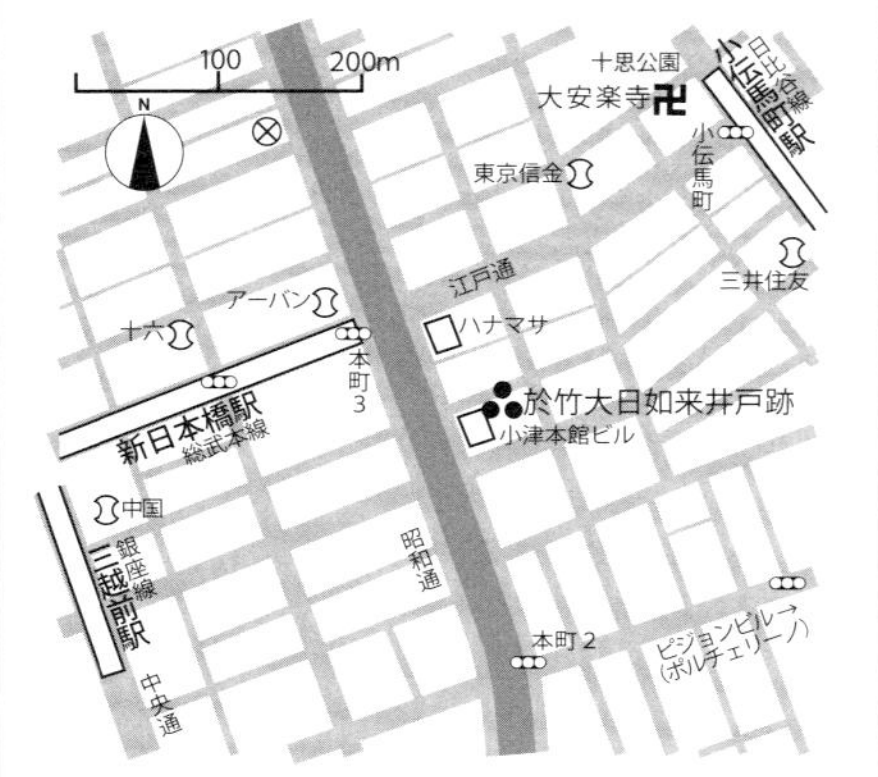

井戸跡　中央区日本橋本町 3-6-2

障子に映るお竹の影が大日如来になっている。画は歌川国芳。

中央区に残るお竹大日如来の井戸跡。このほか、水盤が港区心光院（港区東麻布1-1-5）に残る。

盤まで光り輝くとは、いかに彼女のただならぬ功徳と霊力の強さが庶民の間で語られたかを彷彿させるものだ。

その心光院は芝増上寺の近く、港区芝公園一丁目にあり、境内の「お竹堂」にはお竹像と水盤（実物は漆塗りの箱の中）が祀られている。

また墓は、浅草から北区赤羽西六―一五―二一に移った善徳寺《ぜんとくじ》にある。

【巡拝】ピジョンビル「イル・ポルチェリーノ（猪）」224頁。

心光院のお竹堂にましますお竹像（港区東麻布1-1-5）。

北区善徳寺のお竹如来の墓（北区赤羽西6-15-21）。

貧困者がお竹の前に列をなす。『江戸名所図会』「竹女故事」より。

板橋区

下頭橋《げとうばし》の六蔵祠《ろくぞうし》

❖ボランティア守護／善意の金を貯める

「げとうばし」——この一風変わった名前の橋は、旧川越街道と石神井川が交差する場所にあり、道路名も「下頭橋通り（旧川越街道）」となっている。寛政十（一七九八）年までは、丸太を二本渡しただけの粗末な橋だったため、増水のたびに流されていたという。この橋の東詰に、「下頭六蔵菩薩《げとうろくぞう》」を祀った六蔵祠がある。

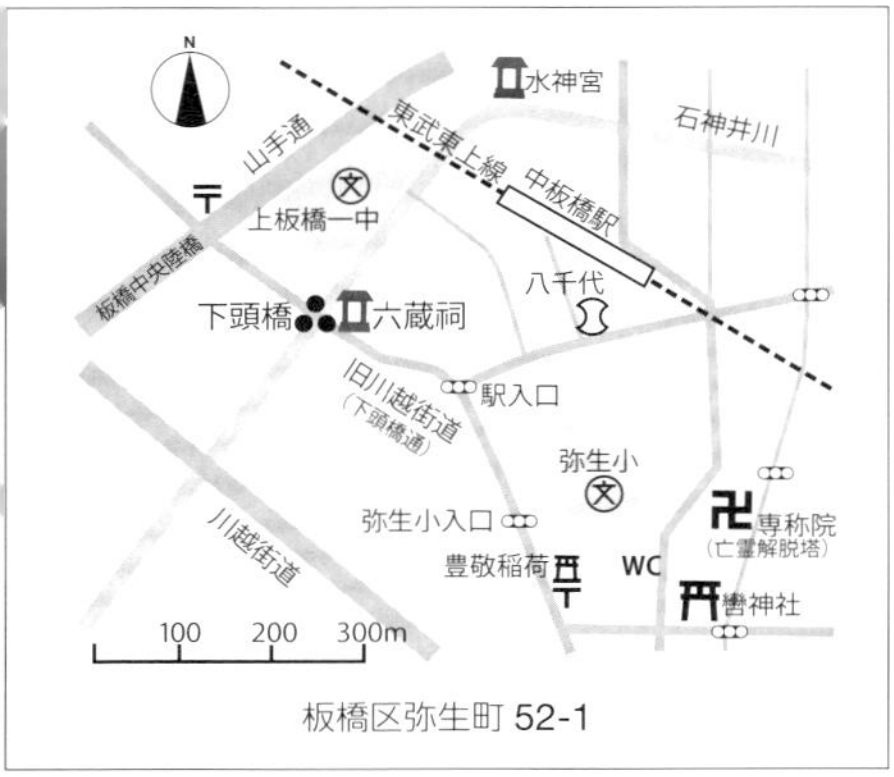

橋の名の由来にはいくつかの説がある。

一つは、旅僧（善心《ぜんしん》／後出）が使っていた榎《えのき》の杖から芽が出て、逆さ榎として年々成長し、大正十三（一九二四）年まで下頭橋の上に鬱《うっ》蒼《そう》と繁っていた。太い幹の洞《うろ》には白蛇が住むと恐れられていた。橋の修繕時に伐られたが、その際けが人が三人出たという。……この類の巨木伝承は、歴史上の偉人や高僧にまつわる話として全国に散在する。

あるいは、川越藩主の松平大和守が参勤交代で出府や下向の際、江戸詰の家臣たちがここまで出迎え、あるいは見送り、頭を下げていたから（川越藩の上屋敷は現在の千代田区虎ノ門二丁目、中屋敷は港区赤坂一丁目、下屋敷は港区高輪三丁目にあった）という説。……ただ、この話は面白みに欠ける。

もう一つの由来譚はこうだ。

寛政年間（一七八九〜一八〇一）この橋のたもとに、一人の乞食が粗末な掘っ立て小屋に住み着いた。彼は子どもたちに石を投げられたり心ない者に水を掛けられても、決して怒らず、毎日土下座をして、行き来する旅人の喜捨を受けていた。やがて、そのただならぬ人格を見抜き、尊敬する人々も現れるようになり、いつしか「六蔵」と呼ばれるようになった。

ある時、旅僧（善心）が川岸の傍らの小屋に寝ている六蔵を訪ねると、すでに息がなかった。僧は六蔵の入寂《にゅうじゃく》の姿に感じ入り、彼を供養し小屋の脇に葬った。

ところがその折、彼の胴巻きから大層な金子《きんす》が出てきた。旅

六蔵祠全景。

下頭橋。

六蔵祠。

僧はこの金を世に生かすため、丸木の橋を立派な石橋へと架け替えた。それでこの土地の人々は、長い間頭を下げ続けた老乞食の徳を慕い、橋の名を「下頭橋」とし、彼を「下頭六蔵菩薩」として祀ることにしたという（佐藤耶蘇基著『下頭六蔵の由来』による）。

結局、地域の住民や板橋区教育委員会が、下頭橋について唱えているのも、この六蔵の話のようだ。

ちなみに、境内には「他力善根供養」の碑や「博愛　子爵渋澤栄一」の文字が彫られた扁額などもある。

板橋区教育委員会の概要図によると下頭橋は上板橋宿の外れにあたり、六蔵祠の脇には旅僧善心に関わる榎が茂り、街道を挟んだ向いには稗倉があったようだ。

「他力善根供養」の碑。

渋澤栄一の扁額。

大久保彦左衛門

❖咳／肺病／脳病／勝負事／諸願成就

「大久保彦左衛門」は通称で、本名は大久保忠教《ただたか》。多くの逸話を持つ江戸時代初期の武将で、「天下のご意見番」「天下御免の頑固おやじ」などとして知られる人気者だが、棒手振《ぼてふり》の一心《いっしん》太助《たすけ》（後述）との痛快活劇や大盥《おおだらい》に乗っての登城は、どうやら芝居の脚色のようだ。

「東京の迷信　大久保彦左衛門」（『東京朝日新聞』明治四十（一九〇七）年十一月）には「芝白金立行寺《りゅうぎょうじ》境内の大久保彦左衛門の墓が、咳一切に効験が著るしいといふことは、余程以前より行はれてゐる迷信だが、近頃になつて肺病脳病さては勝負ごとに迄《まで》利益があるとの噂が高いので、猫も杓子も参拝に出かけるが、をかしいのは彦左衛門の墓の直裏手に一心多助《ママ》（太助）の墓といふのがあつて、これがまた中々に繁昌して居る、多助が架空の人物たることは、こゝに説明の要もないであらう」とある。

彦左衛門は、天正四（一五七六）年、十六歳の初陣で徳川家康に仕えていた長兄忠世《ただよ》の下で奮戦し、戦功をあげ旗本に列せられた。次兄忠佐《ただすけ》の嫡男が早世したため、忠佐は弟の彦左衛門を養子とし沼津城二万石を継がせようとしたが、彦左衛門は「自身の軍功で得た領地ではない」と辞退したそうである。

以来功績があってもその都度大名になることを固辞し、旗本のまま「天下の御意見番」として家康を支えた。その後も秀忠、家光に仕え、戦国武将の生き残りとして、旗本の中でも一目置かれるようになる。

その後、余生を送りながら執筆した『三河物語』全三巻は三

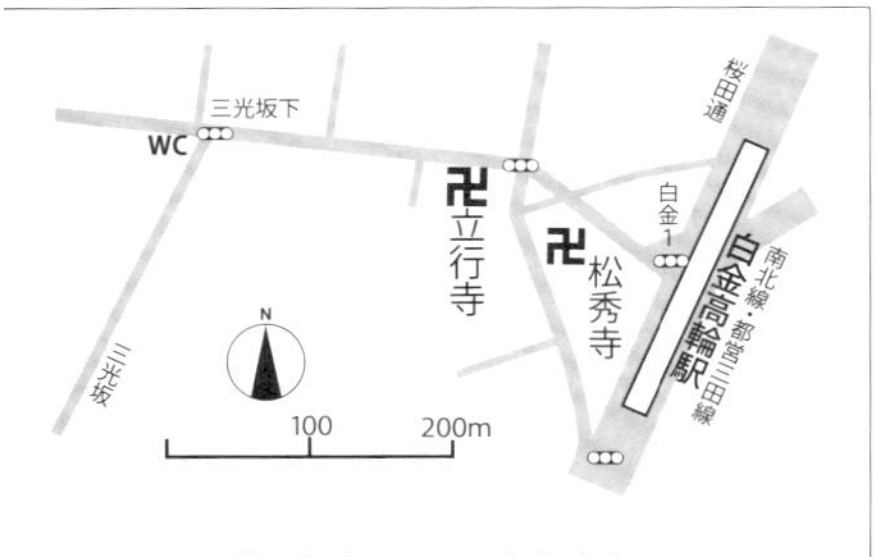

港区白金 2-2-6　立行寺内

旗本以下の輿が禁止された際に、大盥に乗って登城する彦左衛門。画は月岡芳年。

彦左衛門の墓のすぐ右手に一心太助のつつましやかな鞘堂がある。

大久保彦左衛門の墓石は立派な霊廟の中にあり、大久保家の人々の墓石に囲まれて祀られているが、さらなる鞘堂と金網に覆われていて、実態はよくわからない。

河武士の精神を著したものとされている。

禄高は三河額田郡に二千石で、屋敷跡は千代田区神田駿河台にある。

一心太助は、江戸初期の魚屋として歌舞伎や劇に登場し、義理人情に厚い江戸っ子の典型として描かれている。架空の人物とされているが、じつは実在の人物で、若い頃、彦左衛門の草履取りだったという説もある。

【巡拝】松秀寺「日限地蔵」410頁。

彦左衛門の屋敷跡碑（千代田区神田駿河台 2-2-29）。

立行寺の山門。

役《えん》の行者《ぎょうじゃ》

❖足腰の健勝

「役小角《えんのおづぬ》」とも、「神変《じんぺん》（「しんぺん」とも）大菩薩」とも呼ばれる。七世紀末（奈良時代）に葛城《かつらぎ》山を中心に活動した半僧半俗の行者で、密教を日本に伝えたといわれる最澄や空海より百年も前に、密教の「孔雀明王法《くじゃくみょうおうほう》」を修得し、鬼神を使役できるようになったといわれている。

修験道の祖とされ修験者から開祖として崇《あが》められているが、それは、平安時代初期の『日本霊異記』『続日本紀』、平安時代中期以降の『三宝絵詞』『本朝神仙伝』『今昔物語集』、鎌倉時代の『古今著聞集』などに役行者について詳しく記されるようになり、その内容が後の時代に興った修験道と結びついたからである。

目黒不動尊の役の行者（目黒区下目黒3-20-26）。

実在の人物だったようだが、今に伝わる人物像は、これらに記されたような後世の伝説によるところが大きいようだ。

彼の伝説とは、（一）鬼神たちに命じ、吉野の金峯山と葛城山との間に橋を架けさせようとした、（二）それに困惑した一《ひと》言主神《ことぬしのかみ》が役行者を朝廷に訴えたので、一言主神は今に至るまで解かれないまま呪縛されている、（三）自分の高弟に讒訴《ざんそ》され伊豆大島に流されたが、夜になると富士山まで空を飛び、または海上を走り、修行を重ねた、（四）母を鉢に乗せて唐まで飛んだ、（五）仙人となって虚空に飛び仙宮へ行った、など。

今も各地に伝わる彼の姿は、いわゆる私たちの知る（時代劇などにも登場する）修験者風ではなく、韓国の山岳修行者のものだという説もある。

伝説とはいえ、呪力や法力の最も強い行者の一人であったと

新宿区放生寺の役行者（新宿区西早稲田2-1-14）。

品川区海雲寺の役行者（品川区南品川3-5-21）。

いうことは確かなようだ。寛政十一（一七九九）年には、光格天皇が役行者御遠忌《ごえんき》（没後）千百年を迎えたとして、「神変大菩薩」の諡《おくりな》を贈った。

修験の山として知られる八王子市高尾山の登山道の中程にも神変《じんぺん》堂がある。当然ながら修験道に関わる寺院に祀られているわけである。

空を飛ぶ役行者がなぜか足腰の神として信仰されている場合が多いが、それは多くの山を開山したといわれているからであろう。

世田谷区等々力不動尊の神変堂（世田谷区等々力1-22-47満願寺内）。

千葉県成田山新勝寺の役行者。

役小角と前鬼・後鬼。『北斎漫画』より。

平将門《たいらのまさかど》

❖勝負運／祟り

江戸っ子が最も愛着を持っていた神社として「平将門公」を祀る千代田区の神田明神が有名だが、明治からは「明神」の名を廃し、平凡な「神田神社」と改名されている。将門公はかつて、天皇に対する逆賊だったからである。

ここでは神田神社ではなく、東京にいくつか残っている将門公の伝説の場所を取り上げる。

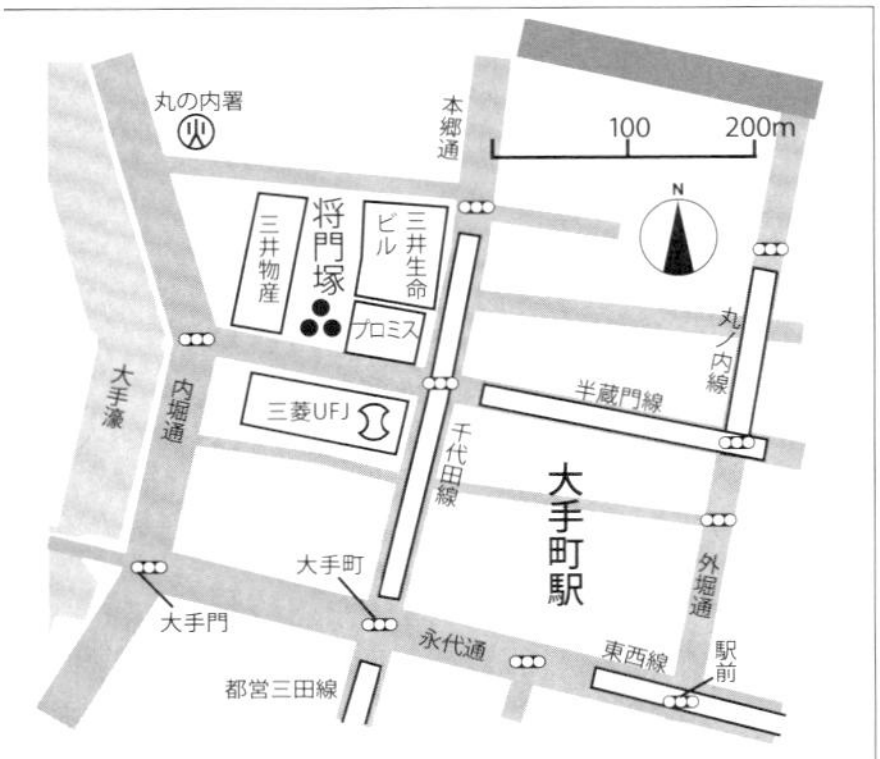

将門首塚　千代田区大手町1-1-1

●首塚《くびづか》——京都で晒《さら》された首が胴体を求めて飛び帰り、力尽きて落ちた場所として有名。この場所には数々の祟りも起きた。たとえば関東大震災後、大蔵省の仮庁舎を建てたところ、足を怪我する者や病人が続出、しかも僅かの間に十四名が亡くなっている。また戦後、ＧＨＱが駐車場を作ろうと整地していると、首塚の五〇メートル手前でブルドーザーが突然転倒。運転していた日本人が死亡している。

●筑土《つくど》神社——今は近代的なビルの中の神社だが、戦前まで将門公の木像と首桶があったという。将門公の勝運「繋ぎ馬」の絵馬がある。

●兜《かぶと》神社——将門公を破った藤原秀郷《ひでさと》が、将門の兜を埋めて塚を築いたという説がある。

●鎧《よろい》神社——同じく秀郷が将門の鎧を塚に埋めた、または秀郷の鎧が埋まっているという説がある。

●十二社《じゅうにそう》熊野神社——この附近に、将門一族の末裔が住んだといわれている。

●稲荷鬼王《きおう》神社——鬼王丸とは将門の幼名で、周囲に将門ゆかりの人々が住んでいたといわれる（⇩322頁）。

筑土神社（千代田区九段北1-14-21）。

将門公首塚。

鎧神社（新宿区北新宿3-16-18）。

兜神社（中央区日本橋兜町1-12）。

十二社熊野神社（新宿区西新宿2-11-2）。

烏森神社（港区新橋2-15-5）。

◉烏森神社——将門に直接のゆかりはないが、将門の宿敵であった藤原秀郷が稲荷神へ戦勝の礼をする場所を探していたところ、霊夢に導かれてこの地に社を創建したという。

以上、二十三区内に将門公に関わるといわれる場所はいくつかあるのだが、あくまでも噂である。

彼は逆賊だったから一族残党もひっそり暮らしていたのだろう。残念ながら今は何の足跡も残っていない。

しかし関東での将門公の人気は衰える事なく、平安時代の本拠地だった茨城県坂東市の「将門まつり」は二〇二四年で五〇回を重ね、福島県相馬市の「相馬馬追」も復活している。

❖歯痛

歯神《はがみ》さん（山王清兵衛《さんのうせいべえ》）

「山王清兵衛」という侍が、この社《やしろ》「歯神さん」の主《あるじ》である。千住大橋の近く、日光街道を挟んで東側、荒川区の日枝《ひえ》神社参道入口に祀られている。

さる藩の大名行列が参勤交代で江戸を目前にしていた時のこと、清兵衛が歯痛を起こした。いつにも増して激しく痛んだのだろう。それ以上一歩も動けなくなってしまった。それで参勤交代の途中、これ以上主君の供ができないとあっては武士の名折れと、その場で腹を切った。

よほど無念であったと察せられ、「我が魂魄《こんぱく》、長くここに留まりて、我と同じように歯痛に悩む者あらば、きっと救わん」と誓いを立てて、見事果てた（今は、祠のすぐ裏がドラッグストアなのが、何とも皮肉である）。

後に彼の行為に心を打たれた同僚の侍たちが、その遺言通り、彼の魂魄をこの地に祀って供養した。それで土地の人たちは、山王清兵衛を「歯神さん」と呼んで、今に到っている。

この話は江戸時代から知られており『新編武蔵風土記稿』巻之十五「三王社《ママ》」には、「〔…〕鳥居の前に碑一基あり、是を土俗山王清兵衛と呼ぶ、歯痛を祈願するに霊験あり」とある。歯科医者などいなかった時代だから、多くの人が祈ったことであろう。

筆者はこの伝説が好きで、近くに来るたび、「歯神さんは健在だろうか」と参拝に寄る。近所のご老人の話では、最近は周辺にマンションが多く建ち、「歯神さん」を知っている人はめっきり減ったそうだ。

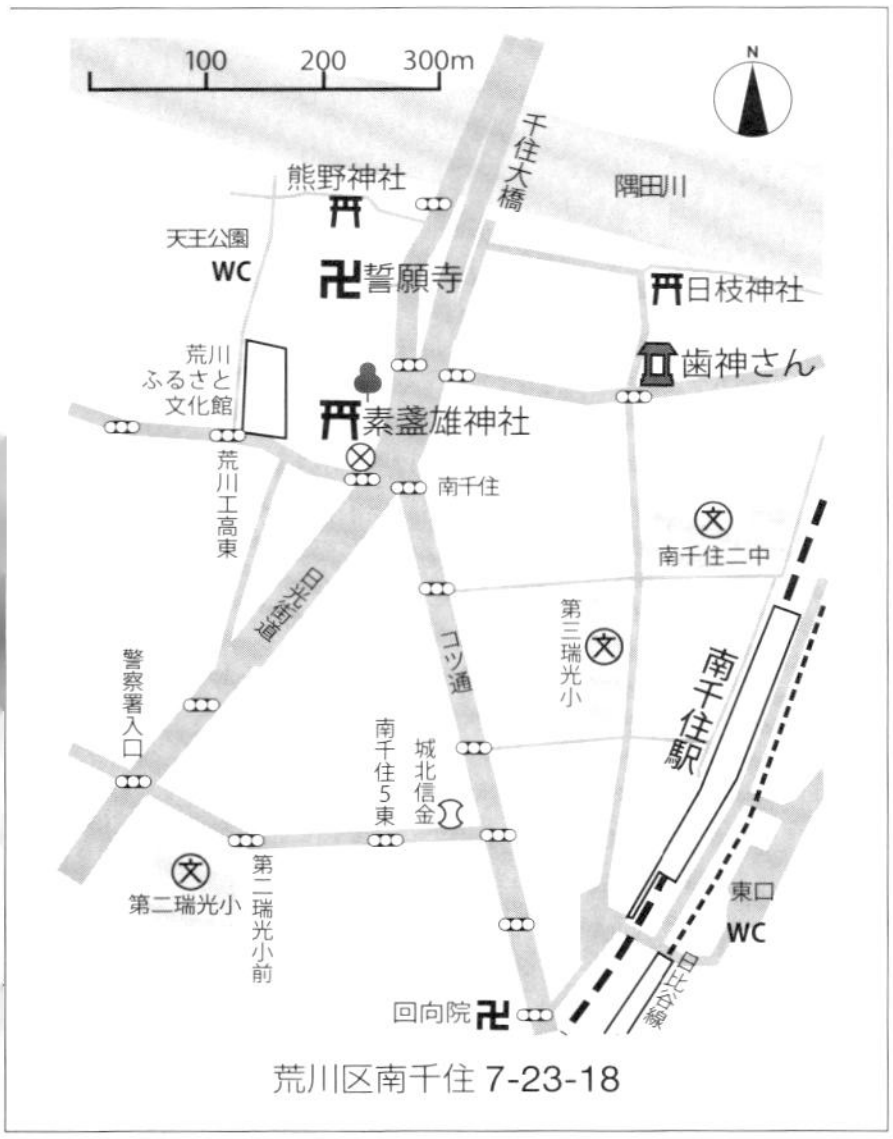

荒川区南千住 7-23-18

歯神さん（写真大）は日枝神社、かつての山王社（山王清兵衛の名の由来か、写真小）の参道口にあったが、今この神社は無人のため、柵で囲われ参拝できない。社殿は小ぶりだが、ずいぶんと立派だ。縁日には近くの素盞雄神社の神官が出向いてくる。歯神さんの解説板もそちらに立っている。

このように、生存中に病気で苦しみ抜いた人が自ら神になって同病の人を救おうという考え方は、いかにも日本人らしい信仰観で、唯一無二の絶対神を奉じる一神教の世界ではありえないことかもしれないし、そのような神が出現したら悪魔とか魔女扱いされてしまうかもしれない。しかし人を救うことを目的として留まる彼らの魂魄こそ、精霊と呼ぶに相応しいと感じる。

【巡拝】誓願寺「狸塚と猫塚」２０８頁、素盞雄神社「大銀杏と逆さ銀杏」２４０頁。

歯神さんの社の中にはこのような石が並んでいるが文字は読めず。

歯神は「歯噛み」に通じるからか、願いが成就すると、錨をがっしりと噛んでいる絵柄の絵馬を奉納していた。「おかげさまで錨も咥えられるほど丈夫な歯になりました」という意味だろうか。

小那姫《こなひめ》の二十腹《はたちばら》（原）霊神《れいじん》

❖婦人病（特に下半身）

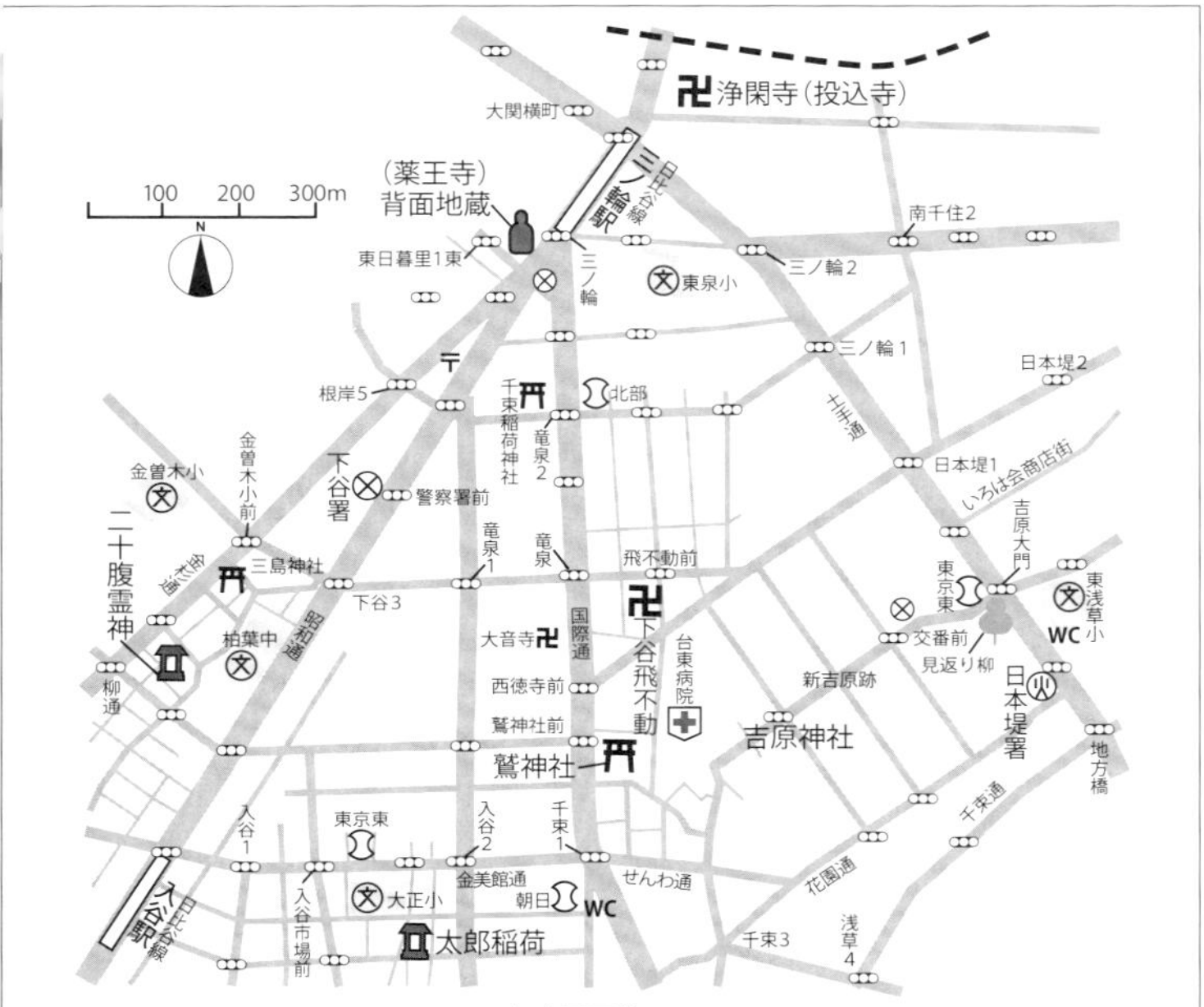

台東区下谷 3-2

「小那姫」とは、出雲国松江藩主で豊臣秀吉の小姓だった堀尾茂助吉晴《もすけよしはる》の次女。小那姫は婦人病に苦しみ、二十歳の時、椿の枝を池の畔に挿し、「わが身は幸薄くして、はかなく終わるが、我が霊を祀る者があれば、永く婦人の病を加護しよう」と水中に身を投げたという。

出雲には、姫の思いを託した椿がやがて花を咲かせ、難病に苦しむ人々を救ったという話が残っている。この話は「小那姫ツバキ（二十原《はたちばら》の椿）」として島根県の民話となっているが、実際に、広瀬町菅原には廿原堤《はたちばらつつみ》神社（二十原さん）が実在し、下谷の当社はその分祀だそうだ。筆者が訪れたときは、狭い参道の入口に植えられた椿がまだ固い蕾をたくさんつけていた。

解説板によると、下谷は松江藩の支藩である広瀬藩の支配下にあったということで、その縁でここに勧請されたそうである。

腹とは女性を表す言葉で、中世、特に戦国時代において「女性は子を産むための一種の道具」と見なされていた頃の蔑視の名残ともいえる表現だ。「二十原霊神」とも呼ばれるが、これはおそらく、直接女性を表す「腹」という言葉を避けるため、後世の民話で「原」と表現したのだろう。

路地に面した小祠の神名が目を惹く。

祠の中の像は小那姫か。

祠の前には鏄《てこ》の入った古い手水《ちょうず》石が置かれているが、これに刻まれている紋は「六目結《むつめゆい》」と呼ばれる珍しいもので、堀尾家の家紋だそうである。

路を挟んだ向かいには「房の家《ふさんち》」があり、近所のご老人が集まってお茶を飲んだり談話ができる集会場になっている。筆者が案内されたときも数人の元気なおばあさんたちがお喋りしていたが、これも二十腹霊神のご加護のおかげだろうか。

二十日の縁日に特に宗教者（神官や僧侶など）を呼ぶこともないそうで、現在までこのように地元の人々の手で大切に守られている姿を見ると、いかにも下町っぽい懐かしさを感じる。

社の周囲には椿が植えてある。

見慣れぬ紋は「六目結」。

秋山自雲《しゅうざんじうん》

❖痔病／腰から下の病

台東区清川一丁目にある日蓮宗本性寺《ほんしょうじ》は、京都本能寺の末寺。山門を入って左手の一画に「痔の神様」として有名な「秋山自雲（秋山自雲功雄尊霊）」の墓がある。墓石は二基あり、大きい方の台石は角が参拝者によって削られている。

『重宝記』には、痔の神として「山谷寺町の入口に痔運《じうん》霊神あり、此ところに来たりて痔疾のいたみをねがふに其しるし〔験〕たちまちなり。俗にこれをさんや〔山谷〕の痔の神といふ。浅草山谷にいたりて是をたづぬればあまねく痔の神とて諸人のしる所なり」とあるから、土地の人にはよく知られていたらしい。

拙著『東京の「年輪」発掘散歩』でも紹介しているが、この秋山自雲は、かつて霊巌島新川の酒問屋であった岡田孫右衛門の手代で、善兵衛といった。その働きぶりを見込まれ、店を継ぐまでになるのだが、三十八歳の時、悪質な痔病を患う。さまざまな治療も効果なく、ついには前世の報いとまで思い詰め、浅草玉姫町（今の清川一丁目）の当寺に出家までして、病気平癒の祈願に努めた。だが、七年間苦しんだあげく。延享元（一七四四）年九月二十一日に没した。

そのような深い愁いと苦しみに耐えられず、常々「我死なば世の中の痔病の事は誓ひてすくふ〔救う〕べし」と誓願していたということである。

それで死後に霊神として、当寺をはじめ、他には秋田、小田原、京都（九箇所）、大阪、兵庫、岡山など各地の日蓮宗の寺に祀られている。痔に限らず、腰から下の病に霊験ありとして、

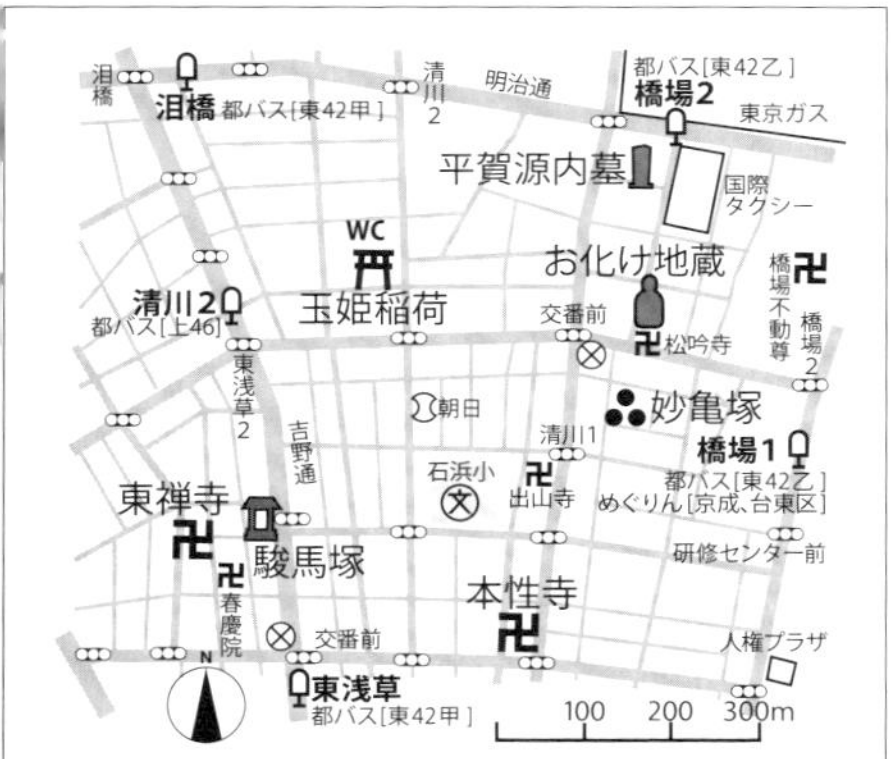

台東区清川 1-1-2　本性寺内

『耳嚢』には「痔の神とて石碑を尊崇して香花など備へ、祈るに随ひて利益平癒を得て、今はいささかの堂など建て参詣する者有り」とあるから、一時期は堂に祀られていたのだろう。

多くの信者を集めているようだ。

『耳嚢《みみぶくろ》』巻之四「痔の神と人の信仰可笑事《わらふべきこと》」には、長年にわたり善兵衛を治療した医師の秋山玄瑞《げんずい》の話として紹介されているが、『耳嚢』の著者たる根岸鎮衛《やすもり》ともあろう人物が、「笑うべきこと」とまで見下げた見出しをつけたのは、理解し難いことである。

むしろ、「人の魂もここまで苦しむと、尊霊にまで昇華する」ということと、捉えたいものである。

【巡拝】「駿馬塚」198頁、妙亀塚「梅若塚と妙亀塚」338頁、玉姫稲荷「口入稲荷」376頁、「お化け地蔵」398頁、東禅寺「江戸六地蔵」434頁。

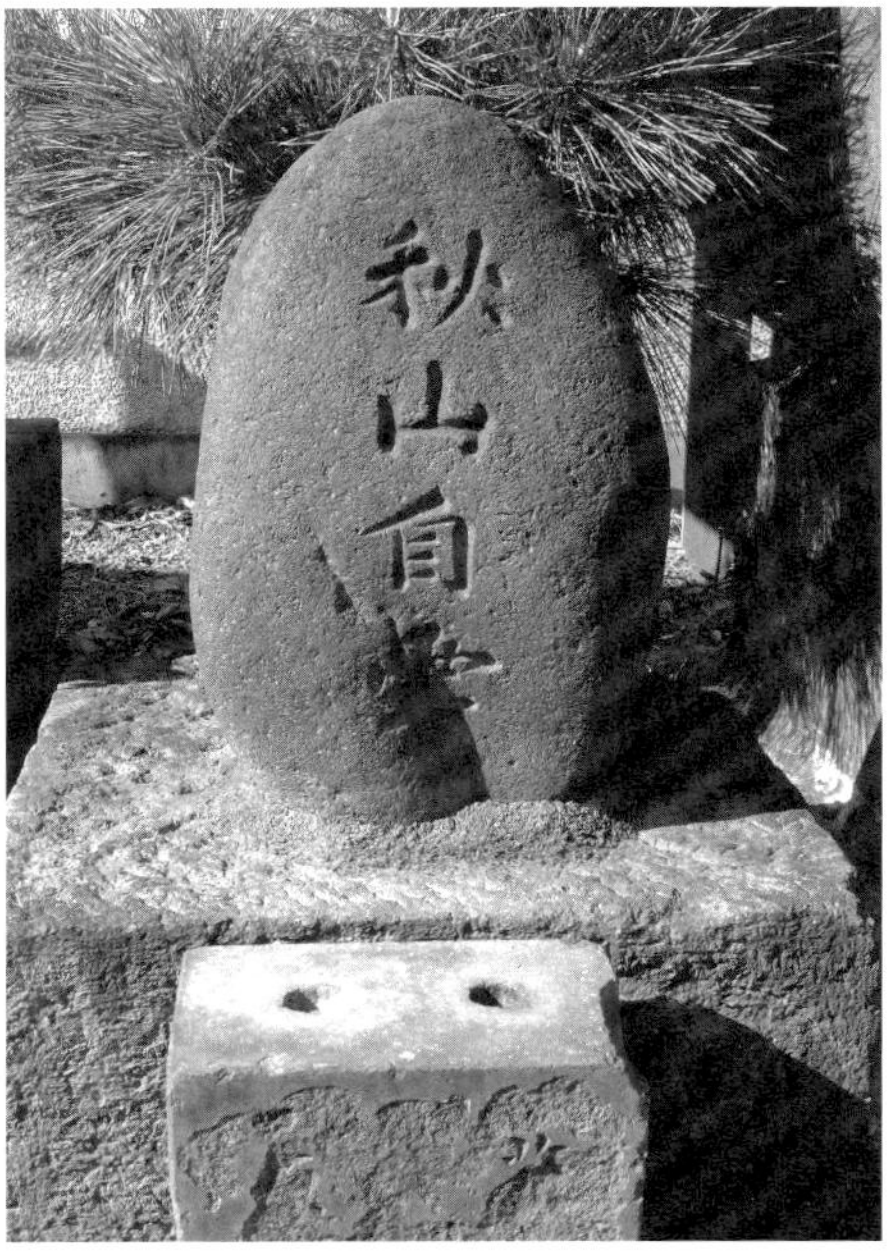

本名は岡田孫右衛門という説もある。

幸崎甚内《こうさきじんない》

❖マラリア／発熱を伴う病気

『重宝記』「幸崎甚内」に、「元禄の昔、幸崎甚内といふもの瘧《おこり》をわづらひ浅草鳥越橋にて命をは〔果〕たしけるとき、ちか〔誓〕つて死後に瘧のわづらひある人、我にねがふものは忽《たちまち》平癒なさしめえさせんとてむな〔虚〕しくなる、今鳥越ばしにいたり己が年をしるし川へ流し平癒なしたるとき竹の筒に水を入れて川へながし茶を共《くう》ずるなり、是もつて世の人のしる所なれどこゝに記す」とある。つまり江戸では誰もが知る有名な話だったらしいのである。

瘧とは間欠熱のことで、隔日か毎日の一定時間に高熱を発する病気。多くは蚊が媒介するマラリアを指す。明治以降の日本では比較的沈静化している。

さて、この幸崎甚内という人物は、武田の家臣で槍の名手だった高坂弾正《こうさかだんじょう》の子であり、宮本武蔵の弟子ともいわれるほどの剣豪で、甲州透波《すっぱ》（忍者）でもあった。主家が滅亡したため二十一歳で江戸に出たが、辻斬りなどの悪事を重ねたのち、江戸を逃れて箱根の山賊の頭領となる。

江戸幕府は甚内を召し捕ろうとするが、剣豪ゆえに手こずっていた。ところが甚内は瘧を患っており、その発作が出たのが浅草鳥越橋の上だった。そこをすかさず捕らえられ、鳥越の刑場で処刑されたのだ。それにしても、なぜ追われる身で江戸に来ていたのか、治療のためだったのだろうか。

捕縛された時、甚内は「我瘧病《おこりやまい》にあらずんば何を召し捕られん。我ながく魂魄《こんぱく》を留《とどめ》、瘧に悩む人、もし我を念ぜば平癒なさしめん」と叫んだという。

台東区浅草橋 3-11-5　甚内神社

甚内橋遺跡碑は浅草橋の別の丁目に立つ（台東区浅草橋3-13-4）。

甚内は幸﨑の他にも書物によっては高坂、向坂、幸坂などと表記されている。いずれも読みは同じ「こうさか」。

これだけの大悪人を霊神として崇《あが》め、実際に甚内神社まで創建したということは、よほど霊験あらたかだったのであろう。

ちなみに、鳥越川は姫ケ池の名残といわれる三味線堀から流れ出し、新堀川と合流して隅田川へ流れ込む細い流れだった。浅草橋五丁目の甚内橋交差点の名が、この地に川が流れていたことを示す記憶となっている。

【巡拝】榊神社「第六天（大六天）」50頁。

この極悪人の幸﨑甚内に吉原を作った庄司甚内、盗品の多い江戸の古着屋を仕切って役人に協力した鳶沢甚内（元忍者）は江戸三甚内と呼ばれた。

近藤《こんどう》勇《いさみ》

❖マラリア／発熱を伴う病気

板橋宿の外れ、千川上水の畔にあった「馬捨て場」で、「近藤勇」は屈辱的な処刑を受けた。

馬捨て場とは全国の村々や宿場などにあり、死んだ牛馬がそこに集められ（死んだ家畜は飼い主でも勝手に処理できなかったのだ）、「穢多《えた》」と呼ばれた人々が武具や太鼓を作るために皮を剝ぐなどの処理をした場所のこと。勇を処刑した側の官軍としては、多くの同志を惨殺されたわけだから、この場所を選んだのも致し方ないところだろうか。

新撰組の生き残り隊士であった永倉新八が建立した勇の墓は、今、ＪＲ板橋駅の西口近く、近藤勇の菩提寺である寿徳寺《じゅとくじ》の境外墓地にある。

この墓には、勇が斬首された後日談が残る。馬捨て場がどこにあったか、もう忘れられかけた頃になってのこと。

ある時、他所から来た女性が、この地で漬け物屋を始めた。なかなかの働き者で、近所の評判も良く店も繁盛したが暫くすると、女性は瘧《おこり》を患い、ずいぶんと苦しむようになった。それを見かねた近所の人が、「あなたの店の立つ場所は、かつて近藤勇が処刑された場所だから、千川上水を渡ってすぐの勇の墓に、お詣りに行ってみたらどうだろう」と忠告したという。それ以来、漬け物屋の女主人は毎日欠かさず勇の墓に詣でて、加護をお願いした。しばらくして、女主人の病はすっかり治ってしまった。

この話が広まってから、勇は「瘧の神」だという評判が広まり、遠方からも人々が墓参りに集まったということである。

北区滝野川 7-8-10　寿徳寺境外墓地

墓石には土方歳三の名も刻まれている。

近藤勇は甘党だった。それを知る人が、刀（長曽禰虎徹）の柄にあんパンを吊るしていた。関東には、勇を慕う人が今も多い。

瘧という病気が封じられた今は、その御利益はほとんど忘れられたようだが、瘧（マラリア）は絶滅したわけではない。

近藤勇の墓は、出身地の調布市をはじめ、愛知県岡崎市、福島県会津若松市、山形県米沢市など、全国に何箇所も知られる。さらに場所によっては、首と胴が切り離されたり、それぞれが奪還されたりと忙しいが、新撰組の活動範囲が広域であったことが原因であろう。

【巡拝】観音堂「馬頭観音」96頁。

勇が処刑された場所は平尾一里塚近くだったといわれるので、そこから暗渠に沿って周辺を探ると200mほど離れた場所に馬頭観音堂があった。しかしここが馬捨場だったという根拠はない。

文付《ふみつ》け・粂平内《くめのへいない》

❖縁結び／恋愛成就／捜し人／病気

台東区浅草 2-3-1　浅草寺内

「粂平内」は無類の豪傑で生涯に八十七名もの人を殺めたにもかかわらず、おそらく本人も想像だにしなかった恋愛成就（付け文《ぶみ》）の神様に祀り上げられてしまった。その強面《こわもて》がちょっと戸惑っているように感じられ、なぜか親しみを感じる。

今でこそ恋愛成就で知られるが、かつての御利益は万能だったらしく、『重宝記』「粂の平内」には、「粂《くめ》の平内石《へいないせき》ハ病気のねがひばかりにあらず諸願ことごとく成就なすとあってしかじかのよしをよく願書にしたため附図（左頁）のごとくなして年号をしるし祠の内へ打ちこみ、願成就のときにいたり大望《たいもう》は鳥居を上《あげ》、小さきねがひには絵馬をおさむることこれもって諸人のしるところなれどここにしるす」とある。『江戸名所図会』巻之六「兵藤平内兵衛《ひょうどうへいないびょうえ》　二王坐禅像《におうざぜんのぞう》」の挿絵には、手前に数本の鳥居と、堂内（像に向かって右壁）に数点の絵馬が掛けられているのが見える。

「粂氏については妻方の名であるらしく、本名は兵藤平内である」とか、「八十七歳で大往生を遂げた」など諸説ある。前述したように、任務または義侠心から何人もの人を殺めたらしいが、ある日感じるところあって、自分の罪を償うため浅草寺《せんそうじ》金剛院《こんごういん》に入り、二王坐禅を修しその姿を石工に刻ませた。その像を人通りの多い仁王門（今の浅草寺宝蔵門）近くに埋め、人々に踏ませたという。

その「踏みつけ」がやがて「文付け」と転訛し、それが「付け文」（恋文のこと）のこととされた。ついには、想う相手に気持ちを伝えてくれる神様になってしまった。この都合の擦り寄

仁王坐禅姿の平内の石像（左）は戦災で焼失したというが、平内堂の中には今も手紙らしき物が納められている。

付け文は誰でも見られたらしく、それを読んだ人が語呂合わせの直感で富くじを当てたという話もある。

りこそが、民間信仰の特徴である。

しかし今の小祠に平内様の像が入っている様子はなく、扉もしっかり閉じられているし、境内を見回しても、かつてのような文付けの流行的信仰は見られないようだ。しかし、秘かにお詣りする人はいるようである。

【巡拝】浅草寺「淡島様」30頁、同「金龍山の仁王尊」32頁、同「龍神・龍王」75頁、同「迷い子のしるべ石」161頁、同「鎮護大使者の狸神」211頁、同「大銀杏と逆さ銀杏」240頁、同「披官稲荷」365頁、同「かんかん地蔵」401頁、同「塩嘗地蔵（銭塚地蔵）」402頁、同「六地蔵石幢」430頁、「姥ケ池の旧跡」345頁。

『重宝記』「粂の平内」より「附図」。

こちらの石像は子どもも泣き出すほどの迫力だったようだ。『江戸名所図会』巻之六「兵藤平内兵衛二王坐禅像」より。

龍谷寺《りゅうこくじ》のたんぼとけ

❖痰／咳／喘息

台東区谷中三崎坂上の龍谷寺の「たんぼとけ」は佐奈田余一《さなだよいち》義《よし》忠《ただ》大善神が守護神である。出自は、源家侍所別当の佐奈田余一義忠という源氏の武士。武勇に優れ、平安時代末期の石橋山の戦いで先陣を務めた。

夜間の大雨の中、わずか十五騎の兵で平家方七十三騎と遭遇、敵の大将格と組み合うが、暗闇のため、駆けつけた味方にはどちらが義忠か見分けが付かず、結局敵方に討ち取られてしまった。享年二十五だった。

この時、義忠は痰がからんで声が出ず、助けを呼べなかったという言い伝えがある。彼が戦死した小田原市には佐奈田霊社があって、喉の痛みや喘息に霊験があるという。

そのようなわけで、龍谷寺に祀られている供養碑には、右から「治承四（一一八〇年）庚子八月廿三日夜」「源家侍所別当佐奈田余一義忠」「相州石橋山合戦討死」とある。

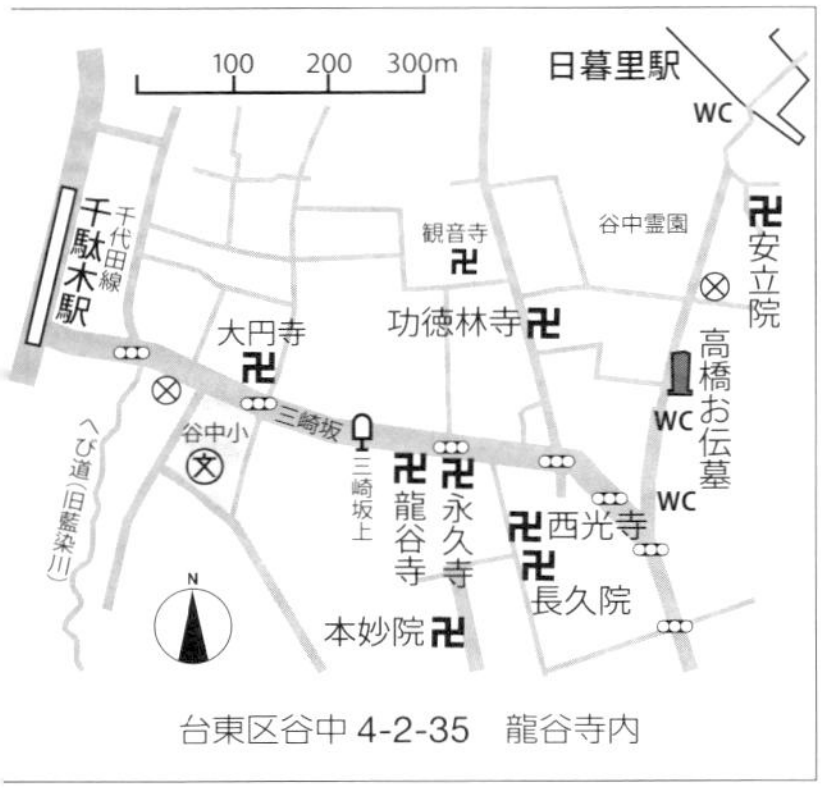

正面奥の供養塔に右の三行が刻まれている。

菊池容斎画『前賢故実』。松の根元で組み合う二人の武士（Wikipediaより）。

【巡拝】西光寺「韋駄天」69頁、「本妙院の金精明神と客人稲荷」133頁、永久寺「山猫めをと塚」204頁、「高橋お傳」288頁、長久院「笑い閻魔」319頁、功徳林寺と大円寺「笠森稲荷と笠森お仙」358頁、安立院「勝軍（将軍）地蔵」427頁。

墨田区

千栄院のたんぼとけ

❖痰／喘息／百日咳

『重宝記』「痰佛《たんぼとけ》」に、「本所押上村法恩寺《ほうおんじ》境内に痰の仏とてあり。たんせき〔痰・咳〕にくるしむもの此ほとけに平癒をねがふに其しるし〔験〕すみやかにあり一七日《いちなのか》精進して塔婆を供じて礼拝す。これを法恩寺の痰仏といふ」とある。今、その地は墨田区太平一丁目となっており、法恩寺の参道脇にある塔《たっ》頭《ちゅう》（子院）のひとつ千栄院に祀られている。

千栄院は、「たんぼとけ霊場」と呼ばれている。このたんぼとけの本体は道晴尊《どうせいそん》と呼ばれる神で、祖師（日蓮）像及び大曼荼羅のご本尊とともに、本堂に安置されているようである。

道晴は江戸時代の人で喘息に苦しんでいたが、法華経を信仰し、千栄院で日に一万回のお題目を唱えて喘息が平癒したという。それで、道晴の死後は道晴尊としてお祀りするようになったということである。

墨田区太平 1-24-2

たんぼとけの碑。本体は本堂にある。

【巡拝】陽運院「日朝上人・めぼし霊場」276頁、法恩寺「太田道灌と紅皿」279頁、妙見山別院「妙見山の鷗稲荷」364頁。

墨田区

日朝上人《にっちょう》・めぼし霊場

❖眼の病

墨田区陽運院《よううんいん》は前項（⇨275頁）で紹介した千栄院《ちえいいん》の向かいにあり、やはり法恩寺の塔頭《たっちゅう》。こちらは「めぼし霊場」として知られ、日朝上人秘伝の眼病守護の冥加《みょうが》（神仏の加護）を授かることができる。

日朝上人とは室町時代に身延山久遠寺第十一世法主となった僧で、身延中興の祖の一人といわれる。全百十二巻の『補施《ほせ》集《しゅう》』（法華経などの注釈書）を執筆中に何度も病臥し、一時は致命的な眼病を患いながらも、それを克服して「書写行」ともいえる執筆を続けた。このことから、眼病守護の聖人として信仰されるようになった。

本書の主旨は、庶民が街角で気楽に拝める神仏の紹介だが、日朝上人尊像は本殿の中に祀られており、普段は外からは拝めない。しかし、眼の悩みを持つ人なら誰にでも「めぼし護符」を授与してくださるとのことなので、ここに紹介する。

墨田区太平1-25-12　陽運院内

日朝上人尊像（写真提供：陽運院）

【巡拝】「千栄院のたんぼとけ」275頁、法恩寺「太田道灌と紅皿」278頁、妙見山別院「妙見山の鷗稲荷」364頁。

日荷《にちか》上人

❖足腰の病

日荷《にちか》《にっか》上人とは南北朝時代の僧で、二体の仁王像を抱えて三日三晩歩き通したことから、「健脚の神様」として今でも多くの人から信仰を集めている。

「東京の迷信　日荷さま」（『東京朝日新聞』明治四十〔一九〇七〕年十一月）には、「谷中三崎延寿寺《えんじゅじ》〔延寿寺〕の日荷さまといふは日蓮宗の僧日荷のことで、曾て武州金沢に居た時称名寺《しょうみょうじ》の住僧と戯れに碁を囲み、彼寺の仁王を賭物《かけもの》とした、所が日荷が打負けて之を背負ひ、甲州の身延まで登つたのだ、いかにも健脚だといふ所より、扨《さて》こそ足の病に願をかけることになつたものださうで、額堂には美術的に作つた草履や下駄が沢山納《おさま》つて居る」とある。しかし今では、「碁に勝ったのは日荷さま」ということになっているようだ。

いずれにせよ、二体の仁王像を背負って歩くなど、常識では考えられない頑強な足腰の持ち主である。

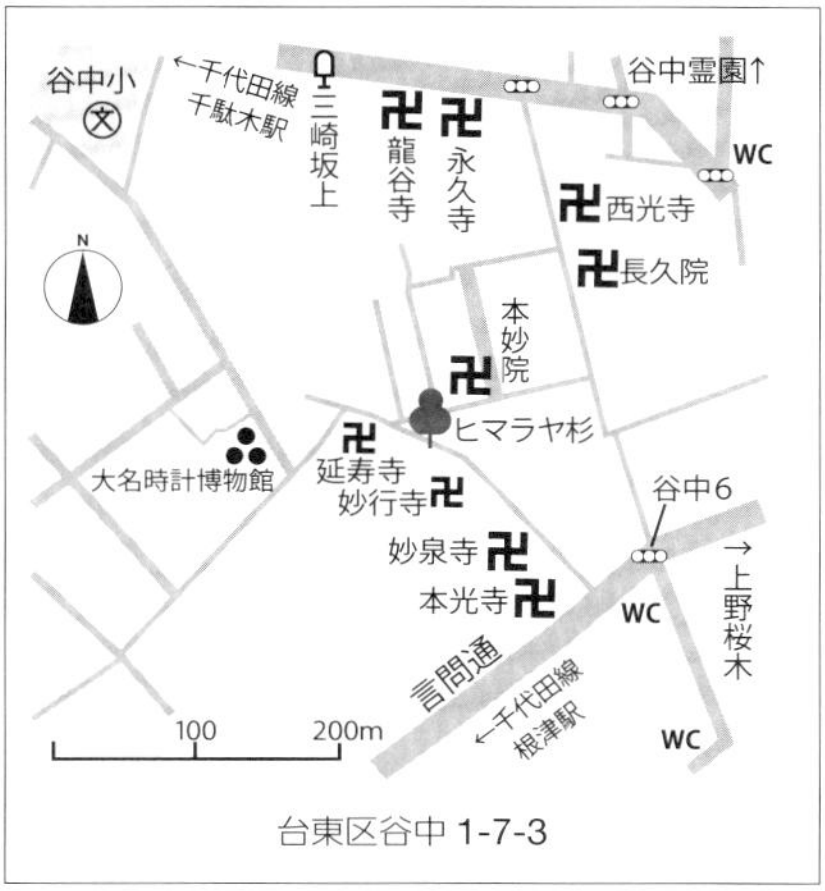

二体の仁王尊を背負って歩く日荷上人は迫力満点。

【巡拝】本光寺「人頭さま」39 頁、妙泉院「貧乏神」40 頁、延寿寺「上行（浄行）さま」56 頁、西光寺「韋駄天」69 頁、「本妙院の金精明神と客人稲荷」133 頁、永久寺「山猫めをと塚」204 頁、「龍谷寺のたんぼとけ」274 頁、長久院「笑い閻魔」319 頁。

太田《おおた》道灌《どうかん》と紅皿《べにざら》

❖［太田道灌］勝負運向上　［紅皿］学問・才能向上

大多数の江戸っ子は、平将門（⇩260頁）と並び、「太田道灌」が好きなのではないだろうか。東京は江戸太郎（重長《しげなが》）から太田道灌（資長《すけなが》または持資《もちすけ》）、そして徳川家康の時代を経て創られ、いまや国際的な大都市にまで発展した。

道灌は扇谷《おうぎがやつ》上杉氏の家宰《かさい》（筆頭重臣）を務め、江戸城の原形を築いた。だが無類の戦上手《いくさじょうず》ゆえ主君の上杉定正に疎まれ、讒言《ざんげん》のあげく惨殺された。江戸っ子の道灌好きには、判官贔屓《ほうがんびいき》的な感情もあるのだろう。馬上の道灌の勇ましい姿は日暮里駅の荒川区側で、その立像は有楽町駅の東京国際フォーラム内で見られる。

この武将が今の新宿や高田馬場辺りまで鷹狩りに出かけ、雨に降られたことがあった。とある農家を訪れ雨具（蓑《みの》）を所望すると、少女が出てきてひざまずき、山吹のひと枝を差し出したまま何も言わない。道灌はさすがに大物だから腹は立てなかったが、訳がわからぬままに「口もきけぬとは気の毒な娘よ」と、雨具は諦めた。

道灌は「七重八重《ななえやえ》　花は咲けども　山吹の　みの一つだになきぞ悲しき」という『後拾遺集』の古歌を知らなかったわけだ。八重の花は総じて雄しべ雌しべが花弁に変化しているため、結実しない。つまり、蓑一つさえ出せない悲しさ、貧しさを、少女は無言で示したのだ。屋敷へ帰ってその意を知った道灌は、己の無学を大いに恥じたという。これが有名な山吹の里の逸話である。

これ以降の道灌は歌にも励み、山吹を差し出した才媛の少女

新宿区新宿 6-21-11　大聖院内

日暮里駅前の太田道灌像（荒川区西日暮里2-19-1）。

新宿区大聖院の紅皿のものと伝わる墓は都内唯一の十三仏板碑。

新宿中央公園の「久遠の像」（新宿区西新宿2-11）。

墨田区法恩寺の「道灌公記念碑」（墨田区太平1-26-16）。

新宿区市谷亀岡八幡宮の絵馬（新宿区市谷八幡町15）。ひと枝の山吹を道灌に差し出す紅皿。

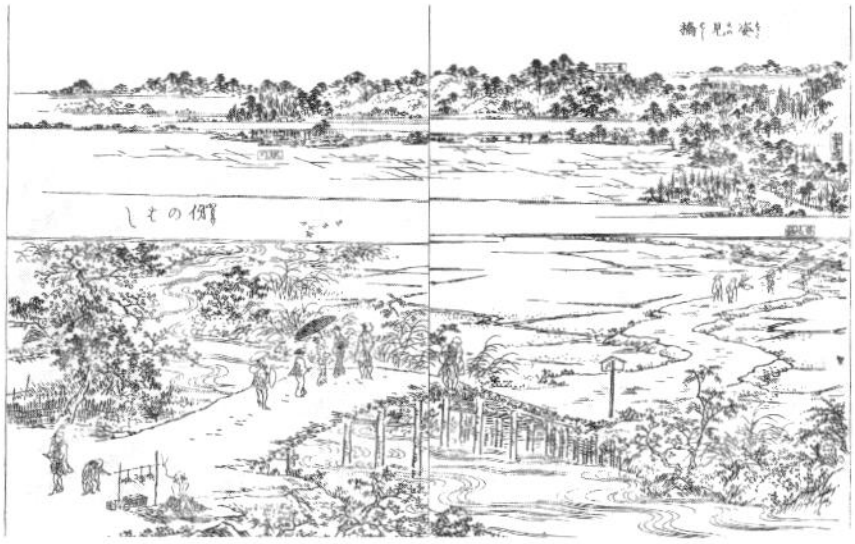

今の神田川に架かる面影（俤）の橋。『江戸名所図会』巻之四より。

面影橋の北詰にある「山吹之里碑」は如意輪観音が彫られた墓石（豊島区高田2-1-15）。

「紅皿」を屋敷に招き入れ、生涯の歌の友としたという。道灌の死後、紅皿は尼となって大久保に庵《いおり》を結び、そこで生涯を終えた。新宿の中央公園に、紅皿が道灌に山吹のひと枝を差し出している「久遠《くおん》の像」がある。

二人の出会いは、今の神田川に架かる面影橋や西早稲田三丁目の甘泉園《かんせんえん》公園あたりとされている。

また、江戸時代中頃から「紅皿の墓」として伝承され始めた板碑は、新宿六丁目の大聖院《だいしょういん》（西向《にしむき》天神社）にある。

【巡拝】花園神社「芸能浅間神社」60頁、同「威徳稲荷大明神」142頁、稲荷鬼王神社「鬼」322頁。

文京区

甘酒の婆様《ばばさま》

❖咳／子どもの守護

文京区小日向一丁目の日輪寺《にちりんじ》に鎮座しているこちらの婆様の石像は、咳に御利益があることで知られている。

像の前に置いてある湯飲みに「甘酒婆《あまざけばば》地蔵尊」と書かれているため、「甘酒地蔵」と紹介されている場合もある。だが石像を無分別に地蔵尊にしてしまうのは、筆者には少々抵抗がある。左顎の部分が少し欠けているが、丸顔の可愛らしいお婆さんで、凜としていて、浅草寺新奥山の瓜生《うりゅう》岩子女史像を彷彿《ほうふつ》とさせる。

像の由来については、「この婆の売る甘酒は風邪に効くと評判で、その死後、彼女を偲んで造られた」とか、「かつて日輪寺の近くで甘酒を売っていた老婆がひどい咳に悩み、同じ病気の人々を救いたいと言い残して亡くなったことから、寺の住職が咳に悩む人たちのために老婆の像を彫った」などといわれている。それで人々は、甘酒を供えて祈願するようになったそうである。

ところが、お供えを片付けなかったのか、「東京の迷信　甘酒のをば様」（『東京朝日新聞』明治四十（一九〇七）年十一月）によると、「小石川第六天町日輪寺の境内に甘酒のをばさまといふ妙な名の石像がある、近来繁昌を極めて居るが、効験は、咳一切とあつて、御花客《おとくゐ》は子供に限られてゐる、祈願中は毎日甘酒を上るので石像の周《まはり》は竹筒や正宗の空壜が夥だしく、また傍らの溜箱には患者の使用した茶碗や盃の破片《かけ》が堆積して、其の穢《むさ》ろしいことはお話にもならぬ」という具合だったが、今は左右の脇侍に不動明王と観音菩薩を従え、すっきりした環境で

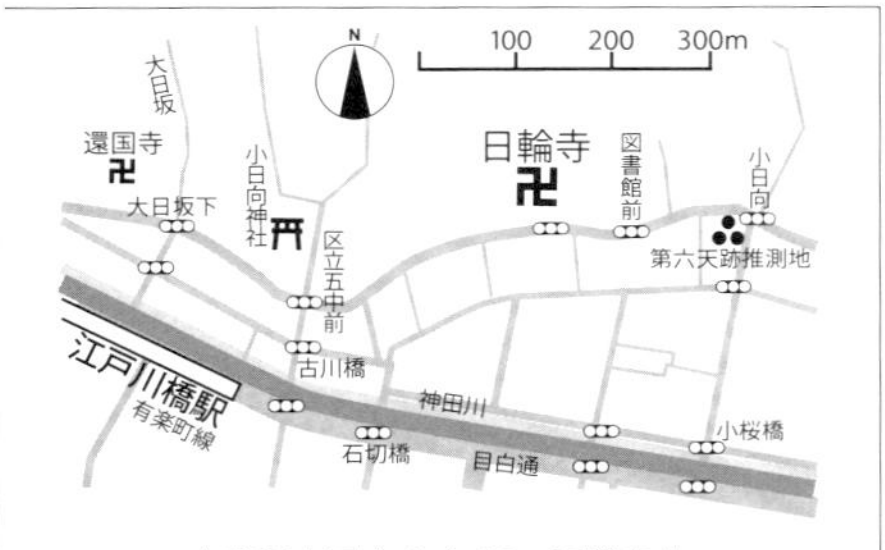

文京区小日向 1-4-18　日輪寺内

＊かつて小日向の神田上水脇にあった「第六天祠」（⇨50頁）は、現在「牛天神」（北野神社）の摂社である高木神社に移され、太田神社の「貧乏神」（⇨40頁）と合祀されている。

婆様に向かって右下に立つ不動明王の光背（神鳥が吐くカルラ炎）には左右の肩と頭上に鳥の頭がはっきりと確認できる。

婆様といっても今見ればまだまだ若い。子どもにも人気が出そうだ。

居住まいを正している。

ついでながら、青森県でいう「甘酒婆」とは真夜中に甘酒を求め歩く妖怪のことで、「甘酒はござらんか」といいながら各家の戸を叩いて回り、「ある」と言っても「ない」と言っても、答えた者は病気になってしまう、いわゆる疫病神だった。後に江戸、大阪などの大都市にも出没したらしい。

一方、長野県飯田市周辺では、冬の真夜中に戸を叩いて甘酒を売って歩いていたそうだ。

いずれにせよ、婆様と甘酒は縁が深そうである。

【関連】「咳の爺婆尊」158頁。

甘酒の婆様は石仏群の奥に鎮座している（写真右端）。

鼠小僧次郎吉《ねずみこぞうじろきち》

❖すり抜け／勝負事／受験／金運／持病

盗賊としては石川五右衛門に並ぶ、歴史的有名人。

天保三（一八三二）年、市中引き回しの上、伝馬町《てんまちょう》牢内で首を刎《は》ねられ（天保二年八月説あり）、その後、千住小塚原で三日間首を晒《さら》されたという。引き回しの時は、ずいぶんと洒落た恰好をして、口紅をさした薄化粧までしていたそうだ。自分の人気を意識していたのだろう。

両国回向院　墨田区両国 2-8-10

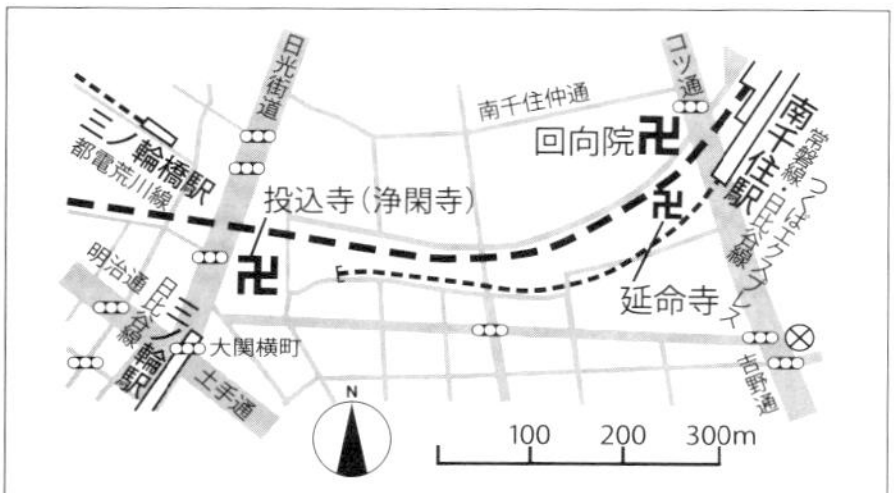

小塚原回向院　荒川区南千住 5-33-13

それは義賊としての人気のゆえだが、実際には、武家屋敷へ十年間、百二十二度も忍び込んで盗み出した金三千両余りは、全て酒食、遊興、博打などで使い果たしていたようだ。その間、同棲したり身請けした情婦や妾はすべて酌婦で、かつ、いち、さん、はなどが知られている。享年三十六とも三十七ともいわれているから、ずいぶんスリルと快楽に耽り、太く短い人生を送ったことだろうが、決して物語で描かれてきたように庶民にお宝を還元した義賊だったわけではないらしい。

武家屋敷にしか押し入らなかったことは確かなようだが、それも本人の告白によれば、商家は戸締まりが厳重で忍びにくいのに比べ、武家屋敷は構えこそ厳重だが、いったん侵入してしまえば内部は意外と不用心だったからということである。侵入には、若い頃の鳶人足《とびにんそく》の経験が生きたようだ。

また、ここまで被害が広まった理由は、体面を重んじた武家が不名誉を恥じ、被害届を出さなかったからといわれている。このあたりが、庶民に溜飲の下がる思いをさせた理由だったかもしれない。

墓石は両国と小塚原の回向院《えこういん》にあるが、今はそれぞれに新旧

小塚原回向院の墓石。奥に削られて丸くなった石が見える。

両国回向院の墓石。手前の白くなった石が削るための墓石。

二基ずつある。かつては勝負事の守りとして、今は受験生が合格祈願のため、墓石を欠いたり削ったりして御守りにしてしまうためである（欠き石）。一人の盗賊が四基（以上）の墓を持っていることすら珍しいが、全盛期には三年と同じ墓碑が保《も》たなかったそうで、形を失った石塊を集めて周囲の塀にしていたという。これを人々は「鼠塚《ねずみづか》」と呼んだそうだ。

ちなみに、小塚原にある墓は高橋お傳《でん》の墓の隣に立っている。あの世でどんな話をしていることやら。

【巡拝】両国回向院近くの江島杉山神社「宇賀神」76頁。

四代目市川小團次の鼠小僧。画は二代目歌川豊国。

大江戸両国
伝統祭
DENTOU MATURI

墨田区では「大江戸両国・伝統祭（旧大江戸両国・からくり祭）」のシンボルマークを鼠小僧次郎吉のイメージにしている。

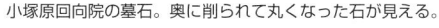

鬼薊清吉《おにあざみせいきち》

❖受験／すり抜け／賭け事

なかなか捕えられなかったため、「すり抜け」の神となった盗賊が、「鬼薊清吉」。上方落語の演目や、歌舞伎の『小袖曽我《こそでそが》薊色縫《あざみのいろぬい》』『花街模様薊色縫《さともようあざみのいろぬい》（十六夜清心《いざよいせいしん》）』、池波正太郎の「鬼平犯科帳」第一シリーズ第三十三話『鬼坊主の花』などに登場する。

鬼薊清吉は、文化二（一八〇五）年に小塚原刑場で打ち首獄

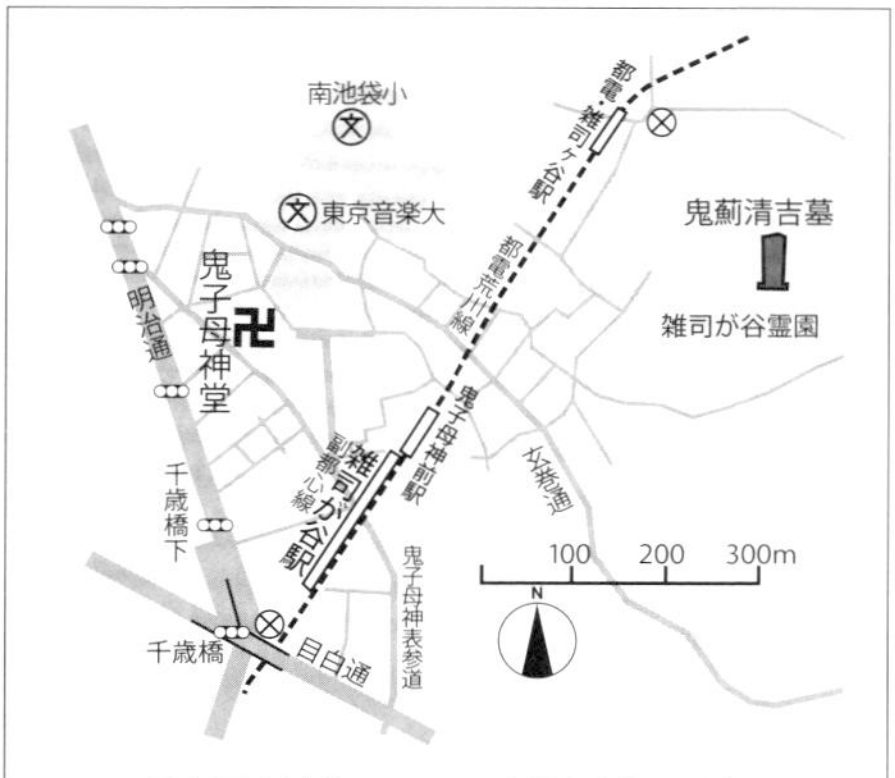

豊島区南池袋 4-25-1　雑司が谷霊園内

門となった「鬼坊主清吉」という実在の盗賊がモデルである。十六夜とは情婦の名。

悪坊主あがりの悪党といわれ、初めに捕えられた時は入墨と鞭打ちの刑で済んだのだが、その二筋の入墨をモグサで焼き、それがバレて次に三筋の入墨を入れられ、江戸追放となる。しかし江戸を出ず、「一人殺すも千人殺すも、取られる首はたった一つ」とばかり、仲間の左官粂《さかんくめ》、入墨三吉《いれずみさんきち》らと共に、白昼から通行人の所持品を強奪するなどの荒稼ぎを繰り返した。

しかし結局は江戸を抜け出し諸処を逃げ回り、最後は京都の大仏前で捕えられたのも、坊主だった因果であろうか。それゆえ「鬼坊主」と呼ばれたのかもしれない。

一方で、じつは僧侶だったわけではなく、身体が大きく異様な風体だったという説もある。それが、棘《とげ》が大きく鋭い鬼薊を名に冠された由来かもしれない。

墓は雑司ヶ谷《ぞうしがや》霊園（1種8号5側）にあり、今でも墓の周囲には、「すり抜けを願う」受験生が願い事を書き込んだハンカチやタオルなどが下がっている。

辞世の句は、有名な割に微妙に異なる数タイプが残されてい

身体が大きく、乱暴者とあっては襲われる方はたまったものではないが、これも江戸時代の悪党の一つの美学なのだろう。画は歌川豊国。

現代の若者（受験生）にこれほど人気が出るとは、本人は思いもよらなかったことだろう。

る。

「武蔵野の名もはびこりし鬼薊　時の暑さにかくも萎《しお》るる」

「武蔵野の名もはびこりし鬼薊　今日の暑さにかくて萎るる」

「武蔵野にはびこる程の鬼薊　今日の暑さに枝葉しほるる」（墓地のプレート）

「武蔵野に名ははびこりし鬼あざみ　今日の暑さに少し萎れる」

……などなど。劇化されたり文章になった時点で、作者の思い入れがそれぞれに反映されたのだろうか。

【巡拝】雑司が谷鬼子母神「地主神」24頁、同「鬼子母神」112頁。

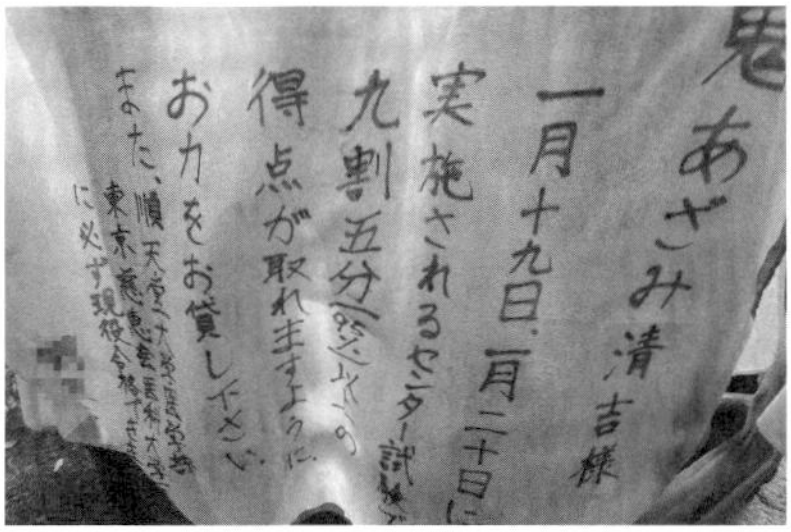

困ったときの神頼みとはいうが、「すり抜け効果」を期待するようでは、受験に成功してもその後の人生はあまり期待できそうもない。それでも願を掛ける人にとっては真剣だ。

八百屋お七《しち》

❖恋愛成就／頭痛／［ほうろく地蔵］眼・耳・鼻の病

天和三（一六八三）年三月二十九日、火あぶりで処刑された「八百屋お七」は、わずか十六。動機も一途な幼い恋の暴走だったということで、井原西鶴の浮世草子『好色五人女《こうしょくごにんおんな》』や歌舞伎、浄瑠璃の題材になったことはご存じの通り。

お七は本郷で八百屋（御用達の豪商だった）を営む夫婦の養女だった。天和元（一六八二）年の大火（火元は文京区大円寺《だいえんじ》）で家が類焼したため、一家は文京区駒込の円乗寺《えんじょうじ》に寄寓。その寺の小姓であった吉三《きちざ》と恋仲になる（お七の相手には諸説あり）。一年半後に本郷の家が再建されるまで、二人は一つ屋根の下で甘美な日々を過ごした。やがてお七は新しい家に帰るものの吉三への恋心は募るばかり。「再び家が焼ければ、また円乗寺に戻れる」と思い込むようになり、放火を実行する。

お七を裁いた町奉行の甲斐庄正親《かいのしょうまさちか》は、十六歳の純な命を何とか救おうとして、「おまえの歳は十五であろう」と再三問い糾《ただ》すが（十五歳以下は罪一等を減じられ死罪は免れるが、奴刑《しゃっけい》となる）、彼女は十六であると主張し続ける。ちなみに奴刑とは「非人」に落とされることで、特に若い女性なら生涯を女郎として生きなければならず、彼女はそれを承知で極刑を望んだという話もある。

そして鈴ヶ森刑場において、彼女は生きたまま火あぶりの刑に処せられた。お七の遺体は、実母が故郷の長妙寺《ちょうみょうじ》（現・千葉県八千代市）に埋葬したというが、一般的に知られる墓とお七地蔵は、彼女が戻ろうとした円乗寺や、鈴ヶ森近くの密厳院《みつごんいん》にもある。

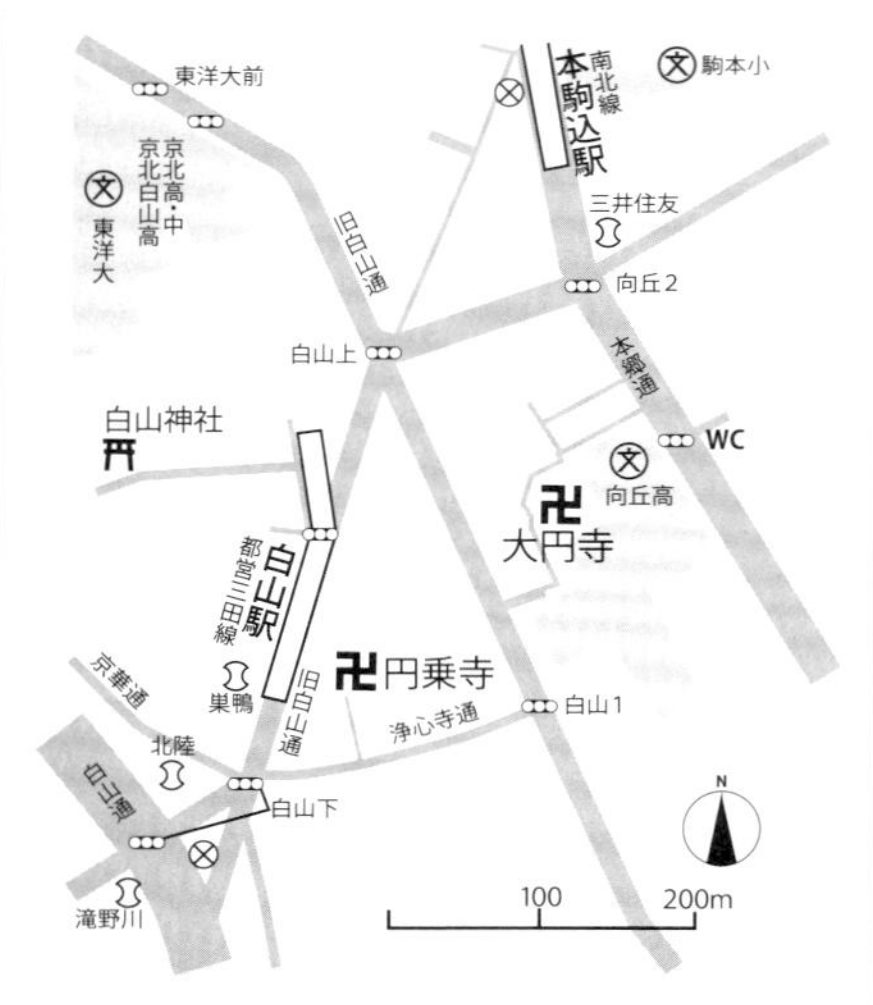

お七の墓とお七地蔵　文京区白山 1-34-6　円乗寺内
ほうろく地蔵　文京区向丘 1-11-3　大円寺内

文京区向丘にある大円寺の「ほうろく地蔵」。ほうろくとは、ふちの浅い素焼きの土鍋のこと。このお地蔵様は熱したほうろくを自ら頭に被り、お七の受けた焦熱の苦しみを受けておられるのだという。

大田区密厳院にあるお七地蔵。お七の三回忌に鈴ヶ森刑場に小石川村百万遍念仏講中によって建立されたが、ある日一夜にして密厳院に飛来したという伝説が残る（大田区大森北3-5-4）。

上：円乗寺のお七の墓。中央は住職、右は役者の岩井半四郎、左は近所の有志が建立。下2点：同寺のお七地蔵。

また、円乗寺近くの大円寺には、彼女の罪業と処刑時の火の苦しみを救うための「ほうろく地蔵」がある。長野県善光寺にもお七地蔵があるから、彼女に対する社会の同情は全国規模であったといえる。

一方の吉三は、ほどなく出家した。高野山へ入ったとも、明王院《みょうおういん》（現在は目黒雅叙園）の僧で目黒川に雁歯橋《かりば》（太鼓橋）を架けた西運《さいうん》上人のことだともいわれ、雅叙園脇の行人坂にある大圓寺に上人の石碑がある。

【巡拝】大円寺「とろけ地蔵」421頁。

鈴ヶ森刑場に残る火あぶりに使用した磔台。

恋人の吉三はお七供養のため僧・西運となり、菩提を弔う（画は目黒大圓寺の碑より）。

市中を引き回しされるお七。画は伊藤晴雨。

高橋お傳《でん》

❖三味線上達／芸事向上

「高橋お傳（伝）」の別名は「明治の毒婦」。嘉永三（一八五〇）年に上野国《こうずけのくに》（今の群馬県）前橋に生まれ、明治十三（一八八〇）年に三十歳という若さで斬首された。

最初の夫であった浪之助が悪病にかかり身体の自由を失ったのでこれを毒殺、他の男のもとに走り、その後、各地を放浪しながら悪事を重ねたそうだ。やがてヤクザ者の市太郎と生活を始めるものの、借金が重なり、古物商の後藤金蔵（吉蔵）から金を借りるために一晩身を任せるが、金蔵が約束を違え金は貸さないと言うので逆上。剃刀《かみそり》で男の喉を掻き切って殺害（お傳の方が騙したとも）し、そのまま二百両の金を奪って逃走した。

死刑執行の場所は市ヶ谷監獄内だったが、斬首の際に「もう一度市太郎に逢いたい」と暴れ狂い、泣きもがいたため、さすがの首斬り浅右衛門もお傳の首を刎《は》ね損じ、最後は地面に押し伏せて押し斬りに挽《ひ》き切ったという凄惨な状況だったという。

処刑の後、異常なる情欲を持つ肉体とみなされた遺骸は解剖され、その女性器はホルマリン漬けにされたということだ。一時は東京大学法医学教室に保管され、低俗な好奇の目に晒された。一種の女性蔑視である。

彼女の墓は荒川区小塚原の回向院《えこういん》と台東区の谷中霊園にあり、鼠小僧次郎吉などヤクザな有名人たちと墓友《ハカトモ》になっている。戒名は「榮傳信女《えいでんしんにょ》」。

ただし谷中霊園の方には納骨はされておらず、お傳一代記『高橋阿伝夜叉譚《たかはしおでんやしゃものがたり》』を書いた仮名垣魯文ら有志によって建立された碑だということだ。谷中霊園のトイレの傍らにあるその碑

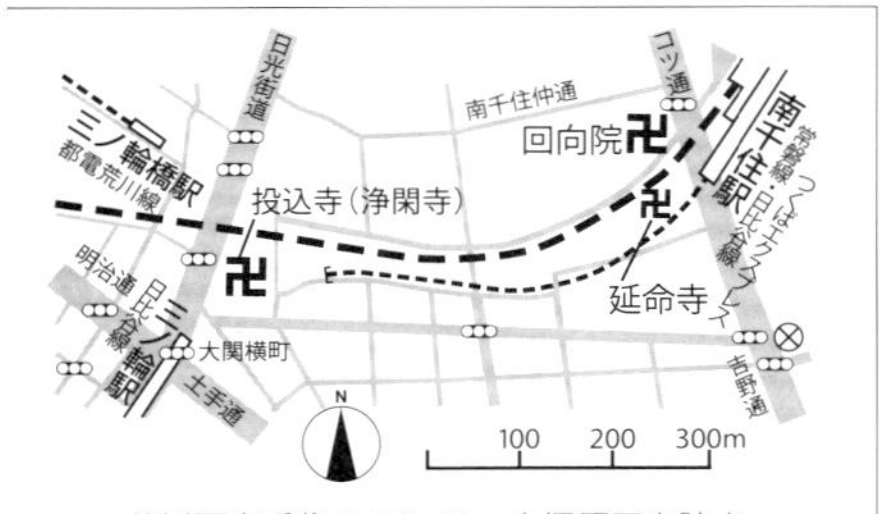

荒川区南千住 5-33-13　小塚原回向院内

お傳の斬首場面。

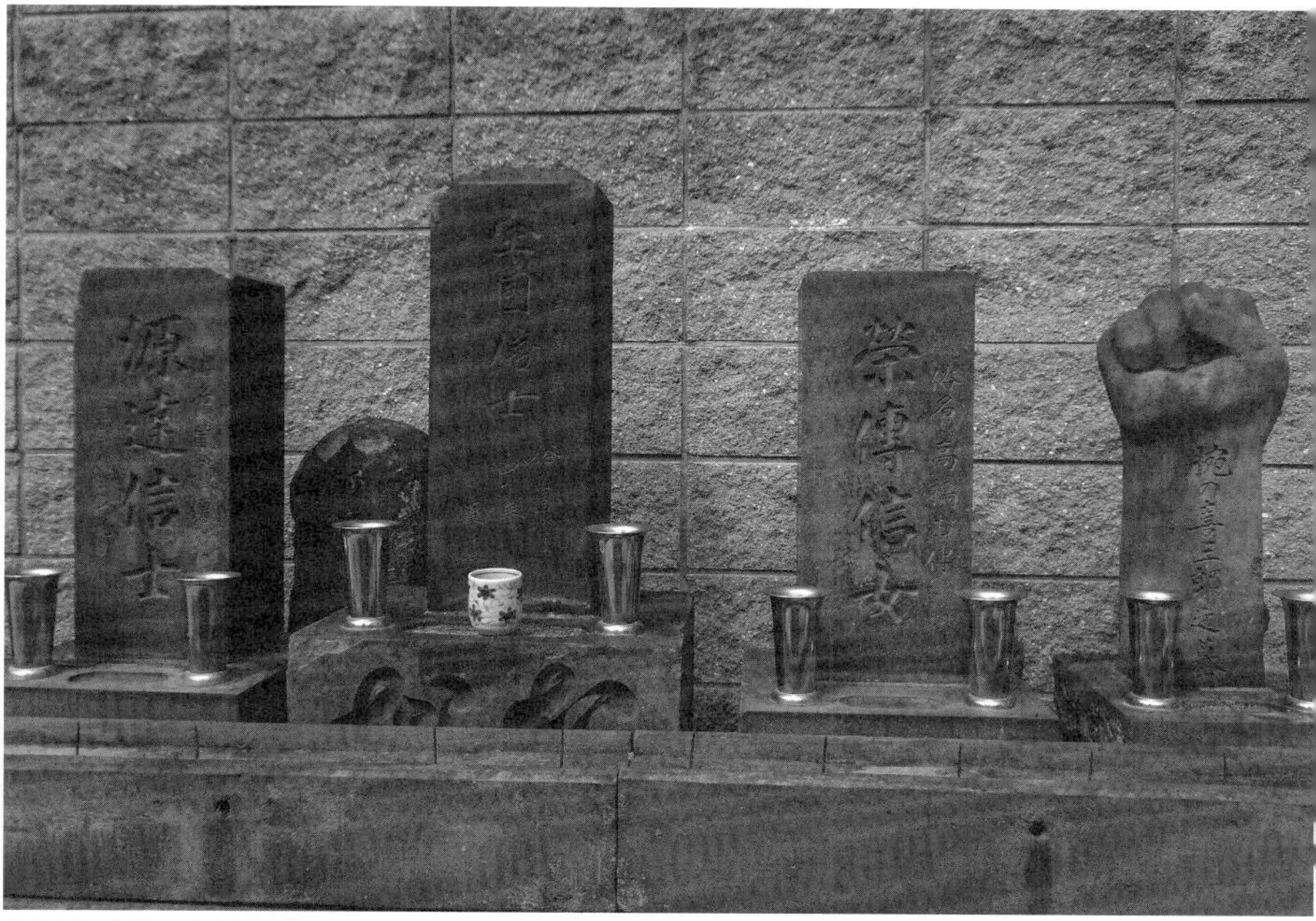
荒川区回向院に並ぶ無頼漢や侠客たちの墓。左から鼠小僧、片岡直次郎、高橋お傳、腕の喜三郎。

には、いつも花が絶えず、お参りすると三味線が上達するといわれている。そこには「しばらく　望みなき世にあらむより渡しいそぐや　三津の河守」という辞世の句が刻まれている。

　正岡子規の句にも「猫の塚　お傳の塚や　木下闇」と詠み込まれているが、「猫の塚」こと魯文ゆかりの山猫めをと塚は数百メートル西の谷中三崎町永久寺《えいきゅうじ》に移されている。

【巡拝】永久寺「山猫めをと塚」２０４頁、「鼠小僧次郎吉」２８２頁。

台東区谷中霊園にあるお傳の碑（台東区谷中7-5-24 甲2号1側）。

谷中霊園が所有するお傳の写真。

一般に知られるお傳の写真。上の写真に似ていないことはないが、こちらはでき過ぎか。

夜嵐《よあらし》おきぬ

❖浮気防止／一途な恋愛成就

　矢田挿雲『江戸から東京へ（二）』によれば、「〔…〕原田おきぬは、白蠟のような色沢《いろつや》をして、眼切れのながい、凄いほどの美人であった。おきぬは後に断頭台にのぼされ、夜嵐の覚めて跡なし花の夢　というまんざらでもない俳句を残して死んだ。この俳句が一時非常に喧伝し、原田おきぬよりも、夜嵐おきぬの方が通りがよくなった」とある。挿雲は彼女の波乱に満ちた短い人生に興味を持ったのだろうが、実際には、このような句は映画や芝居の中での話のようだ。

おきぬの墓　墨田区東駒形 3-21-3　福厳寺内

　おきぬは弘化年間（一八四四～四八）頃に漁師の娘として生まれ、十六歳で江戸に出て芸妓になり、「鎌倉《かまくら》小春《こはる》」と名乗ると、その美貌から江戸中の評判を呼ぶ。すぐに大久保佐渡守（下野国烏山藩三万石城主）に見初められ、側室となって世継ぎを生むが、数年後に佐渡守は死去、おきぬは半ば強制されて仏門に入り、名を「真月院《しんげついん》」と改めるが、もともと信仰心などはなかった。

　箱根に温泉療養に出かけた折に、日本橋の呉服商紀伊国屋の倅で「女殺し」「今業平《いまなりひら》」の異名を持つ角太郎と出会い、恋に落ちる。二人の関係は江戸でも続き、乱行《らんぎょう》が大久保家に知られて同家から追放。元の芸者生活に戻るが、やがて浅草仲見世に半襟店を出すと、それがまた大評判となり、旧幕府の御鷹《おたか》匠《じょう》だった士族で、金貸しをしていた小林金平の目にとまる。

　小林は明治二（一八六九）年におきぬを身請けし、浅草猿若町の妾宅に囲って溺愛する。だが病弱の身であったので、飽き足らぬおきぬは歌舞伎役者の璃鶴《りかく》（後の二代目市川権十郎）の役

おきぬの墓がある福厳寺の赤門。

墨田区側から駒形堂を望む。この辺りでおきぬは璃鶴と一緒になる日を夢見て暮らした。

「明治五壬申年」（1872）と彫られたきぬ（「俗名　原田きぬ子」とある）の墓石は意外と質素で小さく、位牌を少々大きくした程のサイズしかない。白菊の花が添えられていた。訪れる者はめったにないという。

夜嵐おきぬの物語は戯作者と絵師の脚色が大きいという。

者買いにのめり込む。その口車に乗せられ、彼との結婚を願うあまり、旦那の小林を殺鼠《さっそ》剤で毒殺してしまう。

　直後に駒形堂の脇へ転宅したが、璃鶴との生活を夢見る間もなく逮捕され、おきぬには死刑判決が下る。この時おきぬは璃鶴の子を宿しており、出産まで執行は延期された。

　出産後に、小塚原刑場で斬首。その人形のような首は三日間晒《さら》されたという。当年二十九歳。

　ちなみに、璃鶴の罪状は不義密通のみで、懲役三年だった。

海蔵寺《かいぞうじ》の首塚

❖頭痛／ノイローゼ／ボケ防止

俗に「品川の投込寺《なげこみでら》」と呼ばれる南品川の海蔵寺にある、首の供養塔（萬霊塔）。

はじめは、品川の溜牢《ためろう》（病気などの罪人を入れる牢屋で「非人」が管理した）で亡くなった人々の遺骨を集めて、宝永五（一七〇八）年に築かれた。鈴ケ森の刑場で処刑された人の遺骨も埋葬されたため、「首塚」と呼ばれるようになった。もっとも、一般的に処刑者は埋葬されない決まりだったから、一部の人ということのようだ。

「投込寺」と呼ばれるほどだから、遊女の霊も祀られているし、その後、天保の大飢饉（一八三三〜三九年頃）で亡くなった二百五十人を供養する「二百五十人塚」も合葬されている。

やがて、首塚と呼ばれるこの塚に祈念すると頭痛が治るといわれ、「頭痛塚」とも呼ばれるようになった。

品川区南品川 4-4-2　海蔵寺内

この首塚に多くの遺骨が埋葬されたことから、海蔵寺は俗に「品川の投込寺」と呼ばれる。

【巡拝】「馬頭観音」96 頁、寄木神社「天鈿女命と猿田彦命」114 頁、品川神社「ぶじかえる」202 頁、海徳寺「ホームラン地蔵」394 頁、天龍寺「責任地蔵」395 頁、願行寺「縛られ地蔵と縛り地蔵」396 頁。

丸橋忠弥之首塚《まるはしちゅうやのくびづか》

❖頭痛／ボケ防止

品川区妙蓮寺《みょうれんじ》には高尾稲荷（⇩352頁）で紹介する薄雲太《うすぐもだ》夫《ゆう》の墓があるが、同じ境内に「丸橋忠弥之首塚」もある。

丸橋忠弥は軍学者の由井正雪《ゆいしょうせつ》が慶安四（一六五一）年に起こした反乱未遂事件（慶安の変）の首謀者の一人で、磔《はりつけ》になった。十文字槍の名手で、御茶ノ水の道場（現・東京医科歯科大学病院構内）に多くの門弟を抱えていた。クーデターにおける彼の担当は、江戸城の火薬庫に火を付け、江戸市中を焼き討ちし、慌てて登城する老中以下の幕閣や旗本を討ち取る役だったという。

この忠弥こそ鈴ヶ森で最初に処刑された人物といわれ、家族ともども磔に処された。忠弥の場合は何度も槍で貫かれて、処刑された遺骸はさらにもう一度磔にされ、再び槍で貫かれるという厳しいものだった。

そして、なぜか処刑後に、当時の妙蓮寺の住職の枕元に、忠弥の首が転がり込んで来たのだそうである。

＊地図は右頁参照。

品川区南品川 1-1-1　妙蓮寺内

品川区妙蓮寺の丸橋忠弥之首塚。

彼の墓は豊島区の金乗院（豊島区高田2-12-39）や、神奈川県伊勢原市の上行寺（伊勢原市上粕屋875）にもある。写真は金乗院。

【巡拝】妙蓮寺「高尾稲荷」352 頁。

お首さまと胴殻《どんがら》さま

❖［お首さま］首から上の病気／［胴殻さま］首から下の病気

品川区大経寺《だいきょうじ》にある鈴ヶ森刑場跡の首洗いの井戸の横に、墓がある。じつは、この刑場跡にある唯一の墓である。これは明治元（一八六八）年四月十日、池上本門寺《いけがみほんもんじ》山門前の呑川《のみかわ》に架かる霊山《りょうぜん》橋の袂《たもと》で官軍に斬首され、首を鈴ヶ森に晒《さら》された元幕臣（彰義隊士とも）渡辺健造《けんぞう》（健蔵）のものである。

旧幕府軍と官軍の戦いが熾烈を極めていた頃の話で、大経寺のパンフレットと馬頭観音教会の供養碑によると、健造は、官軍の地元民に対する食物や金品の苛烈な没収ぶりを見るに見かねて、池上本門寺に陣を張っていた有栖川宮に直訴に及ぶ。しかしそれが謀反とみなされ、処刑されたのだそうだ。

一方、地域情報紙『くがはら』第九五号（平成二十六年）による別の説では、本門寺に本営を置いたのは西郷隆盛で、旧会津藩士だった渡辺健造は、密偵として官軍に紛れ込んでいたところを捕えられて、霊山橋の袂で惨殺されたとある。

いずれにせよ、土地の人々は健造の死を悼《いた》み、その首を刑場の地に葬った。下の二文字は欠けているが、墓石には「勇猛院日健〔居士〕」と彫られている。

この墓は「お首さま」と呼ばれ、祈念すると首から上の病に霊験があるそうだ。頭痛、歯痛、毛髪の悩みばかりでなく、ボケ防止などにも良いかもしれない。

一方、切り離された胴体は、大田区霊山橋の袂、南詰近くに、無縁仏のようにして葬られた。その小さな墓石には「不徹子《ママ》〔供養碑では「不敵子」〕之墓」と彫られている。

近隣の人からは「ドンガラサマ」＝胴殻様と呼ばれ、こちら

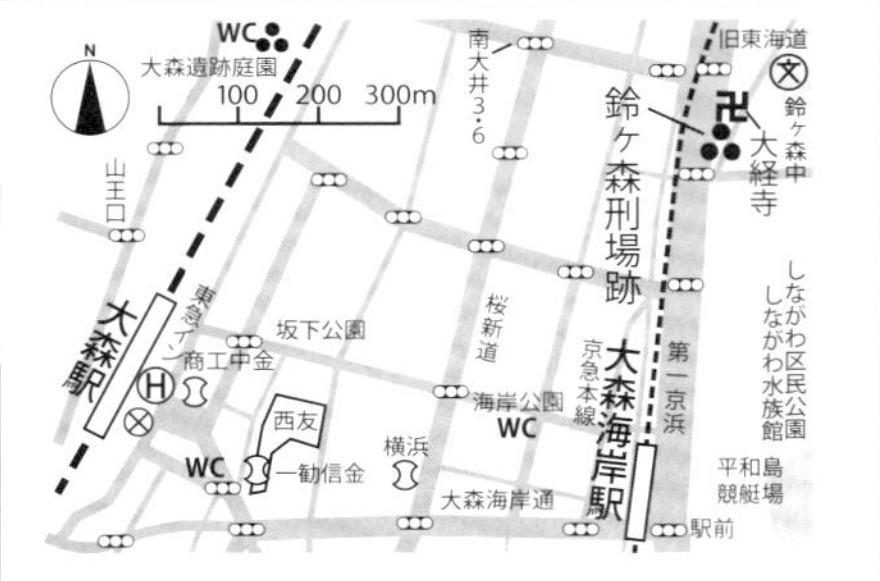

お首さま　品川区南大井 2-5-6　大経寺内

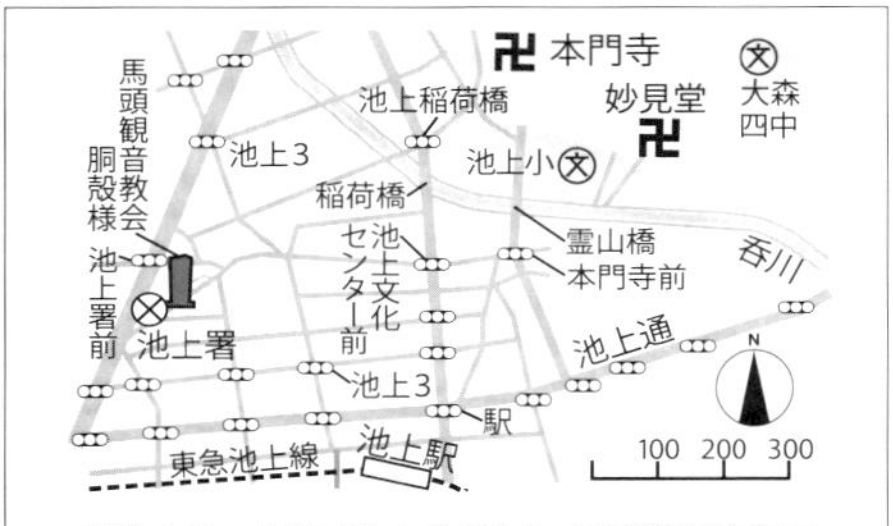

胴殻さま　大田区池上 3-20-7　馬頭観音教会内

馬頭観音教会の胴殻さま「不徹子之墓」。

鈴ヶ森刑場のお首さま「勇猛院日健〔居士〕」。

は首から下の病に御利益が顕著といわれる。一時は流行神《はやりがみ》となり、供養碑も建てられている。その後、空襲や宅地化で何度か場所が移ったが、今は池上警察署裏の馬頭観音教会境内に安置されている。

かつては、首と胴がつながるようにと、両所にウドンやソバを供えてお参りする人がいたとのことだ。二つの墓の距離は直線で四キロメートルほどである。

【巡拝】鈴ヶ森刑場近くの密厳院「八百屋お七」287頁、馬頭観音近くの本門寺「妙見様」31頁。

馬頭観音教会の供養費。碑文には渡辺健造は密偵として斬殺されたとある。

比翼塚

❖恋愛成就／良縁／放蕩《どうらく》除け

比翼塚とは、現世で添い遂げられなかった相思の男女を、あの世で一緒にさせようと建てた塚のこと。つまり、心中などを遂げた特定の男女のための慰霊碑である。

●豊島区慈眼寺《じがんじ》の比翼塚（墓石）――新内節《しんないぶし》『明烏夢泡雪《あけがらすゆめのあわゆき》』や落語の『明烏』で知られる春日屋時次郎《かすがやときじろう》と吉原の遊女浦里《うらさと》を祀る。二人が心中したのは明和六（一七六九）年のこと。ちなみに「明烏」とは、男女の交情の夢をつれなく破る明け方のカラスの鳴き声のことである。

かつては江東区深川猿江にあったが、今は豊島区巣鴨に移っている。特に放蕩除けに霊験があるらしく、まずは一本の塔婆《とうば》を納め、願が叶ったら、これを二つ折りにしてまた納めるのだそうだ。

豊島区巣鴨 5-35-33　慈眼寺内

●目黒区の比翼塚――目黒不動尊の山門前にある。ここにはかつて東昌寺《とうしょうじ》という寺院があり、そこの住職が建てたといわれる。平井（白井とも）権八《ごんぱち》と遊女小紫《こむらさき》が祀られている。

権八は武家の出で、剣術・柔術共に屈指の使い手。しかし血の気が多く喧嘩好きだった。三浦屋の名妓小紫と恋仲になり、吉原へ通う金目当ての辻斬りを続け、結局百三十人を手に掛け、鈴ヶ森で磔になる。権八が自分のために罪を重ねたことを知った小紫は、郭《くるわ》を抜け出し、東昌寺の墓の前で自害する。

この二人に祈る際には、犠牲となった百三十人にも手を合わせたいものである。

●荒川区浄閑寺《じょうかんじ》の新比翼塚――新吉原の投込寺《なげこみでら》として有名な浄閑寺の新比翼塚は、警視庁巡査として西南戦争で戦ったことも

荒川区浄閑寺の新比翼塚（荒川区南千住2-1-12）。

目黒不動尊の比翼塚（目黒区下目黒3-18-14）。

浄閑寺の谷豊栄と盛紫の墓。

豊島区慈眼寺の時次郎・浦里の墓には「悪停霊神」などという不思議な神号が付けられた。「東京の迷信」（『東京朝日新聞』明治41〔1908〕年）より。

『新撰東錦絵　小紫比翼塚之話』。画は月岡芳年。

ある内務省役人の谷豊栄《たにとよさか》と、新吉原品川楼の遊女盛紫《せいし》を祀った塚だ。塚の建立者は不明。

明治十八（一八八五）年当時の役人は身分も高かっただけに、二人の心中は世間から好奇の目で見られたようで、読み物や芝居（『北廓花盛紫《さとのはなさかるむらさき》』など）にもなった。境内には二人の墓が並んでいるが、かつては別々だったという。

◉足立区易行院《いぎょういん》の比翼塚——実在しない人物だが、歌舞伎で人気の助六《すけろく》と遊女揚巻《あげまき》の塚（足立区東伊興四-五-五）。

【巡拝】猿田彦大神「天鈿女命と猿田彦命」114頁、真性寺「江戸六地蔵」434頁。

江東区ほか

遊女の墓

❖恋愛成就／婦人病

遊女の墓といえば、「投込寺《なげこみでら》」といわれる荒川区浄閑寺《じょうかんじ》がまずは頭に浮かぶ。この寺に残る寛保三（一七四三）年から大正十五（一九二六）年の百八十数年の過去帳に記録された彼女らの死因は、縊死、殴死、変死、栄養不足などで、平均年齢は二十一〜二歳。その数は二万五千人に及ぶという。

毎月十人以上が死んでいる計算だ。遊女は大地震や大火でも避難することを許されなかったから、災害による死者も多かったと思われるが、それでも想像を絶する人数である。

したがって、高尾《たかお》太夫《だゆう》などの超人気花魁《おいらん》を筆頭に、若紫《わかむらさき》や小夜衣《さよごろも》、玉菊《たまぎく》、薄雲《うすぐも》、采女《うねめ》のように、個人的な墓や慰霊碑に葬られる場合は希である。

●荒川区浄閑寺の新吉原総霊塔——新吉原は日光・奥州街道の江戸の外れにあった。寺は、「生まれては苦界　死しては浄閑寺」の句で名高い。ただし投込寺の謂れは、安政の大地震で六百人以上の遊女が死亡した際、この寺に投げ込まれたことによる。

総霊塔の頂《いただき》には地蔵菩薩が鎮座し、正面破風《はふ》の下には、今でもマニキュアや口紅などの化粧品や櫛などが供えられている。

当寺には、吉原一の美女といわれながらも非業の死を遂げた若紫の墓もある。ちなみに、高尾太夫の墓は豊島区西方寺《さいほうじ》と台東区東浅草の春慶院《しゅんけいいん》に、玉菊の墓は台東区寿の永見寺《えいけんじ》にある。

●足立区の不動院と金蔵寺《こんぞうじ》——日光街道千住宿にも飯盛女《めしもりおんな》の墓と慰霊碑がある。それぞれ千住一丁目の不動院と二丁目の金蔵寺の無縁塔である。不動院の無縁塔には「万延元（一八六〇）年旅籠一同」の文字がある。

●板橋区文殊院《もんじゅいん》——中山道板橋宿の飯盛女の墓は、文殊院にある。江戸時代後期のもので、数基の供養塔や石仏が集められている。中心の石碑には、永代供養料だろうか、「十両」の文字

足立区不動院（足立区千住1-2-2）。

足立区金蔵寺（足立区千住2-63）。

板橋区文殊院（板橋区仲宿28-5）。

荒川区浄閑寺の新吉原総霊塔。破風の中にはコスメ類が供えられている（荒川区南千住2-1-12）。

がある。

◉江東区浄心寺《じょうしんじ》――洲崎遊郭の遊女たちの墓がある。「元洲崎遊郭無縁精霊之供養塔」と銘のある石塔が印象深い。江東区には、他にも洲崎遊郭亡者追善供養塔（⇨337頁）が建つ。

そのほかの飯盛女関係の墓としては、甲州街道内藤新宿の大宗寺《たいそうじ》の閻魔王と奪衣婆（⇨314頁）と旭地蔵（夜泣き地蔵）（⇨433頁）、東海道品川宿の海蔵寺《かいそうじ》の首塚（⇨292頁）も参照されたい。

【関連】「高尾稲荷」352頁。

【巡拝】文殊院「子の大権現」28頁、同「掛衣翁（懸衣翁）」346頁。

江東区浄心寺（江東区平野2-4-25）。

足立姫《あだちひめ》と十二天塚《じゅうにてんづか》

❖女性の幸福／女人成仏／女性の地位向上

「足立姫」と「十二天塚」は、あくまでも「悲劇の姫」伝承の域を出ないが、荒川、隅田川流域で語られ信仰されてきた話で、熊野信仰にも深く関係している。

十二天塚のある船方《ふなかた》神社の東京都北区教育委員会による解説板には、次のようにある（適宜改行を施した）。

「船方村鎮守の船方神社は、江戸時代、鬱蒼とした森の中にあって十二天の森・十二天社とよばれました。

〔…〕昔、この地域の荘園領主の豊島清光は子供に恵まれず、熊野権現の神々に祈願して一人の娘を授かります。成人して足立少輔に嫁がせましたが、心ない仕打ちを受けた姫は入間川〔＝荒川〕に身を投げ、十二人の侍女も姫を追って身を沈めたという話が六阿弥陀伝承のなかにあります。十二天とは、この十二人の侍女をさすと同時に帝釈天をはじめとする神々をいいます。

〔…〕熊野信仰が盛んだった荒川流域の村々では悲しい侍女たちの地域伝承と密教の十二天や熊野信仰とが結びつき、船方村の十二天社としてまつられたものともいえます。なお、この伝承は江戸時代、六阿弥陀参詣の札所寺院によって縁起化されました。

しかし、荒川に身を沈めたのは清光の姫でなく、足立庄司の娘だという伝承、姫の父親に実在しなかった人物の登場する点や伝承の時代設定とは異なる奈良時代の高僧の行基が登場する点などのように付会性が強く、縁起の内容は寺院により少しずつ異なって伝えられています。」

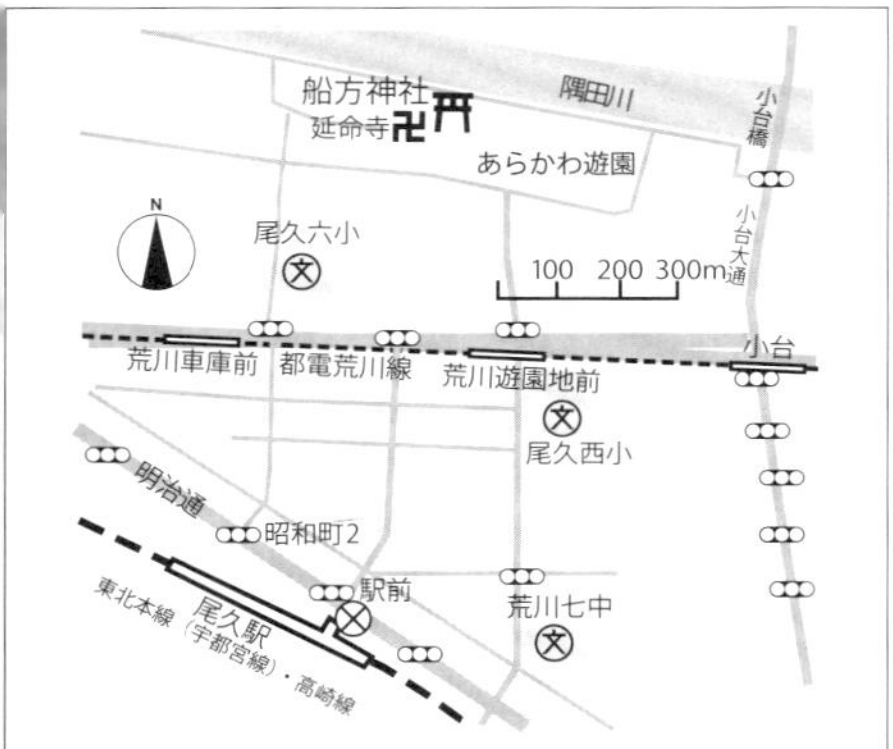

十二天塚　北区堀船 4-13-28　船方神社内

足立区性翁寺の足立姫の墓（足立区扇2-19-3）。

北区船方神社の十二天塚。

非常に丁寧な解説である。

一方、足立区立郷土博物館の「六阿弥陀伝説」では、足立姫について次のように語られる。

「昔、足立庄司宮城宰相という名家の娘・足立姫が豊島左衛門尉清光という豪家に嫁ぎました。しかし、姫は引出物が粗末とそしりを受け、里帰りの際に十二人の侍女たちとともに、荒川〔今の隅田川〕に身を投げて命を絶ってしまいました。侍女たちの遺体はすぐ見つかりましたが、姫の遺骸はついに見つかりませんでした。

父・宮城宰相は、悲しみのあまり、諸国霊場巡りに出発しました。紀伊国熊野権現で一本の霊木を得て、それを熊野灘へ流すと、やがて国元の熊野木という所に流れ着きました。折りしも諸国行脚中の行基が通りかかり、宮城宰相が霊木のことを話すと、行基は一夜で六体の阿弥陀仏を彫り上げました。さらに、余り木からもう一体造り、それを姫の遺影としました。

これらの阿弥陀仏は後に、六阿弥陀として近隣の寺院にまつられ、女人成仏の阿弥陀としてあがめられたといいます。」

これが、六阿弥陀伝承のはじまりである。

世田谷区

常磐塚《ときわ》

❖冤罪を晴らす／誤解を解く

「常磐姫《ときわひめ》」の伝説は、『世田谷城悲話伝説「常磐塚」』(常磐塚保存会発行)をはじめ『江戸名所図会』巻之三「常盤橋」、『新編武蔵風土記稿』巻之五十一「江原郡之十三」「十四」などに見られ、広く知られていたことが伺える。そもそも世田谷区の花である鷺草《さぎそう》は、この姫が可愛がっていた白鷺の生まれ変わりだという。

常磐姫は、室町時代にこの一帯を治めた世田谷城主の吉良《きら》頼《より》康《やす》公の側室の一人だった。頼康公の寵愛を一身に受け子も宿したことから、側室たちに激しく嫉妬され、城中一の美男との仲を讒言される。

窮した姫は、白鷺の脚に無実の訴えを認《したた》めた手紙を結んで放つ。折からの嵐に力尽きた鷺は、姫の父であった大平出羽守の治める奥沢城近くの沼地に落ちる。手紙は奥沢城に届けられるが、時既に遅く、姫は腹に男子を宿したまま自害した後であった。白鷺が死んだ跡には、鷺草が一斉に咲いたという。

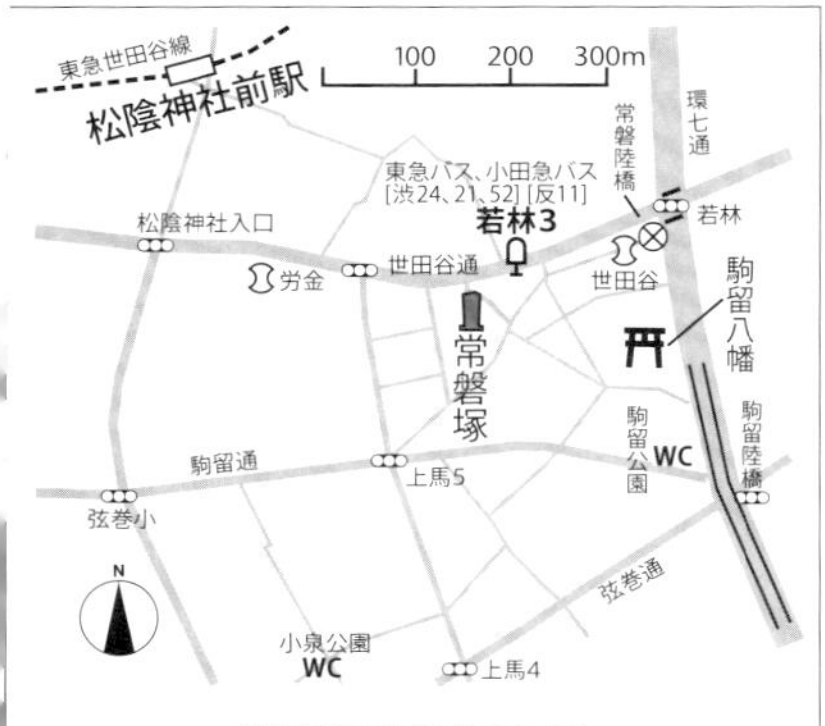

世田谷区上馬 5-30-18

塚は荒れ果てていたが、昭和58（1983）年に有志により再建された。

『江戸名所図会』に「その霊、里人に祟りす。よつてその霊を弁天に崇め、その腹に出生の男子を若宮八幡と崇め奉る」とある。今の駒留八幡神社がそれで、近くには環七通りと世田谷通りの交差点「常盤陸橋」がある。

江東区

平賀源内《ひらがげんない》

❖発想・アイデアを得る

平賀源内はエレキテルの実験で有名だが、他にも数々の発明をし、芸術、文学方面においても才能を発揮した。日本初の物産展や土用の丑の日のアイデア、飛行船の発明、顕微鏡や寒暖計、耐火布の制作など、その先見の明は、彼の才腕を見抜く眼識を持たなかった人々の目には、希代の詐欺師としか映らなかったのかもしれない。自らの名を捩《もじ》って「貧家銭内《ひんかせんない》」と称すほど、生活に窮していたようである。

ところが晩年の彼は被害妄想が異常に強くなり、安永八（一七七九）年十一月の夜、「工夫書」（アイデア）を盗まれたと思い込み、発作的に人を殺し、翌月に獄中死した。享年五十一。じつにあっけない天狗小僧（幼少期のあだ名）の最期であった。

しかし、彼が国際的にも通用しうる大天才だったことに変わりはない。まさに、江戸のレオナルド・ダ・ヴィンチだったのである。

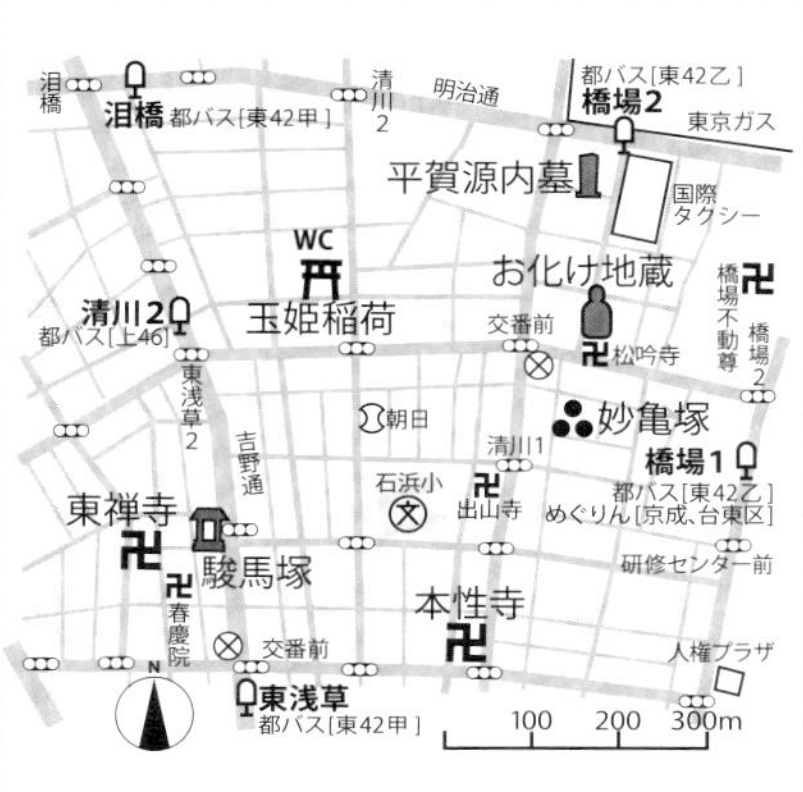

平賀源内墓所　江東区橋場 2-22-2

墓所は旧総泉寺（板橋区に移転）の境内に残され土地の人に守られている。墓は盟友の杉田玄白の私費で、築地塀は旧高松藩当主の松平頼寿（よりなが）によって整備された。写真では見えないが、墓石の背後には源内が最期まで信を置いていた徒弟・従僕だった福助の墓がある。

源内は自宅で、宝暦11（1761）年頃から、長崎で入手した静電気発生装置エレキテルの構造を解明・修理し、たびたび実験をしていた。その業績を記す碑が清澄橋の近くに立っている（江東区清澄1-2-1）。

元《がん》三《さん》大師（角《つの》大師）

❖厄除け／魔除け

本来は、天台宗の座主《ざす》（天台宗の最高位）にまでなった良源《りょうげん》＝慈恵《じえ》大師という高僧中の高僧。ゆえに本書で紹介する対象ではないのかもしれないが、たまに民家の軒先で見られる魔除けの護符「角大師」「厄除け大師」その人だから、民間信仰的な視点から取り上げる。じつは、彼の命日が正月の三日であることから、「元三大師」の通称で親しまれているのだ。

「角大師」は二本の角（これは角ではなく、長くのびた眉であるとも）を持ち、骨と皮のみに痩せさらばえた鬼の像だ。伝説によると、これは良源が疫病神を追い払うために自らを鬼の姿に化した時の姿で、毒をもって毒を制すの考えである。

良源は「豆大師」の護符になっている場合もある。こちらは観音の変化《へんげ》と同数である三十三体の、豆粒のような大師像を表した絵である。

【巡拝】「田螺稲荷」226頁。

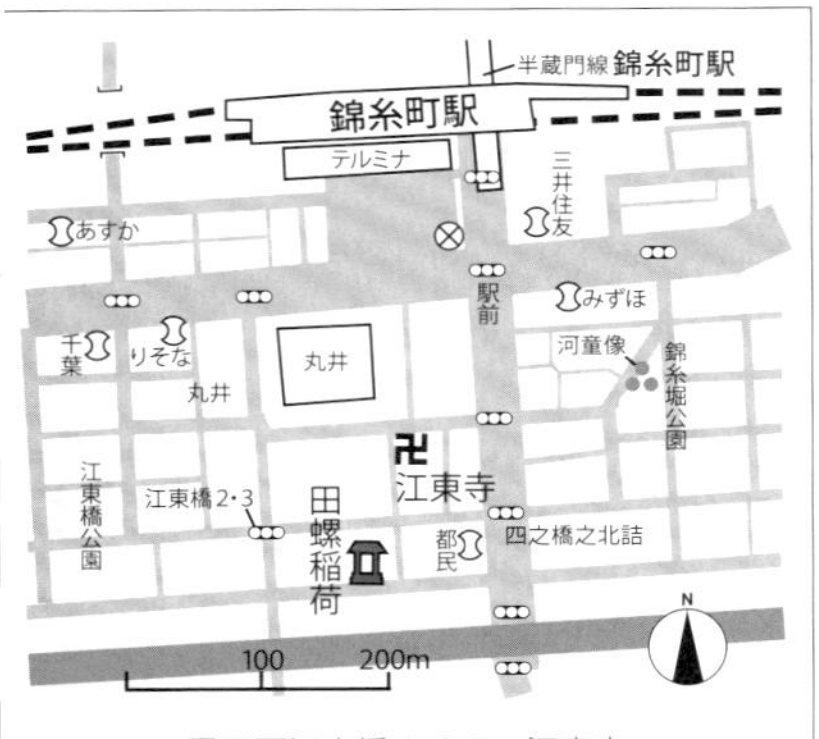

墨田区江東橋 3-6-5　江東寺

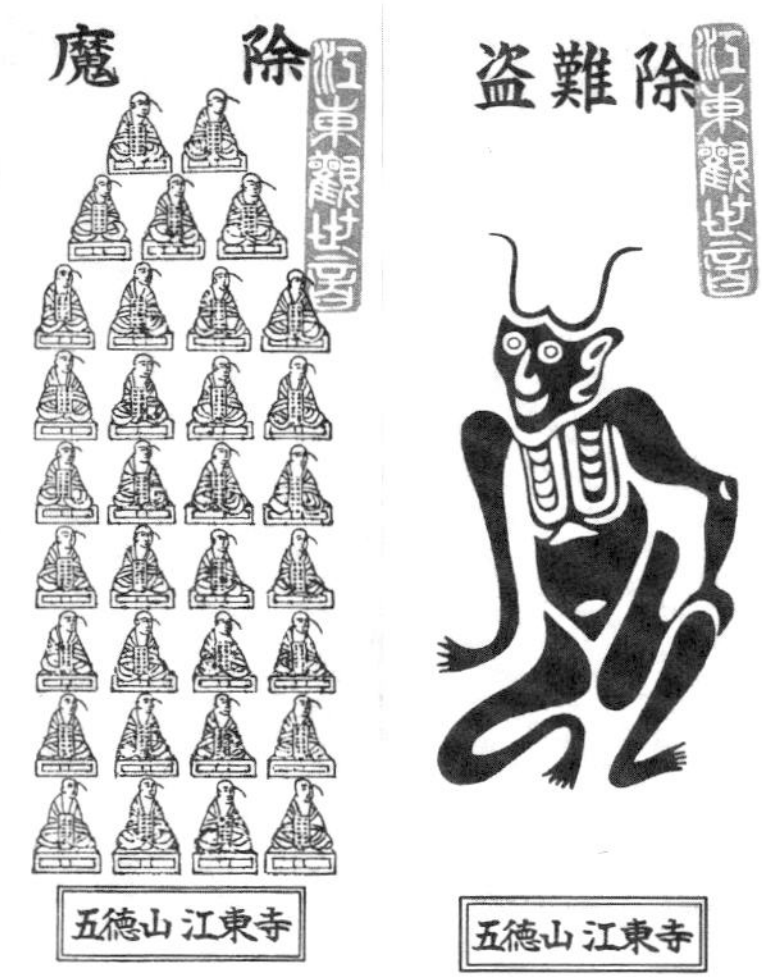

江東寺で入手した護符。右が「角大師」、左が「豆大師」。豆大師の像にもそれぞれに長い眉が描かれている。

目黒不動尊で入手した護符は「角大師」と「豆大師」が共に描かれており一枚二役である。

文京区

食行身禄《じききょうみろく》

❖女性の地位向上／無病息災

富士山の開祖は役行者《えんのぎょうじゃ》（⇩258頁）といわれるが、富士信仰（富士講）の基礎を築いたのは長谷川角行《はせがわかくぎょう》という行者である。その角行の六代目の弟子で、享保十八（一七三三）年、富士山七合五勺目の烏帽子《えぼし》岩で三十一日間の断食行をして入定・入滅（絶命）し、富士信仰人気を一気に高めたのが「食行身禄」で、富士信仰再興の第一人者である。なぜか、墓は文京区海蔵寺《かいぞうじ》にもある。

身禄は富士講の教え通り道徳的で質素な生活をし、身を粉にして働くことを是とした人物だった。また、当時常識と捉えられていた女性の生理的穢れを否定するなどの、先進的一面も持っていた。ちなみに、彼が入定するため家族と別れた場所は板橋宿の縁切り榎の下だったということも、不思議な縁である。

さらにその弟子が植木職人の高田藤四郎で、彼は関東各地に数多く残る富士塚（⇩154頁）の創始者だ。

文京区向丘 2-25-10　海蔵寺内

墓とはいえ、立派な富士塚である。

【関連】「富士塚」154 頁、「縁切り榎」232 頁。

奴《やっこ》地蔵

❖痔／下半身の病

実際は地蔵尊ではなく、「槍持ち勘助《かんすけ》」という人物の墓石である。

港区教育委員会による解説板には、「勘助（本名芦田義勝）は、美作《みまさか》国（岡山県）津山藩松平越後守宣富の足軽でした。主人越後守の槍は大変長く、重かったので倒さぬように持つための苦労が多く、倒して打ち首になった者もいました。義侠心《ぎきょうしん》強い槍持勘助は、身をもってこの難儀を後に残すまいと、槍の柄を一メートルほど切り落とし、その場で切腹しました。〔…〕墓は人の形に作られて、いつの間にか奴地蔵と呼ばれました。勘助が生前痔病で苦しんでいたので、下の病に効くといわれるようになり、願をかける者が多くなりました。全治した者は、竹の筒に酒を入れてお礼に供えました。」とある。

青松寺の広い境内で見つけにくいが、露仏である法輪大観音の脇で、蔓延《はびこ》る藪の中に威風堂々と鎮座している。

港区愛宕 2-4-7　青松寺内

いかにも頑固者の風貌をした像だが、墓石である。

【巡拝】真福寺「勝軍(将軍)地蔵」427 頁。

板橋区

大山《おおやま》お福地蔵

❖難病

東武東上線大山駅のハッピーロード商店街を西に進み、川越街道に突きあたってすぐの路地に、「お福地蔵」は鎮座する。

大山福地蔵奉賛会による解説板には、「文化文政の頃に鎌倉街道〔日大交差点付近〕にいずれからか、おふくさんという行者来りて街道筋の人々の難病苦業を癒し大山宿の住民から大変に慕われておりました。ついに大山に住み余生を衆生につくしましたので、後に地元大山の人々によりおふく地蔵としてまつられ現在に至っております。」とある。当時の鎌倉街道には人馬の往来が絶えず、亡くなる人馬もあったが、お福さんはそれも手厚く葬ったという。いずれにせよ、お福さんは地元の人々に慕われた実在の行者だったらしい。それは、今の地蔵堂の整備された様子を見ればよく理解できる。

お福さんが男性か女性かは不明であるが、非常に穏やかで優しい表情をしており、今の時代に詮索することは不要か。

地蔵堂は寺院というより茶店のようで親しみやすい。

【巡拝】「轡神社」59 頁。

義民六人衆

❖困窮脱出／自由獲得／和解・融和

大森駅前山王は旗本の木原氏の知行地だった。延宝元（一六七三）年から翌年にかけて当地は旱魃、多摩川の氾濫、長雨などの天災で農民の困窮ははなはだしく、不正な検知や年貢収奪に耐えかねた農民は免税を願い出たが、木原氏はこれを黙殺した。

そこで村の代表六名が直訴を実行するため大罪覚悟で行動を起こすが、直前に密告され全員斬首に処せられた。六名は葬式も墓も許されなかったが、遺族の一人が父母の墓を建て、中に六人の遺骨を納めたという。昭和四十七（一九七二）年六月に道路拡張のため改葬された際にも、遺骨が確認されている。

以下は私事で恐縮だが、令和元（二〇一九）年六月八日に私の主催する「東京発掘散歩隊」十数名で当地を訪れ義民六人衆の解説をしている時、三人連れのご家族が一緒に話を聞きたいと言ってきた。話し終わった時「私達は木原家の末裔で、本日は九州から自分達のルーツ探しに来た」と言う。これだけで十分に偶然なのだが、じつはこの日の散歩隊会員の中に六人衆の末裔の一人がいた。彼らは三百四十数年ぶりに六人衆の墓前で邂逅し、握手を交わしたのである。六人衆の霊が彼らを導いて和解させたというよりほか、考えられない出来事であった。

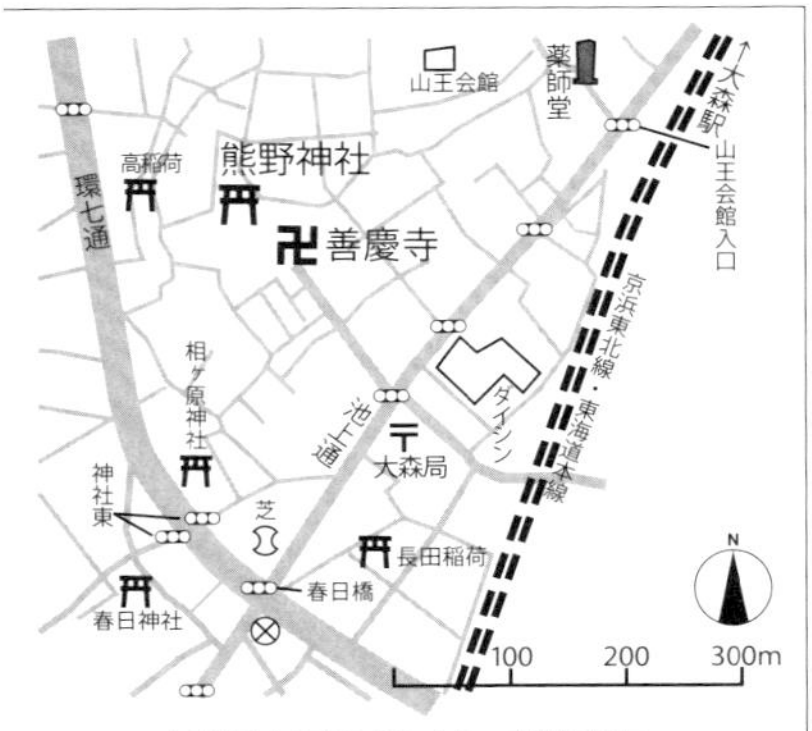

大田区山王 3-22-16　善慶寺内

墓石の裏に六人衆の名があり、前に水を注ぐと裏にも回る仕組みになっている。

【巡拝】熊野神社「狐碑」206 頁。

第七章

地獄界、冥界への信仰

ほとんどの人は死ぬと閻魔大王に生前の裁きを受け、その罪を地獄に落ちて償わなければならないことになっていた。初七日、四十九日、何回忌などといわれる法事（供養）は遺族当事者たちが知ってか知らでか亡き人の罪を軽くしてもらうための閻魔大王や地蔵菩薩への祈りであった。「どうか一日も早く地獄から救い出してやってください」というわけである。現世に生きている人々による、たとえ結果的に自らを慰めるための祈りなのかもしれないが、現代人もまた地獄の観念を全く否定しているわけではないだろう。

江戸時代には生前から閻魔大王にお願いしておく「藪入り」という閻魔詣の日があった。これは一年のうち正月の十六日と七月十六日の二回しかなかったが、特にかつて商家などに住み込み奉公していた丁稚や女中などの奉公人が実家へと帰ることもできた自由な休日であった。この日には多くの奉公人が閻魔詣でをしていたという。神仏詣は娯楽でもあったのである。今でも都内の寺院では閻魔堂や地蔵堂（地蔵菩薩は閻魔王の本地である）が多く見られる。そこには閻魔王はじめ十王（正確には閻魔王を除いた九王）など錚々たる像が並んでいる。また墓地の中や入口にも閻魔王の石像をよく見かける。

そして、その隣にあたかも閻魔王とペアのように片膝を立てて座っているのが奪衣婆である。この婆様は今や同じ鬼婆の鬼子母神と人気を争う立派な仏尊であり、地域では老残の小野小町や姥神《うばがみ》（子どもの守り神）と習合したり、人を裸にすることからかつての遊女の信仰を受けるなど、民俗的な興味も尽きない存在である。

ところが彼女は、決して地蔵堂や閻魔堂内での主役（主尊、本尊）になることはない。金箔に覆われることもなく、あくまでも渋い脇役に徹している。そして服装も彼女だけが中華風でなく、和風の単衣《ひとえ》である。だから墓地や寺院の境内にある閻魔堂を覗くたび、筆者がまず捜すのは和風の奪衣婆で、閻魔王の脇に彼女がいると、なぜか安心して「地獄」を実感できるのである。

また閻魔王の両脇に立つ司命《しみょう》（閻魔王の判決を読み上げる）、司録《しろく》（閻魔王の判決を書き付ける）の補佐官たち、その周囲にある生前の罪を計る判定道具も実に魅力的だ。男女の頭が乗った人頭杖《にんずじょう》（檀拏幢《だんだとう》）、これは亡者の罪が重いと泰山府君である男性が口から火を噴き、善行が勝れば柔和な黒闇天女《こくあんてんにょ》が芳香を吐くという。

他にも亡者の罪状を測る業《ごう》の秤《はかり》や生前の行為が映し出される浄玻璃《じょうはり》の鏡などがある。閻魔王の前ではこのように慎重を期して人の罪が測られる仕組みになっているが、成仏したはずなのに何故?という疑問は残る。さらに他の九王からも裁判を受けなければならないため人は死んでも休まる暇が無い。

ところで地獄の獄卒、つまり鬼も大津絵などの題材にもなって親しまれているが、日本人には幽霊を祀る習慣もあるようだ。幽霊は仏教的には地獄にさえ行けず異界の闇の中を浮遊する存在（浮遊霊）と位置づけられる。その幽霊を祀るという現象を定着させたのは、じつは仏教的な思想というより、ほとんどが歌舞伎の戯作者や役者達である。その代表格は「お岩様」や「累《かさね》」であろう。

興行の成功に対する祈願またはお礼詣りと、彼等の名を挨拶なしで使って祟られることへの予防でありあの世への挨拶行為といえるだろう。さらに「触らぬ神に祟り無し」という諺とは裏腹に、慰霊碑や供養塔も多く見かける。人々は災害の犠牲者や不幸にして亡くなられた方たちの霊にじつに優しい。

「深川えんま堂」の閻魔大王は「ハイテクえんま」とも呼ばれ、御利益別の賽銭投入口に硬貨を入れると、太く低い声でアドバイスをくださる。

新宿区

正受院《しょうじゅいん》の奪衣婆《だつえば》

❖痰・咳・喘息／子育て

新宿区正受院の「奪衣婆」は、「綿《わた》のおばば」とも「子育老《こそだてろう》婆尊《ばそん》」とも呼ばれる。咳止めや子どもの虫封じに霊験があるとされ、そのお礼に綿《わた》を奉納するので「綿のおばば」の名があるのだが、針供養の主尊としても有名になっている。

高さ八六センチほどの木像で、小野篁《たかむら》の作といわれる。篁は平安時代前期の参議だが、閻魔《えんま》王の次官として井戸から地獄へ自由に出入りしたとされる人物だ。だから奪衣婆とも直《じか》に対面したのかもしれない。しかし残念ながら、像の制作年代はその作風から江戸時代初期と推定されている。

新宿区新宿 2-15-20　正受院内

幕末にはお竹《たけ》大日如来（⇩252頁）や翁《おきな》稲荷（稲荷神）と並ぶ流行神《はやりがみ》として大人気を得、参拝者が群集して、線香の煙が四谷見附まで漂ったという。

その流行のきっかけは、弘化四（一八四七）年、正受院に押し入った泥棒が、奪衣婆の霊力で体がすくんで捕えられたこと、さらには嘉永元（一八四八）年、奉納された綿に灯明の火が燃え移った際に奪衣婆自ら揉み消したという評判が広まってからである。あまり流行《はや》りすぎたために寺社奉行による取締が行われ、参拝が年に二度に制限されてしまったほどだった。

「子育老婆尊」と呼ばれたのにも、謂《いわ》れがある。子どもに優しい子安《こやす》信仰＝婆神信仰のひとつと素直に解釈してかまわないが、じつは筆者は他にも次のような理由を推測している。

正受院の隣にはいわゆる投込寺《なげこみでら》だった成覚寺《じょうかくじ》があり、ここに無縁供養塔の子供合埋碑《ごうまいひ》（⇩433頁）がある。この場合の子供とは、内藤新宿の飯盛女《めしもりおんな》（宿場で働く半公認の遊女）のことなの

奪衣婆堂に向かって左に針塚がある。奪衣婆は針供養の主尊も務めるため、アパレル関係者にも人気がある。

日本には古くから姥神信仰があり、奪衣婆人気はその影響が大きい。

正受院の奪衣婆には、子どもの咳などが止まるとお礼に綿を供えた。

だが、この子供合埋碑の子と子育て奪衣婆の子は、決して無関係ではないように思えるのである。

ついでながら、墓地でよく見かける無縁塔のほとんどは地蔵菩薩や如意輪観音の石仏を組んだものが多いのだが、正受院の無縁諸精霊塔の正面の石仏は千手観音であり、これは珍しい例である。

【巡拝】正受院「千手観音」95頁、花園神社「芸能浅間神社」60頁、同「威徳稲荷大明神」142頁、太宗寺「太宗寺の閻魔王と奪衣婆」314頁、同「塩地蔵と塩かけ地蔵」404頁、同「江戸六地蔵」434頁、成覚寺「旭地蔵（夜泣き地蔵）」433頁。

流行神となってしまったため庶民の願い事が多すぎ、いささかうんざりしている様子の奪衣婆。錦絵より。

新宿区

太宗寺《たいそうじ》の閻魔王《えんまおう》と奪衣婆《だつえば》

❖子育て／水商売の守護

中世以降の日本人の地獄観は、中国で作られた偽経《ぎきょう》（インドで書かれた本来の教典ではない）『地蔵十王経』（仏説地蔵菩薩発心因縁十王経）に由来している。また、閻魔王は地蔵菩薩と同根の神仏であるという見方もされており、そうなると、罰する側と救済する側の両面を併せ持っていることになる。

太宗寺の「閻魔王」には逸話も多くもちろん人気があるが、その横に控える「奪衣婆」も、なかなかの人気である。共に新宿区指定有形民俗文化財となっている。

当寺の閻魔堂では正面に鎮座する主人公にまず目を奪われるが、異様な気配にふと視線を横に移すと、目と口をカッと開いた奪衣婆が坐っており、その迫力に思わずのけぞってしまう。

奪衣婆の制作は明治三（一八七〇）年で、漆喰造り。閻魔王とともに関東大地震で破損し、昭和八（一九三三）年頃に修理されている。この時、閻魔像の背部はコンクリートと漆喰で堂の壁と一体化され、堂から独立しているのは頭部だけだから、立ち上がる心配はなくなった。だが、奪衣婆像はまだまだ立ち上がる可能性がある。

宿場町、特に内藤新宿一帯で奪衣婆人気に火をつけたのは、飯盛女（宿場町の娼婦）たちであろう。客の衣服を剥ぎ取り裸にしてしまうから、遊女にとっては商売繁盛の神さまなのだ。しかも同じ女性。自分たちは苦界に生き、あちら様は地獄に生きる。恐ろしいとはいえ、何となく親近感もあったのではないだろうか。

ところで、太宗寺の閻魔様は「つけひも閻魔」とも呼ばれた。

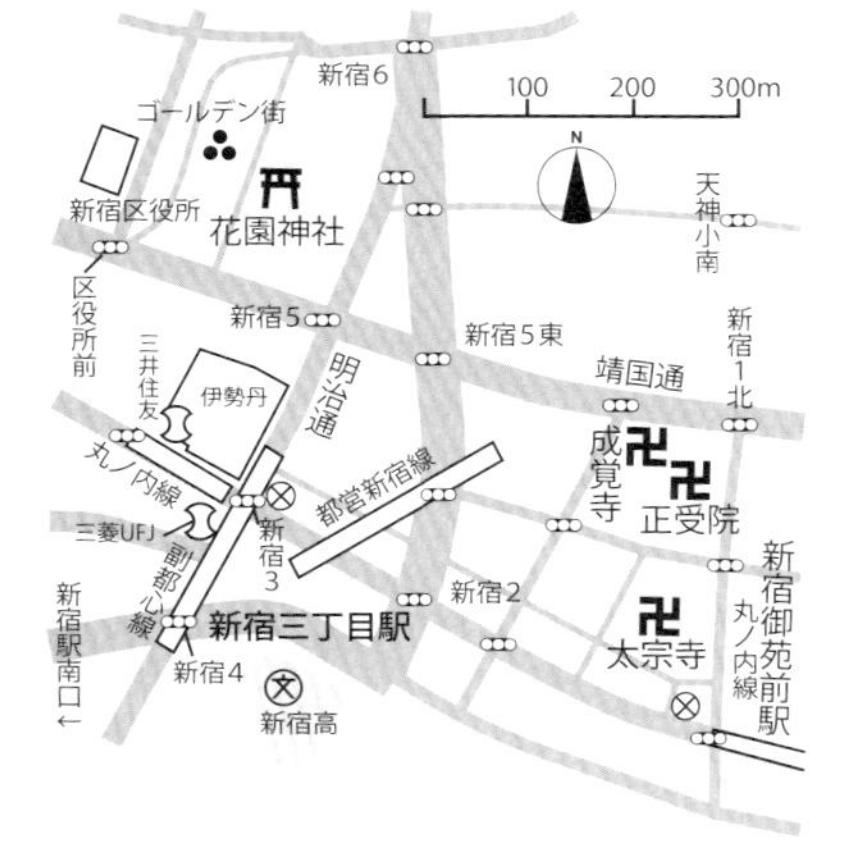

新宿区新宿 2-9-2　太宗寺内

苦界で働く女性たちの味方である奪衣婆。この迫力がどれだけ彼女たちにとって心強かっただろうか。

人の子を喰ったという閻魔王は子どもにとっては恐怖だ。

ある時、親のいうことを聞かない子を食べてしまい、子どもの着ていた着物のつけひもが口端から垂れていたという話があるからだ。

ところが、じつは子どもを食べてしまったのは奪衣婆の方であった、という説もある。いずれにせよ、嘘をつく子や泣き止まない子は「閻魔堂に連れて行くよ」と脅されたことであろう。

【巡拝】太宗寺「塩地蔵と塩かけ地蔵」404頁、同「江戸六地蔵」434頁。花園神社「芸能浅間神社」60頁、同「威徳稲荷大明神」142頁、正受院「千手観音」95頁、「正受院の奪衣婆」312頁、成覚寺「旭地蔵（夜泣き地蔵）」433頁。

太宗寺の奪衣婆は都内でも秀逸。疚しさを持つ人は大人でも震え上がる。

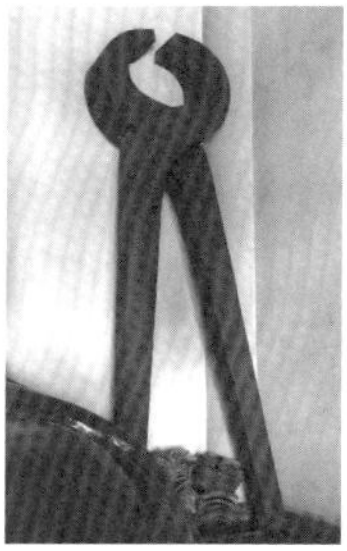
舌を抜くための大やっとこ。しかしこれでは亡者の口に入るまい。

閻魔堂は江戸六地蔵の隣にある。

目黒不動尊の閻魔王《えんまおう》と奪衣婆《だつえば》

❖死後の安寧／死者の供養

特定の御利益もはっきりしていないので、紹介するかどうか悩んだが、独断と偏見で抜擢させていただく。

目黒不動尊には筆者の知る限り二対の「閻魔王」と「奪衣婆」がおり、一対は地蔵堂に鎮座している。木造かと思われるが、なかなか立派なものである。もう一対は地蔵堂右奥の精《しょう》霊堂《りょうどう》にあり、こちらは石造である。地蔵堂の像とは対照的に庶民感たっぷりで、失礼ながらさほど品位も感じられない。精霊堂の閻魔王には、恐ろしさより愛嬌、親近感を覚える。

さらに筆者は、奪衣婆の品位に欠けた醜悪な表情に一目惚れしてしまった。じつは筆者が奪衣婆に興味を持ち研究対象とするきっかけとなったのがこの像なのである。じつに素晴らしい。

この石像たちは、閻魔王と奪衣婆が『地蔵十王経』から抜け出して、庶民レベルの存在になったことを感じさせてくれるような気がするのである。

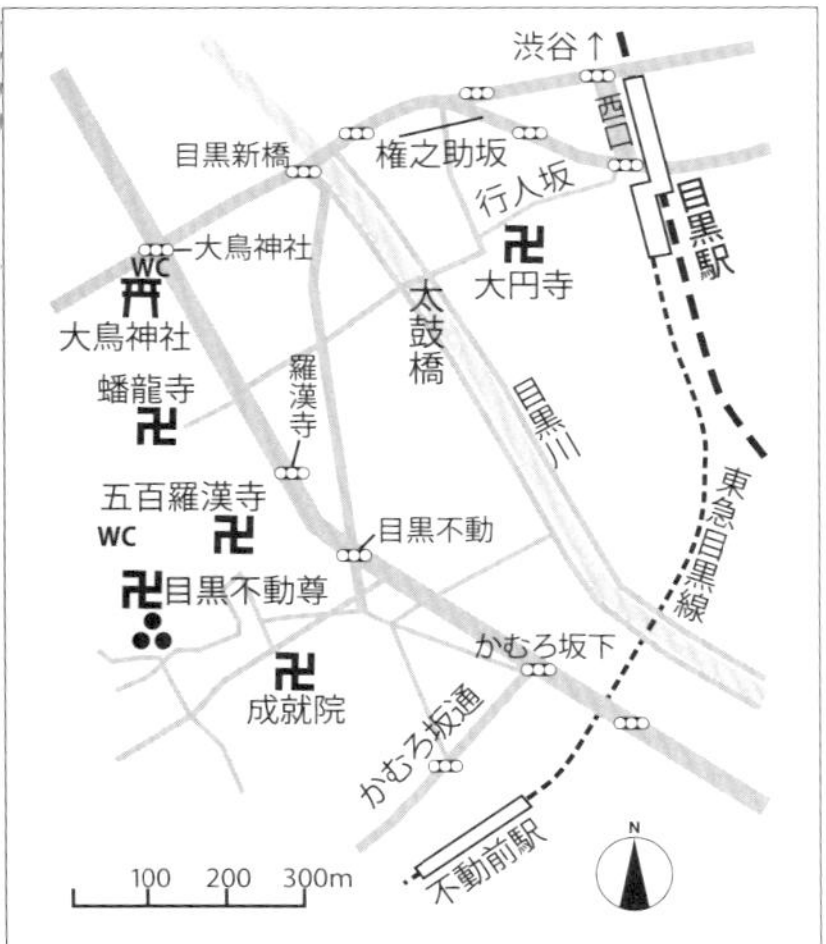

目黒区下目黒 3-20-26　目黒不動尊内

地蔵堂の閻魔王と奪衣婆。

精霊堂の庶民的な閻魔王と奪衣婆。この庶民臭さゆえ筆者の最も愛する石像のひとつだ。

【巡拝】目黒不動尊「地主神」24 頁、同「天狗」64 頁、同「石の大日如来」93 頁、同「愛染明王」108 頁、同「目黒の滝壺」176 頁、同「比翼塚」296 頁、成就院「蛸薬師」89 頁、大鳥神社「櫛塚」170 頁、五百羅漢寺「白澤(獏王)」225 頁、蟠龍寺「御化粧延命地蔵とおしろい地蔵」399 頁、大円寺「とろけ地蔵」421 頁。

檀《だん》拏《だ》幢《とう》（人《にん》頭《ず》杖《じょう》）

❖罪の軽減／脱貧困

「檀拏幢」とは、地獄で閻魔《えんま》王が使う杖のこと。杖の先には「見る目」「嗅ぐ鼻」と呼ばれる男女の頭が乗っている。男性は泰山府君《たいざんふくん》、女性は黒闇天女《こくあんてんにょ》（⇩40頁）だ。閻魔王が亡者を審判するとき、罪が重ければ憤怒相の男性の口が火を噴き、善行が勝れば柔和な女性の口から芳香が漂うといわれている。閻魔はこれを見て、罪の軽重を判断するそうである。

教学院の境内には閻魔・奪衣婆・十王《じゅうおう》の像が並び、これらの像に向かい合う形で高さ約一メートルの檀拏幢が立っている。彼らは、戦災か震災で一度バラバラに解散した様子だ。それにしても、閻魔王に赤いよだれ掛けは似合わないし、片膝を立てた奪衣婆（頭は十王の誰かに差し替えられている）が閻魔の隣に座っているのは、人気先行で少々僭越な気がする。

なお、閻魔と十王像に対面する檀拏幢の蓮台には、「元禄三〔一六九〇〕年十一月」「橋戸村」「浄信」の文字がある。

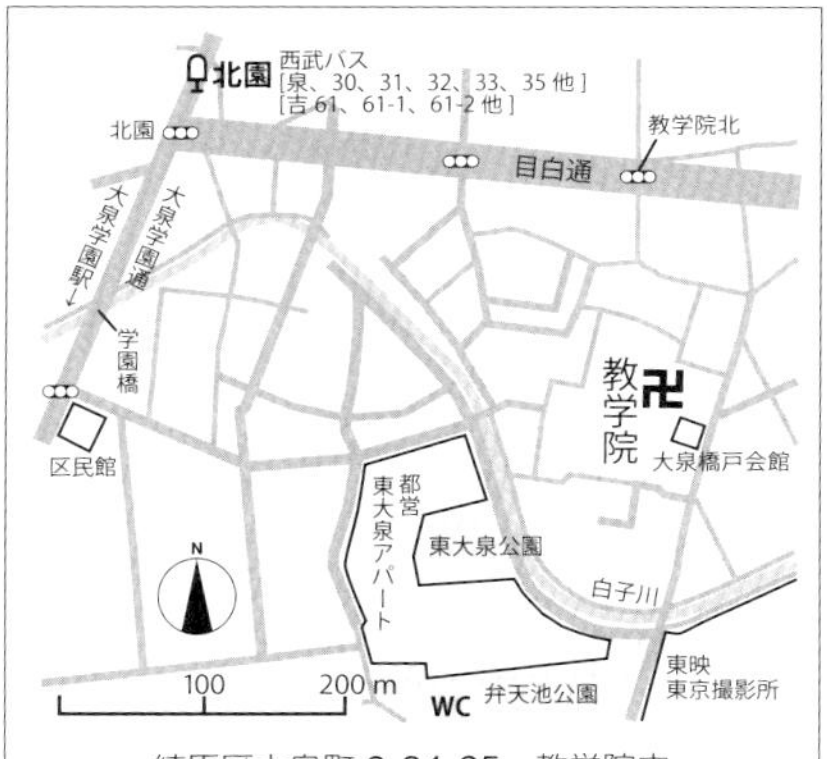

練馬区大泉町 6-24-25　教学院内

杖というには太すぎるが石像としては非常に珍しい。

檀拏幢の前には赤いよだれ掛けを着けた閻魔王と奪衣婆を中心にして十王が居並ぶ。

板橋区

十《じゅう》王《おう》尊《そん》塔

❖罪の軽減／死後の安寧

延命寺墓地入口に立つこの塔には、地獄絵に登場するオールキャストが彫り込まれている。故・水木しげる氏が子どもの頃その前に釘付けになったという地獄絵に登場する、閻魔《えんま》大王の脇侍の司命《しみょう》・司録《しろく》を含む「十王《じゅうおう》」、奪衣婆《だつえば》、檀拏幢《だんだとう》、業《ごう》の秤《はかり》などが、石柱の四面に見られるのである。

十王とは、『地蔵十王経（仏説地蔵菩薩発心因縁十王経）』という経典に書かれた信仰からきている。人は死ぬと地獄の十王にそれぞれ裁かれるというもので、その中心的存在が閻魔王だ。裁きが終わるまでには、四十九日かかる。お裁きの結果、人は六《ろく》道《どう》、つまり天上、人界、修羅、畜生、餓鬼、地獄のいずれかへ送られることになるが、詳細は紙幅の関係で書けない。

この十王尊塔の隣には、閻魔大王の坐像もある。共に制作は文化四（一八〇七）年である。

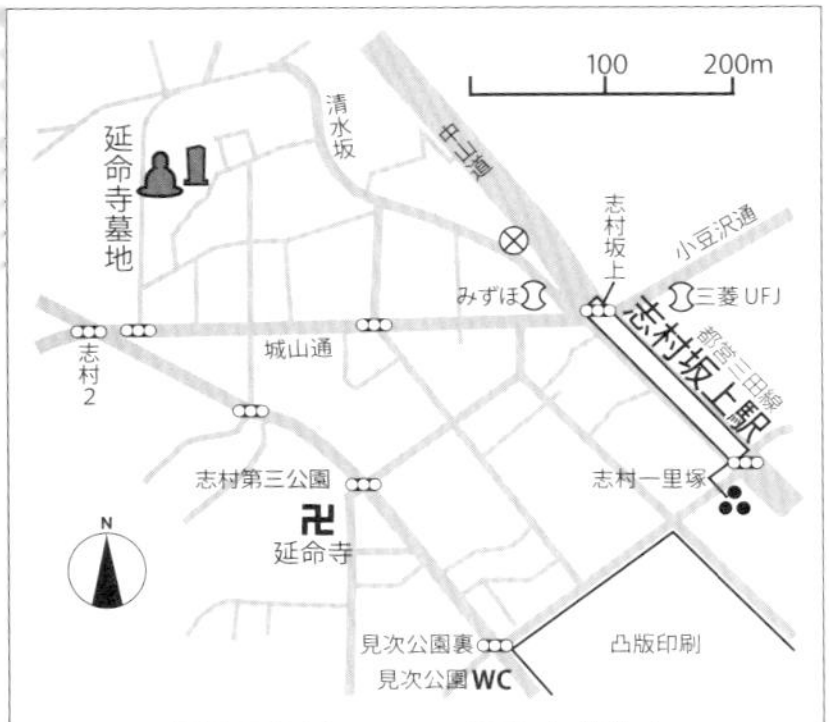

板橋区志村 2-5-9　延命寺墓地内

地獄の全てのキャラクターが勢揃いしている塔は珍しい。

さすがに閻魔大王は特別扱いである。

狭いスペースに立っているため細かい部分まで観察しにくいのが残念。

台東区

笑い閻魔《えんま》

❖罪の軽減／死後の安寧

今の子どもに「嘘をついたら、閻魔様に舌を抜かれるよ」といっても、全く怖がらない。大人が現世《げんせ》利益《りやく》ばかり求めて、来世のことなど考えもしないから当然の結果だ。

戦国時代が終わり江戸時代に入っても、死は比較的身近な存在だったし、明治以降も日本人は戦争を続けてきた。しかし敗戦以降、私たちの生活から死は遠のいていった。死体は人目に触れることなく処理されていく。私たちは死後の地獄での責め苦など、全く想像できなくなってしまった。

だから、脇侍を引き連れたこの長久寺の閻魔様も、笑っているように見えるのだろう。本当はカッと口を開いて罪人を恫喝《どうかつ》しているのだろうが、現代人にはそれほど恐ろしくは見えない。

享保十一（一七二六）年にこの三体を納めた六十六部聖《ひじり》（全国に教典を奉納して歩く聖）は、この現状をどう見ているであろうか。

台東区谷中 6-2-16　長久院内

向かって左が閻魔王の判決を書き付ける司録（しろく）、右が判決を読み上げる司命（しみょう）。

笑っているとしたら、人間の愚かさを見てだろう。

【巡拝】西光寺「韋駄天」69 頁、「本妙院の金精明神と客人稲荷」133 頁、永久寺「山猫めをと塚」204 頁、「龍谷寺のたんぼとけ」274 頁、功徳林寺「笠森稲荷と笠森お仙」358 頁、お傳の碑「高橋お傳」289 頁。

文京区ほか

蒟蒻閻魔《こんにゃくえんま》

❖眼病／歯の病／厄難清除《やくなんしょうじょ》

「東京の迷信　蒟蒻閻魔」（『東京朝日新聞』明治四十一〔一九〇八〕年一月）に「小さな閻魔ではあるが小石川初音町の蒟蒻閻魔といへば、昔から中々巾《はゞ》の利《き》いたものだ。眼病の祈願に霊験が著るしく、願懸《がんかけ》をするものは必ず蒟蒻を供へることになつて居る。伝説によれば蒟蒻は砂を払ふとある。眼の中の砂を払ふといふ付会《こじつけ》かも知れぬ」とあるが、その文京区源覚寺《げんかくじ》の閻魔大王は、今も人気がある。

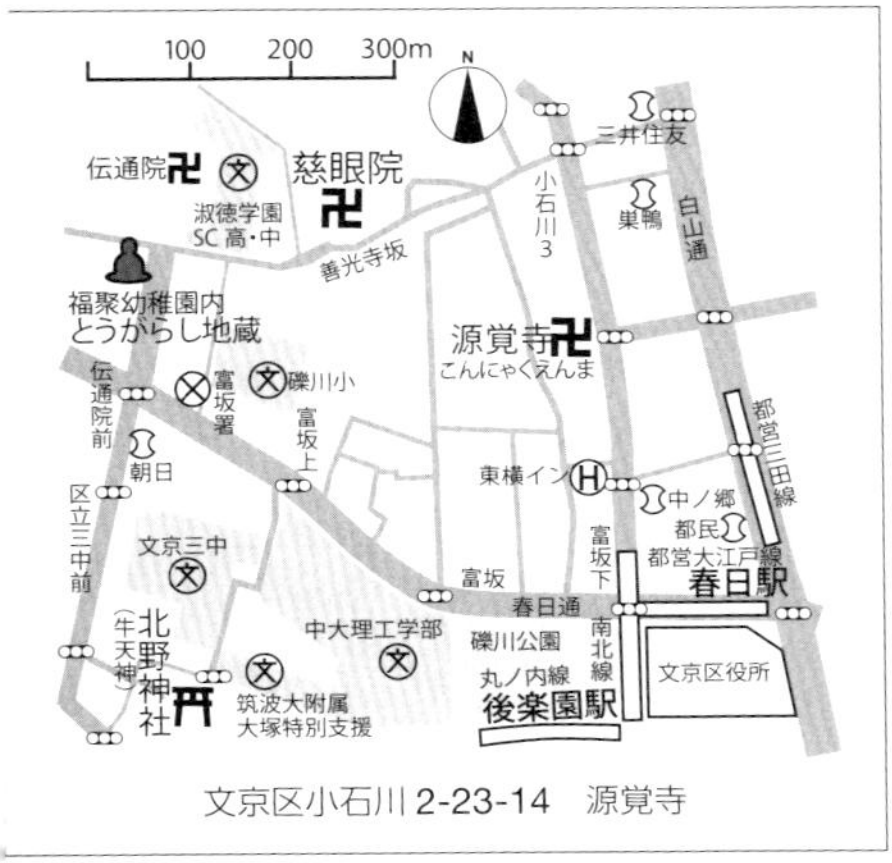

右目が黄色く濁っており、いわゆる片目である。そのわけは、熱心に眼病平癒を祈っていたお婆さんに自分の片目をあげてしまったからなのだそうだ。以来老婆は、感謝のしるしに自分の好物だった蒟蒻を絶ち、この閻魔大王に供え続けた。それで今では、皆が蒟蒻を供えるようになったというわけである。

源覚寺には他にも塩《しお》地蔵や必勝開運の御利益がある毘沙門天など、人気のある仏様がおられる。

なお、じつは「蒟蒻閻魔」と呼ばれる閻魔大王は、筆者の知る限りでも、都内にあと二体ある。

港区虎ノ門の興昭院《こうしょういん》には、港区の文化財とされている石造の閻魔像が鎮座する。区の解説板にはやはり「こんにゃく閻魔」と紹介され、「この閻魔は、眼病に霊験あらたかとして信仰され、祈願者の願いが成就した時には、そのお礼としてこんにゃくを供えるならわしとなっていた。現在その風習は失われているが、当時の民間信仰を知る貴重な像である。」と書かれている。

もう一体は、江戸川区東瑞江の安養寺《あんようじ》にある。仏身四五セン

港区興昭院の蒟蒻閻魔（港区虎ノ門3-10-8）。

江戸川区安養寺の蒟蒻閻魔は源覚寺から勧請された。本堂内に祀られている（江戸川区東瑞江2-50-2）。

源覚寺の閻魔大王は公開されているので直接拝める。

チメートルほどの木像で、本堂に鎮座しているが、お願いすれば快く拝観させてくださる。

かつては歯の病や眼疾への信仰を集め、蛤《はまぐり》の貝殻に入れた目薬と尊像の御影が参拝者に授けられていたそうだ。もちろん目薬の方は今は扱っていないが、尊像の護符は今でも入手可能で、それには「小石川蒟蒻閻魔大法王勧請」と書かれている。

閻魔大王が蒟蒻好きとは考えられないが、蒟蒻はかつては眼病に能効があると思われていたようだ。

【関連】「こんにゃく稲荷」375頁。

源覚寺の絵馬。

安養寺で出している護符。

都内各所

鬼

❖厄除け／皮膚病／解熱／夜泣き／授福

新宿区稲荷鬼王神社の水鉢。自分より遥かに大きな手水鉢を一体で支えている（新宿区歌舞伎町2-17-5）。

「鬼」を祀る寺社は多くない。とはいえ一般的によく見かける庚申塔の青面《しょうめん》金剛や四天王像が踏みつけているモノは鬼（邪鬼）で、悪しきモノの代表として私たちの周囲に意外と多く存在しているのである。

鬼の名を冠した稲荷鬼王《きおう》神社は新宿区歌舞伎町にある。天保二（一八三一）年、大久保の稲荷神と熊野の鬼王権現（現存しない）が合祀され、稲荷鬼王神社となった。

しかし祭神が鬼というわけではなく、稲荷神（宇迦之御魂神《うかのみたまのかみ》）、鬼王権現（月夜見命《つくよみのみこと》・大物主命《おおものぬしのみこと》・天手力男命《あめのたぢからおのみこと》）に火産霊神《ほむすびのかみ》（迦具《かぐ》土神《つちのかみ》）などを合祀しているそうだ。一説によると平将門公の幼名「外都鬼王《げずおにおう》」「鬼王丸《きおうまる》」が社号の由来だともいわれる。

同じ新宿区内、西新宿の十二社《じゅうにそう》熊野神社周辺には将門の遺臣一族が住み着いたとか、将門の鎧《よろい》が埋められたなどの説がある。北新宿には鎧《よろい》神社などがあるから、まんざら根拠のない話ではない。あるいは当地の人々が、朝敵となってしまった将門公を密かに身近に祀っていたいと願ったのかもしれない。

では稲荷鬼王神社は鬼とは関係ないかといえば、そうでもない。当社の境内には寄進された新宿区指定有形文化財の水鉢がある。これはしゃがみこんだ鬼の頭に大きな手水鉢《ちょうずばち》を乗せた珍しいものだ。

言い伝えによると、毎晩この水鉢から水を浴びるような音がしたため、ある晩そこの主人（幕臣加賀美某）が刀で切りつけたところ、その後、家人に病気や災難が相次いだため、天保四（一八三三）年、当社に寄進したそうである。鬼の肩口にはこの

目黒区東光寺の行脚している鬼は大津絵の「鬼の念仏」を彷彿させる（目黒区八雲1-9-11）。

中野区哲学堂公園の鬼燈。背に凹みがあり「人の心中に宿る鬼にも良心の光明が存する」ということを寓しているという。つまり、灯火台だったのだろう（中野区松が丘1-34-28）。

時の刀傷があり、ここに水を注いで祈念すると、御利益があるという。

他にも鬼は、地獄の獄卒や豆撒きの時の悪役としてばかりでなく、魔除けの鬼瓦として、役行者《えんのぎょうじゃ》（⇩258頁）の従者として、重いものを支える労役としてなど、注意して観察すると案外随所で見ることができるものだ。

【関連】「平将門」260頁。
【巡拝】花園神社「芸能浅間神社」60頁、同「威徳稲荷大明神」142頁、大聖院「太田道灌と紅皿」278頁。

板橋区乗蓮寺の「何でも耐える　がまんの鬼」も、何かを背中で支えていたような姿勢をしている（板橋区赤塚5-28-3）。

台東区吉原神社の境内に立つ鬼も、かつて手水鉢などを支えていたようだ（台東区千束3-20-2）。

豊島区

お岩《いわ》様の墓

❖願い事全般

「お岩様の墓」は西巣鴨四丁目の寺町の一角、妙行寺《みょうぎょうじ》にある。門前の横を都電荒川線が走っていて、踏切を渡ると「お岩通り」。これを南下すると、巣鴨の「地蔵通り」に交差するところが軽妙である（途中「栄和通り」と名を変えるが）。

ところで、お岩様といえば四谷である（⇒326頁）。じつは妙行寺は四谷にあった。明治四十二（一九〇九）年に区画整理のためこちらへ移ってきたのだ。

豊島区西巣鴨 4-8-28　妙行寺内

ただし、お岩様が素直に移転なさったわけではない。作業には十人程の人が関わったそうだが、その人たちが皆高熱を発してしまった。そのため作業は延期になったが、住職が手厚く供養したことで無事に改葬されたそうである。

今の墓には、当時出てきたというお岩様のものと思われる櫛や鏡などが収められている。石塔は五重になっているが、三階部分が亡失している。

いつ訪ねても、献花と線香の煙が絶えない。周囲を取り巻く卒塔婆の多さにも驚くが、これは「お岩様に卒塔婆を捧げ、熱心に祈れば必ず願い事が成就すると多くの信者の語るところである」と書かれた、墓の入口に立ててある解説板の効果もあるのだろう。

また、墓の短い参道の両側に、田宮家の墓石がずらりと並んでいるのも印象的。見ようによっては、まるで田宮伊右衛門《いえもん》の前非を悔いて、田宮家の後裔たちがお岩様に傅《かしず》いているようにも見える。ただ、お岩様の本当の姿や生涯にはさまざまな説があるので、こちらが勝手に怯えて、面白可笑しく解釈している

左に見えるのは、田宮家の墓石。写っていない右側にもずらりと並んでいる。

だけなのかもしれない。

しかし上記の解説板には、「お岩様が、夫伊右衛門との折合い悪く病身となられて、その後亡くなったのが寛永十三〔一六三六〕年二月二十二日であり爾来、田宮家ではいろいろと「わざわい」が続き、菩提寺妙行寺四代日遵上人の法華経の功徳により一切の因縁が取り除かれた」とあるから、何らかの災いがあったのかもしれない。

【巡拝】猿田彦大神「天鈿女命と猿田彦命」114頁、正法院「石根大権現」123頁。

お岩様の墓の入口に立つ鳥居と解説板。

「四谷怪談 お岩様の寺」と彫られた石碑は入口を入ってすぐ右に立っている。

三つの於岩《おいわ》稲荷とお岩水かけ観音

❖厄除け

お岩様の話の発端は鶴屋南北作の『東海道四谷怪談』。お岩様が実在したことは確かなようだが、なぜ祀られたかとなると、歌舞伎関係者からの信仰が始まりで、それに、祟りを「慰める行為」によって押さえ込む、怨霊としてのパワーを逆に利用して厄除けの御利益をいただくなど、我が国特有の御《ご》霊《りょう》信仰が絡んだからだろう。

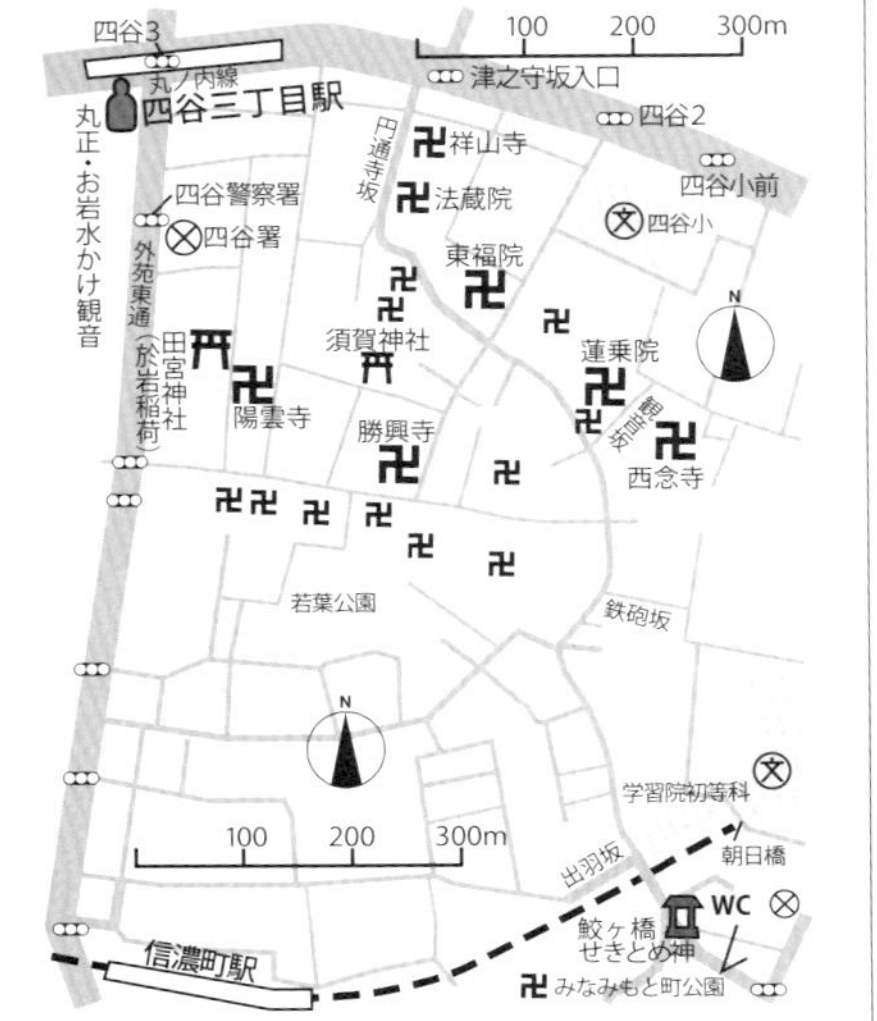

田宮神社　新宿区左門町 17
陽雲寺　新宿区左門町 18
丸正　新宿区四谷 3-1-2

中でも一番古いのは、新宿区左門町の田宮神社のようだ。はじめは、明暦三（一六五七）年、四谷左門町の田宮家に建立・勧請された平凡な稲荷神社だったようだ。お岩様が深く信仰したとも、夫の虐待に絶えかねたお岩様が家を出たため、後悔した伊右衛門《いえもん》がお岩様を合祀して於岩《おいわ》稲荷としたなどの話がある。

その後、明治に田宮神社と改号し、中央区新川（越前堀）に移ったが、その移転先でもお岩様は大人気だったようだ（中央区新川一―二五―一一に現存）。

一方、左門町の田宮神社がなくなると、路地を挟んだ向かいの陽雲寺《ようううんじ》が境内に於岩稲荷を建立して、本家を名乗りはじめた。田宮家の於岩稲荷の代わりに自分のところで祀ったということである。

それで慌てた田宮神社は、昭和二十七（一九五二）年、新川の神社はそのまま残して左門町の方に戻ってくる。その結果、田宮神社は新宿区と中央区の二つになり、左門町にある於岩稲荷も田宮神社と陽運寺の二つになったわけである。以降、これらの寺社は熾烈な本家・元祖争いをしているとか。

さらに複雑なことには、これらの寺社から三〇〇メートルほ

田宮神社（右）の可愛らしいお岩様のお札にも、陽雲寺（左）の現代風美人に描かれた絵馬にも、怪談のイメージはない。

ど離れた四谷三丁目の交差点にある食品チェーン「丸正」が、昭和四十九（一九七四）年、正面玄関脇に「お岩水かけ観音」を建立した。こちらは観音像だし明らかに新参像だから、マイペースの観がある。像の上に刻まれた「得證院妙念日正大姉」は、前項で紹介した妙行寺《みょうぎょうじ》のお岩様の墓にある戒名と同じである。

以上、人々の思惑や利権が絡み、本家、元祖、便乗等々の様相を呈しているわけだが、当人のお岩様はそれをどう見ているのだろう。

【関連】「お岩様の墓」３２４頁。
【巡拝】蓮乗院「魚藍観音」１０１頁、東福院「豆腐地蔵」４１４頁。

献花が絶えない丸正の「お岩水かけ観音」は、穏やかな表情で交通量の多い新宿通りと外苑東通りの交差点近くに鎮座している。しかし、結局現実にはそれぞれの信仰施設や商売の都合（売上）に加担させられているようだ。神社、寺、スーパーに祀られるお岩様は、まさに霊界のスーパースターといえる。

於三稲荷《おさん》

❖安産守護／浮気封じ

「於三稲荷」の「おさん（於三、阿三）」とは女性の名で、享保年間（一七一六～三六）、松岡半之進という旗本が別宅で「おこの」という美しい妾に産ませた娘の名である。母のおこのは産後の肥立ちが悪く十九の盛りで死んでしまい、その翌年には父の半之進も後を追うように病死。おさんはおこのの父母に引き取られ、十七になる頃、亀戸の「臥龍梅園《がりゅうばいえん》」近くの「梅見だんご」の看板娘となった。

江東区牡丹 1-6-5

ところで半之進には、正妻との間に新十郎という息子（三男）がいた。この新十郎が二十二歳の時、梅見に出掛けた折、梅見だんごに立ち寄った。そこで新十郎とおさんは互いにひとめ惚れ。腹違いの兄妹であることを知らぬまま、たちまち深い仲に落ちてしまう。

ところが新十郎の母が病床に伏したとき、母は長らく気にかけていたおこのとおさんの一件を打ち明けた。新十郎は実の妹と情を通じていた事実を知り、鬱々とした日々を過ごす。そこへ「梅見だんごの看板娘が亡くなった」という知らせが入る。おさんはぷっつり音信の絶えた新十郎に恋い焦がれ、食事も薬も断って死んだのだ。

傷心する新十郎の元へ、夜な夜なおさんの亡霊が忍んで来るようになった。噂を耳にした法恩寺《ほうおんじ》の良寛《りょうかん》和尚（岳堂《がくどう》和尚とも）が祈禱を行い、亡霊は消えた。

やがて、新十郎に旗本の娘との縁談がまとまる。その初夜の床の二人の間に、一匹の蛇がとぐろを巻いていた。蛇は毎晩現れて、新郎新婦を悩ませる。和尚は、これもおさんの怨霊と断

「於三稲荷」は牡丹町通りに面した前原邸の一画に「古木弁財天」と並んで祀られている。参道は手入れが行き届いてさわやか。怨霊のおどろおどろしい雰囲気は全くない。

じ、蛇を越中島の「雀の森」へ祀り込めたが、花嫁はほどなく処女のまま亡くなった。

新十郎は我が身の罪業の深さを知り、仏門に入って、雀の森へ小さな庵を結んで余生を送った。おさんの祠は、このとき新十郎が建てたものだという。

やがて「おさん」が「お産」に通じることから、この祠はお産の神様として人々の信仰を集めるようになって、現在に至る。しかし、むしろ男の浮気封じに験があると、もっぱらの噂である。少々恐ろしい。

歌川広重の『名所江戸百景』のうち「亀戸梅屋舗」（右）で有名な「臥龍梅園」は亀戸天神の北にあった。おさんはこの近辺の「梅見だんご」で働く評判の看板娘だった。現在は北十間川に平行して走る浅草通り添いに「臥龍梅園」の解説板が残るのみ（左写真）。

目黒区

かさね塚

❖厄除け

『東海道四谷怪談』の「お岩」、『番町皿屋敷』の「お菊」、『怪談牡丹灯籠』の「お露」に並んで有名な幽霊は、『真景累ヶ《しんけいかさねが》淵《ふち》』の「累《かさね》」であろう。

しかしこの累は「うらめしや〜」と、直接人前に出現したわけではない。菊という十四歳の少女妻に憑いた死霊である。この菊には、後に、助《すけ》という子ども（累の異父兄にあたる）の死霊も憑くという因縁譚となっている。そして、菊に憑いた累と助の霊を除霊したのが、現在かさね塚のある目黒区祐天寺《ゆうてんじ》の寺名の由来となる高僧で、当時三十八歳の学僧だった祐天上人であった。

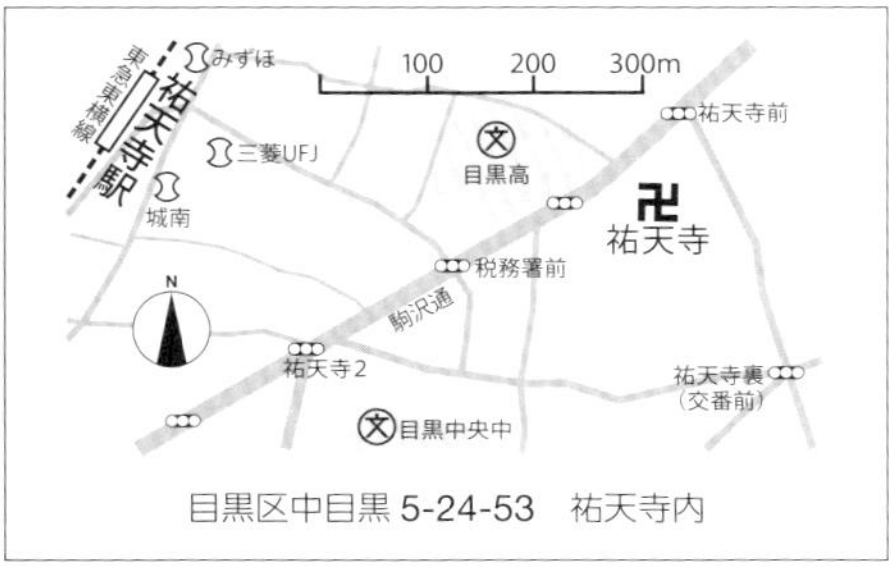

鬼怒川で累を殺す二代目与右衛門。以来この場所は「累ヶ淵」と呼ばれた。『筆累絹川堤』より。画は鳥居清経。

菊が三十七歳になった元禄三（一六九〇）年に出版された『死霊解脱物語聞書《しりょうげだつものがたりききがき》』に、その一部始終が語られている。舞台は鬼怒川畔《ばた》の下総国羽生村《はにゅう》（現・茨城県常総市内）。

（以下、不適切な表現があるが、オリジナルを尊重するということで許して欲しい）羽生村の与右衛門《よえもん》という百姓が、妻を迎える。その連れ子で五、六歳の助は、容姿が非常に醜い障害児だったので、夫婦はこの子を殺害してしまう（中世においては、このような異形の子は「鬼の子」「化け物の子」として始末されることが多かった）。

その後夫婦に子ができ、生まれた女子を「累《るい》」と名付けた。しかしその容貌は助と生き写しだったため、「助がかさねて生まれた」と、村人は彼女を「累《かさね》」と呼んだ。

やがて両親も亡くなり、累はわずかに残された田畑を守っていたが、それに目を付けた男が婿に入り、二代目与右衛門を名乗る。

祐天寺内に建立された慰霊的記念碑。祐天上人の伝説からは、鶴屋南北の『色彩間苅豆』や三遊亭円朝の『真景累ヶ淵』などの有名な物語が生まれた。

与右衛門は累を鬼怒川に連れ出して殺害する。やがて与右衛門は思惑通り後妻を迎えるが、なぜか次々と死んでしまい、六人目の女房にようやく菊という五体満足な子ができる。

菊が十三の時に母は死に、菊は十四で婿を取る。

その菊に、満を持した累の死霊がいよいよ乗り移るのだが、次いで異父兄の助の悪霊も登場し、その悲惨さは目を覆うばかり。どうしても、祐天上人がありがたく見える。

江戸時代この話は大変有名で、鶴屋南北が歌舞伎に脚色して上演したため（四世南北『色彩間苅豆《いろもようちょっとかりまめ》』）、歌舞伎関係者が祐天上人に縁の深い目黒区祐天寺境内に、「かさね塚」を建立。累一族を供養して、上演の盛会を祈願した。

【関連】「祐天堂」38頁。

「かさねが死霊のことは世の人のしるところ也」とある。『桃山人夜話』より。画は竹原春泉。

白旗塚《しろはたづか》と鬼塚《おにづか》

❖祟り塚／厄除け

足立区伊興《いこう》町一帯には六世紀頃の七基の古墳が存在していたが、今は白旗塚史跡公園の一基のみが現存する。直径一二メートル、高さ約二・五メートルの円墳である。

『江戸名所図会』巻之五「白籏塚」には、「伊興《いこう》村、田の中にあり。伝へいふ、往古《そのかみ》八幡太郎義家朝臣《よしいえあそん》〔源義家〕奥州征伐のとき、この地に白籏を建て凱歌《がいか》を唱へしより、この名ありとぞ。

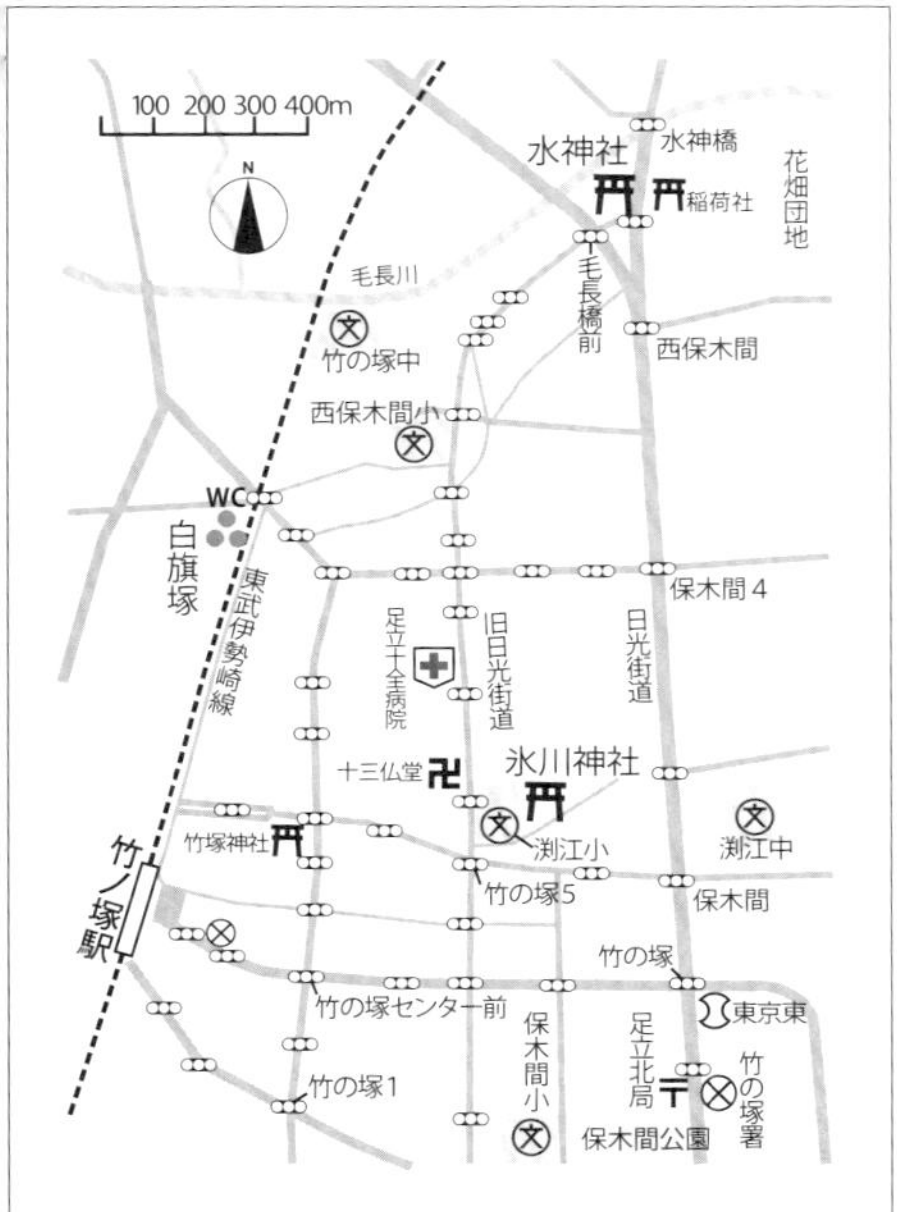

白旗塚　足立区東伊興3-10-14

近頃までこの塚上に小祠あり。その傍らへ立ち寄るものあれば祟《たた》りありしゆゑ、社《やしろ》荒廃におよびけれども、そのままに再建《さいこん》もせざりしとて、いま塚ばかりを存せり（いまも、この塚の上に登ることを禁ず）。この辺りの田面《たのも》を白籏耕地といふ。また兜《かぶと》塚と称するもの五箇所あり（兜首実検《かぶとくびじっけん》ありし後、その首を埋めたるところとぞ）」とあり、『新編武蔵風土記稿』巻之百三十七「足立郡之三」にも「塚　白旗塚」として白旗耕地のことが記載されている。

ある年、塚上の古松が大風に吹き倒され、根元から多数の武器が出た。村人が鉄製の太刀などを家に持ち帰ったところ、家中の者が大病にかかったので、また埋め直し、その上に印の松を二本植えた。それから「二本松」とも呼んだそうである。

今は「白旗大明神　明治二十一（一八八八）年建立」と刻名した石碑があり、数本の松が生えている。塚の周囲は堀状の池になっており、「きけんなので池のなかにはいらないで！」の注意書きが下がっている。

葛飾区奥戸にある「鬼塚《おにづか》」は、いわれは不明だが、同じように「祟《たた》る」といわれて恐れられている、中世の貴重な塚である。

現在この古墳は白旗塚史跡公園内にあり、古墳の上部もよく手入れされている。

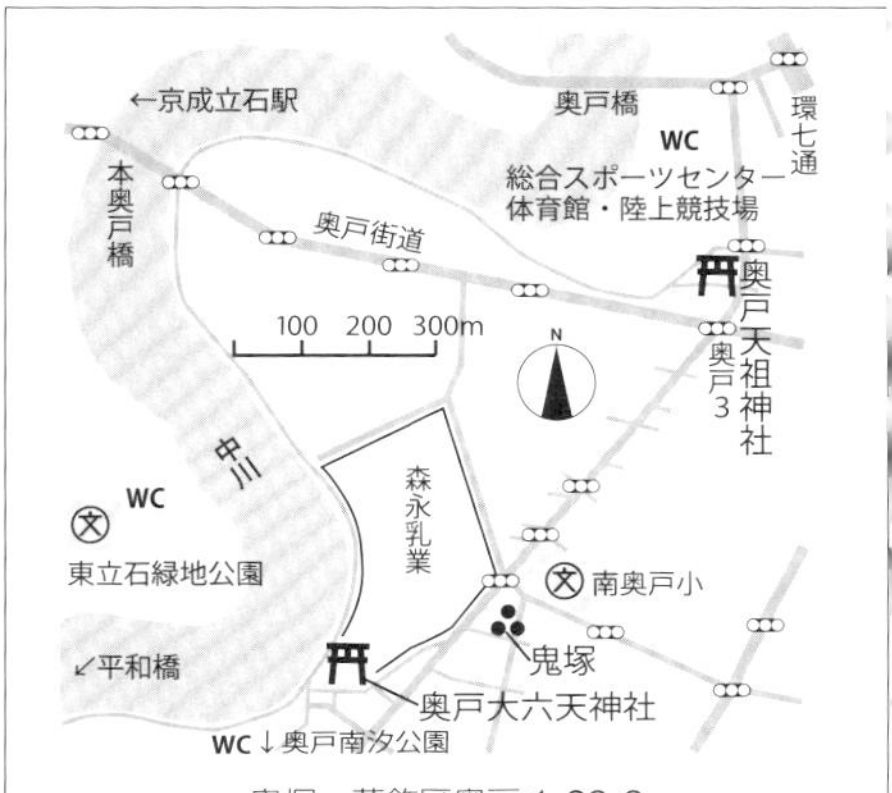

鬼塚　葛飾区奥戸 1-28-3

こちらは古墳ではなく、室町と江戸の二回にわたって築造されたということである。高さ一メートル、東西左右は約一四〜一五メートルあり、かつて中央の土坑からは石臼や陶器が出土している。

南側には小さな貝塚、塚の上には寛保二（一七四二）年銘のある稲荷祠が祀られている。かつてここは畑の中だったそうだが、今は周囲に住宅が建つ。塚は柵に囲まれて、近付けないようになっている。

【巡拝】白旗塚近くの氷川神社「天鈿女命と猿田彦命」115頁、水神社「水神様」172頁、鬼塚近くの奥戸天祖神社と奥戸第六天神社「第六天（大六天）」50頁。

鬼塚は柵に囲まれているが、葛飾区教育委員会の解説板が立っている。住宅も隣接しているので祟りはないようだ。

施餓鬼《せがき》亡霊供養塔

❖厄除け／長寿／長病全治

筆者が子どもの頃「幽霊塔」と呼んで恐れていたこの石碑は、成長後に確認したところ、「千川《せんかわ》上水施餓鬼亡霊供養塔」というものであった。子ども心に、何やら不気味な気配が漂っている石塔だと感じていた。周囲には寺もなく、橋の脇にポツンと立っていたからだろうか。

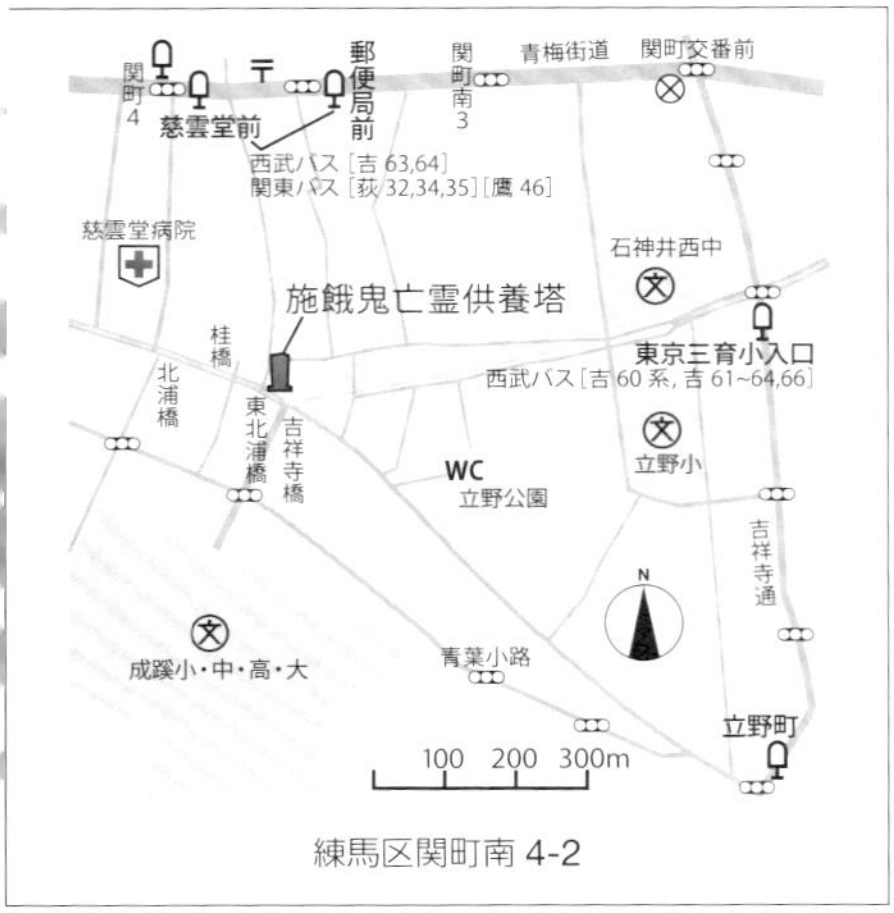

練馬区関町南 4-2

武蔵野市（吉祥寺北町三丁目）と練馬区の境を流れる千川上水の東北浦橋《ひがしきたうらばし》の北詰（練馬区側）に立っている。台座は道標になっていて、「右ハ田無小金井道《たなしこがねいみち》」「北ハ関青梅街道々《せきおうめかいどうみち》」「左ハ吉《きち》祥寺停車場《じょうじていしゃば》　井之頭道《いのかしらみち》」、塔の背面には「明治四十一（一九〇八）年三月建立」とある。国家神道全盛の時期でも、亡霊を鎮める＝供養するのは仏教の役目だったことがわかる。

施餓鬼とは、子孫に招かれる祖霊とは異なり、帰るところのない浮遊した霊（餓鬼＝亡霊）を慰める法会《ほうえ》の習俗である。

盆には祖霊以外にも、いわゆる無縁仏や、供養されない霊、つまり戦死や横死をした不幸な精霊も訪れる。一般の家庭では、戸外に精霊棚《しょうろうだな》（施餓鬼棚）を作り、食べ物などを供える。その場に霊を引き留め、彼等を家の中に招き入れてしまわないように慰めるのである。寺院でも行われ、寺によってはお盆以外にも修される。

しかし、考えてみれば、わざわざこのような供養塔がこの場に立てられたということは、周辺の農家が合同で施餓鬼を行ったか、それともこの橋の袂《たもと》に水死者の幽霊でも出て、住民を悩ませたのだろうか。ちなみに、水死者の霊を弔う施餓鬼供養は「川施餓鬼」といい、本来は川岸や船上で行われる。

千川上水施餓鬼亡霊供養塔は、最近その周囲が整備され、昔より怖くなくなった。

供養塔のある対岸、武蔵野市側の南詰正面にあるお宅の塀には、ほとんど目立たないほどの小さな御幣が毎年立てられていた。推測だが、施餓鬼亡霊供養塔と関係があるような方向と位置なのである。亡霊除けなのだろうか。

ただ、最近は新しいものを見なくなった。これを捧げていた方が亡くなられたのか——などと思いを巡らせると同時に、ささやかな習俗が消えていくのに寂しさを感じる。

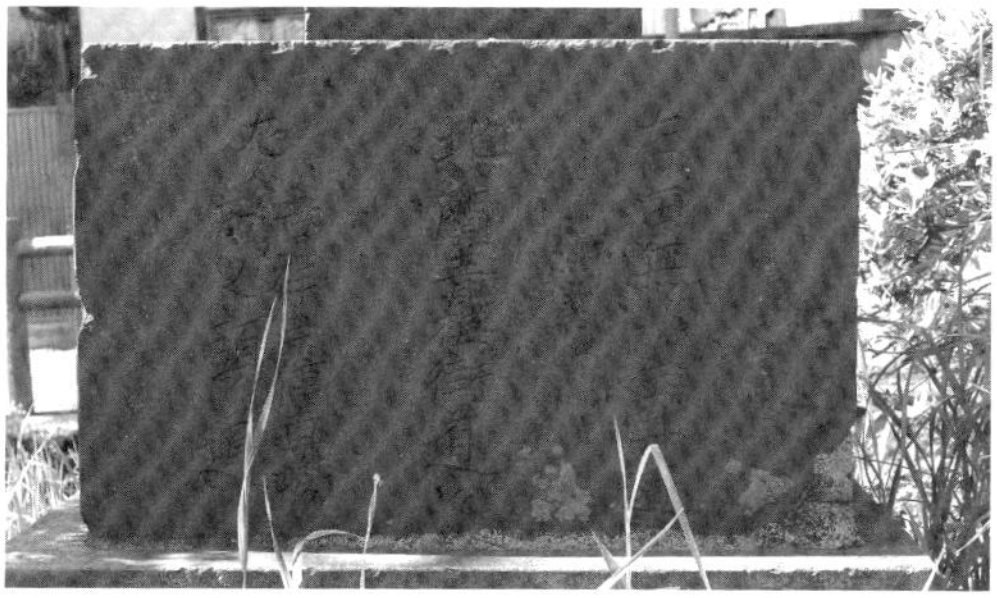

塔の台石は道標にもなっている。

この御幣は武蔵野市側の民家の塀に立っていた。

塔の奥は武蔵野市。

溺水亡⿱雨弱解脱塔《できすいぼうれいげだつとう》

❖溺死者供養／厄除

板橋区の専称院《せんしょういん》は、昭和十二（一九三七）年以前は北区の荒川沿いにあった。寛政十二（一八〇〇）年に水害の溺死者の供養塔が建てられるなど、水難者の供養寺としても有名である。現在地に移った今も、境内には「溺水亡⿱雨弱（霊）解脱塔」と「救世除水難宝塔《くぜじょすいなんほうとう》」が並んで立っている。それぞれの塔上には、頭部を修復された地蔵尊（らしき像）が鎮座している。頭部は、明治時代の廃仏毀釈《はいぶつきしゃく》の傷痕のためだろうか、修復されている。

一帯では、中世の武将豊島清光《としまきよみつ》が僧行基に七体の地蔵を造らせたと伝えられており、専称院はその一つを祀る地蔵堂だった。当寺は宝永年間（一七〇四～一一）に、豊島村民の要請を受けた祐天《ゆうてん》上人によって中興される。上人はかさね塚（→330頁）の項でも述べたように、亡者を解脱（成仏）させる超達人だったから、塔はその関係から建立されたと思われるが、溺死者の亡霊が村民を悩ましていたのであろうか。

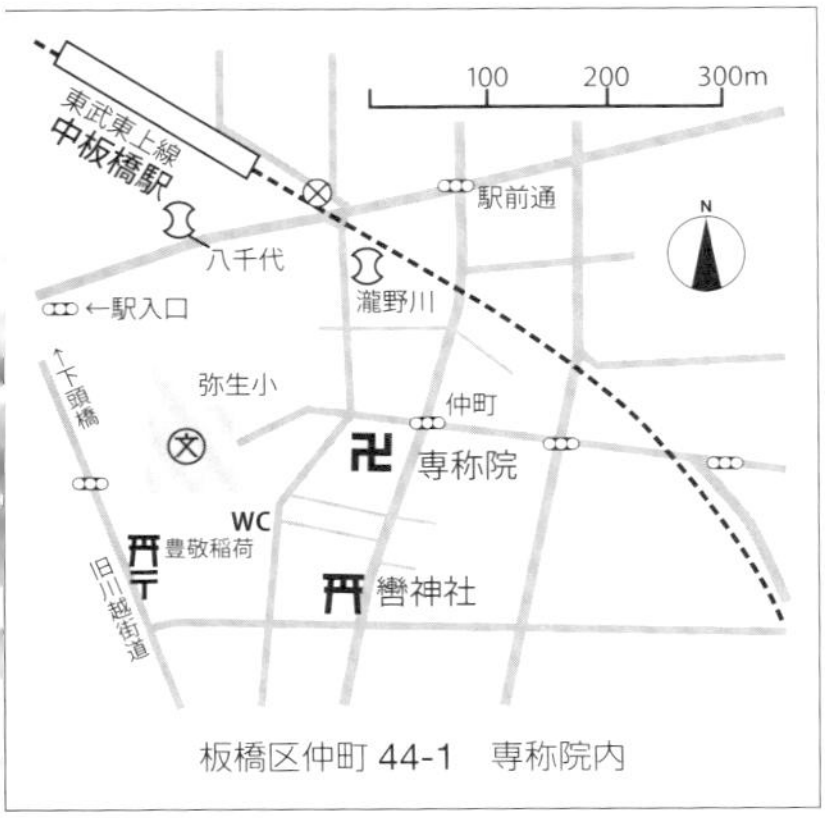

板橋区仲町 44-1　専称院内

「溺水亡⿱雨弱解脱塔」は向かって右端。その隣は「救世除水難宝塔」。共に上に鎮座する地蔵尊の首は明治時代に刎ねられたらしく、補修されている。

塔の上の地蔵尊は珍しいが頭部の修復痕が痛々しい。

【関連】祐天上人関連の「祐天堂」38 頁、「かさね塚」330 頁。
【巡拝】「響神社」59 頁。

洲崎《すざき》遊郭《ゆうかく》亡者《もうじゃ》追善《ついぜん》供養碑

❖女性の開運・守護／水商売繁盛

東陽町一丁目の第二公園は、都営住宅の敷地内にある児童公園だが、その一画に不似合いに大きな歌碑が立っており、信州善光寺の智栄《ちえい》（大宮尼《おおみやに》）の歌、「白菊の　はなにひまなく　おく露が　なき人しのぶ　なみたなりけり」が刻まれている。

これは、かつて吉原に匹敵するほどの規模を誇った赤線地帯（根津遊郭から移転）で亡くなった私娼・娼婦たちの追善供養碑で、昭和六（一九三一）年に「洲崎三業組合」が建てたものである。

ここにはかつて、洲崎病院（性病検査所）があった。

赤線では、最盛期の大正末期には三百ほども遊女屋が並んだ。空襲で一時壊滅するが、その後は「洲崎パラダイス」として、赤線廃止（昭和三十六年制定の売春防止法）まで続いた。

今は住宅地になっており、街は公園で遊ぶ子どもたちを静かに見守っている。ちなみに、洲崎の私娼供養碑は三好二丁目の浄心寺《じょうしんじ》にもある。

江東区東陽 1-39-5　第二公園内

児童公園の奥に静かに佇む供養碑。立派な石碑だが刻まれた歌の内容は悲しい。

墨田区ほか

梅若塚《うめわかづか》と妙亀塚《みょうきづか》

❖芸道上達／心願成就

隅田川の伝承といえば、在原業平《ありわらのなりひら》の「言問《こと と》い伝説」が有名だが、同じように人気があったのが、母子の悲話「梅若伝説」である。謡曲『隅田川』や森鷗外の『山椒大夫』（安寿《あんじゅ》と厨子王《ずしおう》）の基になった話だ。その要旨は以下の通り。

美貌ゆえ寺同士（法師たち）の揉め事に巻き込まれた十二歳の少年（稚児《ちご》）梅若丸は、その場から逃れ山中を彷徨《さまよ》ったあげく、信夫藤太《しのぶのとうた》という人買いに拐《かどわ》かされ、奥州へ向けて連行されてしまう。その途上、隅田川の畔で梅若丸は病に倒れたために打ち捨てられ、里人の看護のかいもなく死んでしまった。そこに居合わせた僧忠円《ちゅうえん》が、里人と共に塚を築き、柳を植えた。これが「梅若塚」である。

一方、我が子の行方を探し求めていた母は、狂女となりながらも隅田川に至り、図らずも梅若丸の一周忌に塚の前にたどり着く。里人たちの法要の最中、悲しみに暮れる母の思いが通じたのか、一瞬だが塚から梅若丸の亡霊が現れた。

そこで母は墓の傍らに庵を建て暮らしたが、悲しみは癒えることなく、老いた身を悲観して対岸の浅茅原《あさじがはら》（清川一丁目周辺）の鏡が池に身を投げてしまう。

しかし不思議なことに、彼女の遺体は亀の背に載り浮かび上がってきたので、再び忠円が塚を築いた。これが「妙亀塚」である。仏教的縁起ではその後、梅若丸は山王権現に、母は妙亀大明神として生まれ変わるという結末になる。

ただ、奇妙なのは、何ゆえ母子の塚が川を挟んで別々に築かれたのかである。直線距離で一キロメートル強は離れている。

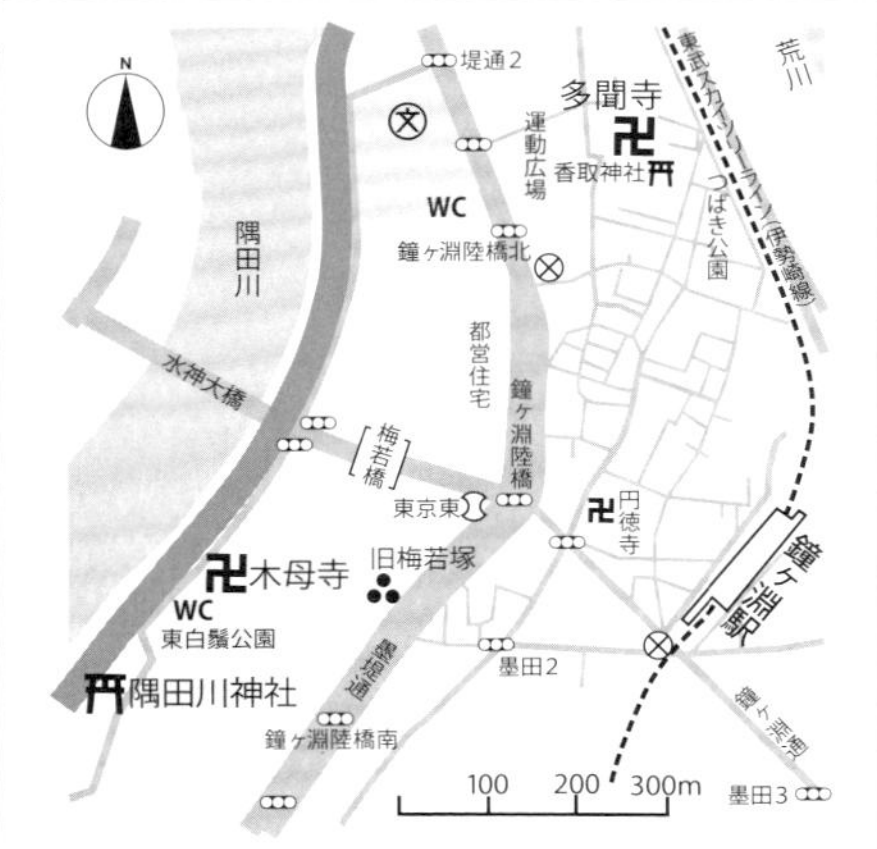

梅若塚　墨田区堤道 2-16-1　木母寺内

今の木母寺の梅若塚は西へ200メートルほど移動している。旧塚跡は地図参照。

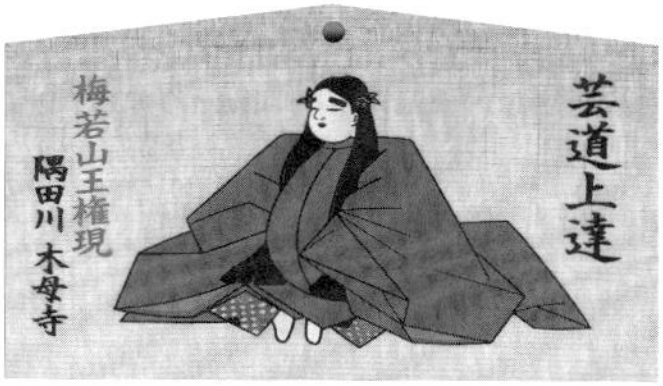

山王権現姿の梅若丸。

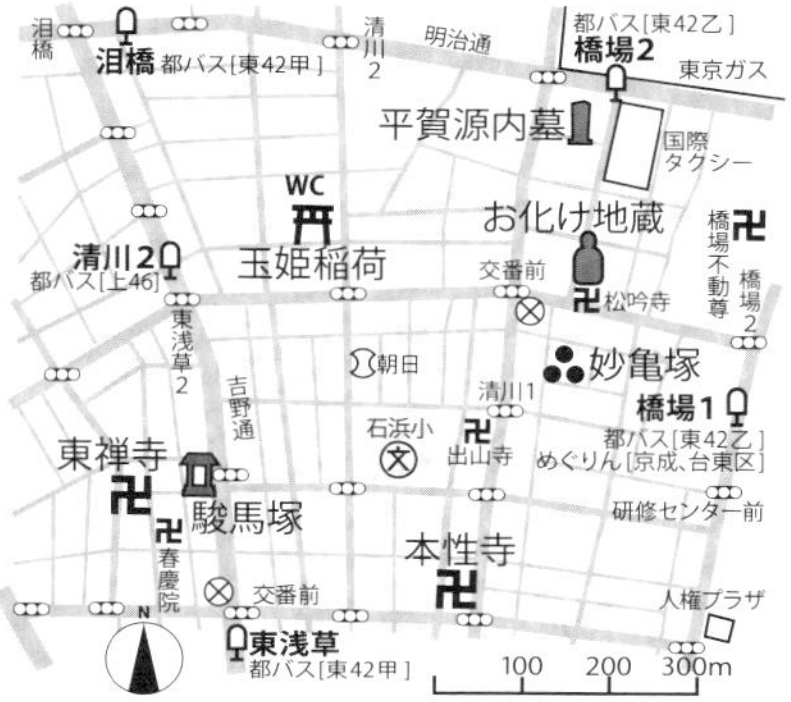

妙亀塚　台東区橋場 1-28-2　妙亀塚公園内

人情としては、母子一緒に葬るのが当然だと思うのだが。

梅若塚は墨田区側の木母寺《もくぼじ》に、妙亀塚は台東区側の総泉寺《そうせんじ》に（今は板橋区小豆沢三丁目に移転）、それぞれ振り分けられている。それぞれで伝説を分け合ったのか。

しかも、梅若塚（木母寺）は現在地よりさらに二〇〇メートルほど東の墨堤通り脇にあったから、妙亀塚はそこから約一・五キロも離れていたのだ。妙亀塚が梅若の母のものというのは、後の時代の附会であろうか。

【巡拝】木母寺近くの隅田川神社「水神様」172頁、多聞寺「狸塚と狢塚」208頁。妙亀塚近くの「お化け地蔵」398頁、玉姫稲荷「口入稲荷」376頁、本性寺「秋山白雲」266頁、「平賀源内墓」303頁。

妙亀塚上の板碑と「梅若丸の母（妙亀尼）との関係は不明」と公園の解説坂にある。

梅若丸を探して彷徨う妙亀尼。柳の枝を持つのは狂女の姿とされる。

渋谷区

猿楽塚古墳《さるがくづか》

❖憂鬱悲観を晴らし苦難を排除／鬱病

直径約二〇メートル、高さ約五メートルの円墳が、渋谷区ヒルサイドテラスの敷地内に残されている。人の墓だから、かつては祟りの噂があり、大量の武具が出たとか、奇病に取り憑かれたなどの話もあったようだ。それと関連があるかは不明だが、『新編武蔵風土記稿』巻之四十七に、源頼朝がここで猿楽（田楽、能楽などの芸能）を催し、その道具を埋めたとある。

一方で、別名「去我苦塚《さるがくづか》」「斥候塚《ものみ》」とも呼ばれたらしい。ここに登れば富士、筑波、房総の山々が見渡せるほどで、気分も晴れ晴れとしたそうだ。

『新編武蔵風土記稿』巻之十豊島郡之二には、小名「猿楽塚」として紹介されており、『江戸名所図会』巻之三には、「昔渋谷長者某、この辺の人民を語らひ、ときとしてこの塚の辺《わき》にて酒宴を催し、歓楽せしにより苦を去るのいはれなりといふ」とある。

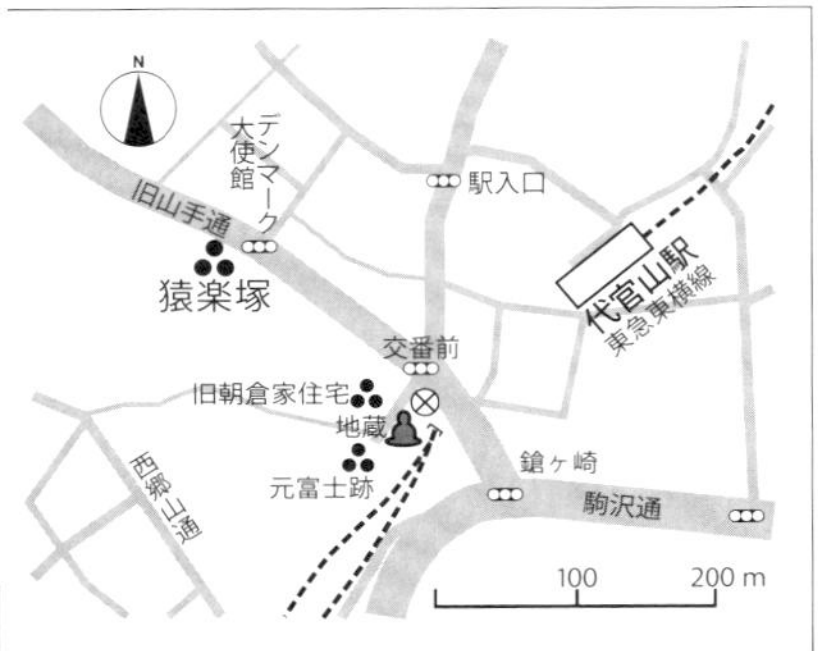

渋谷区猿楽町 29-9　ヒルサイドテラス内

都会の中に古代の息吹を感じられる場所がある。渋谷には渋谷川を中心にして古代住居が展開していた。

この古代風デザインの絵馬は、ヒルサイドテラスの管理人室で入手できる。

荒川区

山谷《さんや》の神明社（天祖《てんそ》神社）

❖勝負に勝つ／お産の守護

荒川区の小台大通り沿いにある、路傍の小祠。「山谷」の名を冠しているのは、かつてこの地が字《あざ》山谷と呼ばれたことに由来している（いわゆるドヤ街の山谷とは異なる）。

この神明社を「祟り神」の分類に入れた理由は、荒川区教育委員会の解説板による。いわく、「伝承によると明暦の頃（一六五五～五八）、台風の後に金物のようなものが当地に流れつき、粗末に扱った人が怪我をしたので祀るようになったという。騒ぐと祟りがあるといわれ、祭りの際にも神楽、囃子、御輿の類いは出ない」ということなのだ。

つまり、本来の祭神は「金物様《かなものさま》」とでも呼ぶべきご神体で、恐らく明治時代に、（いささか強引に）この神を神明社として祀り込めてしまったと思われる。

山谷とは谷を意味する地名だから、隅田川（昔の荒川）が氾濫して、「祟り神」が流れ着いたのであろうか。

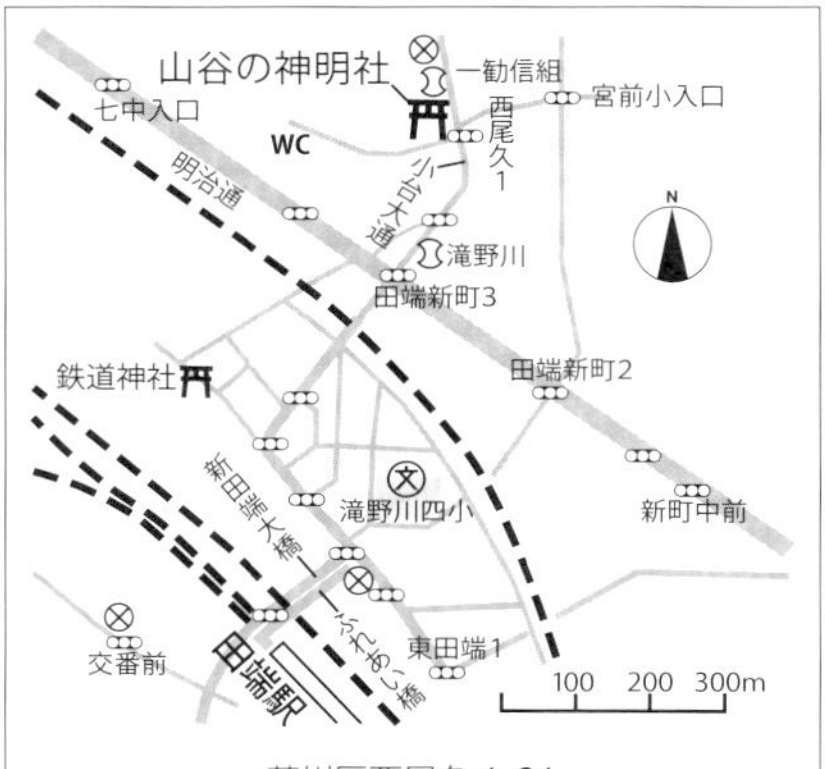

荒川区西尾久 1-21

本来、神明社（天祖神社）とは天照大神を主祭神とする神社のことで、この女神は皇室の祖神とされている。したがって流れ着いたご神体とは無関係なはずだが、地域の人々が明治の神社合祀運動などからご神体を護るため、あるいは祟りを避けて、社号を神明社としたのだろう。

境内の庚申塔（右）と地蔵尊（左）は傷みが激しいが、新しい花が供えられていた。

新田義興公の御塚《にったよしおきこうのおつか》

❖必勝開運／家運隆盛　【頓兵衛地蔵】イボ取り

最寄りの武蔵新田《むさしにった》駅は、まさに新田義興公にちなんで命名された駅名だ。

新田義興とは新田義貞《よしさだ》の次男で、南北朝時代、後醍醐天皇を擁する南朝方の勇猛な武将だった。そのあまりの強さのため、鎌倉へ向かう途中、多摩川の矢口の渡しから舟に乗ったところを騙し討ちに遭い、襲われて憤死した。

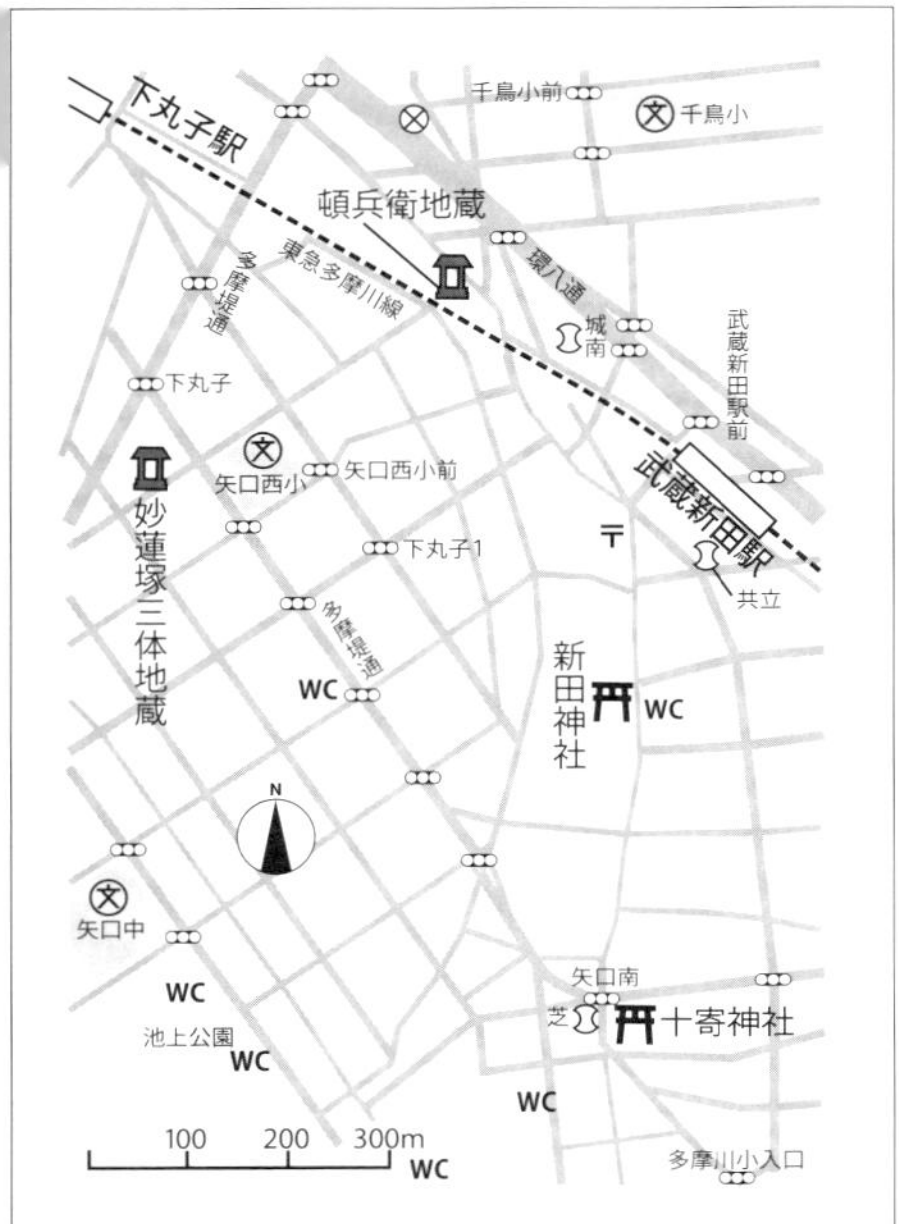

大田区矢口 1-21-23　新田神社内

それ以来、矢口周辺では、義興公の怨霊が夜な夜な怪しい光を放ったり、雷を落としたりしたという。そして、義興公を裏切った人々は次々と狂死したということだ。

附近の村人たちも恐れをなし、その怨霊の祟りを鎮めるために、義興公の墳墓（胴塚）の前に神社を建立し、義興公を「新田大明神」として祀った。これが新田神社で、その塚が境内に残る円墳「御塚」というわけである。

今でも塚の中に入ると祟りがあるといわれ、「荒塚《あれづか》」「迷《まよ》い塚《づか》」とも呼ばれており、当然のことながら、周囲には柵がめぐらせてある。

さらにこの塚の周辺には、敵方だった畠山一族の者が近づくと唸《うな》る狛犬や、雷が鳴るとピチピチと割れる旗竹（神域を越えることのない篠竹）などの伝説が残っている。ちなみに、かつて平賀源内（⇩303頁）がこの竹で「矢守《やもり》」を作り、これが破魔《はま》矢《や》の原型になったといわれている。

この地域には、他にも義興公にまつわる史跡がある。

●十寄《とよせ》神社（十騎《じっき》神社）――新田義興公と共に憤死・自刃した支族、近習の将兵十名を祀っている。世良田、井《いい》、大嶋、由良、

新田神社。

新田義興公が奸計に遭ったとされる矢口の渡し周辺。

新田義興公の墳墓（御塚）。

進藤氏などの名が残っている。

◉三体《さんたい》地蔵——義興公が襲われた時に、潜水渡岸して敵軍と奮戦し、討死した土肥、南瀬口、市河の三氏を祀っている。

◉女塚《おなづか》神社——諸説あるが、境内の女塚古墳には義興公の侍女であった少将局《しょうしょうのつぼね》を祀っていると伝わる。

◉頓兵衛《とんべえ》地蔵（とろけ地蔵）——伝説とされるが、奸計《かんけい》に協力した船頭が、義興公や十騎士の冥福を祈って建立したとされる。

◉多摩川兵庫島——世田谷区にある。矢口の渡しより上流なのだが、由良兵庫之助の憤死体が流れ着いたといわれる。

妙蓮塚三体地蔵（大田区下丸子2-1-8）。

十寄神社境内の十騎神社（大田区矢口2-17-28）。

頓兵衛地蔵尊（大田区下丸子1-1-19）。

女塚神社の女塚古墳（大田区西蒲田6-22-1）。

豊島区

お茶あがれ地蔵

❖厄除け

寛永年間（一六二四〜四四）の頃、堀之内村と呼ばれていたこの村に、勘左衛門《かんざえもん》という農家の若者がいて、茶が好きな女性と恋仲になった。だが親は反対する。彼女の身体が弱かったからともいわれているが、茶を好む女は贅沢だと思われていた時代でもあった。それで彼女は絶望のあまり、病気になって死んでしまう。そして幽霊になって、「お茶あがれ」といいつつ、勘左衛門のもとに現れるようになったという。

別の説では、板橋の「おせん」という飯盛女《めしもりおんな》（宿場女郎）が逃げ出したが、ここまで来たところで力尽き、幽かな声で「お茶を、お茶を」と助けを求めながら亡くなった。この女も勘左衛門と良い仲だったといわれ、やはり、それから毎晩、「お茶あがれ」とつぶやく女の声が聞こえるようになった。

どちらの説にせよ、それで道の辻に、この地蔵尊を建立したのだそうである。

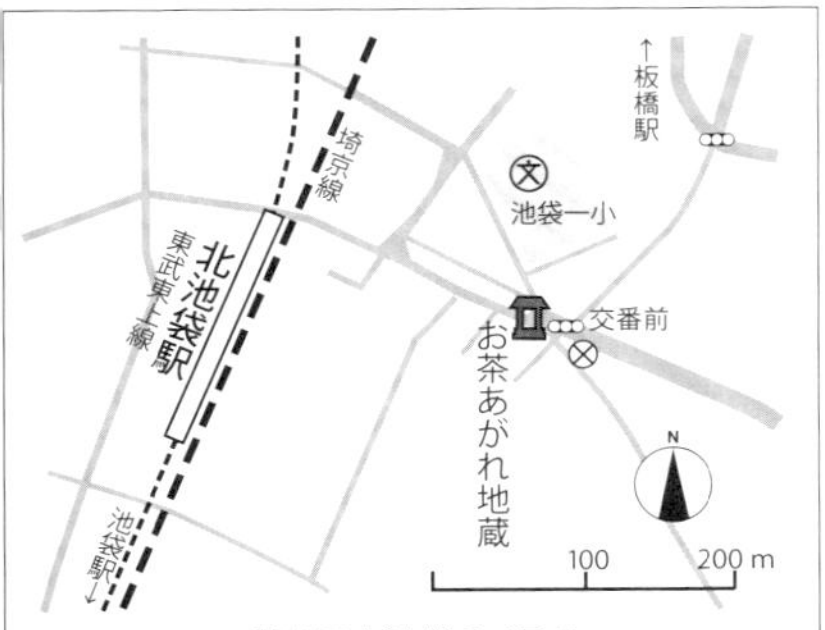

豊島区上池袋 3-47-5

のんびりと佇む姿は幽霊とは縁がなさそうに見える。

道端（円と矢印で示す）に鎮座するお茶あがれ地蔵。

台東区

姥《うば》ヶ《が》池《いけ》の旧跡

❖流行病治癒／インフルエンザ

浅草花川戸の辺りには、明治二十四（一八九一）年まで、隅田川に通じる大池「姥ヶ池」があった。周囲は人跡稀な「浅茅が《あさじが》原《はら》」で、そこにはただ「一《ひと》つ家《や》」があり、老婆と、娼婦に仕立てられた娘が住んでいた。旅人を泊めては石の枕に寝かせ、天井から吊るした大石を落として殺害し、金品を奪っていた。

ところが観音が化身した千人目の旅人に娘が心を奪われ、自分が身代わりとなって死ぬ。「観音が旅人に危険を知らせた」という筋の話もあるが、いずれにせよ老婆は悲嘆し、悪行を悔やんで池に身を投げてしまう。

ところが、老婆の霊は大蛇となって、人々を悩ませるようになった。そこで人々がこの霊を神として祀ったところ、老婆は沙羯羅《しゃから》龍王（⇩75頁）となり、悪病退散の善神になった。

祈願するには、甘酒を竹筒に入れて、池の畔の木に架けておくと良いという。

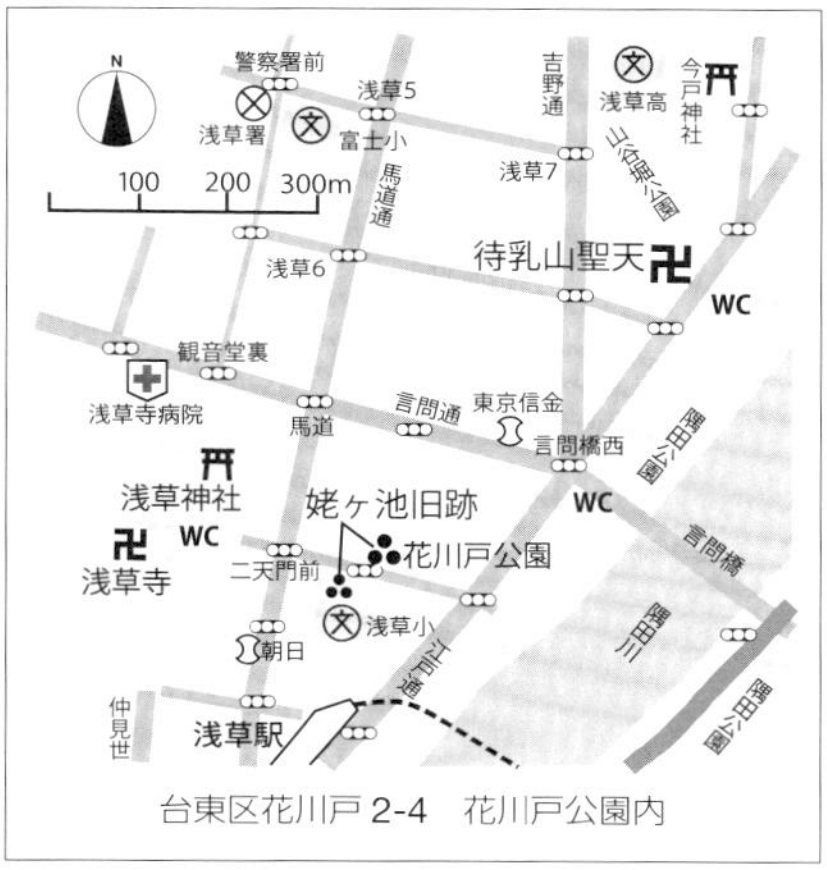

姥ヶ池福寿稲荷大明神（右）と沙羯羅龍王（左）の祠。

花川戸公園にある姥ヶ池の旧跡碑。

老婆の悪行を止める娘。浅草寺の絵馬より。

【巡拝】待乳山聖天「待乳山の二股大根」228頁、浅草寺周辺については32頁の金龍山の仁王尊の巡拝参照。

掛衣翁《けんえおう》（懸衣翁）

❖死後の安寧／生前の罪の軽減

板橋区文殊院《もんじゅいん》の山門を入って右に子《ね》の大権現、左に焔魔《えんま》堂がある。焔魔堂の中には正面に閻魔《えんま》大王、大王の右に奪衣婆《だつえば》が鎮座。大王の左には衣領樹《えりょうじゅ》が立ち、その枝に掛衣翁《けんえおう》がいる。

『十王教』や『往生要集』によれば、彼の身分も奪衣婆と同じ十王配下の獄卒で、奪衣婆が亡者から剝ぎ取った衣服を樹上から受け取り、枝先に掛ける。そのしなり具合から、亡者の生前の罪の重さを量るのである。

亡者の頭と足が付くように曲げてしまうともいわれるが、奪衣婆に比べて掛衣翁の印象は今ひとつ薄い。したがって地獄絵に登場する機会も少なく、まして石像や木像として祀られることも少ない。閻魔王と同等にさえ見られがちな奪衣婆のスター性に比べれば、その知名度ははるかに低い。

しかしここ文殊院の焔魔堂では、ご覧のように、しっかりとその本来のキャラクターぶりを発揮している。

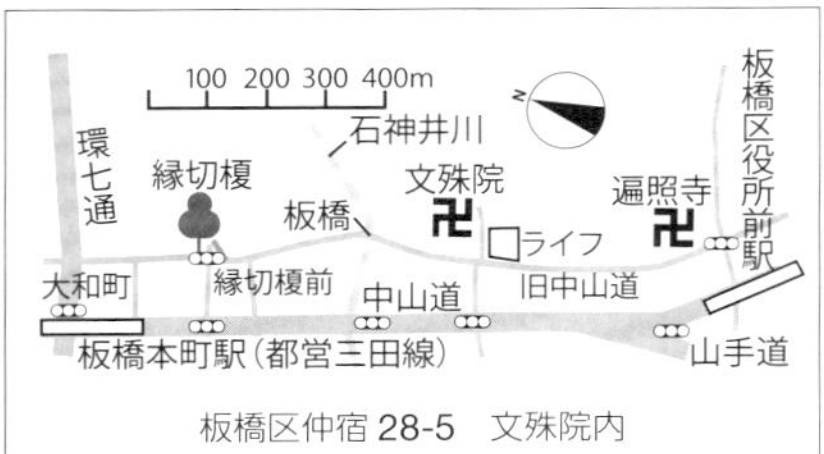

板橋区仲宿 28-5　文殊院内

これだけ際立った像は東京では珍しい。

掛衣翁（Wikipediaより）。
『十王図』、画は土佐光信。

【関連】「正受院の奪衣婆」～「目黒不動の閻魔王と奪衣婆」312 ～ 316 頁。

江戸川区 ほか

浅間山噴火の供養碑

❖溺死者供養／除災

天明三（一七八三）年の七月六～八日にかけて、信州浅間山が大爆発して、未曽有の大災害を及ぼした。関東一帯に火山灰が降り、降灰は江戸でも地上三センチにも及んだ。火山礫《れき》や山津波は吾妻《あずま》川を堰《せ》き止め、ついで決壊して、利根川筋に大水害を及ぼし、死者は二千余人、埋没戸数は千八百戸に及んだ。

江戸川流域でも、上流からの川流死者や溺死した牛馬が少なからず漂着した。柴又村や小岩村の人々は、亡骸を収容し丁重に供養し、後にこれらの供養費を建立した。柴又村の「浅間山噴火川流溺死者供養碑」は題経寺《だいきょうじ》霊園に、小岩村の「天明三年浅間山噴火横死者供養碑」は善養寺《ぜんようじ》に、それぞれ今も残る。

なお、善養寺の供養塔は昭和三十（一九五五）年頃から寺内で行方不明になっていたが、同四十七（一九七二）年に発見され、再建されたものである。

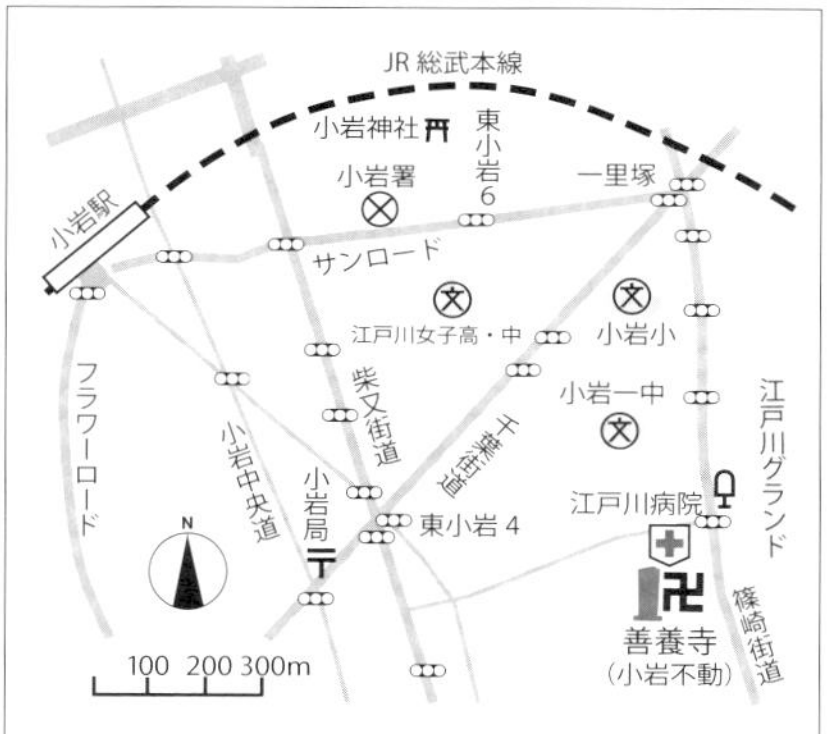

天明三年浅間山噴火横死者供養碑
江戸川区東小岩 2-24-2　善養寺内

江戸川区善養寺の「天明三年浅間山噴火横死者供養碑」。

葛飾区題経寺霊園の「浅間山噴火川流溺死者供養碑」（葛飾区柴又5-9-22）。

焔魔《えんま》堂と千体《せんたい》地蔵

❖死後の安寧／地獄からの救い

写真は練馬区南蔵院《なんぞういん》という古刹の焔魔《えんま》堂内部で、閻魔大王を中心に十王、奪衣婆など地獄のオールスターが並ぶ。中でも特徴的なのは、彼らの背後や両脇の壁、びっしりと並ぶ、高さ一五センチほどの千体地蔵だ。

坊主頭（円頂）で合掌しており、法衣の色は様々だが、基本的には下地を丹青で彩色した薄い板で造られ、棚のように見える額に貼り付けてあるようだ。開眼は明治初期と考えられている。

もともと閻魔大王の本地は地蔵菩薩といわれており、この千体地蔵は閻魔大王の分身に見える。広大な地獄で獄卒《ごくそつ》に呵責《かしゃく》される罪人を一人一人救うには、このくらいの数が必要だろう。安心だ。

南蔵院には他にも地蔵像が多く、その内の「首つぎ地蔵」（⇩409頁）は本書第九章で紹介している。

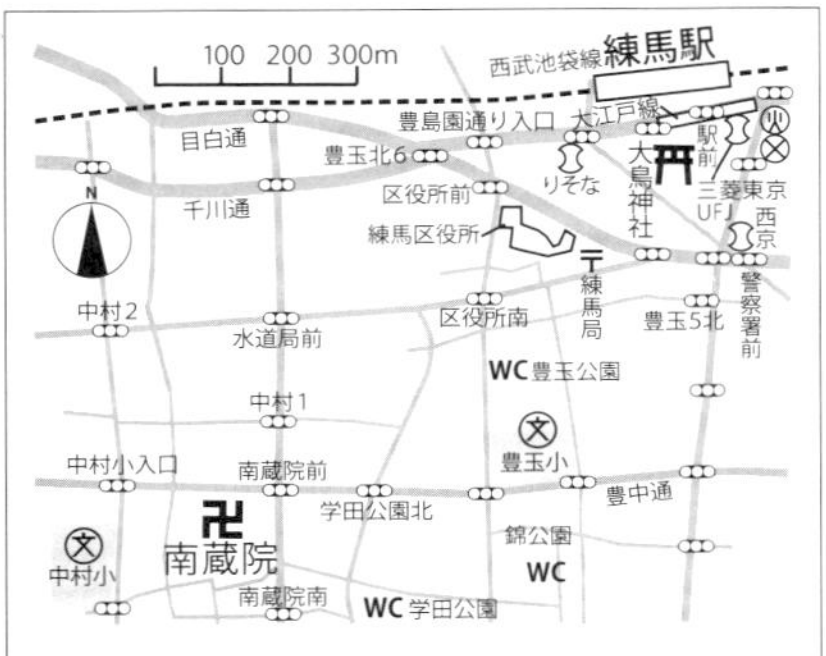

練馬区中村 1-15-1 南蔵院内

写真の上部両端に木が写り込んでいるが、これはガラス越しに堂内を撮影したためである。

【巡拝】同境内の「首つぎ地蔵」409 頁、「石薬師」88 頁

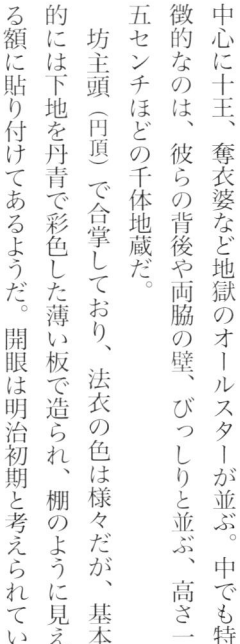

第八章

稲荷に求める庶民利益

訪れた方はご存じだろう。京都の伏見稲荷は、膨大な量の石碑や石祠《せきし》、鳥居で埋め尽くされている。山全体がその重量で沈んでしまうのではないかと、心配になるほどだ。東京でも赤坂の豊川稲荷には、境内にいくつもの稲荷社を祀っており、お狐さん(神狐)だらけで賑やかである。ちなみに、鳥居の回廊ならば、規模は大分縮小されているが、千代田区日枝神社の山王稲荷や文京区根津神社の乙女稲荷でも見られる。

個人で祀る「お稲荷さん」は住宅の庭、企業の敷地内、ビルの屋上などによく見かける。規模は小さくても祠の建立にはある程度の資金は必要だろうから、「地獄の沙汰も金次第」ならぬ「稲荷への願いも金次第」となる。それを非難する気持ちは毛頭ないが、本章では、鳥居の奉納とまではいかなくとも、せいぜい油揚げ程度の奉納で喜んでいただけそうな稲荷社を選んだ。

これら庶民に近い稲荷社の中には、「稲荷」の名を冠してはいるが、本来の稲荷神をお祀りしている様子など感じられないものがある。もちろん稲荷神社を名乗るからには伏見稲荷などの分霊を勧請しているのであろうが、稲荷神らしいところは「正一位　稲荷大明神」と書かれた幟《のぼり》が立っている程度で、実際の主祭神はさまざま。稲荷神とは別の神格である場合もある。

まず先に自分たちがお祀りしたい神や霊などがいて、それがどの神仏にもあてはまらない場合などに、「さしあたり○○稲荷としてお祀りしよう」ということも多々あったのではないか。つまり、稲荷神は「規定のゆるい神さま」なのである。

稲荷神の眷属である「お狐さま」そのものが祭神になっていることすらある。人に憑いた狐、夢でお告げをした狐などを祀るわけだ。

たとえば花子さんに憑いた狐が祈禱などによって離れたケースならば、「花子稲荷」が建立される。その際、狐は花子さんの口を借りて、「行く場所がなくなったので、祠を用意して我を祀れ。さすれば、町内を火災から守ろう」といった条件を出すのだ(町内のお稲荷様は、火防の御利益を唱っている場合が少なくない。だから火事が多かった江戸の各町内には、特に稲荷社が多い)。

一方、規模のある程度大きな寺社の境内に祀られた稲荷社は、第一章で紹介した「地主神」の場合が多い。狐はその色（黄＝土）からも、土地の神の使いと見られた。なお、わざわざそう唱えているところは少ないが、敷地が山や古墳だった神社は地主神に稲荷を祀る確率が高い。狐の巣があったからだ。

もっとも一般的には、稲荷神社の祭神は稲の精霊で食物の神でもある倉稲魂命《うかのみたまのみこと》とされている。狐を連れた、もしくは狐に乗った老翁である。対して、寺院の境内に祀られた稲荷社は、ほとんどが仏教系の荼枳尼天《だきに》である。こちらは日本では美しい女神だ。

日本では、と断るわけは、出身地のインドでは人の生き血をすすり心臓を喰らう夜叉《やしゃ》だったからで、仏教に帰依して善神になった。あちらではジャッカルを眷属としていた。仏教と共に中国に渡ると、ジャッカルは狐に置き換えられる。そして日本に渡ると、狐に跨がった女神になった。

ただ日本では、南北朝時代に「荼枳尼天法」という邪法（未来を知り、望むものを手に入れる）の本尊とされ、狐は憑き神の「クダ狐」と呼ばれた。これを駆使する行者は「クダ使い」と呼ばれて、昭和の初めまで非常に恐れられた。

この「稲荷＝狐＝狐憑き」の問題は、驚くべきことに一九六〇年の東京オリンピック頃まで存在した。このような負の迷信も、忘れてはならない庶民信仰の一面である。

油揚げを肴に何やらヒソヒソと密談をしている様子が何とも怪しい雰囲気。大田区穴守稲荷神社。

高《たか》尾《お》稲荷

❖頭痛・頭瘡平癒／薄毛回避／ノイローゼ防止／ボケ防止／縁結び

「高尾稲荷」は、日本橋川が隅田川に注ぎ込む近くの箱崎町にあり、手作り感たっぷりの小さな社。稲荷神社となっているが、正式な祭神は、「高尾太夫のものではないかと推測された頭蓋骨」なのである（ただし、品川の妙蓮寺に墓のある薄雲太夫のものが流されてきたという説もある）。

そのいきさつをご説明する前に、『重宝記』から引いておこう。同書の「高尾稲荷の社」には、「永代橋西詰に高尾稲荷のやしろあり、此祠に詣《もうで》て頭痛平癒の願かけをするに平癒することすみやかなり。願かけをなすときに小《ちさ》き櫛を一まい祠のうちより借《かり》うけ朝夕《てうせき》高尾大明神と祈り、髪をなで付《つく》るなり。病気平癒のゝち外《ほか》に新《あらた》に櫛を一まいそえ、社《やしろ》へ奉納するなり頭痛にかぎらず、すべて髪の毛薄き人、頭瘡《づそう》のたぐひ、あたまの煩《わづらい》ある人、願がけして其験《そのしるし》うたがひなし」とある。

つまり頭蓋骨を祀っているからこその御利益だから、当然、ボケ防止にも有効であろう。見出しであげた御利益のほかに、堂内の解説板には、商売繁盛、縁結び、学業成就、ノイローゼにも神徳があると書いてある。

ところで、「高尾太夫」とは個人名ではなく十代以上が知られているが、頭蓋骨が流れ着くからには、仙台伊達公に隅田川の船中で斬られたという噂がある二代目の「仙台高尾」＝「万治《まんじ》高尾」でなければならない。

じつは宝永五（一七〇八）年、女性の頭蓋骨が一つ、近くの隅田川岸に流れ着いた。それは二代目の高尾が船上で斬られたという噂から五十年後なのだが、「これこそ高尾太夫のものに

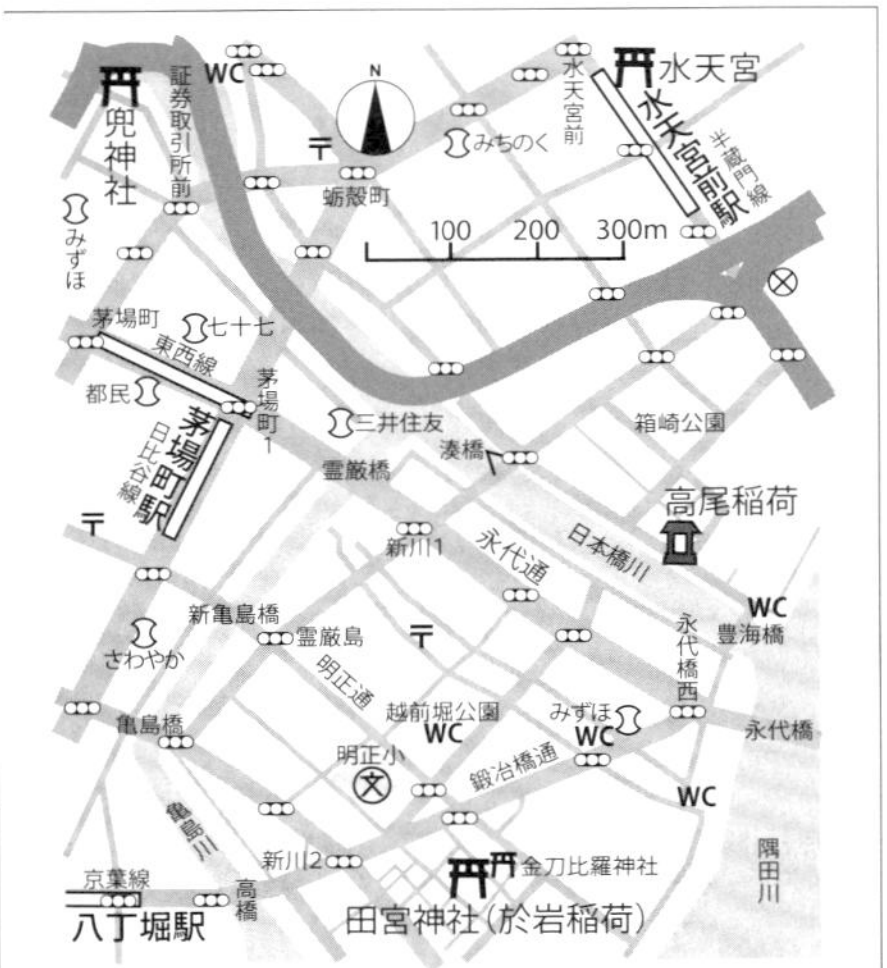

中央区日本橋箱崎町 10-7

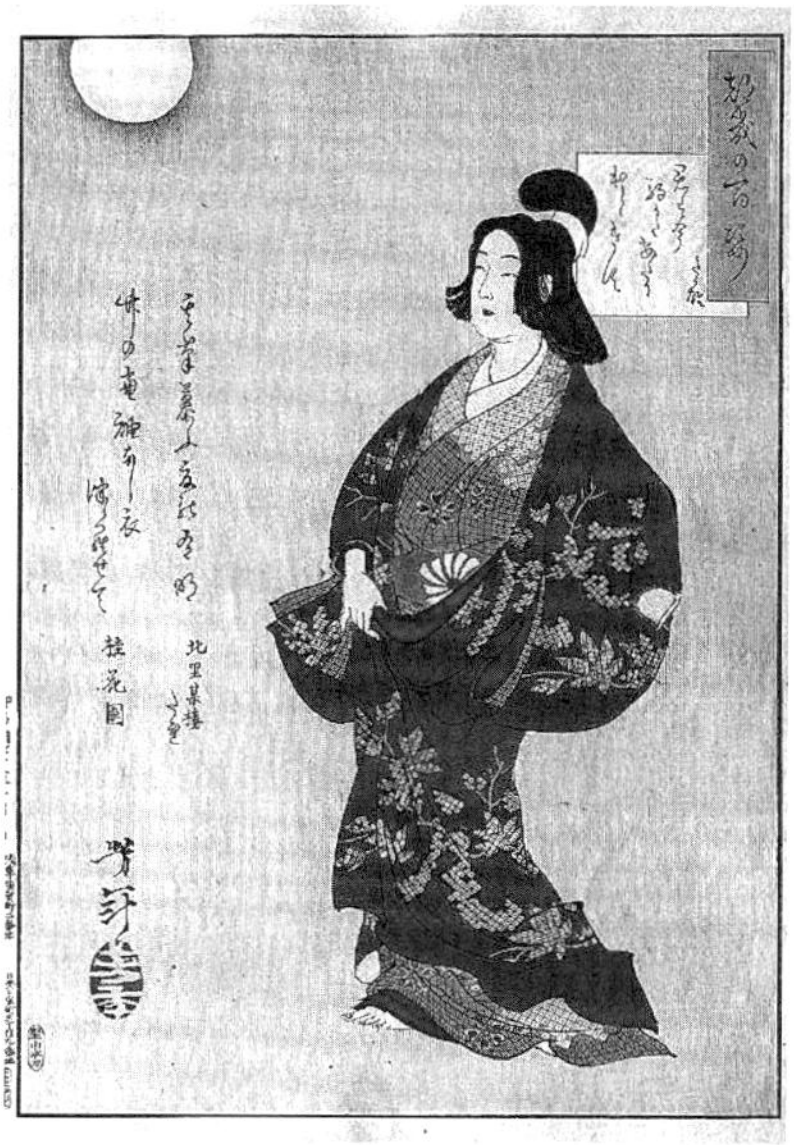

月岡芳年画の二代目高尾太夫。この頃はまだ花魁道中ほどの派手さはない。

昭和50（1975）年には現在の三井倉庫敷地内に祀られていたが、倉庫再建工事の際、社殿の下より実物の頭蓋骨壺が発見された。その時に社殿と骨壺は現在地に移され、今に至っている。

違いない」と思い込んだ江戸っ子たちが、その頭蓋骨を壺に入れ、ご神体として祀り込めたのである。

しかし二代目については、幸せな老後を過ごしたなどの説もあり、はっきりしない。ちなみに当社は昭和五十一（一九七六）年、令和四（二〇二二）年と二度の建て替えをおこなったが、実際に頭蓋骨は確認されている。

いずれにせよ、名のある人気女性の頭蓋骨でなくては御利益もないわけで、これをありがたがって拝むのが、江戸っ子の粋というものなのだろう。

【関連】「海蔵寺の首塚」292頁、「丸橋忠弥之首塚」293頁。
【巡拝】田宮神社「三つの於岩稲荷とお岩水かけ観音」326頁。

今でも櫛が供えられている。

『重宝記』の挿絵を見ると、かつてはすぐ裏を隅田川が流れていたようだ。

茶の木稲荷

❖眼病平癒

『重宝記』「茶の樹の稲荷」に、「市谷八幡宮正面の坂を上り半よりひだり〔左〕に茶の樹稲荷の祠あり、これに願をかけるに眼のわづらひあるもの七日が間煎茶をたち〔断ち〕心願をかけるに眼の煩《わずら》ひすみやかに平癒す。願成就のうへ幟を一本奉納するにふたたび眼わづらひおこる事なし。但、遠路のともがらは我家にありて、正一位茶樹稲荷大明神とねんじ〔念じ〕右のごとく茶だちをなして平癒のうへ参詣すべし願成就うたがひなし」とある。

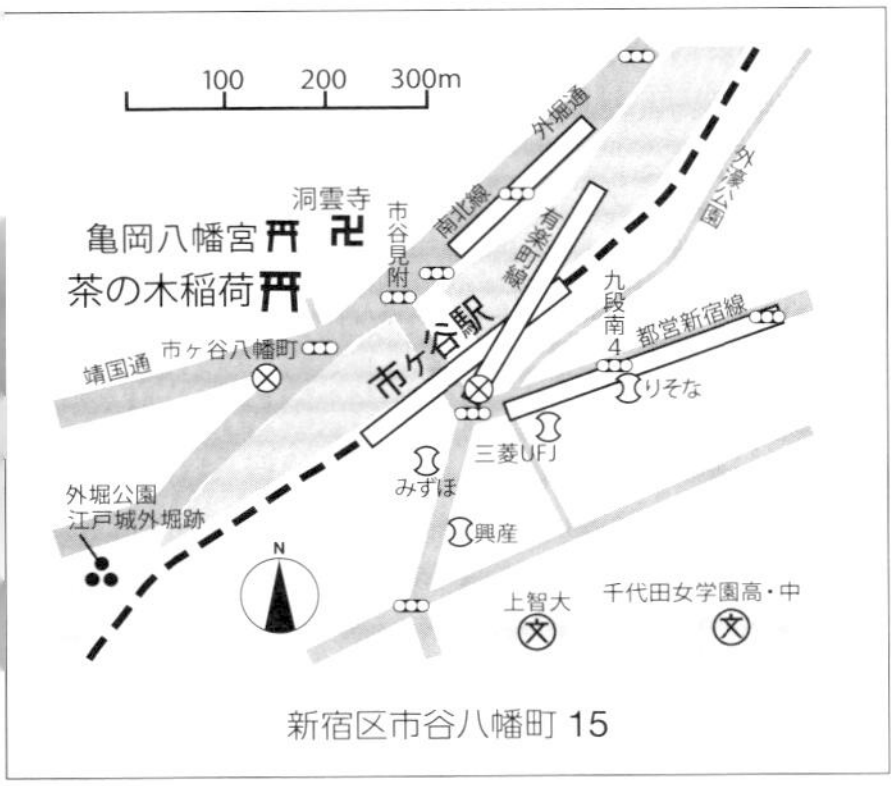

新宿区市谷八幡町 15

市谷八幡宮とは今の亀岡八幡宮のことで、銅を葺《ふ》いた緑の屋根の一部が市ヶ谷駅から見える。「茶の木稲荷」も昔のままに階段の中腹に鎮座している。

眼病平癒の願掛けには、一般に薬師如来に対しての信仰が多く見られ、稲荷への願掛け、さらに茶断ちが伴う信仰は珍しい。

当社の縁起によると、「昔この山に、稲荷大神の神使の白狐がいた。ある時あやまって茶の木で目を突いたという。それ以来氏子も茶の木を憎み、正月の三が日は茶を忌む習慣があった。眼病の人はさらに長く茶を断てば、霊験あらたかであった」ということだ。

『江戸名所図会』巻之四「市谷八幡宮・稲荷の祠」には「当社の地主《とこぬし》の神〔⇩24頁〕なり。石階の中段左の方にあり。世俗、茶ノ木稲荷と称す。その来由信ずるにたらず、ゆゑにここに略せり」とある。

つまり「書く必要もない」ということだが、麻や胡麻、綿などの茎で神が目を突いてしまう話は、日本全国にある。柳田民俗学でいうところの「目ひとつの神」の誕生譚の一つだが、このような事故から神が嫌う栽培物や嗜好品を自ら禁じて願掛けするのが、「断ち物」「物忌み」といわれる習俗である。たとえば歯痛の祈願には梨を断つ。

しかしここでは、石段の両脇にチャノキがずらりと植えられ

今は眼病だけでなく諸病平癒など、さまざまな御利益を謳っている。

ている。これではかえって、目を突かれたお狐さまが寄り付かないのではないか……と思うのだが。

【巡拝】亀岡八幡宮「太田道灌と紅皿」279頁。

『江戸神仏願懸重宝記』の挿絵は現在の状況とほとんど変わらない。

茶の木稲荷の絵馬。

台東区

熊谷稲荷《くまがへ》

❖盗難剣難盗賊除け／火難除け／ストーカー・テロ除け

『重宝記』「熊谷稲荷の札」に、「浅草寺町本法寺の熊谷稲荷大明じんは世に人のしるところなり。元来《もとより》霊験著しく諸人奇依《きゑ》なす事おびたゞしく此稲荷の宮より守り札《ふだ》出るなり。則《すなはち》毎年九月廿五日より札の切手を出し極月〔十二月〕朔日《ついたち》よりお札を出す。此まもり札を門戸又は家内にはりおく時は盗難をさくる〔避ける〕事うたがひなし又懐になし首にかけ〔掛け〕信心するときは道中剣難盗賊のなん〔難〕にあふことかつてなし。御縁日毎月午の日」とある。さしずめ現代ならば、ストーカーや通り魔、またテロ除けといったところだろうか。

今は台東区寿二丁目（旧田原町）の本法寺に祀られているが、かつては浅草寺《せんそうじ》の境内社で、観音堂の裏側にあった。数多い境内社の中でも一、二を争う人気だったようである。

本尊は倉稲魂命《うかのみたまのみこと》や荼枳尼天《だきに》などの稲荷神ではなく「白狐《びゃっこ》宗林《そうりん》」だそうだ。

台東区寿 2-9-7　本法寺内

熊谷堂内には御幣や注連縄が見られ、神仏混交の名残が色濃く残っている。

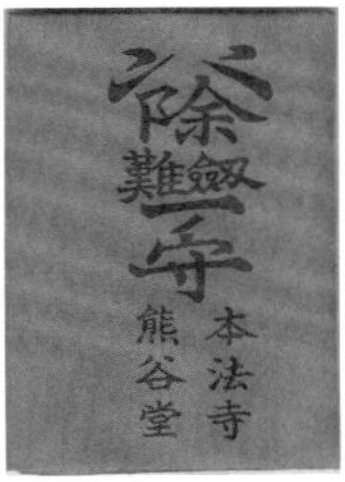

『江戸神仏願懸重宝記』に書かれている「熊谷稲荷の札」は、復刻されて今も健在だ。

【巡拝】永見寺「金精和合稲荷大明神」127 頁。

目黒区

瘡守《かさもり》稲荷大明神

❖梅毒／できもの／疱瘡

赤く塗られた小さなお堂に祀られている。寺院の中に立つ鳥居には「瘡守稲荷大明神」の額が掛かっている。

当寺院の稲荷神は老翁ではなく、夜叉《やしゃ》の過去を持つ女神の荼《だ》枳尼《きに》天である。縁日には扉が開かれ、荼枳尼天像が拝める。狐に跨《また》がっているゆえ、仏教界において稲荷神とされた。

それがいかなる経緯で瘡守神となったかは不明だが、何らかの著しい御利益があったのであろうか。

「瘡守」「瘡護」「笠守」「笠森」（読みはいずれも「かさもり」）など名のつく稲荷は、江戸に多い。江戸時代には梅毒が大流行していたからである。疱瘡《ほうそう》も非常に恐れられた。

特に「かさもり稲荷」とされたのは、稲荷神社によく見られる赤や朱が、疫病除けの色だと信じられていたからである。麻疹《はしか》・疱瘡除けの鍾馗様を描いた札や図にも、赤一色で描かれたものが多い。

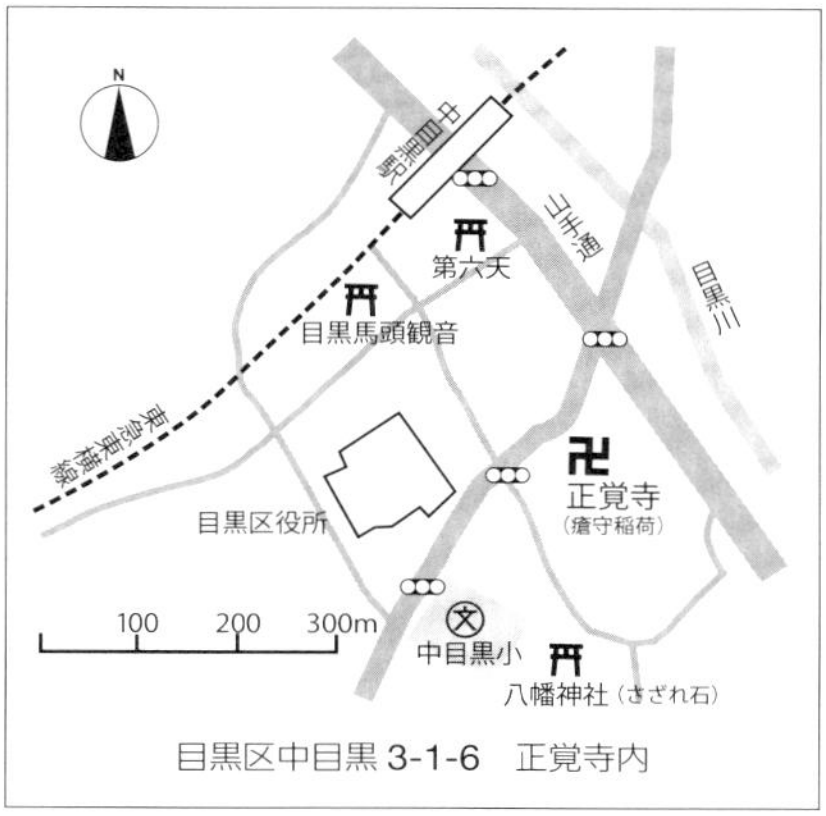

お堂の中の荼枳尼天は、狐に跨がっている。

【関連】「疫神様」42 頁、「影向石」157 頁、「笠森稲荷と笠森お仙」358 頁。

笠森《かさもり》稲荷と笠森お仙《せん》

❖梅毒／できもの／家内安全／家門繁栄

瘡《かさ》とは皮膚病の総称だが、江戸時代には一般に梅毒のことを指した。病状が進むと、全身に発疹を生じるからである。

江戸時代は梅毒の蔓延していた時代だから、これの快復を願う神様も大繁盛していた。特に人気があったのが、谷中の瘡守《かさもり》稲荷。後に品良く笠森などと表記されるようになったが、もともとは性病や皮膚病に御利益のあるお稲荷さんだったのである。

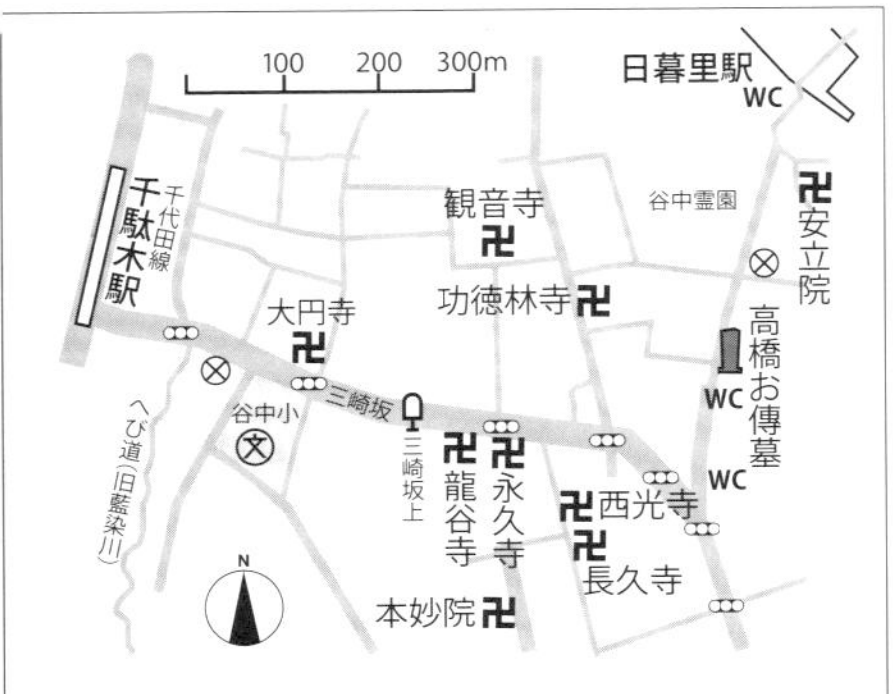

笠森稲荷　台東区谷中 7-6-9　功徳林寺内

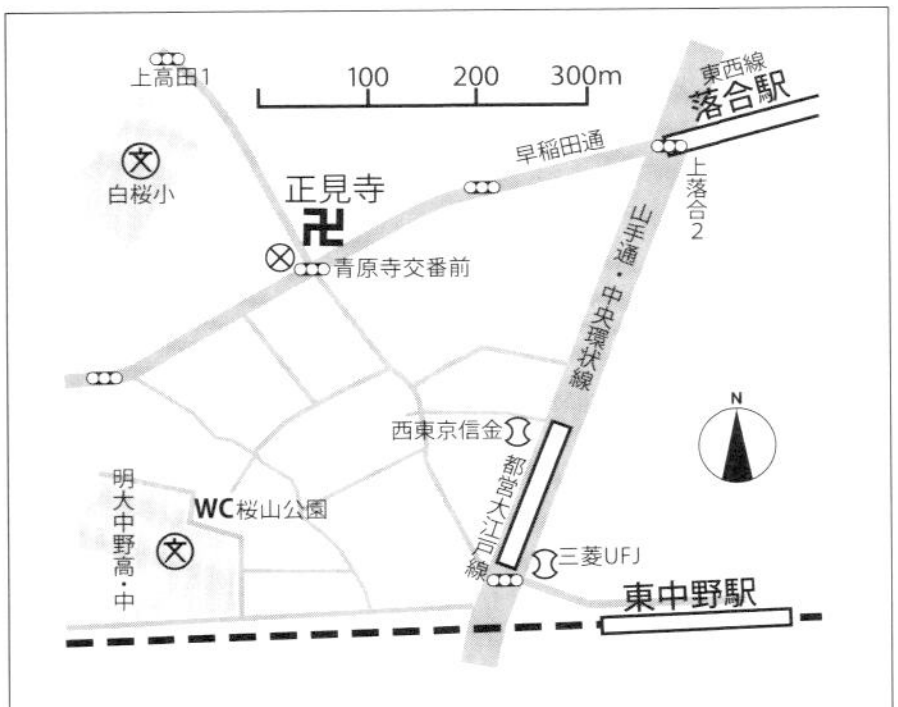

お仙の墓　中野区上高田 1-1-10　正見寺内

その門前には四十七軒もの水茶屋（美女を置いて、客の接待をさせる休み茶屋）が並んでいたといわれていたが、中でも一番人気は鍵屋《かぎや》だった。「お仙」という看板娘がいたからだ。

明和五（一七六八）年、お仙が十八の時、美人画で評判の絵師、鈴木春信のモデルとなり、一気に江戸中の評判となった。「江戸の三美人」に数えられるほどで、お仙見たさに客が殺到したそうだ。しかし笠森お仙の正確な名は、瘡守お仙なのである。とはいえ、彼女が梅毒だったという話ではない。

春信の絵でお仙が運んでいるのはおそらく本物の団子であろうが、じつは瘡守稲荷に祈願するときは泥団子を供える。それで願いが成就すると、本物の団子を供えるという信仰があった。「願いを聞いてくれれば、本物を供えますよ」という一種の取引で、団子で成就できるならお安いものだ。

それで当時の子どもたちの手鞠唄にも、「むこう横丁のお稲荷さんへ　一銭あげて　ざっと拝んで　お仙の茶屋へ　腰をかけたら渋茶を出して　渋茶

中野区正見寺にあるお仙の墓。墓石は地味で墓地の奥にひっそりと佇む。

功徳林寺から出されている護符。

台東区功徳林寺の旧・笠森稲荷。今は再建された。

台東区養寿院の笠森稲荷。祭神は荼枳尼天だ（台東区上野桜木1-15-3）。

よこよこ横目で見れば　米の団子か土の団子か　とうとうとんびにさらわれた」と歌われたわけである。

ところがお仙は、人気絶頂の最中、突然姿を消した。明和七（一七七〇）年、二十歳の時に、幕府の御庭番（忍者）倉地政之助に請われて嫁に行ったのだ。

彼女は幸せな一生を送ったらしく、十人（九人とも）もの子をもうけ、八十歳近くまで生きたということだ。今もごくごく慎ましく、中野区正見寺《しょうけんじ》にある倉地家の墓地で眠っている。

笠森お仙は、柳屋お藤、蔦屋およしと共に「江戸の三美人（明和三美人）」と呼ばれた。

台東区谷中大円寺に立つ「笠森お仙と鈴木春信の碑」（台東区谷中3-1-2）。

中央区

三光稲荷《さんこう》

❖失せ猫返し／犬猫の病

「東京の迷信　三光稲荷《さんくわう》」（『東京朝日新聞』明治四十（一九〇七）年十二月）に、「日本橋区長谷川町の横町に三光稲荷といふものがある、稲荷様が犬猫の病を治すといふのが変つてゐる、芸妓子供折々参詣するさうだ、所が近来犬ころや猫子を境内へ捨る者が多いので、神官大に面喰つて〝境内へ犬猫を捨ること無用〟といふ掲示を出した、堂の周囲《まはり》には犬と猫の額面が隙間もなく打付けられてある」とある。

今でこそこのような情景は見られなくなったが、そのかわり本殿脇の棚には、失せ猫が帰ってきたお礼の招き猫が何体も奉納されている。

猫が帰ってくるように願う人は、その状況や猫の特徴などを書いた「失せ猫祈願届け」を提出する。すると、日本橋堀留町二丁目町会の副町会長さんがそれを神前に置いて、丁寧に祈願してくださる。

中央区日本橋堀留町 2-1-13

商店街のアーケードのような参道入口。裏には「三光新道」とある。

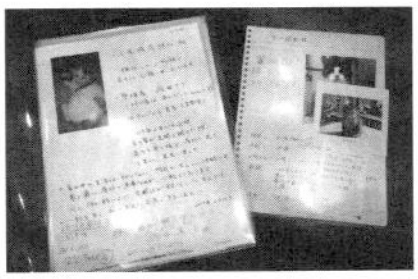

社務所には失せ猫ファイルや礼状がいっぱい。

【巡拝】大観音寺「韋駄天」69 頁。

江東区

疝気稲荷《せんき》

❖疝気（下腹部の痛み）／寸白《すはく》（寄生虫による婦人病）

「東京の迷信　疝気の稲荷」（『東京朝日新聞』明治四十（一九〇七）年十二月）に、「砂村の疝気の稲荷といへば甚だ色気のないやうに聞えるが、中々穴守に負けぬ艶《あで》やかなのが参詣する、それは疝気一点張でなく寸白にも功験があるといふ如才《じよさい》のない行き方なのだ、社《やしろ》へ行て疝気の稲荷などゝいふと叱《しか》られる、今は大智《だいち》稲荷といふ頗《すこぶ》る厳《おごそ》かなものである」とあるが、今は疝気稲荷に戻っている。

疝気とは主に男性の下腹部や睾丸がはれて痛む病気の総称で、神経性胃炎や胆石なども含まれるようだ。蕎麦《そば》が好物で唐辛子が苦手というのは落語『疝気の虫』で有名な話だが、実際に、願を懸ける人は蕎麦断ちをしていたようだ。

また寸白とは条虫などの寄生虫のことだが、昔は婦人の腰痛や陰部の病気も、これらの寄生虫が原因と考えられていた。それで艶やかな参拝者も多かったというわけである。

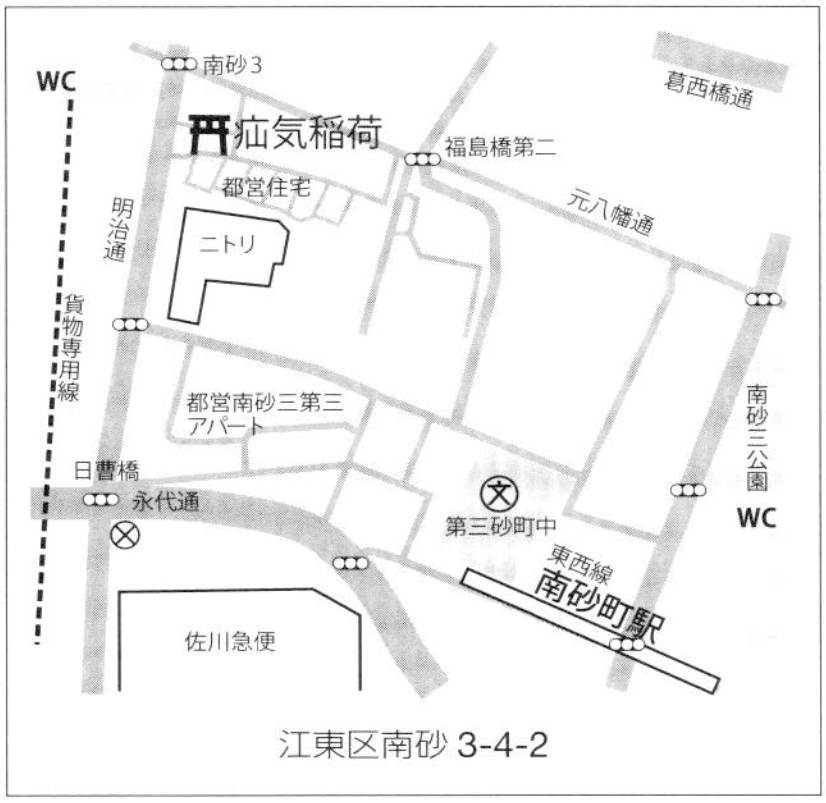

下半身の病気ゆえ社名の変遷はあったが、文化・文政の頃から「砂村の疝気稲荷」と呼ばれていた。

澤蔵司《たくぞうす》稲荷

❖学力向上／蕎麦屋守護

慈眼院《じげんいん》は小石川伝通院《でんつういん》の塔頭《たっちゅう》寺院（子院）だが、一般には「澤蔵司稲荷」として知られている。

澤蔵司とは、ある時、伝通院の覚上《かくじょう》上人と道連れになり、直接入門を申し出て許可された修行僧だった。その才を上人に見抜かれたのである。そしてわずか三年で宗義を極めたというほどの天才だったという。

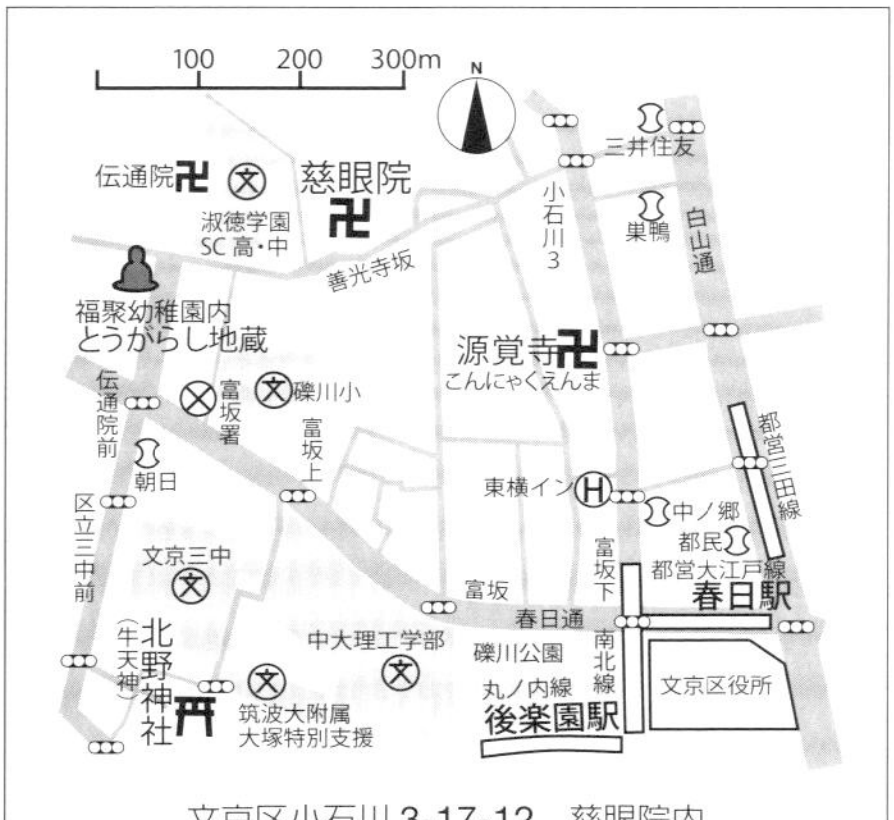

文京区小石川3-17-12　慈眼院内

それが元和六（一六二〇）年五月七日、学寮長の夢に現れ、「余は千代田城内の稲荷大明神なるが、浄土の法味を受け、多年の大望ここに達せり。今より元の神に帰りて、長く当山〔伝通院〕を守護して恩に報いよう」と告げ、暁の雲に隠れたという。つまり澤蔵司は学問を目指した狐だったというわけだ。

または、あるとき寝ている澤蔵司に狐の尾が出ているのを同僚の僧に見つかってしまい、上人に仏道を学ばせてもらったことを感謝しつつ、学寮を去ったともいわれる。

いずれにせよ伝通院では、澤蔵司を稲荷大明神として祀り、鎮守とした。これは『江戸名所図会』巻之四「無量山伝通院」の項にも、「多久蔵主《たくぞうす》稲荷の社」として紹介されている。

澤蔵司が好きだったのは、学問だけではない。彼は蕎麦《そば》好きで、伝通院門前の蕎麦屋（現存）によく通っていた。蕎麦屋の主人がある日、売り上げの中に木の葉が混ざっているのに気付く。木の葉が混ざっている日は澤蔵司が来た日に限っていたということで、これで澤蔵司が狐であったことがばれたという説もあるが、それでは優秀な学僧らしからぬあまりにもお粗末な結果である。

霊窟のある崖下には、いくつもの稲荷が祀られていて昼も暗く霊気が漂う。

むしろこれは蕎麦屋にとっては宣伝になるから、無銭飲食には眼を瞑《つぶ》ったのであろう。麻布にも汁粉《しるこ》を買った狐と蕎麦を買った狸の話があって、それほど旨《うま》いのだと噂になって大繁盛したのだ。

また、「ぶんぶく茶釜」で有名な群馬県茂林寺《もりんじ》の守鶴《しゅかく》和尚が、居眠りをして尻尾を顕して見つかってしまったというこれに似た話もあるが、こちらは狸であった。

【巡拝】北野神社「貧乏神」40頁、同「撫で石（牛石）」１５６頁、源覚寺「蒟蒻閻魔」３２０頁、福聚院大黒天「とうがらし地蔵」４１６頁。

霊窟。

澤蔵司に因んだ「稲荷蕎麦」。

妙見山《みょうけんざん》の鷗《かもめ》稲荷

❖狐憑きを落とす／魔除け／疫病除け

「東京の迷信　狐憑きを落す稲荷」（『東京朝日新聞』明治四十一（一九〇八）年一月）に、「本所横川能勢《のせ》妙見《みょうけん》の末社に名も知れぬ一つの稲荷がある。これが狐つきに不思議な霊験があるといつて、以前は中々流行《はやつ》たものだが、近来は狐につかれるやうな間抜けな人間も少なくなつたので、昔の面影はまるで失つてしまつた。併《しか》し稲荷も多いが、狐つきを落す稲荷は珍である。穴守《あなもり》（大田区羽田五丁目）や王子（北区岸町一丁目）がいくら威張つても、此《こ》の向ふはとても張れまいといふ噂《うはさ》だ」とある。

その能勢妙見境内の稲荷といえば、この鷗稲荷大善神（大明神）一社のみ。

さすがに狐憑きは東京では聞かなくなったが、こちらでは今も四月十五日に「魔除黒札守《まよけくろふだ》」を出している。縁起によると、「如何ナル疫病ヲモ免ル、ガ故ニ」人気があるそうだ。

ちなみに大田区羽田にも鷗稲荷社がある（→42頁）。

墨田区本所 4-6-14　能勢妙見山内

現在に狐憑きは存在しないが能勢の「魔除黒札守」は今も大人気だ。

大阪の能勢妙見は山上にあるが、東京別院は大横川の近くにある。

【関連】「妙見様」31 頁。
【巡拝】「千栄院のたんぼとけ」275 頁、陽運院「日朝上人・めぼし霊場」276 頁、法恩寺「太田道灌と紅皿」279 頁。

披《ひ》官《かん》稲荷

❖金儲け／就職／勝負事

「東京の迷信　披官《ひかん》稲荷」（『東京朝日新聞』明治四十一（一九〇八）年一月）に、「浅草公園三社《さんじゃ》（浅草神社）の後に披官稲荷といふものがある、公園内とはいふもの丶、いかにも場所の悪い為に、昔は油揚一枚上るものもなかつたが、穴守其他の稲荷が流行《はや》りだした以来、芸人などが名聞の納め手拭が導火となつて、追々に火の手が上りはじめ、昨今は参詣の絶《たゆ》る間もなく、周囲は赤塗の納め鳥居で埋《うま》る程の盛況を呈してゐる、扨《さて》御利益はといふと不思議に金が儲かり、又勝負ごとにも功験があるとは、何にしても調法至極な稲荷さまだ」とある。披官（被官）とは、出世・採用の意だろう。

安政元（一八五四）年、町火消しの組頭として有名な新門辰《しんもんたつ》五郎《ごろう》が、妻女の病気全快のお礼として伏見稲荷を勧請したものといわれている。記事にあるように赤塗りではないが、今でも納め鳥居の信仰は生きており、人気がある。

台東区浅草 2-31-16　浅草神社内

披官稲荷は浅草神社の奥にあるが参拝者は多い。

この小さな納め鳥居は浅草神社で入手する。

【関連】「近藤勇」270 頁。

文京区

妻恋《つまごい》稲荷

❖恋愛成就／虫封じ／癪《しゃく》や疳《かん》／寄生虫などの腹の虫

今は妻恋《つまごい》神社の境内末社となっているが、これほどの盛衰劇を演じた稲荷神社は珍しいので紹介する。というのも、この小祠は一時期、王子稲荷と勢力を争うほど栄えていたのである。

かつての「嬬恋《つまごい》神社」は妻恋台の下（湯島天神の南東、詳細不明）にあったようだ。元々の祭神は日本武尊《やまとたけるのみこと》と妃の弟橘媛《おとたちばなひめの》命《みこと》。日本武尊が東征を続ける中、妃が暴風雨の海に身を投げて海神を鎮め、尊の一行を救ったことにちなんで創建されたという。

文京区湯島 3-2-6　妻恋神社内

江戸時代には徳川家康から社地を賜ったとか家光の拝礼があったといわれるが、それは虫封じ、癪封じの祈禱やお札《ふだ》の効果からということであった。しかし明暦三（一六五七）年の振袖火事で焼け、現在地へ移った。この場所には既に稲荷神社があり、その祭神である倉稲魂命《うかのみたまのみこと》も合祀された。

その後「妻恋稲荷」と呼ばれ、より信仰を集めるようになり、そして伏見稲荷や豊川稲荷に並び、関東稲荷総社として多くの分社を出すようになった。その勢いは、同じく関東稲荷総社を主張する王子稲荷と本家争いをして、勝訴するほどまでになったという。

ところが、この勢いに翳《かげ》りが見え始める。幕末頃に神官が奢《しゃ》侈《し》に耽《ふけ》り、召し捕られる事件が起きたのである。『甲子夜話続編』巻八十二によると、社殿の再建のため富籤《とみくじ》興行（宝くじの発行）を許されたのだが、社殿の修理は一向に行わず、その収益を自分の居宅に投入。湯島を一望するほどの三層の楼閣を建て、葵の紋入りの高提灯を玄関に立てたというから、まるでラ

妻恋神社の本殿は石の鳥居（写真右）を潜った左側にあるが、妻恋稲荷は階段を上った正面に鎮座している。この稲荷がかつて王子稲荷と関東稲荷総社の覇権を争っていたとは、とても想像が付かない。

ンドマークである。その後、震災や戦災などで、二度の焼失という大被害に遭う。神罰とも囁かれた。

現在、妻恋神社は氏子や町内の尽力で再建されたが、稲荷神社は分祀された。境内末社に逆戻りというわけだ。

しかし今はそのロマンあふれる社号から、恋愛成就の稲荷社として、女性の人気を集めるようになったというわけである。

【巡拝】湯島天神「迷い子のしるべ石」160頁、心城院「柳の井」171頁。

近年復刻された宝船の枕絵。

『江戸名所図会』巻之五では「妻戀明神社（つまごひみやうじんのやしろ）」となっている。また江戸時代以前の「境内ははなはだ広かりしに、数度の兵火に罹りおほいに荒廃におよび」とある。

墨田区

駒止石《こまどめいし》と駒止稲荷《こまどめいなり》

❖上司の不興解消／出世祈願

旧安田庭園（入場無料）の東南奥に伏見駒止稲荷の小社があり、その前に「駒止石」が横たわっている。葛飾北斎の画（左下）を見る限り、かつてこの石は立っていたようで、隅田川のすぐ川縁《かわべり》にあったらしい。水量が減ったか、庭園を造るときに移動したかしたのだろう。

三代将軍家光の時代である寛永八（一六三一）年、台風のため隅田川は大洪水となり、家光は本所側（墨田区）の被害を調べようとしたが、濁流のため対岸に渡ろうとする者はいなかった。その際、その頃将軍の不興を買っていた旗本の阿部《あべ》豊後守《ぶんごのかみ》忠秋《ただあき》が名乗りを上げ、馬を巧みに操って濁流を渡り、対岸の被害状況を調べて回ったという。その時馬を繋いだのがこの石で、土地の人々が忠秋の徳を敬って建立したのが「駒止稲荷」である。もちろん将軍の勘気《かんき》は解け、忠秋は順調に出世し、家光・家綱の二代にわたって老中を務めた。

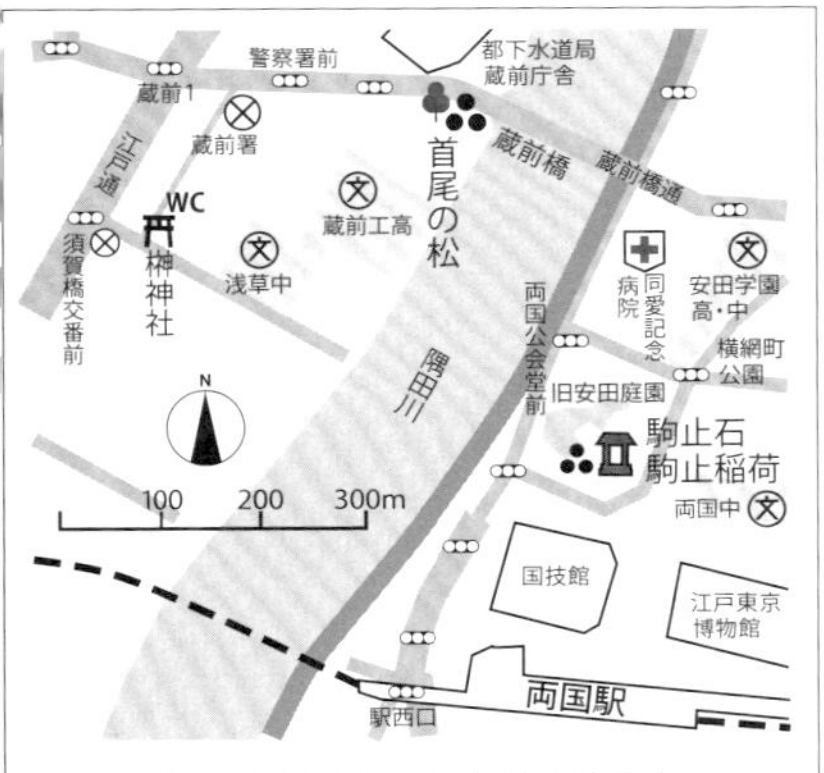

墨田区横網 1-12-1　旧安田庭園内

駒止稲荷の祠（上）と駒止石（下）。

葛飾北斎画の馬尽駒止石（部分）。石は立っている。

【巡拝】「首尾の松」236 頁。

寶禄稲荷《ほうろく》

❖宝くじ運・ギャンブル運向上／子授け／合格祈願

まず、この神社は外れくじを供養してくれる。これらを棄てずに供養してもらう気持ちこそが、やがて訪れてくる幸運に繋がるのではないだろうか。

当社には昔話が伝わっている。その要旨は以下のようなもの。「昔ここに小銭を貯めては宝くじにつぎ込んで、いつもすつからかんの百姓がいた。ある日、妻がコツコツと貯めた小銭を見つけ、早速富くじを買ったが、案の定スッテンテンになって重い足取りで帰って来た。途中に小さな祠が有り、祠の前に外れくじを置くと、自分の運の無さをなげき、いつか妻子に楽をさせたいと願った。何ヶ月かして小銭のできた百姓は、また懲りずに富くじ買ったところ、今度は一番くじを当てた。それから何をやってもつきまくり、一家は、たいそう幸せになったという。百姓は祠にお礼を言い、ここに立派な社を建てた」。

それが「寶禄稲荷」というわけである。

新宿区市谷原町 3-19

鳥居（上）は大久保通りに面しており、今は高田馬場「穴八幡」の末社になっている。

屋根では兎のような耳を持つ狐が見張っている。

太郎稲荷と西町《にしまち》太郎稲荷

❖諸願成就／商売繁盛

江戸時代、三度にもわたって大流行した流行神《はやりがみ》である。

もともと「太郎稲荷」は、筑後国の大名である柳川藩立花家の下屋敷にあった。国元より勧請されたものだ。

増訂『武江年表』享和三（一八〇三）年の項には、「今年二月中旬より、浅草田圃《たんぼ》立花侯御下藩、鎮守太郎稲荷社利生あらたなるよしにて、江戸幷《なら》びに近在の老若参詣群集する事 夥《おびただ》しく（余り群集しける故、後には朔日、十五日二十八日午の日開門也）、翌文化元年に至り弥《いよいよ》繁昌し、奉納物山の如く、道路には酒肆《しゅし》茶店を列ねて賑はひしが、一、二年にして自然に止みたり」とある。

つまり最盛期には門前町までできるほどだったものが、その後はそれまでの繁昌がウソのようにピタリと止んで、参拝者は日に二、三人と、すっかり寂《さび》れてしまう。このような状況を、民俗学的には「祀《まつ》り上げ」と「祀り棄て」という。

ところが天保年間（一八三〇～四四）頃、以前ほどではないとしても再び流行り出し、そして再び廃《すた》れる。慶応二（一八六六）年にも三度《みたび》流行ったという。

このように流行ったり廃れたりするには、理由があるらしい。享和三年に出た瓦版には、太郎稲荷の霊験について、「唖《おし》かものいふ目くら按摩が眼をあいた膝行《いざり》がたつて歩行《あるき》ます」（差別用語が用いられているが、原典のまま引用）と書かれたそうである。実際に流行るにはそれなりの理由があったはずだ。

医療が十分に発達していない当時は、麻疹《はしか》や熱病で、器官や神経が冒されたり腰が抜けるといったことが多かったと考えら

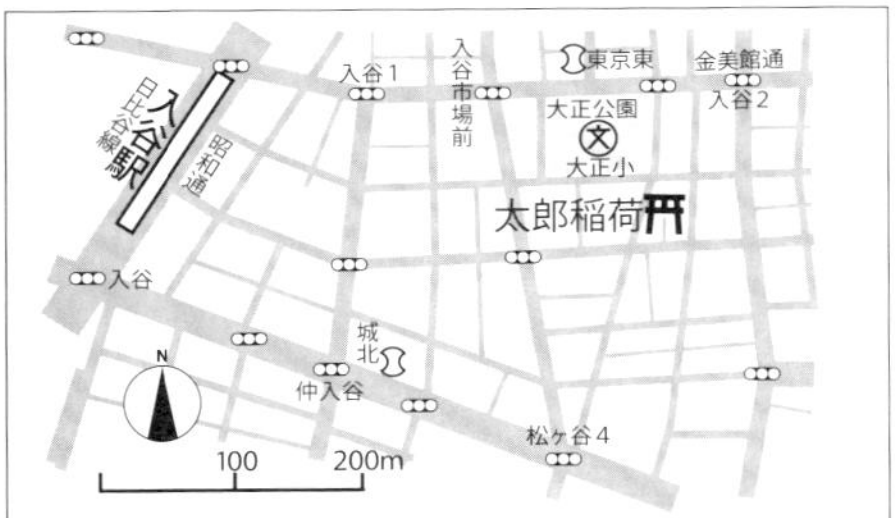

太郎稲荷　台東区入谷 2-19-2

西町太郎稲荷　台東区東上野 1-23-2

入谷の太郎稲荷。今でも熱心な奉賛者がおり、多くの幟が奉納され、境内の清掃も行き届いている。

れる。それで重病の後遺症に悩む人々が願掛けをして快復した例が、実際にいくつかあったのだろう。

結局、疱瘡《ほうそう》や麻疹などの疫病が流行ると、流行神も呼び出しを受けるということらしい。つまり太郎稲荷が祀り棄てられている時代は、平穏な時代といえよう。

ちなみに太郎稲荷は立花侯の下屋敷にあったが、中屋敷にも社があり、それが「西町太郎稲荷」だそうである。

【巡拝】西町太郎稲荷近くの長遠寺「上行(浄行)さま」56頁。

東上野の西町太郎稲荷。境内は良く手入れされている。

豊川稲荷の末社稲荷たち

❖金運アップ／縁切り／健康祈願／円満な対人関係

有名な赤坂の豊川稲荷は妙厳寺《みょうごんじ》という寺院である。名奉行の大岡越前守が、三河の豊川稲荷（祭神は陀枳尼天《だきにてん》）を守護神として屋敷内に祀っていたものだ。

今、境内の奥には多くの神仏やお狐さんが勢揃いしており、大岡越前守の御廟をはじめとして、愛染明王《あいぜん》（⇩108頁）、七福神や宇賀神《うがじん》（⇩76頁）、摩利支天《まりし》（⇩70頁）、大黒天、地蔵尊なども祀られている。

なぜかといえば、このお寺は墓地を持たないので、祈禱寺《きとうでら》としてさまざまな神仏をお祀りすることにより、参拝者のあらゆるニーズに応えられるように工夫されているのだ。

ここでは、境内に祀られている稲荷社を紹介する。

●叶《かのう》稲荷尊天――縁切り、禍事災難除け

縁切りの御利益は板橋の縁切り榎《えのき》（⇩232頁）が有名だが、こちらも場所柄なかなかの人気スポット。悪縁による災難やストーカーの被害などにも御利益がありそうだ。

●徳七郎《とくしちろう》稲荷――円満な対人関係

解説板によれば「徳七郎稲荷さまは円満な対人関係をもたらすお稲荷さまです　戦後混乱と辛苦の人の生活に明るい対人関係を与えてくださったと云われております」とあり、一風変わったご神徳をお持ちだ。

●融通《ゆうずう》稲荷――金銀財宝の融通

融通金《ゆうずうきん》（五円硬貨）をお借りして持ち帰り、財布の中に入れておき、一年後に礼金として奉納することになっている。祭神は「南無如意宝生尊天《なむにょいほうしょうそんてん》」という財宝を生み出す神様というこ

港区元赤坂 1-4-7　豊川稲荷東京別院内

徳七郎稲荷。

叶稲荷。

融通稲荷。

特に稲荷社とは謳っていないが、子授霊狐も。

前項でご紹介した太郎稲荷の分霊も安置。

とだ。

◉太郎《たろう》稲荷——健康祈願

前項〔⇒370頁〕で紹介したが、ここの解説板では「太郎稲荷さまは飛行自在の姿で健康を守り、骨節の痛み、頭痛、肩こりなどから救っていたゞけるお稲荷さまです」とある。健康に突出した御利益もわかりやすくてありがたい。

境内には他に、子授霊狐《こさずけれいこ》、霊狐《れいこ》奉安《ほうあん》之《の》塚《つか》などもあり、筆者のようなお狐さまファンには嬉しい限りである。

【巡拝】「美喜井稲荷神社の猫神」203頁、「鈴降稲荷」380頁。

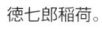

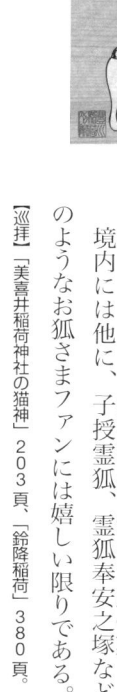

中央区

豊岩《とよいわ》稲荷

❖縁結び／火伏せ／芸上達

ビルの隙間の路地にあり、「隠れパワースポット」と呼ぶにふさわしい神社だ。とはいえ、銀座八丁神社めぐりの一社だから、注目度は高いかもしれない。

明智光秀の家臣で「明智三羽烏」の一人といわれる安田作兵衛（安田国継《くにつぐ》。本能寺の変で信長に一番槍の手傷を負わせ、森蘭丸を討ち取った）が、主家の再建を願って建立したことが始めというが、わざわざその時代にこの地（海か葦原だったはず）を選んだとは考えられないから、別の場所から勧請したものかもしれない。

後に、大正から戦前期の昭和において歌舞伎界を代表する役者であった十五代目市村羽左衛門《うざえもん》が、篤く信仰したことで知られる。

その頃は外観も普通の神社だったと思われるが、ビル建設の影響でこのようなスペースに納められているわけだろう。しかし今も、歌舞伎役者や芸能関係者に信仰されているようである。

社があった場所がそのままビルになったためか、思わぬ場所にある。

路地の入口に立つ石柱。これを見逃すと、まず見つからない。

こんにゃく稲荷

❖のどの病（のどけ）／風邪の平癒

「こんにゃく稲荷」とは通称で、正式には「三輪里《みわさと》稲荷神社」という。摂社ではなく立派な社殿の神社だが、茹で上げた短冊状の蒟蒻《こんにゃく》を串に刺した珍しい「こんにゃく護符」を二月の初午《はつうま》に授与しているので、紹介する。

当社は出羽湯殿山の大日坊《だいにちぼう》が大畑村（場所等詳細は不明）の総鎮守たる羽黒《はぐろ》大神を勧請したことに始まるという。こんにゃく護符は竹串ごと煎じてその湯を服用すると良いといわれるのは、おそらく大畑村近郊の民間療法に起源があるものと思われる。蒟蒻の植物繊維や成分が成人病の予防や美容に良いことは、今では常識だが、じつは昔からその効能は知られていたようで、「おなかの砂おろし」といわれていた。

本書では蒟蒻に関して、「蒟蒻閻魔」（⇩320頁）でも紹介している。ちなみに、和歌山県日高郡には「こんにゃく地蔵」がおられるということだ。

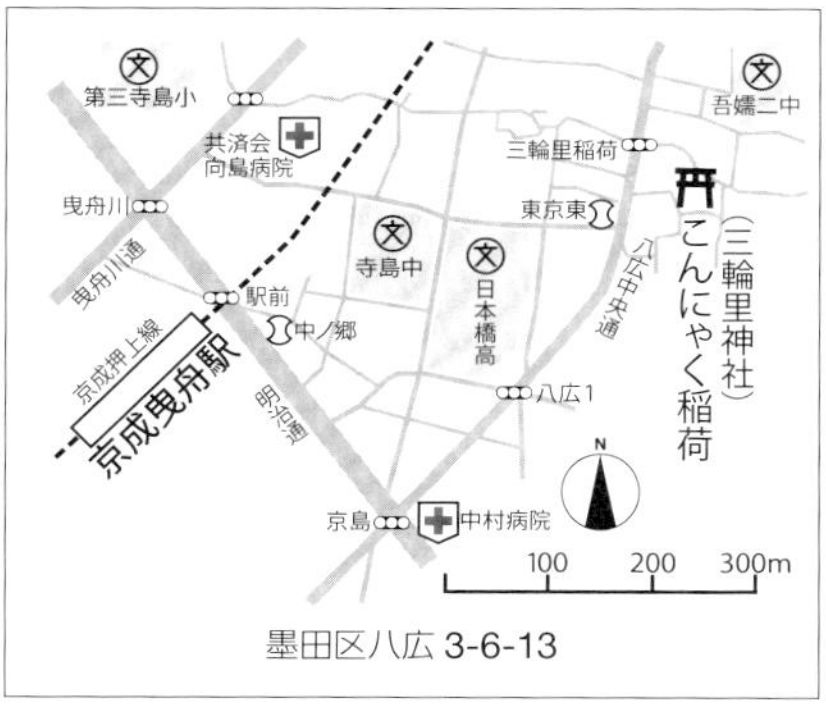

墨田区八広 3-6-13

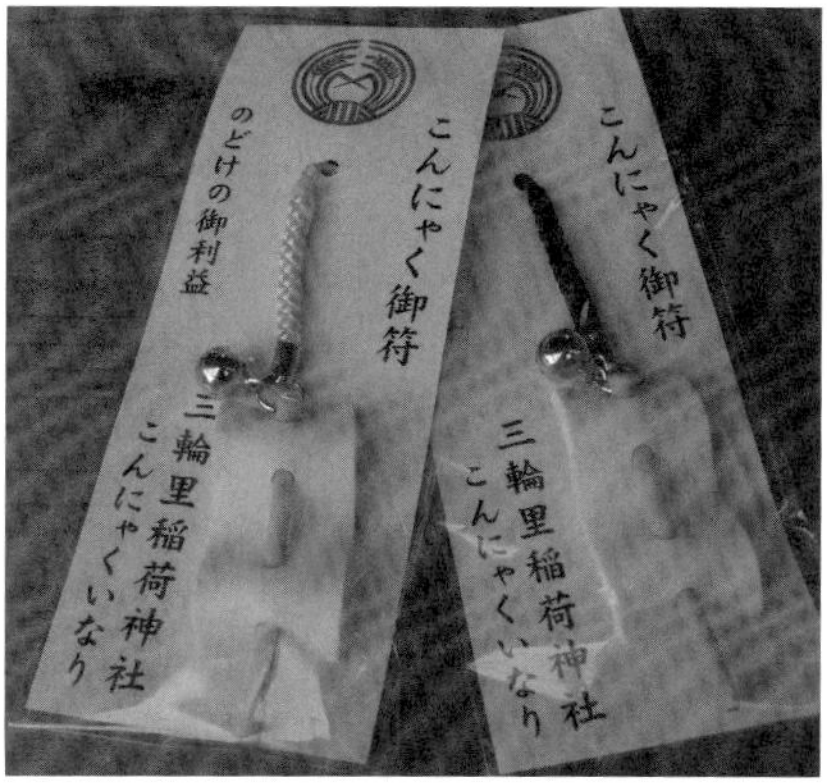

この護符はこんにゃくに似せて作られたもの。

護符を除けば全く普通の立派な社殿である。

こんにゃく護符の描かれた絵馬。

【関連】「蒟蒻閻魔」320 頁。

台東区

口入《くちいれ》稲荷

❖縁結び／商売繁盛

「東京の迷信　口入稲荷」（『東京朝日新聞』明治四十〔一九〇七〕年十二月）に、「商売繁昌の願懸稲荷も少くないが其内にも浅草玉姫町の口入稲荷は古株の方であらう、願を懸るものは先《まず》境内に販売する土製の狐を社へ納め其代りに納つてゐる古い狐を借《かり》て来るのだ、其狐は図に示すが如き随分他《ひと》を莫迦《ばか》にしたものである」とある。今は玉姫《たまひめ》稲荷神社に合祀されており、商売繁昌の御利益より、縁結びや良縁が謳われている。

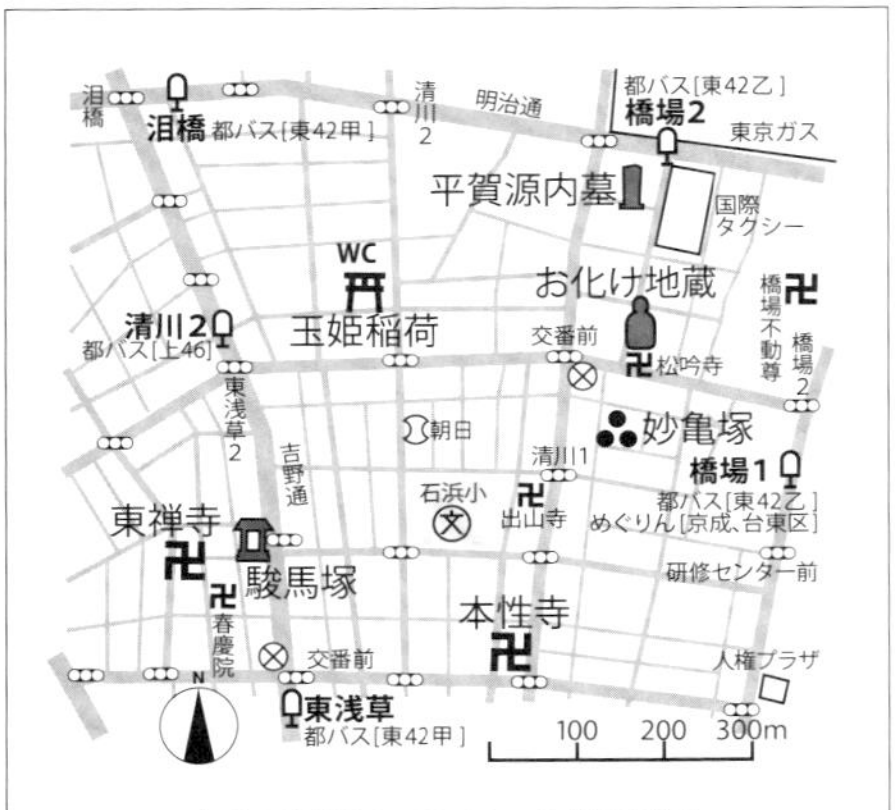

台東区清川2-13-20　玉姫稲荷内

「口入」とは紹介・斡旋のことで、江戸時代には口入宿、口入屋などの商売があった。それが転じて口入＝縁結び、仲人などの意味にもなっている。

口入稲荷は京都伏見の稲荷山にもあり、こちらが本源と思われる。玉姫の口入稲荷は新吉原の口入宿であった高田屋の庭内にあったものである。当然、客や身請けの旦那を求める遊女の信仰も篤かったと考えられる。

それがある夜、高田屋主人の枕元に口入稲荷大神が現れ「信徒衆に一層の御利益を授けたいので、玉姫神社境内に移すように」との託宣をした。よく神仏を遷座する時にこのような話が語られるが、あくまでも「人間の都合で移ったわけではない」ということだろう。

ところでその祈念法は、雄か雌どちらかの狐を神社でもらい受け、「私の願いが叶ったら、あなたにも良い伴侶を授けましょう」と拝む。それで狐は、願い主のために一生懸命駆けずり回るというわけだ。だから、願い事が叶ったらこの狐を連れて再び神社へ出向き、相方の狐を添えて奉納する。

玉姫稲荷神社の一角に口入稲荷があり、中には今戸焼の狐を置く棚がある。

この狐は今戸焼で、羽織を着た立姿のものと裃《かみしも》で座っているものがあり、願い事によってどちらかのタイプを選ぶのだが、民芸品としても味がある。

神主さんに伺ったところ、色付けは子どもの頃からご自分でなさっているそうだ。だからみな微妙に表情が異なる。かつて今戸周辺には、瓦や陶器、狐や福助など縁起モノの土人形などを作る窯や職人が多くいた。

【巡拝】「駿馬塚」198頁、本性寺「秋山自雲」266頁、平賀源内の墓「平賀源内」303頁、妙亀塚「梅若塚と妙亀塚」338頁、「お化け地蔵」398頁、東禅寺「江戸六地蔵」434頁。

境内では毎年4月に「こんこん靴市」、11月に「靴のめぐみ祭り市」が開催される。

京都伏見の口入稲荷人形。

浅草今戸焼の口入稲荷。

装束《しょうぞく》稲荷

❖衣装持ちになる／流行を先取りする

こぢんまりした神社だが、歌川広重の『名所江戸百景　王子装束ゑの木　大晦日の狐火』で広く知られる。

かつてこの一帯は野原や田畑ばかりで非常に寂しい場所だったが、その中に榎《えのき》の大木があった。毎年大晦日になると関八州の稲荷のお使い、つまり狐が狐火を灯しながらそこに集まっては、榎を飛び越えて優劣を競い、官位を決めていたそうだ。そして榎の下で装束を整え、王子稲荷へ詣でたという。

土地の人々は、この夜の狐火の数によって翌年の作物の豊凶を占った。そこでここに社を建てて、王子稲荷神社の摂社として祀ったのである。この装束にちなんで、衣装に不自由しないという御利益が生まれた。

その榎（写真中）も今は何代目かでさほど大きくはないが、「狐の行列」は地元の人々によって再現され、大晦日の恒例行事となっている。

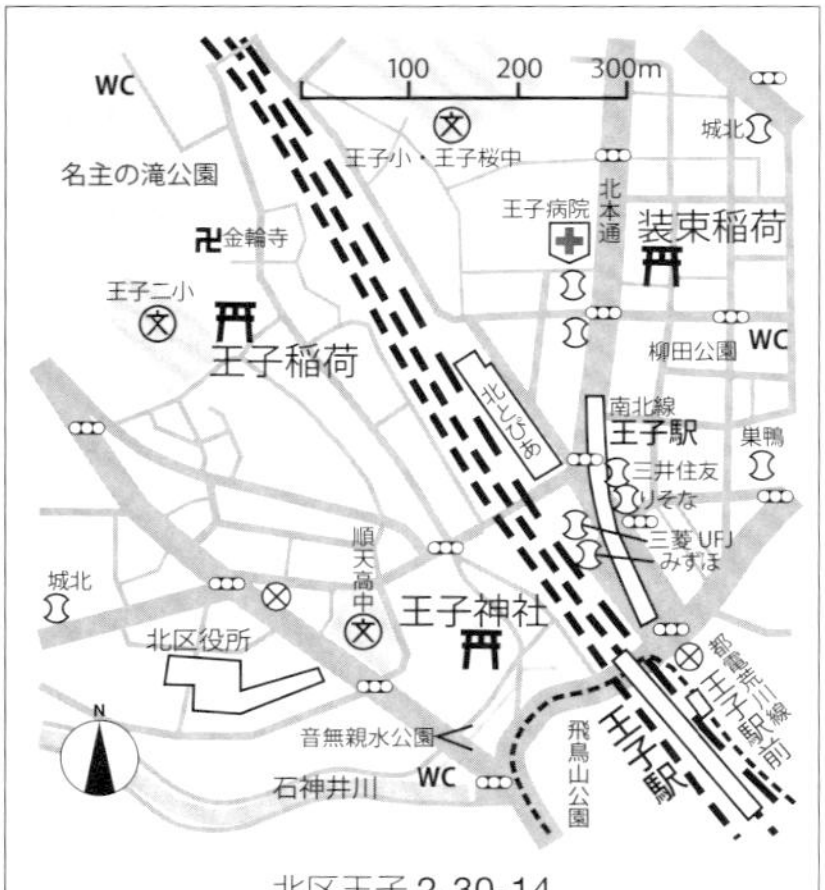

北区王子 2-30-14

歌川広重の浮世絵『王子装束ゑの木』をイメージするとずいぶん質素な社だ。

モダンな狐が咥えているものは蔵の鍵。

【巡拝】王子神社「関神社の毛塚（髪の祖神）」57 頁、王子稲荷「王子の石神様」128 頁。

足立区

子福《こふく》さま

❖子どもの病気平癒／地域の守護

「子福さま」とは、長円寺《ちょうえんじ》本堂の裏山に棲む数匹の狐のこと。祈願すると子どもたちに福をもたらしてくれ、大人の病気にまで御利益があるそうだ。ただし、成就した後には油揚げを奉納する。お礼をしないと罰があたって、病気などが再び元に戻るといわれてきた。

通常この狐たちは人に危害を加えなかったのが、ある年のこと、厳しい寒さと大雪のため裏山の餌が底をつき、ついに人家近くに出没して人の食物を失敬するようになった。それが度を越すようになったため、人々は名主宅に集まって対策を話し合い、最終的に「町の子どもを守ってくださいますように」と、長円寺の境内に「子福稲荷」として祀り込めることにしたのだ。

するとそれ以後、狐の悪さはなくなり、この子福稲荷社は子どもだけでなく、町全体の危難を救ってくれる守り神になったということである。

足立区千住 4-27-5　長円寺内

子福さまは足立区教育委員会発行の『足立百の語り伝え』に入っており、また「千住の七不思議」の一つでもある。名札もないが境内の隅に今も祀られており、筆者が訪れたときは祠の中に油揚げが供えてあった。伝承はしっかり生きている。

【巡拝】長円寺「石の大日如来」93 頁、同「魚籃観音」101 頁、同「めやみ地蔵」400 頁、安養院「かんかん地蔵」401 頁。

港区

鈴降稲荷《すずふり》

❖家門繁栄／家内安全／道中安全

案内板に導かれて思わず路地に入る。このロマンチックで癒し系の社号に興味を惹かれたのだ。そして解説板を読むと、徳川幕府創建期以来の歴史があり、当時は四谷の仲殿町・伊賀町辺りに鎮座していたらしい。

この周辺は、家康が伊賀越えをした時の功労者である伊賀同心が招かれて住んでいた場所だった。天正十（一五八二）年、家康一行が伊賀の山中で迷った時、遥かに鈴の音が聞こえたのでそれに導かれて行くと、観音堂に辿り着いた。堂主は厨子の中より三個の鈴を取り出し、それを家康に献上した。その後、家康らは伊賀の白子《しろこ》に出て、海路にて浜松まで無事帰還した。その鈴を鈴降稲荷の神体としたというのだ。

また、稲荷神が七歳の童女に乗り移り、「我が持つところの鈴は天降の鈴なり、一たび拝する者には家門繁栄ならしめん」との神託を授けたため、それが社号になったともいわれる。

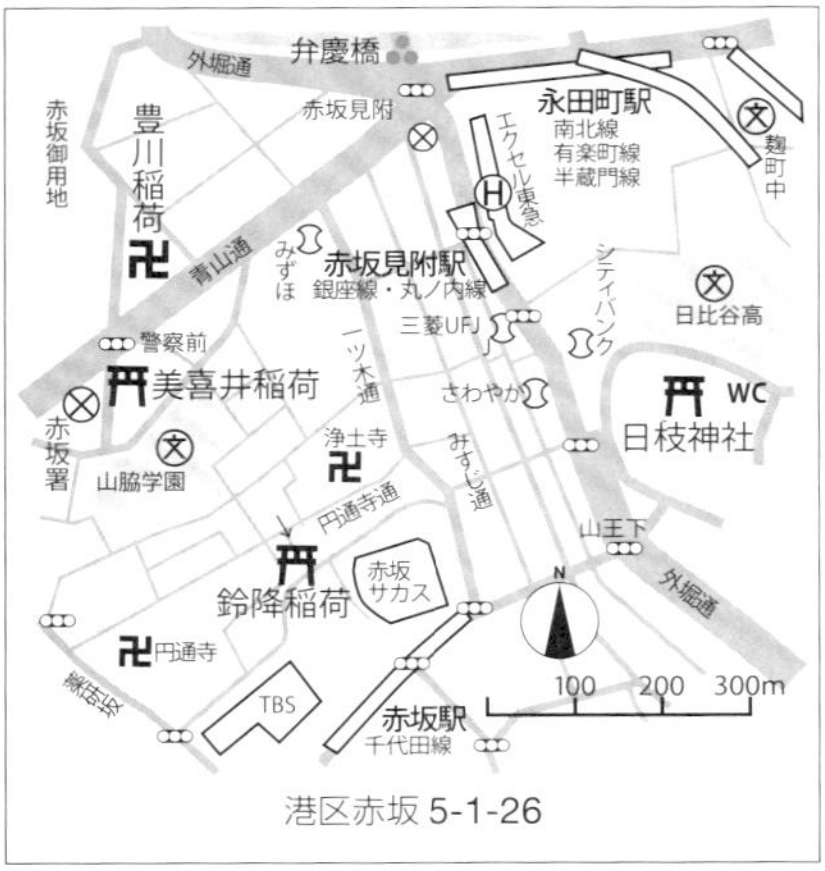

住宅地の片隅に佇む社からは、耳を澄ませば鈴の音が聞こえてきそうだ。

目立たないが興味をそそる看板だ。

【巡拝】「日枝神社の夫婦猿神」194 頁、「美喜井稲荷神社の猫神」203 頁、「豊川稲荷の末社稲荷たち」372 頁。

金綱《かなあみ》稲荷

❖運送業の守護/道中安全/商売繁盛

日本通運の先祖にあたる飛脚問屋の京屋《きょうや》弥兵衛《やへえ》という人物が、徳川幕府の免許を受け、浪花―京―江戸間の運送事業を開始した。しかし当時の世相は未だ物騒だったため、弥兵衛は預かった品だけでなく、使用人の安全にも頭を悩ませていた。中世から道中守護の神として信仰されていた伏見稲荷を思い出し、それを自宅に勧請し、日夜崇拝していた。

するとある夜、大神が弥兵衛の夢枕に立ち、「汝に黄金の綱(本来は「網」か)を授ける」との託宣があったという。それでさっそく社号を「金綱《かなあみ》稲荷大神」とした。以降、山賊や護摩《ごま》の灰《はい》(盗賊)からの被害はなくなったという。

この大神の御加護が厄除け、交通安全、商売繁盛に繋がるというわけで、社が子孫に受け継がれるだけでなく、地域社会の人々ともその御利益を分かとうということになった。

今は日本通運の社屋外に祀られている。

千代田区神田和泉町 2-3　日本通運脇

現在の社は道路より少し奥に移動しているようだ(筆者未確認)。

【巡拝】甚内神社「幸崎甚内」268 頁。

吉原《よしわら》神社とお穴《あな》さま

❖水商売の守護／恋愛成就／開運

吉原神社はかつて新吉原遊郭のあった一画の南西側に鎮座する。吉原には敷地のそれぞれの角に、北から時計回りに「黒助《くろすけ》（九郎助《くろすけ》）稲荷」「開運《かいうん》稲荷」「榎本《えのもと》稲荷」「明石《あかし》稲荷」があった。この四社に囲まれた地の外側は御歯黒溝《おはぐろどぶ》に囲まれ、遊女たちはそこから出られなかったから、その四隅のお稲荷さんに、彼女らはそれぞれの願いを託したことだろう。今は遊郭の地主神である「玄徳《げんとく》稲荷」と「吉原弁財天（市杵嶋姫命《いちきしまひめのみこと》。吉原神社の近くには池があった）」を加え、都合六体の神々が合祀されている。

さらに本殿の横には「お穴さま」が祀られている。解説板には「土地の神」とあるが、今述べたように地主神は玄徳稲荷である。

そこで筆者は、お穴さまとは今もここに多く働く水商売や風俗関係の女性の守護神と考える。つまり、遊女たちが縋《すが》らざるを得なかった神々が、今もここに彼女等といらっしゃるわけだ。

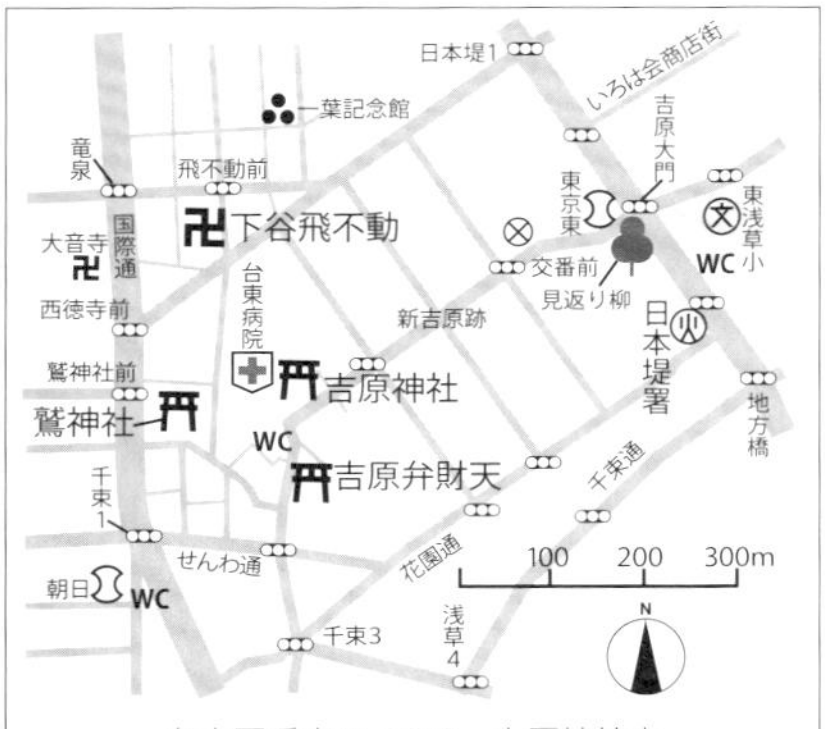

台東区千束 3-20-2　吉原神社内

吉原神社の本殿。

本殿横の「お穴さま」。

【巡拝】「飛不動」106 頁、鷲神社「なでおかめ」113 頁、吉原弁財天「蛇塚」218 頁。

江東区

芭蕉稲荷《ばしょう》

❖俳句・作文の上達

都内における松尾芭蕉の史跡は、延宝八〜元禄七（一六八〇〜九四）年の十四年間過ごした庵《いおり》のあった江東区深川と、『奥の細道』執筆に当たって、舟で隅田川を遡り上陸した足立区千住大橋周辺に集中している。

当時の深川はまだ開発途上の閑静な土地で、庵には門人の李下の贈った芭蕉（バナナの仲間の観葉植物）一株がよく繁茂し、やがて芭蕉庵の名となり、それが俳聖自らの名ともなった。

その後、この地は松平遠江守《とおみのかみ》の屋敷となって、庵は幕末には消失していたが、大正六（一九一七）年、津波に襲われた際に、芭蕉が愛好していた蛙の石像が発見されたことから、この地に「芭蕉稲荷」が建立された。

戦後には周辺に芭蕉記念館（庭は見学自由）や、芭蕉が旅立ったといわれる小名木川と隅田川の合流地点を見下ろす場所に芭蕉庵史跡展望庭園（無料）などが造られている。

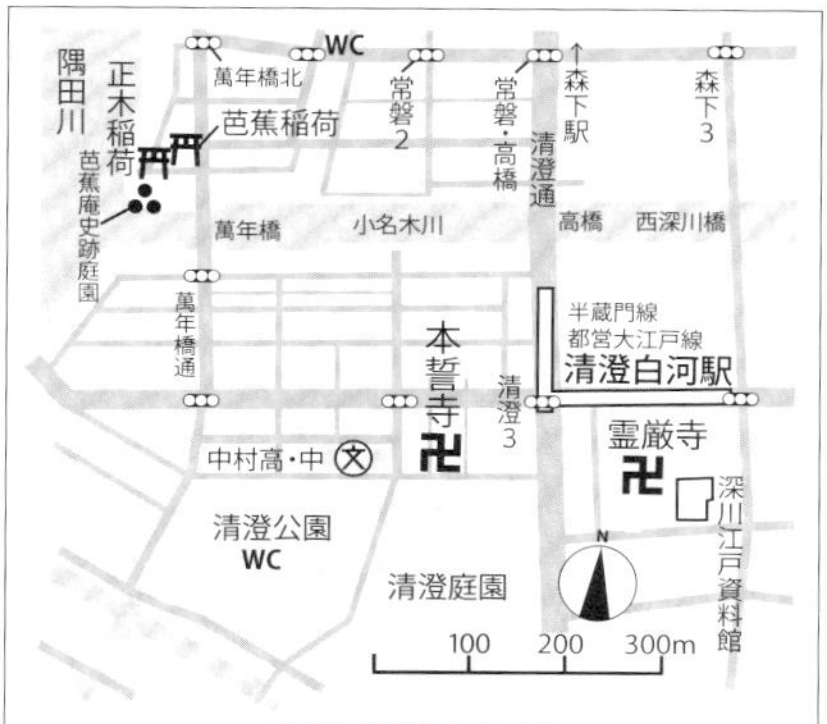

江東区常盤 1-3-12

多くの幟が奉納され芭蕉人気は衰えることがない。

芭蕉庵史跡展望庭園にある芭蕉の坐像（上）と芭蕉庵跡碑（左）。

【巡拝】本誓寺「迦楼羅天」71 頁、「柾木稲荷」244 頁、霊厳寺「江戸六地蔵」434 頁。

渋谷区

玉造《たまつくり》稲荷

❖金運上昇／商売繁盛

武蔵野台地の端の、ちょっとした瘤《こぶ》のように盛り上がっている場所に、平安後期から鎌倉時代にかけて勢力を伸ばした豪族渋谷氏の居城（渋谷城）があって、それが今の金王《こんのう》八幡宮である。この一族から金王丸常光《こんのうまるつねみつ》という豪傑が出て、源義朝《よしとも》に仕え、保元の乱で大功を立て、主人の死後も義朝の妾であった常磐《ときわ》御前の警護を務めた。当社の名はその豪傑にちなんで付けられた。

江戸時代には徳川家光の乳母の春日局が家光の将軍就任を祈願し、その願いが成就したので門と社殿を寄進したことから、出世の神としての信仰も高まった。

「玉造稲荷」は、その境内にある。稲荷社の祭神はごく一般的に宇賀御魂命《うかのみたまのみこと》で、食物、農耕、商売、殖産興業の守護神だが、この稲荷の場合、古くから金運・商売繁盛の神として、特に金王の名と相まって人気が高かったようである。

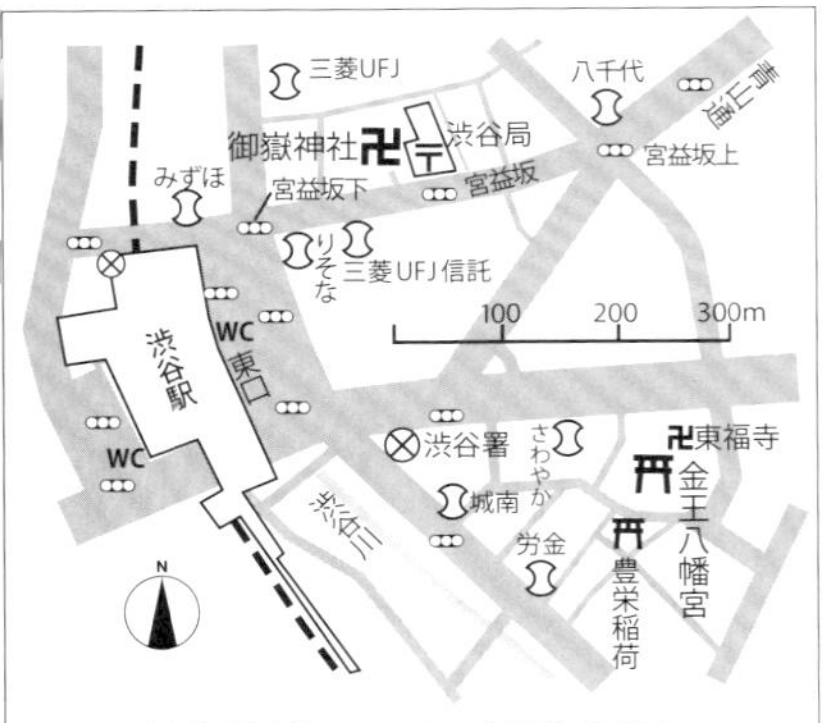

渋谷区渋谷 3-5-12　金王八幡宮内

特に目立つものもない社だが、玉造の名がめでたいせいか人気がある。

砦の石は渋谷城に残る唯一の史跡である。

【関連】「猿楽塚古墳」340 頁。
【巡拝】御嶽神社「狼（大口真神）」216 頁、東福寺「塩地蔵と塩かけ地蔵」404 頁。

渋谷区

代々木出世《しゅっせ》稲荷

❖立身出世／仕事運・金運上昇／芸能人の守護

代々木八幡宮の歴史は古く、鎌倉時代の初め頃のようだ。河《こう》骨《ほね》川（宇田川の上流）と宇田川の支流に挟まれた標高三二メートルの高台にある。

古代から人が住んでいたようで、境内には石器時代の遺跡などもある。古代人は川の近くの高台に住居を造ることが多く、今は流れこそ消えてしまったものの、境内には自然林が多く残っているから、神々にとっても心地良い場所に違いない。

「出世稲荷」はその境内の、さらに一段高い場所に祀られている。少々オーバーだが、ミニ伏見山といった観が漂っている。

それもそのはずで、「まだ売り出し中の芸能人が近くに住むと売れる」などという噂が囁かれるほどのパワースポットなのだ。実際にその御利益に与かった芸能人が誰なのか、筆者は知らない。しかし、参拝する老若男女は本殿に劣らないほどの数で、後を絶たない。

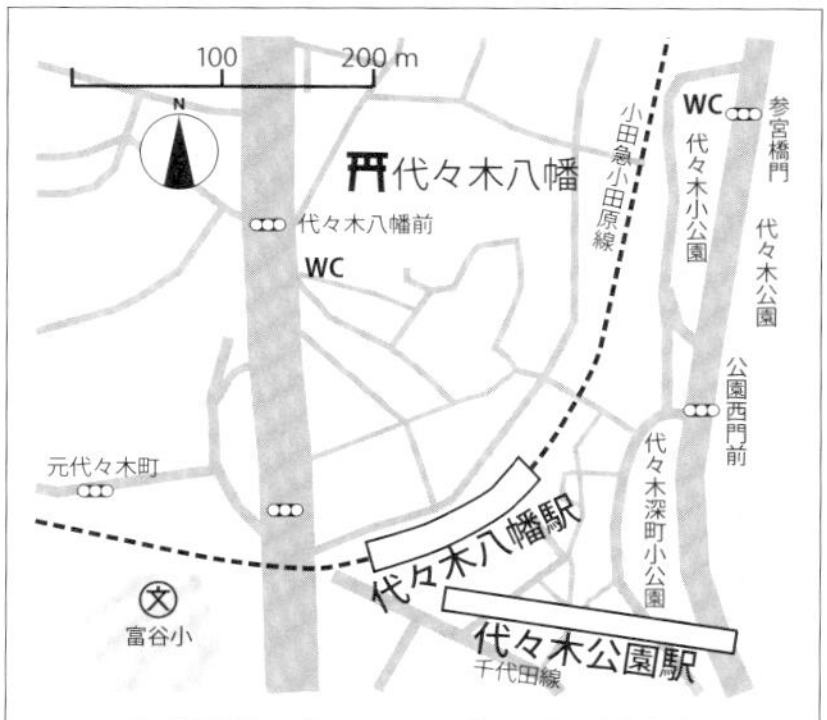

渋谷区代々木 5-1-1　代々木八幡宮内

少々高台にあるせいか、息を切らして参拝した後は爽快である。

大当《おおとう》稲荷

❖開運／宝くじ運／抽選運

近辺には富士塚が複数あり、富士塚銀座（筆者が勝手に命名）になっているのだが、そこを取材中に偶然訪れたのが、この「大当稲荷」。どうしても「おおあたり」と読みたくなる。こちらは未だ無名な様子だが、新宿区新大久保の皆中《かいちゅう》（みなあたる）稲荷を連想させる。

創建は三百年以上前らしく、かつては「馬場《ばば》稲荷」と称していたそうだ。私有地のような細い参道を数十メートル入ると、ごく質素な社殿がある。社も鳥居も比較的最近再建された様子で、土地の稲荷講が保存している。境内には石の狐もおらず、区保護樹となっているエノキ以外に特に目立った特徴はない。

しかしここで祈願したどなたかが（筆者でありますように）、何かで一発当てれば、流行神《はやりがみ》になることは間違いないだろう。

いずれにせよ、人気が爆発するのをじっと待っているかのような静けさである。

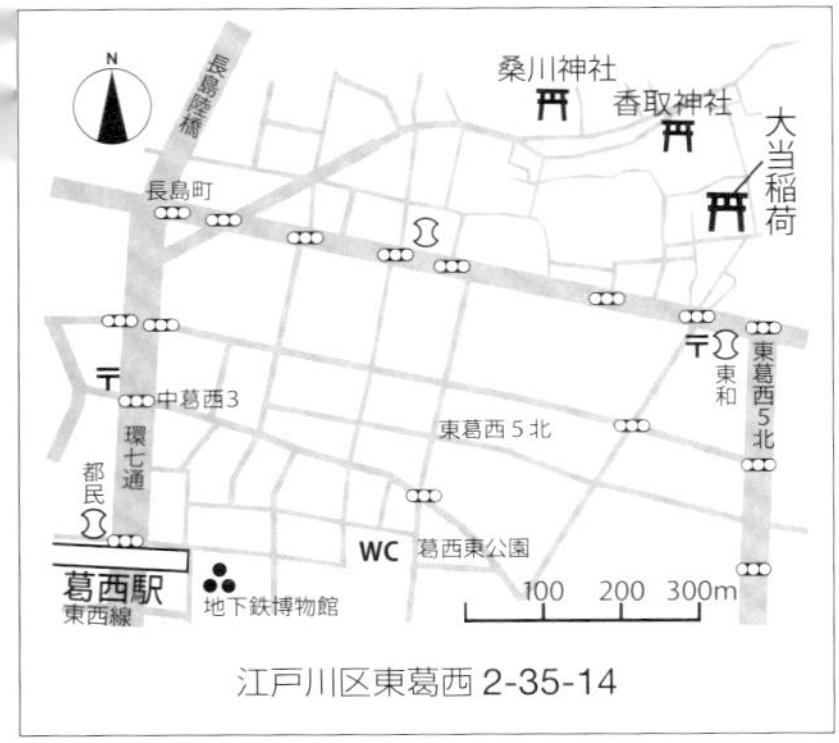

江戸川区東葛西 2-35-14

富士塚は近くの桑川神社、香取神社にあり、また東西線を挟んだ南側・東葛西の真蔵院（雷不動）、中割天祖神社にもある。

鳥居柱の側にかろうじて「大当稲荷」の文字が（左下）。特に社名を前面に出して参詣者を集める姿勢は見受けられない。

文京区

小石川植物園の次郎稲荷

❖願い事全般

あまり知られていないが、小石川植物園（入場は有料）には稲荷社が二つある。「太郎稲荷」と「次郎稲荷」である。

太郎稲荷はかつての小石川沿いにあり、小ぶりだが社がある。一方、植物園の奥に鎮座する次郎稲荷は、金属製の小祠があるだけ。本体は恐らく、かつての狐の巣穴であろう。しかも、以前は古墳の石棺跡であったような雰囲気も漂う。狐はよく古墳跡に巣を作るから、決して珍しいことではない（もっとも、埋葬品や当時の人骨などが出土しない限り「古墳」とは認定されないから、これ以上の言及は避ける）。それゆえ狐は死者の使いともされた。よくある「狐塚古墳」などはその典型で、新宿区の水《みず》稲荷神社、北区の王子稲荷、太田区の穴守《あなもり》稲荷なども狐穴に由来する。

私見であるが、太郎稲荷の方は地主神で、小石川養生所時代の守り神として祀られたのであろう。次郎稲荷は、純粋に動物神としての狐を祀った稲荷社である可能性が高い。

文京区白山 3-7-1　小石川植物園内

太郎稲荷。

次郎稲荷。古墳跡か。

乙女《おとめ》稲荷

❖女性保護／パワースポット

ロマンチックな社名が印象的である。しかも、社殿に到る参道には赤い鳥居が隙間なく並び、周囲の斜面は一面のツツジ。今や若者たちのパワースポットになっていると聞くが、しかしその由来は、この斜面にぽっかり空いた風穴だったとか。

新しそうな解説板には、「宝永三（一七〇六）年根津《ねづ》神社がこの地に遷座した後、「つつじが岡」の中腹に穿たれた洞に祀られた社で、古記録には「穴《あな》稲荷」とある。霊験あらたかと崇敬者多く、参道には鳥居の献納が絶えない。現在の社殿は昭和三十一（一九五六）年に奉建されたものである。」とある。

穴だから乙女か。

以前宮司さんに伺った折には、「かつてここには根津の遊郭があり、失恋した遊女が身を投げたから、その女性を祀ったのです」との説明を受けた。したがって筆者は、遊女を「乙女」として祀ったと考えるのが順当だと思う。

ちょっとした鳥居の回廊になっており、中ほどの左側には胞衣塚がある。

【巡拝】胞衣塚「胞衣神」43 頁。

第九章

地蔵に求める庶民利益

地蔵尊は「菩薩」であるから仏尊の中でも如来に続き位は高い。そもそも地蔵菩薩とは僧の姿をした大地の神で「宝を生み出す大地の徳（恵み）の象徴」であり、大空の象徴である虚空蔵菩薩《こくうぞう》と対の存在である。しかし庶民的な一面も強く持ち、第七章でも述べてきたように地獄との関わりも深い。最も馴染みやすいところで民話や昔話にもよく登場する。本来の地蔵信仰とは、もともと「現世での悪行を慎み善行を積む」ことだがそれが転じて「自分が地獄に落ちたときに罪を軽くしてもらう」とか「地獄や賽の河原で苦しんでいる肉親、子供を救ってもらう」というものだった。そもそも地蔵菩薩は閻魔大王と同じ神格なのである。

一方、庶民的な石仏のお地蔵さんに対しての信仰は、本来の地蔵信仰の意味合いからは少々離れたところにあるようだ。たとえば遺族が像の前で、「○○ちゃん、あなたの好きだったお菓子を持ってきたよ」などと、まるで故人の身代わりに向かって語りかけるような感覚である。たとえ初めは慰霊を目的に建立されたものとしても、筆者個人の感覚としては、特にお地蔵さんの石仏は「遺族にとっての悲しみの昇華装置」「あの世や神仏と連絡をとるための通信装置」のように見える。現世に残された我々が、これらの装置（供養碑や慰霊碑を含む）を建立することによって一種の達成感や安心を得る。それもお地蔵さんの重要な役目だと思われる。

地獄どころか来世とも無関係に「蕎麦とか豆腐などを供えますので○○の病を治してください」などと現世利益を念じる人にとっては「自分の近くにいて気楽にお願いしやすい仏尊」のようだ。だからこそお地蔵さんには葉っぱで豆腐を買うなど曰く付きの俗っぽい噂話も実に多い。ここまで庶民に馴染んでしまうと、あえていうなら「○○地蔵は本来の地蔵菩薩とは限らない」のだ。石に霊を認めるアニミズムの感覚である。

村や町の外れに立つ石の地蔵さんは道が交わる辻や峠などに立って異界とこの世とにバリアを張って我々を見守ってくれている。第一章で紹介した道祖神（⇩44頁）と役目が非常に似ている。もともと墓の入口に立つ六地蔵（それぞれ輪廻転生の六道を見守る）もあの世とこの世の境界を見張るという働きをしているわけだし、共に子どもの守り神であるところまで同じだ。

地蔵尊が子供の守り神と考えられるようになったのは、平安時代中期に流行った多くの地蔵和讃の影響と思われる。夭折《ようせつ》した幼子達が賽の河原で残された両親のために石積みをしていると鬼が現れてそれを崩す、そこへ地蔵がやってきて子供達を慰めるという内容の唄だ。その地蔵尊が坊主頭の童子として表現されるようになった。

そしてこれが男根型の道祖神、金精様に似ている。私見であるが、このタイプの道祖神は明治期の後半頃から西洋的倫理観や道徳観を推し進める指導者や教育者に忖度し、ほとんど石の地蔵尊立像に入れ替えられたのではないか。それ以前の日本は記紀の時代から性に関してかなりおおらかで開放的だったはずだ。

しかし庶民は道祖神であれ地蔵尊であれありがたい神様なら歓迎である。日本人は石を拝むのが好きであるから石仏に人格を認める。ゆえに地蔵への愛情は「赤いちゃんちゃんこを着せ、手編みの帽子を被せる習慣(昔なら蓑や菅笠)」として表現され、この習慣は今も残っている。

親子地蔵。名のある地蔵尊ではないが、特に子どもの表情が達観しているようで印象深い(新宿区若葉1-1-6　法蔵寺)。

台東区

鍋かぶり地蔵

❖眼の病／口の病／災害除け

本像のある祝言寺《しゅうげんじ》は変わった寺号だが、これは慶長（一五九六〜一六一五）の頃、江戸城の西方の祝言村にあったから。その後は小伝馬町に移り、今の場所に再度遷《かえ》った。太田道灌によって建立されたということで、門前には太田道灌公顕彰碑が建っており、非常に近代的で洗練された寺院である。

さて「鍋かぶり地蔵」（「釜かぶり地蔵」とも）は、直参《じきさん》旗本の酒井家に祀られていたお地蔵様といい、その場所も時期も不明だが、大変な災害に遭い周囲が壊滅した時、たまたまこの地蔵像は鍋の下になって、無事だったそうだ。

以来鍋を被り続けているわけだが、尊像は石像とはいえ柔らかい材質で造られているため、そのお姿も定かでないほど傷んでおり、これ以上の破損を防止するために誰かが古い鍋をかぶせたのだという説が有力である。傍らに解説板もなく、せっかく来ても気付かない方もおられるようだ。

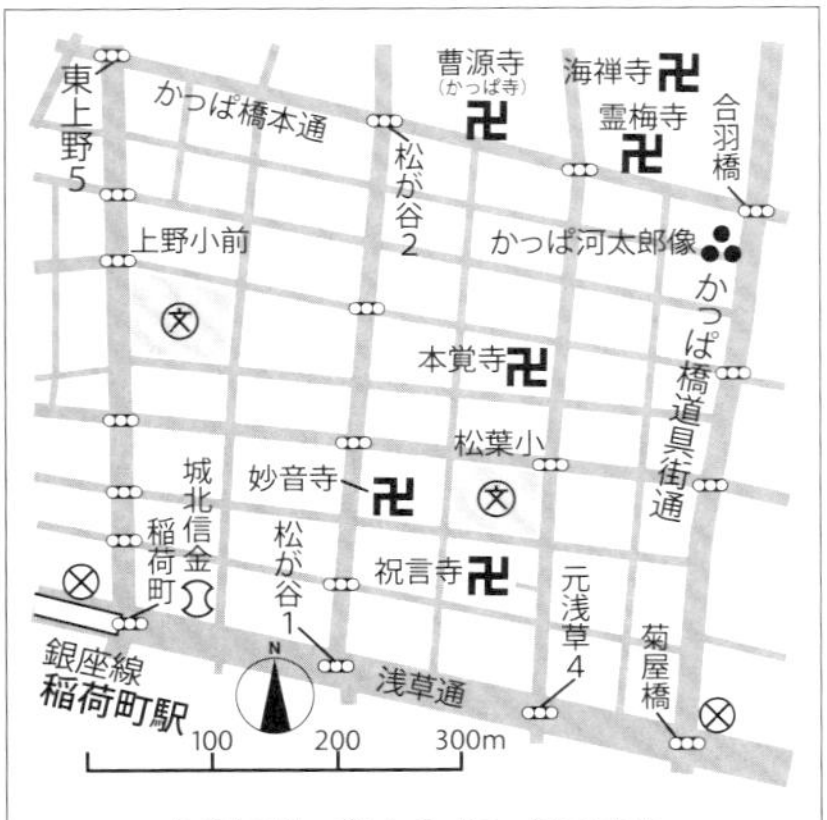

台東区松ヶ谷 1-6-17　祝言寺内

じつに珍妙な形状ゆえしばしば話題になるが、実際に注目する人は少ない。

モダンで立派な祝言寺の山門。その二階には数体の仏像が並んでいる。

【巡拝】妙音寺「金色姫」35 頁、本覚寺「蟇大明神」201 頁、曹源寺「波乗福河童」246 頁、「かっぱ河太郎」247 頁。

セーラー服地蔵

❖交通安全／子どもの守護

駒込駅前を走る本郷通りを少し北上した右側、妙義坂の途中に、通りに面して地蔵堂がある。解説板によると、この地蔵堂（本尊は「駒込妙義坂子育《こそだて》地蔵尊」）の歴史は古く、寛文八（一六六八）年の記録が残っているという。中心に本尊の子育地蔵、向かって右に如意輪観音、そして左端に手を繋ぐ二人のおかっぱの童女が彫られた「セーラー服地蔵」が鎮座する。

向かって右の子は手に宝珠を、左の子は錫杖《しゃくじょう》を突いているので、二人で一体の地蔵菩薩を表している。少々無骨で素人臭い出来だが、それがかえって制作者の飾り気のない鎮魂追悼の真心を感じさせる。

これは、昭和八（一九三三）年に近くで交通事故に遭い亡くなった、二人の仲良し少女を供養するために建立されたものである。二人は当時十一歳だった。

今もこれらの石仏群は、地域の安全を見守っている。

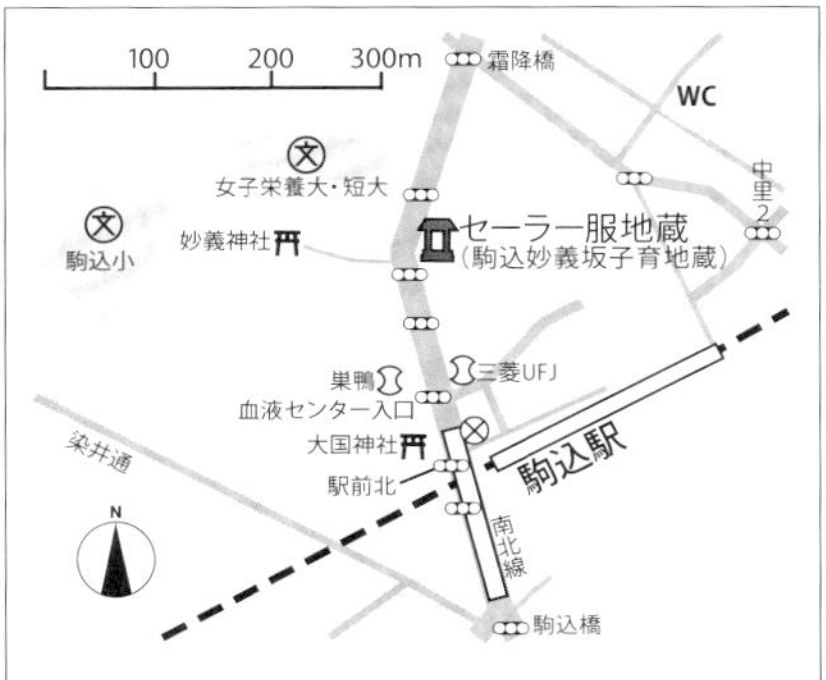

豊島区駒込2-6-15　妙義坂地蔵堂

一見ユニークな地蔵尊だが、亡くなった仲良しの少女を供養している。

いちばん古い地蔵尊（中央）は寛文8（1668）年から人々を見守っている。

ホームラン地蔵

❖子どもの守護／野球上達

京急本線の新馬場駅の近くに海徳寺《かいとくじ》がある。その墓地の入口に、可愛らしい「ホームラン地蔵」（正式には「和夫《かずお》地蔵尊」）が鎮座している。

元巨人軍の王貞治選手がまだ新人の頃、心臓病を患っていた岩崎和夫少年と交流を持った。その少年は王選手にホームラン王になるよう請い願っていた。しかし、王がその約束を果たす前に、少年は十四歳で亡くなってしまった。

その後、王選手は約束通りホームラン王になり、さらにホームランの世界記録を樹立したのだが、ホームラン王になるたびに少年の墓を参っては、その報告に訪れたという。

その和夫少年の墓標が、右手に錫杖《しゃくじょう》の代わりにバット、左手に宝珠の代わりにボールを持った、ユニークな「ホームラン地蔵」である。野球の上達を願う少年や野球関係者も、たびたび訪れるそうだ。

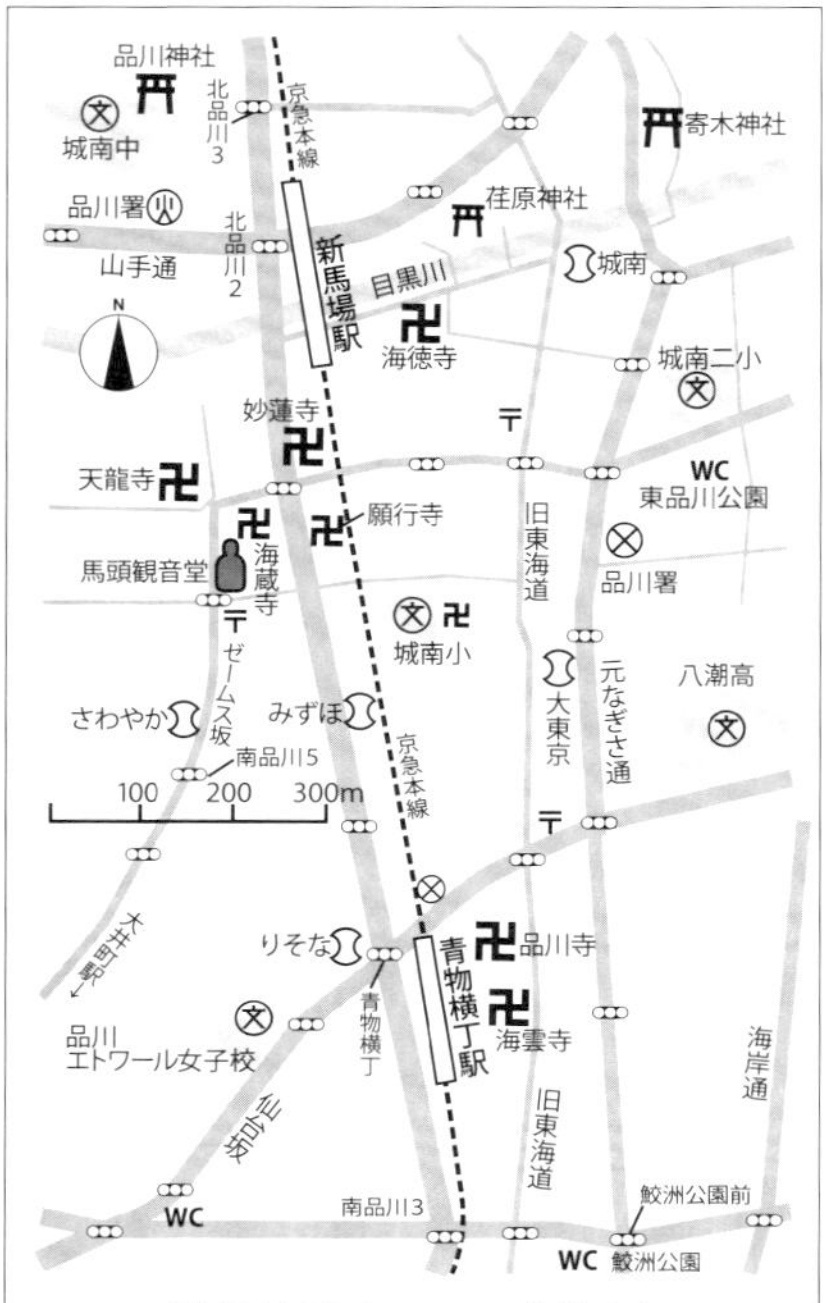

品川区南品川 1-2-10　海徳寺内

バットとボールを持つユニークな地蔵尊だ。

【巡拝】「馬頭観音」96 頁、寄木神社「天鈿女命と猿田彦命」114 頁、海蔵寺「海蔵寺の首塚」292 頁、妙蓮寺「丸橋忠弥之首塚」293 頁、天龍寺「責任地蔵」395 頁、願行寺「縛られ地蔵と縛り地蔵」396 頁。

品川区

責任地蔵

❖交通安全／職務遂行

天龍寺《てんりゅうじ》から西へ四〇〇メートル程のところに、かつて東海道線の碑文谷《ひもんや》踏切があった。現在の碑文谷ガードである。大正七（一九一八）年五月十九日、一人の銀行員が人力車に乗ってこの踏切を渡ったところ、貨物列車にはねられて即死した。

その時、そこには二人の踏み切り番がいた。だが、低賃金で一昼夜交代という激務にあり、一人は仮眠中、もう一人は居眠りをしていた。責任を痛感した二人はその直後、現場から数百メートル南の蛇窪《へびくぼ》道踏切の線路上に寄り添うように横たわり、自らの命を絶った。事故現場は混乱していて自殺ができないため、わざわざ離れた場所を選んだのだろう。

この一連の事故は社会問題にもなり、この三人を供養する地蔵像が建立されたというわけだ。

中心のお地蔵さまは右耳に手を添え、まるで近づく列車の音に聞き耳を立てているようにも見える。

＊地図は右頁参照。

品川区南品川 4-2-17　天龍寺内

責任地蔵は本堂に向かって左にある。

一般には三体あわせて「責任地蔵」と呼ばれるが、両端の像は制作時代も違うようで地蔵像ではない。責任地蔵とは中心の一体（下）だけなのかもしれない。

縛られ地蔵と縛り地蔵

❖盗難除け／厄除け／縁結び／病気全般

●葛飾区南蔵院《なんぞういん》の「縛られ地蔵」（縄地蔵）

かつては墨田区業平橋近くにあったが、昭和四（一九二九）年に葛飾区東水元二丁目に移った。大岡越前の名裁きで有名な地蔵尊である。それは次のような話だ。

　この地蔵の前で居眠りをしてしまった呉服問屋の手代が、反物を荷車ごと盗まれてしまった。大岡越前が地蔵を縛り上げ市中を引き回させたので、多くの野次馬がゾロゾロと付いて来て、そのまま奉行所の中へ。そこで門を閉め、野次馬が無断で奉行所へ入った罰として、彼等に反物一反の科料を申し付けた。皆があわてて持ってきた反物の中から盗品が見つかり、盗賊団は一網打尽にされた。奉行は縄を解き、地蔵の供養をおこなった。

　それ以来、この地蔵様に祈願するときは縛り、成就したときには縄解きをする風習が生まれた。

葛飾区東水元 2-28-25　南蔵院内

●文京区林泉寺《りんせんじ》の「縛られ地蔵」

文京区小日向の茗荷坂の林泉寺にある縛られ地蔵も、江戸時代から有名だった。

　少年が病気の祖父の平癒を祈って地蔵を縛ると、夢で「茗荷を植えてみなさい」とのお告げをいただいた。その通りにすると豊作となり、祖父が救われたという話もあるが、これは最近の創作である。

　一方、「江戸時代に寺社奉行が庶民の不平不満を解消するため、江戸市内に三つの縛られ地蔵を置いた」という説もあり、縛られ地蔵の御利益は万能のようである。

●品川区願行寺《がんぎょうじ》の「縛り地蔵」（解説板では「縛られ地蔵」）

文京区林泉寺の縛られ地蔵（文京区小日向4-7-2）。

葛飾区南蔵院の縛られ地蔵と絵馬。

南品川の縛り地蔵は頭部を失っているため、かつては「首無し地蔵」と呼ばれていた。

それで祈願が成就した人が代わりの頭部を奉納して首を継ぐ風習がある。したがって地蔵堂の中には首がいくつも並んでおり、見方によっては少々不気味でもある。

最近は病に悩む人が像を縄で縛るそうだが、縛られたままでは苦しかろうと懸念したご住職は、十夜ごとにいったん縄を解き、翌日再び縛るそうである。

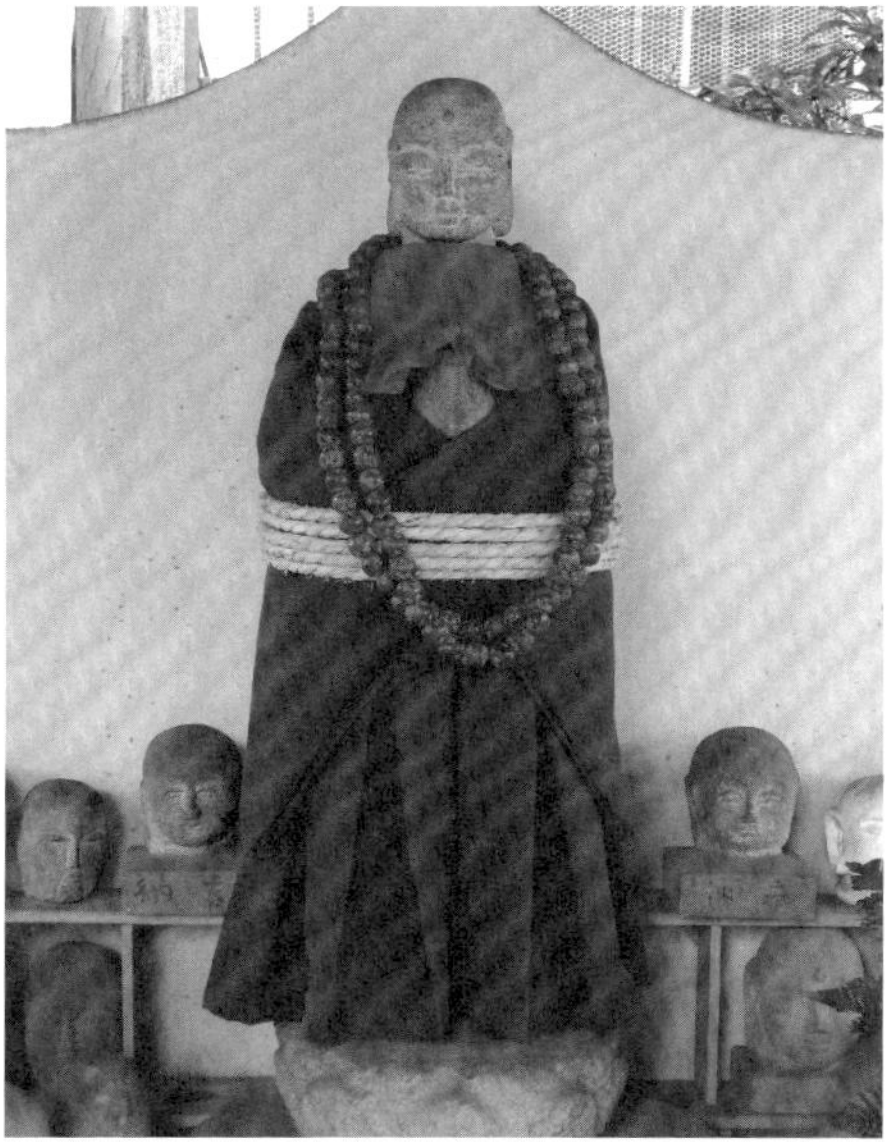

品川区願行寺の縛り地蔵。地蔵堂前の解説板には「縛られ地蔵」と書いてあるが、住職の書き間違えだという（品川区南品川2-1-12）。

お化け地蔵

❖百日咳／子どもの風邪

「浅茅ヶ原《あさじがはら》の化け地蔵」「橋場《はしば》の化け地蔵」などとも呼ばれる。名の由来は、「かつて、被っていた笠が勝手に向きを変えていた」とか、「（前に立つ一般的サイズの地蔵像に比べて）並外れた大きさだから」などといわれる。この地蔵は関東大震災で二つに折れ、頭部も取り替えられている。

「東京の迷信　浅茅ヶ原の化け地蔵」（『東京朝日新聞』明治四十〔一九〇七〕年十二月）によれば、かつては台東区出山寺《しゅつさんじ》の門脇に安置されていたという。さらに古くは、「維新の際並木の松を伐りとり、石地蔵は総泉寺《そうせんじ》入口に移したり――当時入口に常夜灯あり、東畔に大地蔵安置す」というように、何度か移動されたことは確か。現在、隣に立つ家屋は松吟寺。

ちなみに総泉寺は江戸時代までこの周囲一帯を敷地にしていた大寺院で、現在は板橋区へ移転している。

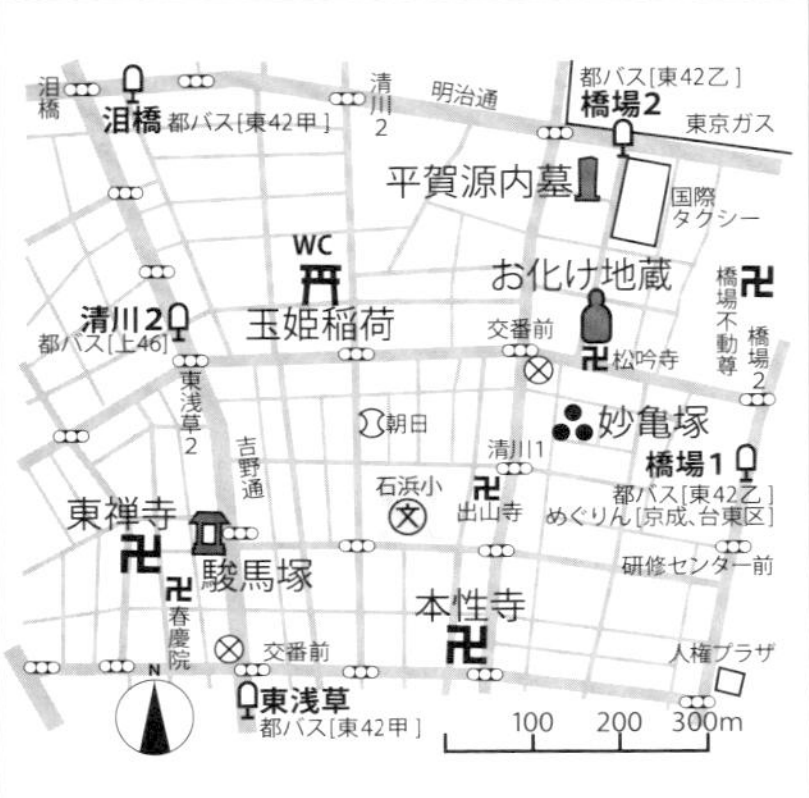

台東区橋場 2-5-3　松吟寺隣

地蔵堂に向かって右脇の木造家屋は松吟寺（しょうぎんじ）という寺院。

【巡拝】「駿馬塚」198 頁、本性寺「秋山自雲」266 頁、平賀源内の墓「平賀源内」303 頁、「梅若塚と妙亀塚」338 頁、玉姫稲荷「口入稲荷」376 頁、東禅寺「江戸六地蔵」434 頁。

御化粧延命地蔵とおしろい地蔵

❖美肌／痣／無病息災／延命長寿

かつては鬱蒼として物寂しい場所だったという港区三田四丁目の幽霊坂。その中程にある玉鳳寺《ぎょくほうじ》山門脇の地蔵堂を覗くと、体中真っ白にパウダーを叩《はた》かれた「西方地蔵化粧地蔵尊」が鎮座している。唇には紅をさし、マニキュアまでしている。なかなかの美男子だから、女性に人気がありそうである。

縁起によれば、寛永年間（一六二四〜四四）に当寺の翁宗逸《おうそういつ》和尚が、京橋八丁堀の地蔵橋近くの荒れ地に晒《さら》されていた地蔵像を見つけた。ひどく汚れていてどうしても綺麗にならないため、化粧を施して祀ったところ、和尚の顔面の痣《あざ》がいつの間にか消えたという。

目黒区蟠龍寺《ばんりゅうじ》には「おしろい地蔵」があり、顔の怪我、痘痕《あばた》や白粉《おしろい》の鉛毒に御利益があるそうだ。

尊顔はほとんど識別できないが、地蔵様に叩いたおしろいの残りを自分の顔に叩くと良いそうである。

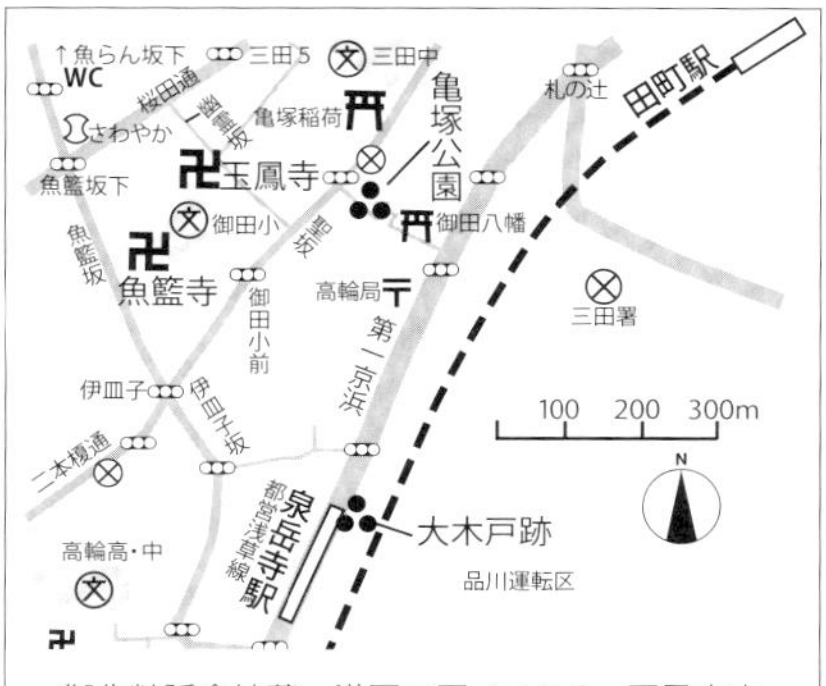

御化粧延命地蔵　港区三田 4-11-9　玉鳳寺内

玉鳳寺の御化粧地蔵は男前だがベビー・パウダーをはたかれて真っ白。爪にはマニキュアが塗られている。

蟠龍寺のおしろい地蔵は被災後浅草から移ってきた。女性の疱痕を消したことで有名。口紅を塗られていた（目黒区下目黒3-4-4）。

【巡拝】玉鳳寺近くの魚藍寺「魚藍観音」101 頁、蟠龍寺近くの成就院「蛸薬師」89 頁、目黒不動尊山門前「比翼塚」296 頁、目黒不動尊内「地主神」24 頁、同「天狗」64 頁、同「石の大日如来」93 頁、同「愛染明王」108 頁、同「目黒の滝壺」176 頁、同「目黒不動尊の閻魔王と奪衣婆」316 頁。

めやみ地蔵

❖眼の病

長円寺《ちょうえんじ》の道路に面した塀の外に祀られている。目の不自由な人のために便宜を図ったとしたら、誠に行き届いた気配りである。

しかし何よりも目を惹くのは、お堂の左右に奉納された手書きの絵馬である。信仰的風俗・民芸品オタクの筆者にとっては地蔵堂の前は夢心地の空間だ。絵馬は全て、門前の一本西を走る旧日光街道の絵馬屋・吉田屋の作品。今では貴重な地口絵《じぐちえ》（駄洒落《だじゃれ》と素朴な絵が描かれた提灯に貼る紙）なども置いてある。このような風俗と信仰は、長く残して欲しいものだ。

ところで、お堂に鎮座しているお地蔵様の坐像は、特に目の部分が損じているようには見受けないが、見方によっては目を固く瞑《つむ》っているようにも見える。始めは、どなたか目を病んでいる人に霊験があったのであろう。

【巡拝】長円寺「石の大日如来」93頁、同「魚籃観音」101頁、同「子福さま」379頁。

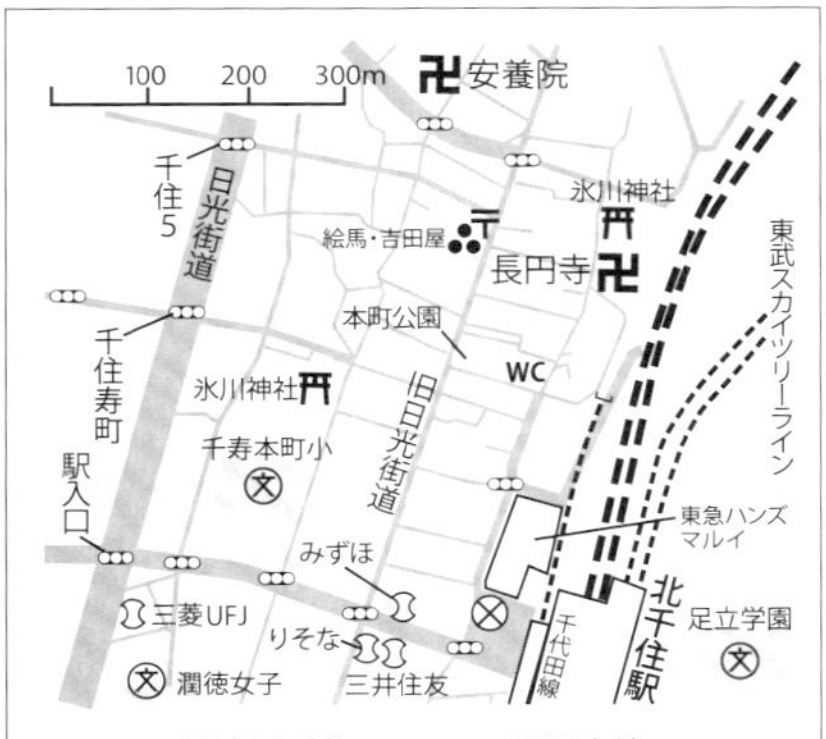

足立区千住 4-27-5　長円寺脇

「向かいめ」と「地蔵尊」の絵馬が並ぶ。

地蔵尊手前右には念仏車（⇨80頁）も見られる。

台東区ほか

かんかん地蔵

❖無病息災／各部位の病／金運

小石で地蔵尊の身体をかんかんと叩いて祈念するため、そう呼ばれる。つまり自分の身を削られてなお、御利益を与えて下さるという有難いお地蔵様である。もとはその石の粉を飲んだり、患部に塗りつけていたと思われる。道端などにある、叩くと非常に良い音のする石を鳴らす遊びや習慣から始まったといわれる。一説によると、鈴ヶ森刑場の名の由来となったという「鈴石《すずいし》」（磐井《いわい》神社）も、叩くと良い音がしたそうだ。

足立区安養院《あんよういん》の「かんかん地蔵」は、叩いても特に良い音がするわけではない。一方、練馬区の「かんかん地蔵」（練馬区関町南一－一八）は「打てば鉦《かね》の音あり」といわれたそうである。浅草寺《せんそうじ》の銭塚《ぜにづか》地蔵堂の横にも、「カンカン地蔵」が鎮座している。台座と足先部分しか残っておらず、地蔵尊ではなかったという説もあるが、削った粉を財布につけておくと金が貯まるという噂である。

＊地図は右頁参照。

足立区千住 5-17-9　安養院内

足立区安養院のかんかん地蔵（足立区千住5-17-9、右頁地図参照）。

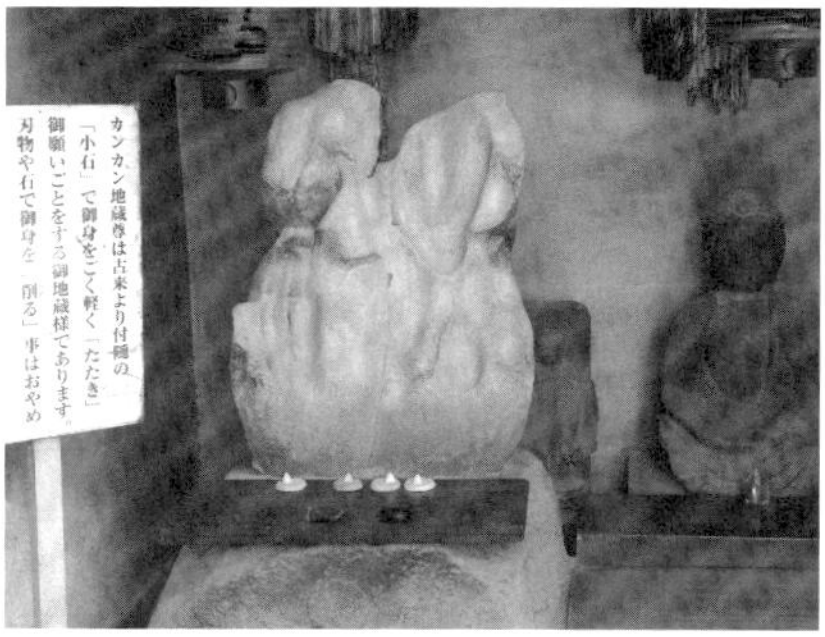

浅草寺銭塚地蔵堂のカンカン地蔵。

江東区ほか

塩嘗《しおなめ》地蔵（銭塚《ぜにづか》地蔵）

❖商売繁盛／勝負事／イボ取り

「東京の迷信　塩嘗地蔵」（『東京朝日新聞』明治四十（一九〇七）年十二月）に、「浅草公園に塩嘗地蔵といふ剥落した石像がある、之は諸病の願が利《き》くとしてあるが、実は賭博《とばく》に霊験があるのださうで、深夜人知れず参詣するものがある、勝負事の願をかける時には、先づ塩を供へた後に銭を以て数回石像を叩くのだ、その唱へが面白い『塩嘗地蔵まだ利かぬか』コツ〳〵とやらかす、為に石像は剥落して一日増《まし》に痩《やせ》て行く」とある。

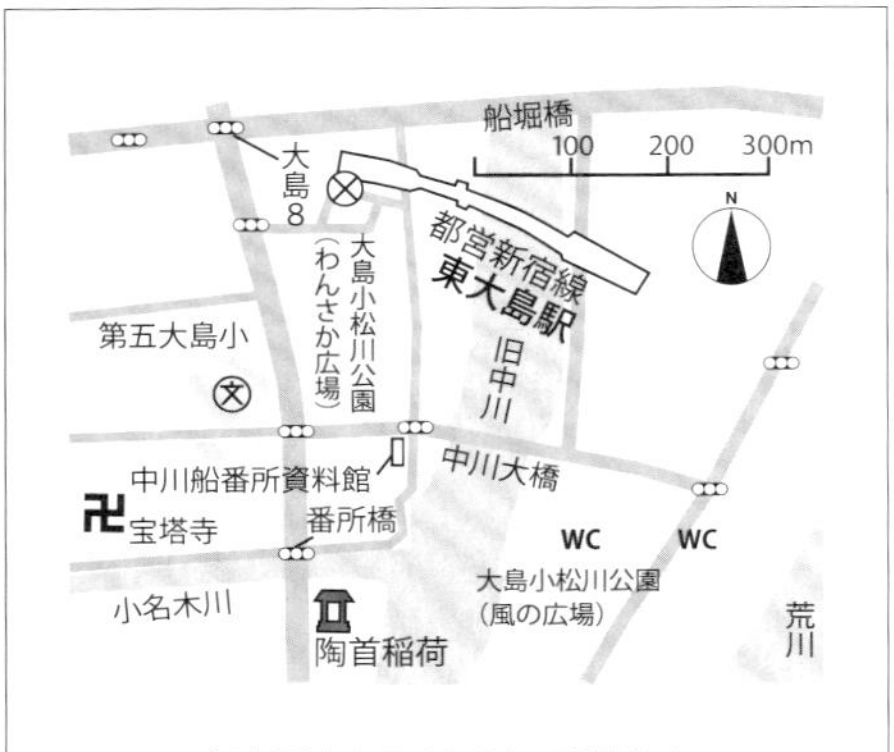

江東区大島 8-38-32　宝塔寺内

浅草寺銭塚地蔵の付加価値の付いた塩。浅草寺のかんかん地蔵（⇨401頁）の方にも奉納されており、同じ地蔵尊ということで、祈念方法も御利益も混濁してしまったようだ。

この「塩嘗地蔵」とは浅草寺《せんそうじ》の端、花屋敷近くに鎮座する「銭塚地蔵」（一般にはこちらの名で通っている）のことらしいのだが、すぐ隣には前項で紹介した「かんかん地蔵」があり、今はこちらが叩かれている上、塩も奉納されているので、少々ややこしい。

銭塚地蔵は背中合わせの六地蔵で、顔以外は布で覆われている。今は一般の参詣者は堂内に入れないので、夜中にコツ〳〵とやらかすことは不可能となっている。

この六地蔵の下には寛永通宝が埋められているといわれる。その所以《ゆえん》は、「今から約三百年前、摂州（兵庫県）有馬郡で山口某なる人の妻が庭で寛永通宝が詰まった壺を掘り当てたが、それを使わずに埋め戻したところ、一家が繁栄したため、その上に地蔵菩薩を祀り、その地蔵を勧請した」ものだそうである。

ところが『江戸名所図会』「金龍山浅草寺全図」によれば、かつて境内の淡島《あわしま》明神の地に銭瓶《ぜにがめ》弁財天社があり、大永二（一五二二）年、その場から銭が涌き出たという話がある（『小田原記』『北条五代記』）。そこには地蔵尊も祀られていた。筆者はそ

台東区浅草寺の塩嘗地蔵と護符（台東区浅草2-29-19）。

の弁天社が今の弁天山の銭瓶弁財天社であり（混同を避けるため、最近は「老女《ろうじょ》弁天」と呼ばれている）、そこで人々の騒ぎを見ていた地蔵尊像が、今の銭塚地蔵ではないか、つまり銭が出た場所の弁財天と地蔵尊はそれぞれ別の場所に移動鎮座し、新たにそこには淡島堂が建立されたのではないかと推測している。

江東区宝塔寺《ほうとうじ》にも「塩なめ地蔵」があり、小名木《おなぎ》川を行き来する塩商人などが信仰していたが、贔屓目《ひいきめ》に見てもこちらは地蔵尊には見えない。

【巡拝】浅草寺「淡島様」30頁、同「金龍山の仁王尊」32頁、同「龍神・龍王」74頁、同「迷い子のしるべ石」160頁、同「鎮護大使者の狸神」211頁、同「大銀杏と逆さ銀杏」240頁、同「文付け・粂平内」272頁、同「被官稲荷」365頁、同「かんかん地蔵」401頁、同「六地蔵石幢」430頁、「姥ケ池の旧跡」345頁。

江東区宝塔寺の塩なめ地蔵。イボ取りの他にも商売繁盛や航海安全の御利益がある。

塩地蔵と塩かけ地蔵

❖諸病／商売繁盛／魔除け・厄除け／イボ取り

「塩地蔵」も「塩かけ地蔵」も、本来は同じ意味だろう。塩は神道ではお清めに使用されるものだが、それを仏尊に適用するのも不思議な感じだ。盛り塩は幸運、客人、商売繁盛を招き、塩撒《ま》きは魔除けや厄除け、健康祈願になる。

かつて地蔵に祈念するときには、供えてある塩をお借りして持ち帰り、成就のあかつきには塩を倍にしてお返ししたので、塩は増える一方だったかも知れない。

文京区源覚寺の塩地蔵尊と絵馬。雪のように塩が積もっている（文京区小石川2-23-14）。

時に見かける塩地蔵のほとんどは、顔かたちがはっきりわからぬほど摩滅している。塩は岩石を溶かすのであろうか。

文京区小石川の源覚寺《げんかくじ》は「蒟蒻閻魔」（⇩320頁）で有名だが、二体の「塩地蔵尊」もなかなか人気があり、絵馬を出しているほど。遠くから見るとまるで雪が積もっているようだ。

新宿区新宿の太宗寺《たいそうじ》は「大宗寺の閻魔王と奪衣婆」（⇩314頁）や「江戸六地蔵」（⇩434頁）で有名だが、その閻魔堂の向かいには「塩かけ地蔵」が鎮座している。この塩をいただいて患部に擦り付けると、イボやおできに御利益があるという。

港区三田の魚籃寺《ぎょらんじ》の「塩地蔵」には、尊顔が新たに付け替えられている。やはり塩が供えられているが、みな袋入りのまま。ゆえに、お借りして持ち帰るには少々かさばる。

渋谷区渋谷の渋谷山東福寺《とうふくじ》は金王八幡《こんのうはちまん》（「玉造稲荷」⇩384頁）の別当寺だったから、隣同士である。東福寺の「塩かけ地蔵」も、やはりイボ取りに御利益があるようだ。小さな祠の中には二体の地蔵像が鎮座しており、特に奥の一体はほとんど形態が失われていて、手前の像も地蔵尊かどうか不明だ。

港区魚籃寺の塩地蔵。袋入りのままの塩が無造作に積まれている（港区三田4-8-34）。

新宿区太宗寺の塩かけ地蔵。時として塩が流された後に尊顔が見られるが（写真大）、ツルリとしているだけだ（新宿区新宿2-9-2）。

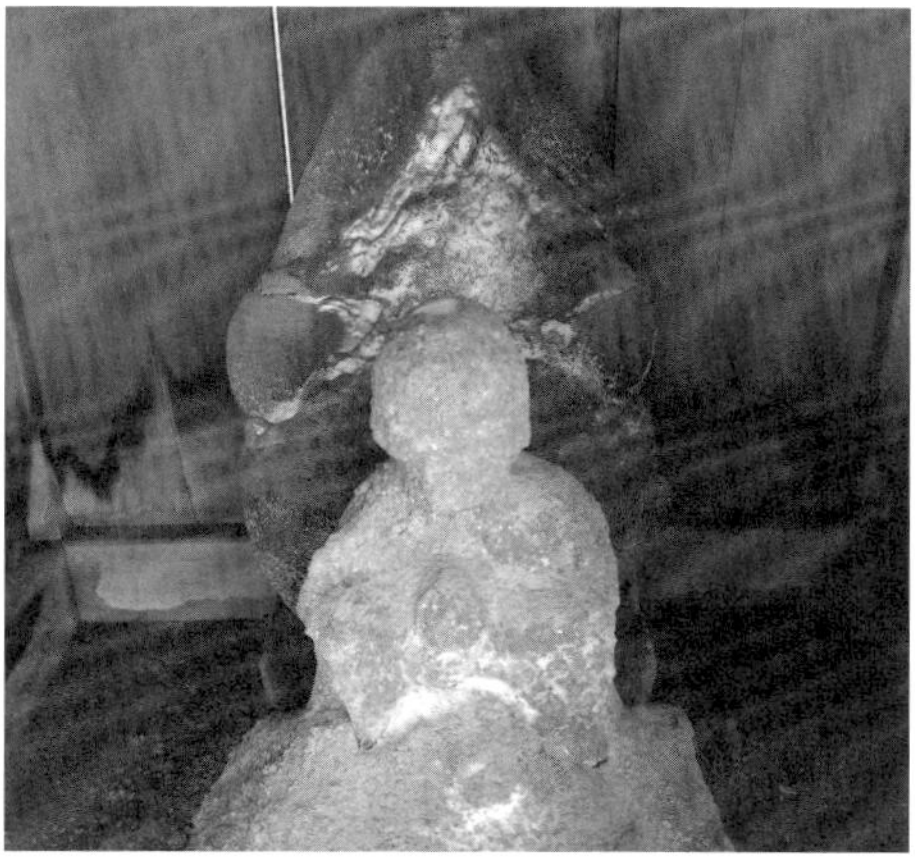

渋谷区東福寺の塩かけ地蔵。後方の尊像はほとんど形状が失われており、信仰の歴史を物語る（渋谷区渋谷3-5-8）。

墨田区両国の回向院《えこういん》には「鼠小僧次郎吉《ねずみこぞうじろきち》」の墓（⇒282頁）があるが、その手前に「塩地蔵」が立っている。石像も摩耗しているが、地蔵尊のお姿ははっきり残っている。かつては供える塩がまるで大雪が積もったかのように見える時もあったということだ。

なお、回向院の解説板に「東都四十八塩地蔵の第四十七番目」とあるから、かつて塩地蔵はあちらこちらにあったらしい。

墨田区回向院の塩地蔵。背が高いので頭から塩をかけられる心配はないが、やはり下の方の摩耗は激しいようだ（墨田区両国2-8-10）。

新宿区

たんきり地蔵

❖痰切り（咳・喘息）／子育て

安禅寺《あんぜんじ》は慶長十三（一六〇八）年、麹町清水谷に創建されたが、寛永十一（一六三四）年に地蔵像と共に当地へ移転している。当寺の聖《しょう》観音像は「山の手三十三観音霊場　二十五番」。とはいえ、ほとんど民家のような寺院で、このバラック風の地蔵堂が信徒会館からも孤立したような雰囲気の中に建っている。

幕末に近い安政六（一八五九）年の青山恩田の大火、大正十二（一九二三）年の関東大震災、先の大戦末期の昭和二十（一九四五）年五月の空襲などに遭い、倒壊、焼失などの甚大な被害を被《こうむ》ったが、そのたびにこの「たんきり地蔵尊」を信仰する人々の努力によって立派に復元建立されている。

知らずに通りかかった人は驚いて見上げるような大きい石像だが、顔は大変穏やかで、地元住民の温かい信仰心が伝わってくる。この尊像こそ、まさに村外れのお地蔵さん的雰囲気と合致する。

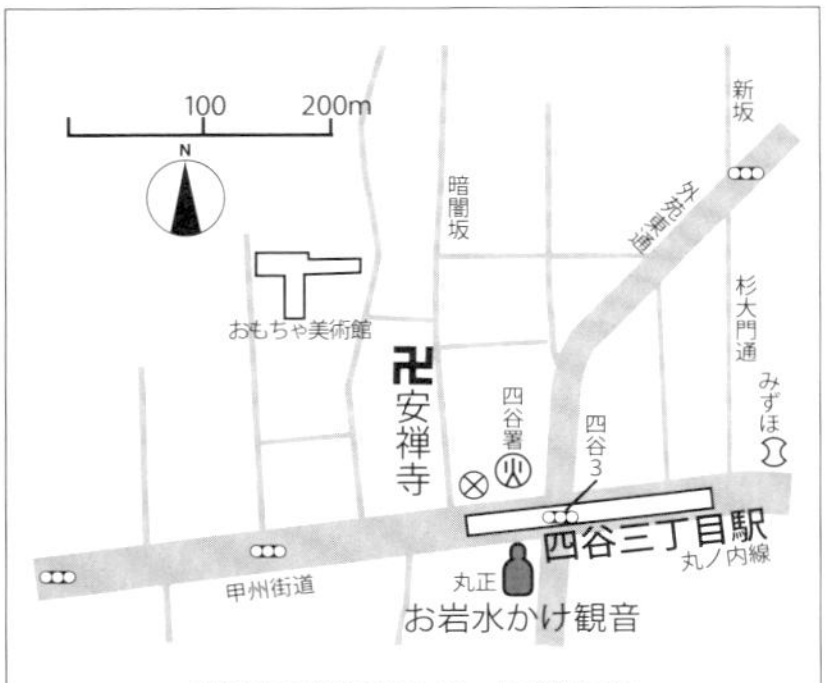

新宿区愛住町 9-3　安禅寺内

前出「お化け地蔵」（⇨398頁）を彷彿させる大きさだ。

【巡拝】お岩水かけ観音「三つの於岩稲荷とお岩水かけ観音」326 頁。

台東区

へちま地蔵

❖咳・喘息／美肌

台東区浄名院《じょうみょういん》の「へちま地蔵」の供養は旧暦八月十五日。その時に咳や喘息の加持祈禱が行われる。へちま水は喉に良いとされる点や、悪いものを瓜《うり》に封じ込めるという俗習が、このような信仰を生んだのだろうか。実際に、へちまの成分であるサポニンには鎮咳作用、ショウ酸カリウムには利尿作用があるといわれ、鎮咳、利尿薬として用いられていたようだ。

さらに、へちま水は美容液としても使われていたから、このお地蔵様に美容を願って当然だと思うので、ここでは筆者の独断で美肌の御利益も追加した。

浄名院は寛永寺三十六坊の一つだが、境内には「江戸六地蔵」（⇩434頁）の第六番代仏（深川の永代寺《えいたいじ》のものの再造）の他に、徳川家や芸能人にも関わる数千体の地蔵像（「八万四千体地蔵」といわれる）がある。しかし、宝珠ではなくへちまを持つ地蔵尊は、この一体しかない。

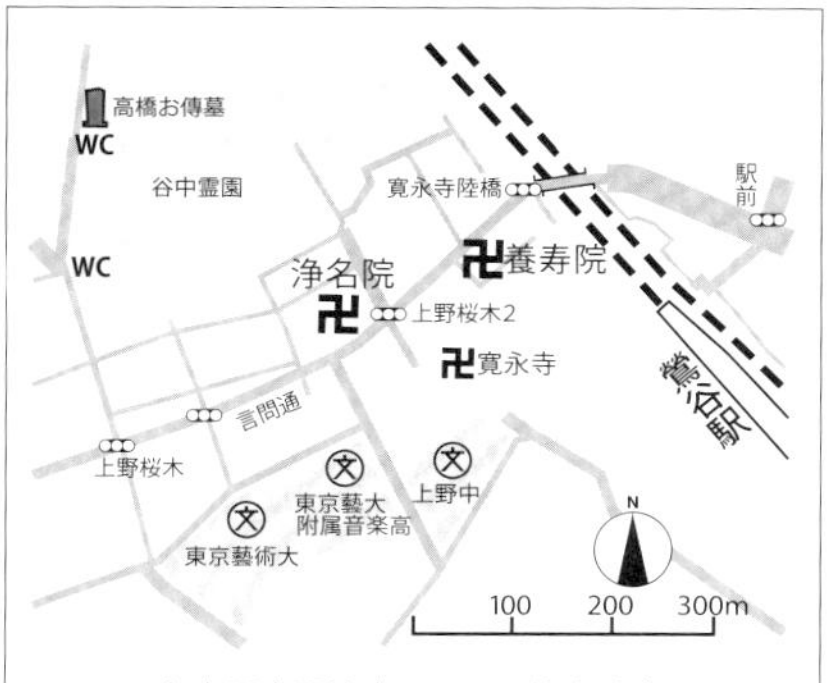

台東区上野桜木 2-6-4　浄名院内

「八万四千体地蔵」というが、仏教用語には「千日参り」「四万六千日」などの言葉がある。この数字もその一例だろうか。

【巡拝】浄名院「江戸六地蔵」434頁、「高橋お傳」288頁、養寿院「笠森稲荷と笠森お仙」359頁。

品川区

平蔵《へいぞう》地蔵

❖心の平穏・安らぎを得る

平蔵という正直者の「非人」を供養した地蔵尊。

石碑に記された由来によれば、「江戸の末、万延元〔一八六〇〕年頃、鈴ヶ森刑場の番人をしながら交代で町に出て施《ほどこ》しを受けて暮らしていた三人連れの非人〔乞食〕の一人平蔵は、ある日多額の金を拾ったが、落とし主を探し出して金を返し、謝礼の小判を断り、仲間と飲むための些少の礼金のみ受け取ったという。そのことを知った仲間の者は、金を山分けすれば三人とも乞食をやめて暮らせたのにと腹を立て、平蔵を自分たちの小屋から追い出し凍死させてしまった。これを聞いた金の落とし主、仙台屋敷の若侍は平蔵の遺体を引き取り、青物横丁の松並木の場所に手厚く葬り、そこに石の地蔵尊を建て、ねんごろに供養しつづけた」とある。

それが京浜電車開通の折、海雲寺《かいうんじ》に移されたものである。ちなみに、当寺は「千躰荒神《せんたいこうじん》」で知られている。

品川区南品川 3-5-21　海雲寺内

平蔵の由来を知る人は多く、地蔵尊の多い品川でも人気がある。

海雲寺の祭神「千躰荒神」は、庶民的な台所の火伏の神である。

【巡拝】海雲寺「烏枢沙摩明王」109 頁、品川寺「江戸六地蔵」434 頁。

練馬区

首つぎ地蔵

❖リストラ回避／就職

以前は練馬区中村南の地蔵堂に立っていたが、そのうちに首のない状態になり、やがて胴体もどこかに消えてしまった。

ある時、堂近くの人（加藤某氏）が畠の中に首を発見し、南《なん》蔵院《ぞういん》と縁のある東京美術大学（現・東京藝術大学）の正木直彦教授に見てもらい、教授はこれを自宅に預かっていた。

しかし、庭石の上に置いても、知らない間に倒れてしまう。木で胴を造っても、恰好が良くない。それを聞いた加藤某氏が再び中村町周辺を数日間探し回った。

結果、首のない石仏を発見。さっそく正木教授の家に行き、首と胴を合わせてみたところ、ピッタリであった。そこで護国寺の佐々木僧正が「首つぎ地蔵」と命名して昭和三十（一九五五）年頃に開眼し、以前と同じ場所に地蔵堂を作って祀った。

つい数年前、現在の南蔵院に移されたが、よくサラリーマンがここにきて祈願するそうである。

練馬区中村 1-15-1　南蔵院内

今は南蔵院の新しい地蔵堂の中に鎮座している。

【巡拝】大鳥神社「石薬師」88 頁。

日限《ひぎり》地蔵

❖諸病一切／眼の病

「日限地蔵」には、「〇月〇日の手術がうまくいきますように」とか「〇月中に病気が平癒しますように」など、日限を定めて祈願をする。すると祈念の深刻さが通じるのか、御利益が灼《あらた》かなのだそうである。

「東京の迷信　日限地蔵」（『東京朝日新聞』明治四十（一九〇七）年十一月）では港区松秀寺《しょうしゅうじ》にある「日限地蔵」を紹介しているが、尊像は本堂の厨子の中で、通常は拝観できない。元和四（一六一八）年に建てられたという浅草寺《せんそうじ》最古の建造物である六角堂の本尊も、「日限地蔵尊」である。杉並区松応寺《しょうおうじ》の地蔵尊には、「日限開運地蔵」という名が付けられている。立像だが、尊顔はだいぶ摩耗している上、錫杖も宝珠もなく、ただ数珠を持っている。練馬区阿弥陀寺《あみだじ》にも、「享保十四（一七二九）年」の銘のある「ひぎり地蔵」が安置されている。眼病に霊験があるといわれ、今でも盛んに信仰されている。

港区松秀寺の日限地蔵の厨子（港区白金2-3-5）。

台東区浅草寺六角堂は「日限地蔵堂」とも呼ばれる（台東区浅草2-3-1）。

練馬区阿弥陀寺のひぎり地蔵（練馬区練馬1-44-10）。

杉並区松応寺の日限開運地蔵（杉並区高円寺南2-30-1）。

【巡拝】松秀寺近くの立行寺「大久保彦左衛門」256頁、松応寺近くの長龍寺「豆腐地蔵」414頁、阿弥陀寺近くの九品院「蕎麦喰地蔵」413頁。

〆切《しめきり》地蔵（駒場地蔵尊）

❖悪病退散／良縁／安産育児／入学祈願

隣村で悪病が流行《はや》り、大勢の人が亡くなった。悪病を恐れた駒場村の人々は、「百万遍《ひゃくまんべん》」（七日間で百万回の念仏を唱える）をおこなってこの地蔵尊に願を掛けたところ、村内には一名の病人も出なかった。

つまり、「悪病悪魔を締め切った」ということから、「〆切地蔵」と呼ばれるようになったということだ。ただし、賽銭を盗むなどの不心得をした者は、必ず災難に遭うという一面もあるそうだ。

この地蔵尊は、駒場と下代田《しもだいた》、池尻の境に立っているから、いわゆる「村のはずれのお地蔵様」だったことがわかる。

道祖神（特に男根型）は性神的要素を強く持つため、明治以降、形の似た地蔵尊へと徐々に替えられていった。〆切地蔵尊も安産、育児、良縁祈願などの御利益を持つことから、かつて道祖神として祀られていたのではないかと、筆者は考える。

目黒区駒場 2-17

写真向かって一番左にある石仏は如意輪観音。さらに左のブロックには水子地蔵尊が祀られている。

地蔵尊の頭上には「安産育児、延命長寿、無病息災、家内安全、入学祈願、商売繁盛、大願成就、交通安全、良縁祈願」など、さまざまな御利益が書き込まれた札が下がっている。

正雪《しょうせつ》地蔵

❖家族の健康／商売繁盛

ここ秋葉《あきば》神社は、慶安四（一六五一）年に丸橋忠弥《まるはしちゅうや》や金井半兵衛《かないはんべえ》らと共に幕府転覆を企てた（慶安の変）、軍学者の由井正雪《ゆいしょうせつ》の屋敷があった場所。しかしこの石像は事件のかなり後に掘り出されたということなので、じつは正雪との関係は不明である。

全体のシルエットは、とても地蔵尊には見えない。それもそのはずで、これは「キリシタン灯籠」（織部《おりべ》灯籠）の一部であり、竿石《かさいし》の部分なのだ。

失礼して前掛けを捲《めく》ると、像の舟後光《ふなごこう》形に窪んだラインが、おぼろげながら確認できる。これによってか正雪＝キリシタン説もあるが、そもそも織部式灯籠とキリシタンは関係がないらしい。しかも、彫られている像は確認不能で、もちろんマリアにも見えない。

しかし人々は、正雪の屋敷から出たということに、特別な感情を抱き希望的付加価値を感じ取ったのであろう。

新宿区矢来町 1-9　秋葉神社内

神社境内に地蔵尊が祀られていることには誰も疑問をもたないようだが、そもそも「地蔵尊」と呼ばれているものの、その姿は判然としない。織部式灯籠の一部だとすれば、下にあげた写真の下の部分だと思われる。

新宿区太宗寺に残る織部（キリシタン）灯籠（新宿区新宿2-9-2）。

【関連】妙蓮寺「丸橋忠弥之首塚」293 頁。

練馬区

蕎《そ》麦《ば》喰《くい》地蔵

❖咳一切

「東京の迷信　蕎麦喰地蔵」（『東京朝日新聞』明治四十（一九〇七）年十二月）に、「浅草誓願寺《せいがんじ》中九品院《くほんいん》の蕎麦喰地蔵は、咳一切に効験があるとて切《しきり》に繁昌してござるが、願を懸る時には必ず蕎麦を上げ、また全快した時も蕎麦を上ることになつてゐる、其の理屈は一向分からぬが、何にしても本尊の前に蕎麦が堆《うずたか》く盛つてあるのが、一寸他の地蔵には看られぬ奇観だ」とある。ちなみに九品院は今、練馬区豊島園駅近くの田島山《たじまさん》十一ヶ寺中の一寺になっている。

蕎麦や豆腐は仏尊や狐狸の好物だったようで、よく正体がばれないように姿を変えて店に食べに来たり買いにくる話がある。蒟蒻閻魔（⇩３２０頁）、澤蔵司稲荷の狐（⇩３６２頁）、豆腐地蔵（⇩４１４頁）、足立区金蔵寺の蕎麦喰閻魔、麻布の蕎麦喰狸母子の話など数えればきりが無い。庶民はそれだけ閻魔様、地蔵様、狐狸などを身近に感じていたのだ。

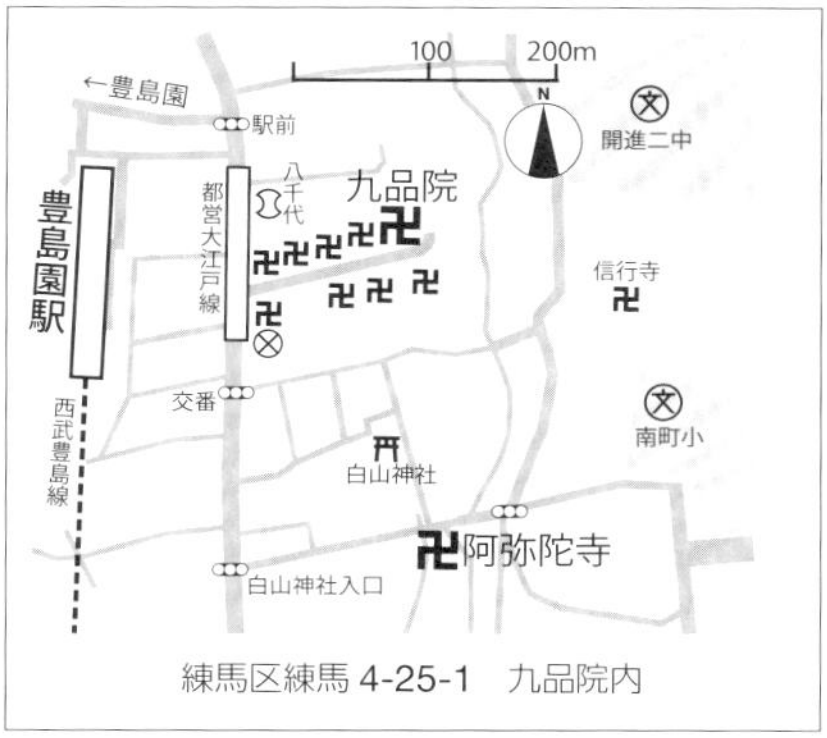

練馬区練馬 4-25-1　九品院内

尊像の前に供えてあるのは食品見本なので、実際には食べられないが、腐りもしない。

羅漢さんも蕎麦を食べている。

【関連】慈眼院「澤蔵司稲荷」362 頁、「蕎麦地蔵」439 頁。

【巡拝】阿弥陀寺「日限地蔵」410 頁。

豆腐地蔵

❖商売繁盛／懺悔・改心

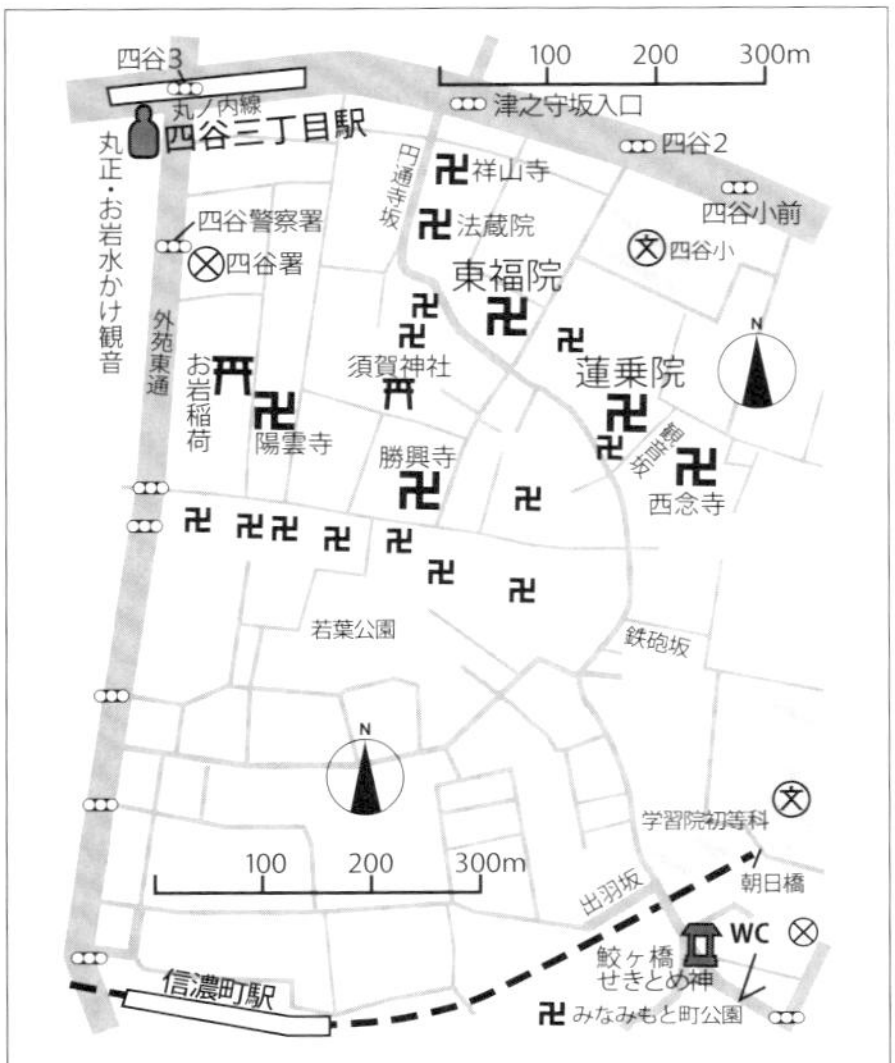

新宿区若葉 2-2-6　東福院内

以下のよく似た話は、同じ新宿区の二つの寺に伝わる。若葉の東福院《とうふくいん》と市谷左内町の長龍寺《ちょうりゅうじ》（現在は杉並区に移転）である。

ともにお坊さんに身を変えたお地蔵様が豆腐を買いにくるのだが、翌日その代金が葉っぱになっているというもので、菩薩の行為としてはあまりに庶民的、いや狐狸《こり》レベルの話なのだ。

このような話は、いかにお地蔵様が庶民にとって身近な存在であったかということを物語っている。あるいは、豆腐屋と寺が仕組んだ宣伝だったのだろうか。

●東福院――陰で邪《よこしま》な商売をしているらしく、あまり評判の良くない豆腐屋がいた。朝、主人が前日の売上金を数えると、坊さんが買いにきた日に限って、売上金の中に樒《しきみ》の葉が二、三枚混じっている。あの坊さんは狸か狐に違いないと思った主人はある日、豆腐を買いにきた坊さんが金を払おうとした時、包丁で腕を斬りつける。

坊さんは忽然《こつぜん》と姿を消したが、血の跡が残っていた。それを辿ると、東福院の地蔵堂の前に出た。荒れ果てた堂の中を覗くと、そこに微笑みをたたえたお地蔵様の姿があった。

主人は驚くとともに、今までの邪な心を悔い改め、立派なお堂を建てたという。もちろん、それから店は大繁盛だ。

●長龍寺――みすぼらしい姿のお坊さんが、やはり夕暮れ時に豆腐を買いにくるが、もらった銭が木の葉になってしまう。それで豆腐屋は寺社奉行に訴え、清水兵吉という役人が張り込むことに。例のお坊さんが豆腐を買って帰る途中、兵吉が声を掛けると逃げようとしたので、抜き打ちに一太刀《ひとたち》浴びせる。

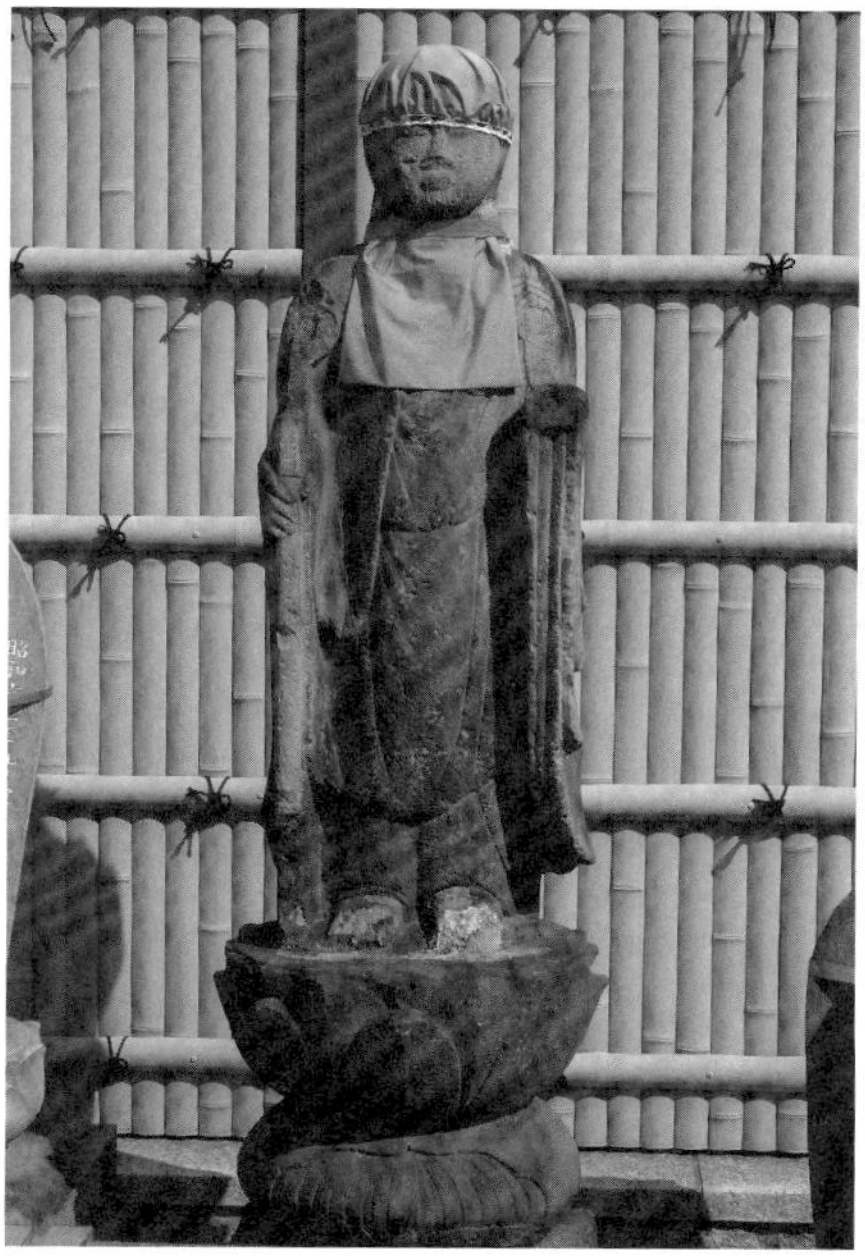

新宿区東福院の豆腐地蔵。

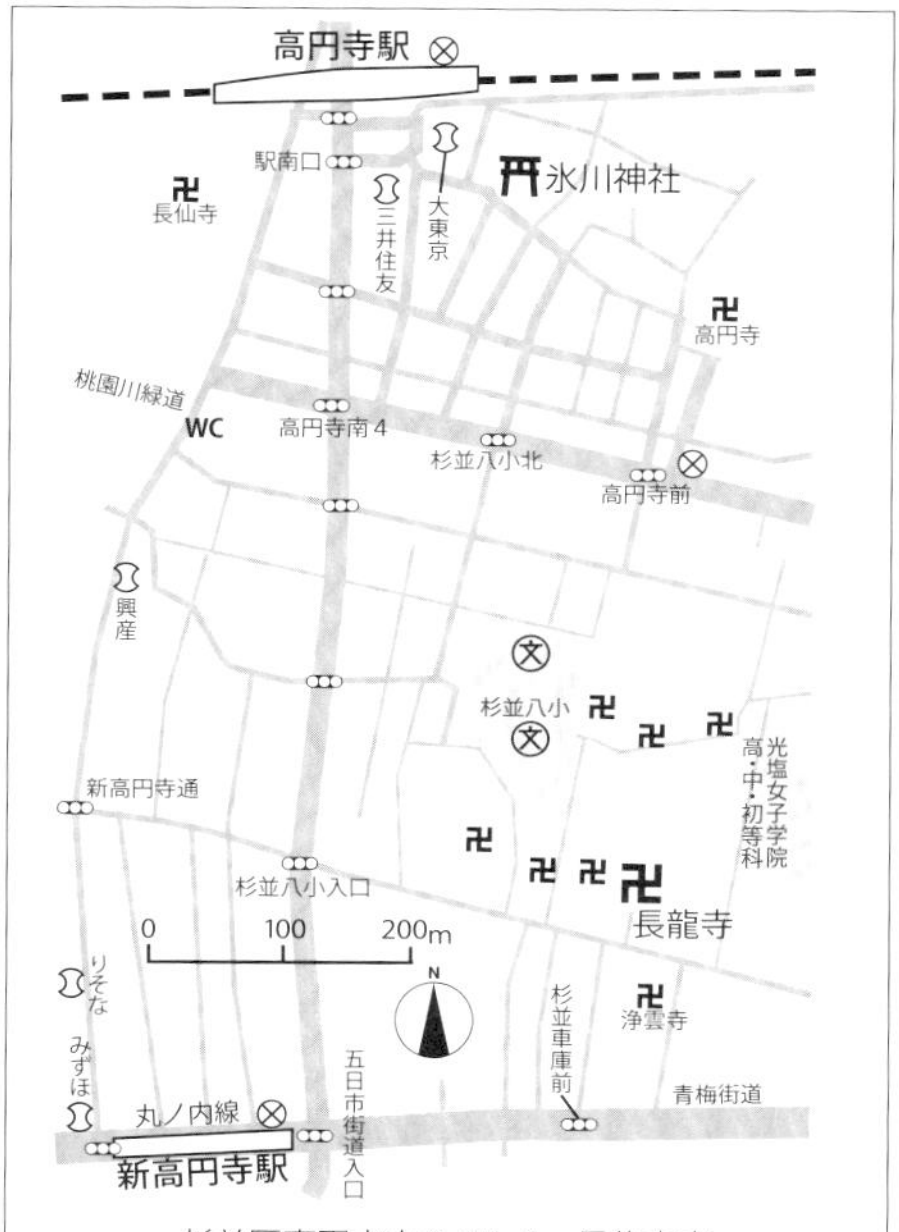

杉並区高円寺南 2-31-2　長龍寺内

するとお坊さんの姿は消え、道に血の付いた石のかけらが落ちていた。血の跡をつけると、長龍寺の門前に立つお地蔵様に辿り着いた。見るとお地蔵様の右耳が欠け、頬に傷があった。

兵吉は深く後悔して出家し、お地蔵様に豆腐を供えて供養したという。それ以後、豆腐屋も大繁盛したそうだ。

【巡拝】東福院近くの蓮乗院「魚籃観音」１０１頁、「三つの於岩稲荷とお岩水かけ観音」３２６頁、長龍寺近くの氷川神社内「気象神社」２４８頁、松応寺「日限地蔵」４１０頁。

杉並区長龍寺の地蔵堂は静かな境内にあるので、参拝にあたっては無断で入らず、ひと声掛けてからにしていただきたい。

文京区

とうがらし地蔵

❖咳・喘息／子育て

共に文京区で「とうがらし地蔵」と呼ばれ、咳の病に御利益があるとされている。今でもとうがらしを食べたりスープを作ったりして、カプサイシン効果により風邪を治す人は多いようだ。

●福聚院《ふくじゅいん》——小石川伝通院《でんつういん》の前にある福聚院大黒天に入ってすぐ左の小さな囲いの中に、とうがらしの赤いレイを掛けたようなお地蔵様が立っている。もちろん、お供え物もとうがらしやタカノツメ。

明治の話だが、とうがらしが好きなお婆さんが持病の喘息に苦しんでおり、医者に止められたにもかかわらずとうがらしを食べ続け、ついに亡くなった。それで近所の人がお婆さんを憐れんでお地蔵様を建立し、とうがらしを供えたということである。地蔵尊の横には「卍《まんじ》せきどめ子育《こそだて》地蔵尊」の看板が掛けてあり、当院の境内は幼稚園になっている。まさに幼稚園の守り神として子どもたちを見守っているようだ。

なお、無断で境内（園内）には入らず、お断りしてから入っていただきたい。

●正行寺《しょうぎょうじ》——向丘一丁目の正行寺境内の小堂にも、とうがらし地蔵が鎮座している。ところがどうもお地蔵様らしく見えない。それもそのはずで、こちらは覚宝院《かくほういん》というお坊さまがモデルだそうだ。しかも別項で紹介した浅草寺の「粂平内《くめのへいない》」（⇩272頁）と同じように、恐ろしい顔をして仁王坐禅を修している様相だ。

解説板によると、元禄十五（一七〇二）年に人々の諸願成就

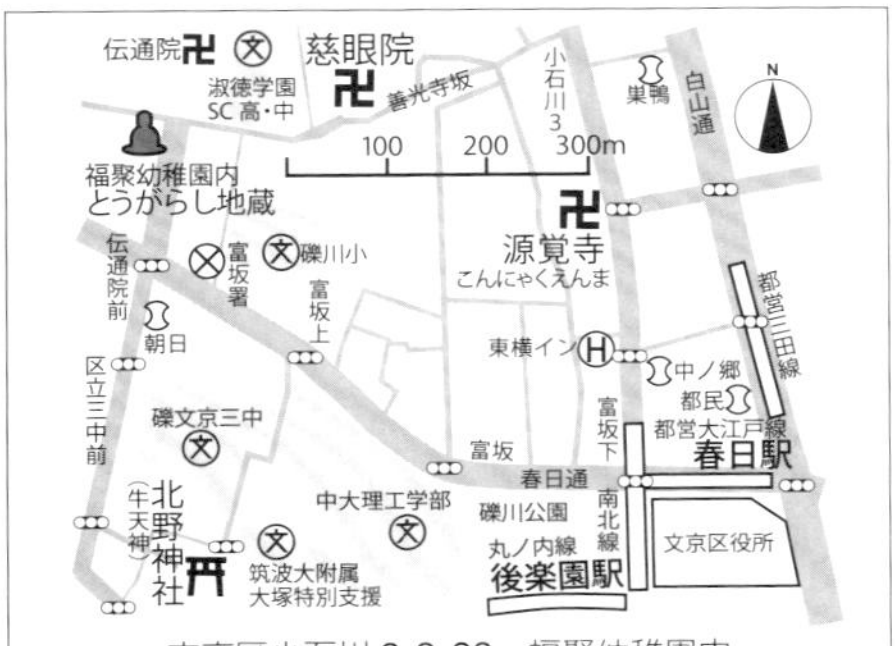

文京区小石川 3-2-23　福聚幼稚園内

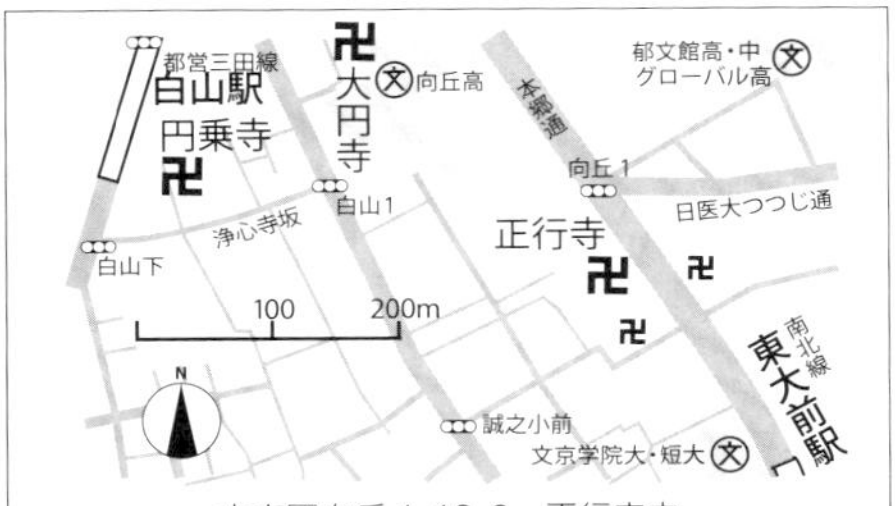

文京区向丘 1-13-6　正行寺内

正行寺の地蔵堂に著者が参拝した時は冬だったので、とうがらし地蔵は赤い毛糸の帽子とマフラーをしていた。

福聚院のとうがらし地蔵は、とうがらしのレイを掛けて子どもたちを見守っている。

を願い、また咳の病を癒すため、自らの座禅姿を石に刻み安置したという。この話は昔から評判だったようで、江戸中期に著された江戸の地誌『江戸砂子』にも書かれているそうだ。

その覚宝院がとうがらし酒を好んでいたということから、人々はこの像に祈念する時には、とうがらしを供えるようになったということである。

しかしその像は空襲で焼失したため、今の像は新たに再造されたものだ。ちなみに、この時とうがらし閻魔も焼失したが、こちらは未だに再造されていない。

【巡拝】福聚院近くの慈眼院「澤蔵司稲荷」362頁。正行寺近くの円乗寺と大円寺「八百屋お七」286頁。

福聚院の地蔵堂は幼稚園内にあるので参拝は必ず声を掛けてから。また園児たちの撮影は控えるのがエチケット。

正行寺の地蔵堂は本堂から少し離れた駐車場にある。

中央区

佃天台地蔵《つくだてんだい》

❖子育て／子どもの水難守護／長寿延命／家内安全

古い佃島《つくだじま》の雰囲気が残る波除《なみよけ》稲荷神社近くの居住地、その隙間に、人ひとりがやっと通れるほどの細い路地があり、その一画に「天台地蔵尊」が祀られている。

しかもそこには、屋根を突き抜けて銀杏《いちょう》の巨木が聳《そび》え立っており、窮屈な境内の一画からは何やら謎めいた石の一部が地面から顔を出している。誠に不思議で神秘的な空間だ。

しかし路地の入口には幟《のぼり》もはためいており、地蔵尊の像は線刻で、とても優しい表情をあらわし、他所者《よそ》を拒む雰囲気は皆無である。とにかくいつ訪れても清掃が行き届き、大切に守られている様子がよくわかる。

地蔵像には「八万四千体《はちまんしせんたい》地蔵」とあり、台東区上野の浄名《じょうみょう》院《いん》にある「妙運《みょううん》の発願《ほつがん》地蔵」との関係も取り沙汰されているが、いわゆる八万四千体といわれる地蔵像の通し番号も見当たらず、土地の人に伺っても詳細は不明だそうだ。

右：参道は非常に狭い。左：手前が屋根を突き抜ける銀杏。

身代わり地蔵

❖身代わり祈願

身代わりになって我が身を助けてくれたという神仏の話は多く、お地蔵様に限ったことではない。だが確かに、お地蔵様は「代受苦《だいじゅく》の菩薩」といわれるように、その神格から地獄の亡者を救ってくれることになっているし、身代わりをお願いするには一番適した神仏といえよう。もっとも、祈願する側にとっては、これほど図々しい御利益はないかもしれない。

墨田区木母寺《もくぼじ》の「身がわり地蔵尊」の解説板には、「つらいこと、苦しいこと、悲しいことが起こった時には、このお地蔵様に訴え「身代わり」をお願いして、あなた自身は元気を取り戻してください」とあり、地蔵尊の真言も記される。港区赤坂の豊川稲荷境内にも「身替《みがわり》地蔵尊」が鎮座する。同じく赤坂の浄土寺《じょうどじ》では、「身代《みがわり》地蔵尊」は子育地蔵尊と並んでいる。

【巡拝】木母寺「梅若塚と妙亀塚」338頁、豊川稲荷境内の「豊川稲荷の末社稲荷たち」372頁、「美喜井稲荷神社の猫神」203頁、「鈴降稲荷」380頁。

墨田区木母寺の「身がわり地蔵尊」。全体的に形が不明瞭になっている（墨田区堤通2-16-1）。

港区豊川稲荷東京別院の「身替地蔵尊」。こぢんまりとして可愛らしい（港区元赤坂1-4-7）。

港区浄土寺の「身代地蔵尊」（向かって左）。右は「子育地蔵尊」。ともにお地蔵様としては代表的な役割を示す尊名で、人々に親しまれている証。道行く人が気軽に挨拶できるよう、門前に立っている（港区赤坂4-3-5）。

幽霊地蔵とくずれ地蔵

❖身代わり／身体各部の痛み／子育て・子安

掲載写真のうち、上は通称光福寺《こうふくじ》の「幽霊地蔵」と呼ばれている。「海から引き上げられた時に、すでにここまで浸食されていた」とか「火災で溶けた」とか、さまざまな説がある。特に、足の部分がほとんど消え入りそうで、まさしく幽霊である。置いてある柄杓《ひしゃく》で水をかけると幽玄さが一段と増すが、本来の尊名は「子安栄《こやすさかえ》地蔵尊」で、子どもの守り神ということだ。

写真下は通称「くずれ地蔵」。目黒区八雲二丁目の氷川《ひかわ》神社の参道入口に鎮座するが、原形を残さないほど崩れている。自分の身体が痛む時、この地蔵の同じ部分を撫でると身代わりになってくれ、痛みが消えるという言い伝えがある。長い間触られたからか、削られたか、あるいは罹災したか、ここまで摩耗した理由は不明だが、いかにも庶民の苦悩を身に受けたごとくである。

【巡拝】光福寺近くの高輪神社「力石」169頁、八雲氷川神社近くの東光寺「鬼」323頁。

幽霊地蔵　港区高輪 3-14-30　光福寺内

港区光福寺の幽霊地蔵。

目黒区八雲氷川神社の参道に立つくずれ地蔵（目黒区八雲2-4-16）。

目黒区

とろけ地蔵

❖悩み解消／癒し

目黒区行人坂《ぎょうにんざか》の途中にある大円寺《だいえんじ》は、見どころ満載のお寺だ。「八百屋お七《しち》」（⇩286頁）と吉三《きちざ》（西運《さいうん》）関係の遺跡や、明和九（一七七二）年にこの寺が火元となって起きた目黒行人坂大火の、一万七千人ともいわれる犠牲者を供養するために彫られた五百羅漢像など。その五百羅漢像を背景に従えて異彩を放っているのが、この「とろけ地蔵」である。

はじめは品川沖で漁師の網に掛かって、この寺に納められたという。港区光福寺《こうふくじ》の「幽霊地蔵」同様、波に浸食され傷んでいた上、前述の大火に遭い、表面を高温に熱せられて、ご覧のように溶けてしまったのだと伝えられている。だから本来は地蔵菩薩であったかどうかもはっきりはしないのだが、写真に見られる頭部の向かって左上の突出部は、おそらく錫杖《しゃくじょう》かと思われる。やがて、このお姿が「悩みを溶かしてくれる」と評判になり、手を合わせる人が増えてきたのであろう。

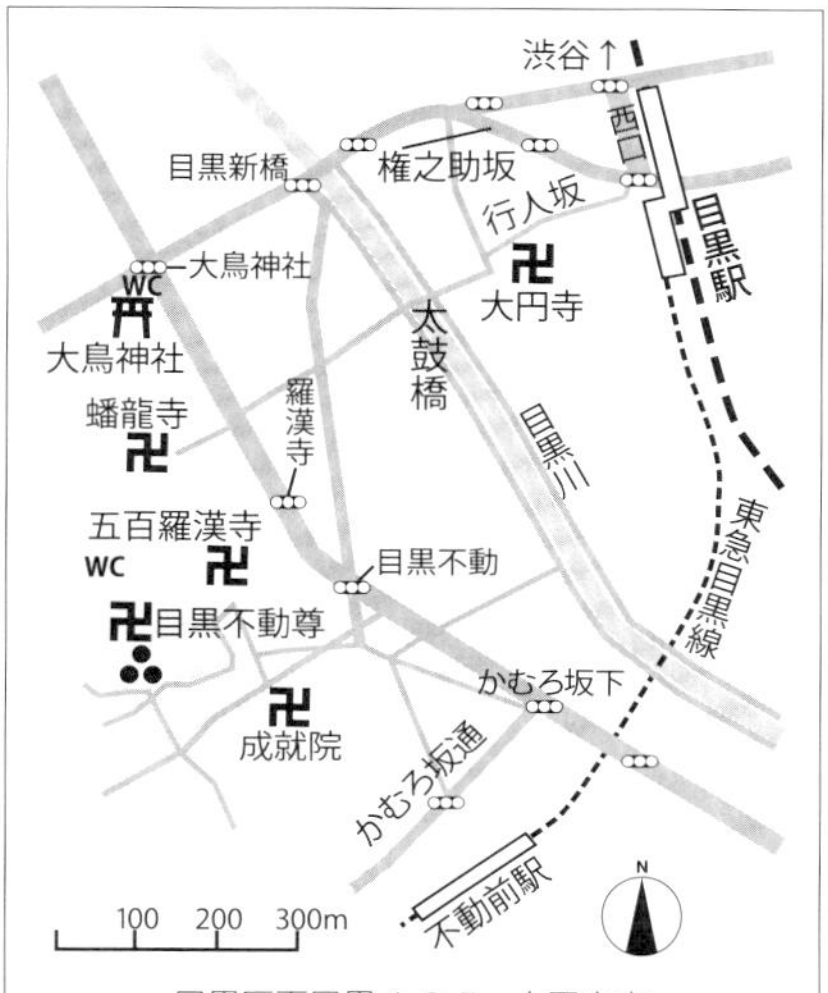

目黒区下目黒 1-8-5　大円寺内

人々のさまざまな悩みを背に受け、その身を溶かしているようなとろけ地蔵。

【巡拝】成就院「蛸薬師」89 頁、目黒不動尊山門前「比翼塚」296 頁、目黒不動尊内「地主神」24 頁、同「天狗」64 頁、同「石の大日如来」93 頁、同「愛染明王」108 頁、同「目黒の滝壺」176 頁、同「目黒不動尊の閻魔王と奪衣婆」316 頁、蟠龍寺「御化粧延命地蔵とおしろい地蔵」399 頁。

背面地蔵《うしろむき》

❖子育て／長寿延命

薬王寺《やくおうじ》は、国際通り、昭和通り、金杉通りが合流し日光街道が始まる地点のすぐ西側にある。表通りからだとちょっと探しにくく、まさにお地蔵様の背面（裏側）に出る。

新しい前立《まえだて》の地蔵尊の背後に失礼ながら踏み込むと、大分傷んでいるが、意外と大きく立派な尊像が立っている。

かつては奥州・日光街道脇の道に向かって立っていたということだが、道筋が変わり新道が尊像の背後を通るようになったため、「背面地蔵《うしろむき》」と呼ばれるようになったのだ。

「それでは都合が悪かろう」と、ある時尊像の向きを変えたのだが、その夜、主僧と石工の夢に同時に神人《じにん》が現れ「何故向きを変えたか」と咎めたため、慌てて元の位置に戻した。

それが「一夜のうちにひとりでに動いたのだ」という話になって四方に伝わり、大変な評判になったという。

【巡拝】浄閑寺「比翼塚」296頁。

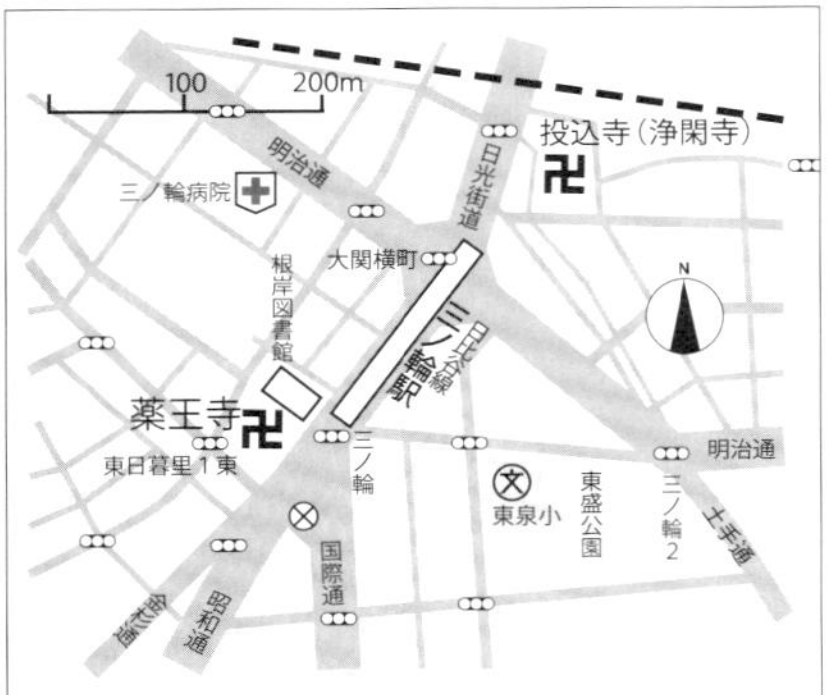

台東区根岸 5-18-5　薬王寺内

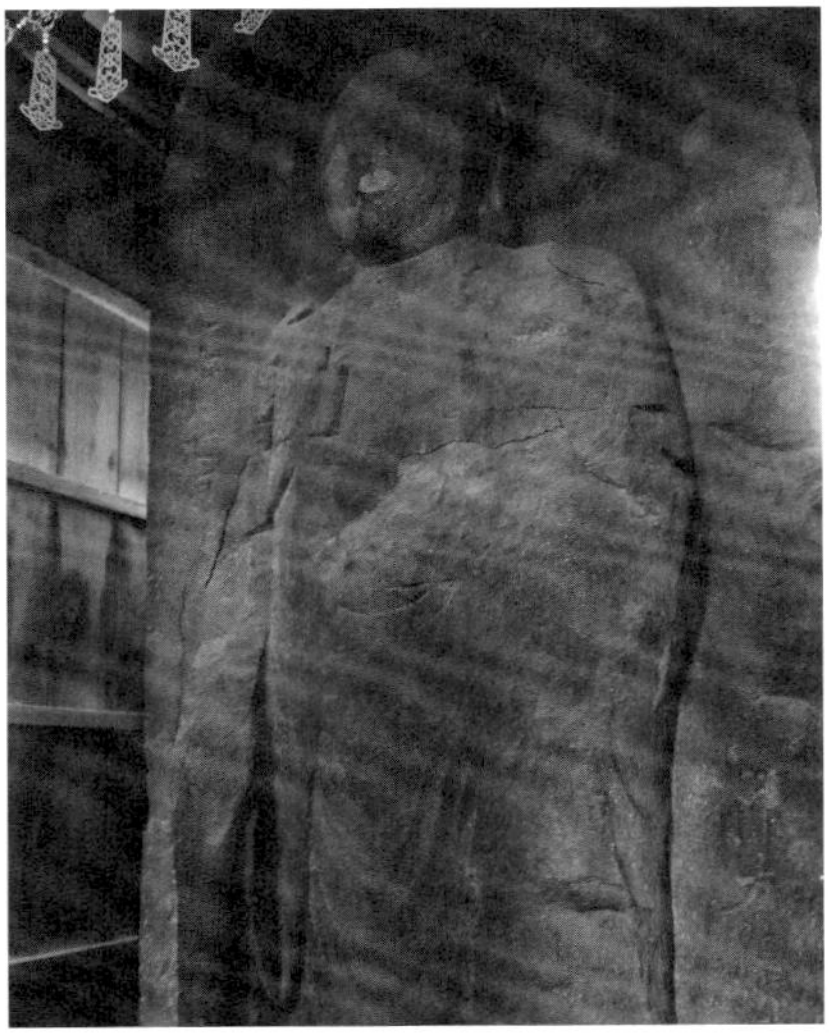

堂内が暗く、新しい前立（右）の方が白くて目立つため、背後の旧尊像（上）には気付きにくい。

墨田区

向島子育て地蔵《むこうじまこそだ》

❖子育て／出産／眼の病

殺人事件を解決したり、隅田川で溺れた人を生き返らせたり、という実績を持つお地蔵さまも珍しい。

「向島子育て地蔵」は、文化年間（一八〇四〜一八）の隅田川堤防改修工事の時に土中から発見されたものだ。その当初は、村の子どもたちが神輿がわりにこの小さなお地蔵様を担いで遊んでいた。地蔵尊は地獄で子どもを救ってくださる仏様だから、もともと子どもとは相性が良いのである。

ところがある日、この地に古くから住む植木屋平作方の雇人夫婦が、田地で殺害されるという事件が起こった。その時このお地蔵さまが村の子どもの口をかりて犯人を告げ、たちまち殺人犯を捕《つか》まえることができたそうだ。

この奇跡に驚いた平作は、この場所に尊像を安置して供養を怠らなかったということで、何と、今でもその末裔ら（現在は七代目）によって地蔵堂が守られている。

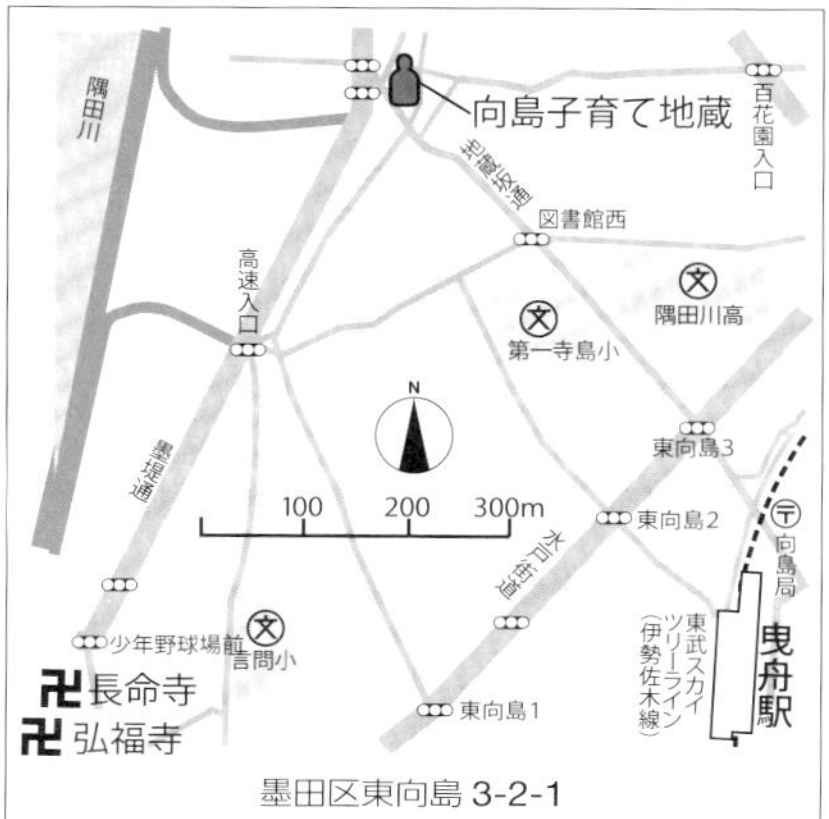

墨田区東向島 3-2-1

いかにも庶民の愛情と歴史が籠もった地蔵堂。子育て地蔵以外にも、境内には多くの地蔵像が集まっている。

【巡拝】「長命寺の男根墓石」137 頁、弘福寺「咳の爺婆尊」158 頁。

成《なる》子《こ》子《こ》育《そだて》地蔵

❖子育て／学業向上／病苦解消／家庭不和解消

ビル街に佇むモダンなコンクリート製の地蔵堂に端正な尊顔の地蔵尊が立っているが、街に溶け込んでいるせいか、行き交う人々は全く気に留めていない。しかしこの「成子子育地蔵尊」には、悲しい話が残っている。

ある百姓の息子が、江戸に奉公に出ていた。盆に帰ってくるということだが、家では彼を迎える支度が何もできない。そこで青梅《おうめ》街道を通る旅人を夕闇に紛れて殺し、財布を奪った。ところがその財布は、かつて自分が息子に持たせた財布だったのだ。百姓は悲しみのあまりに自殺した。そこで村人たちは、この親子の供養のための地蔵を建立したということである。

成子子育地蔵尊は享保十二（一七二七）年の建立だが、江戸時代に一度再興され、さらに昭和二十六（一九五一）年にも地蔵堂は再建されている。平成十四（二〇〇二）年、戦災で焼失した後に新造された。

新宿区西新宿 6-10-3

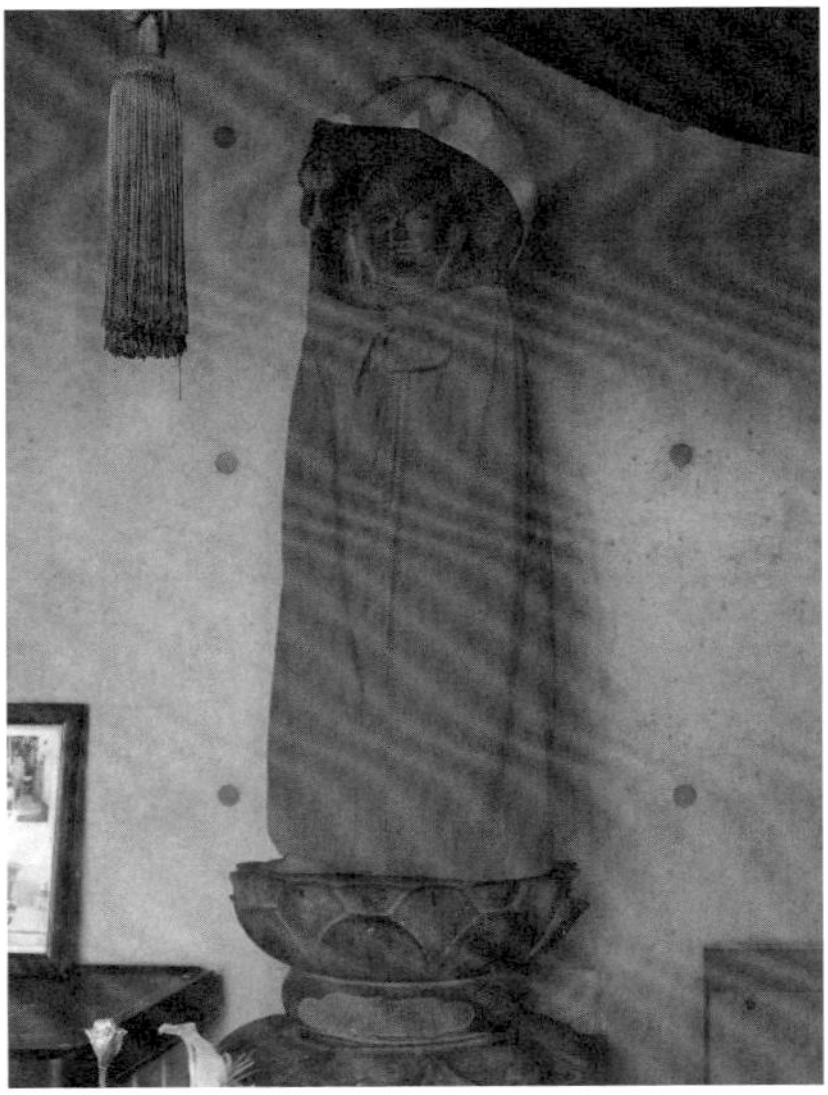

青梅街道に面する地蔵堂は日常に溶け込んでいる。

【巡拝】「淀橋咳止地蔵」左頁、「石棒さま」129 頁。

新宿区

淀橋咳止《せきどめ》地蔵

❖咳止め／喘息／アレルギー

宝永五（一七〇八）年の建立当時は数十メートル東の五叉路に立っていたといい、今も三叉路に立つ。村はずれにあるべきお地蔵様としては、まさに正しい場所＝「辻」に立っているわけである。

ところで宝永五年といえば、富士山が大噴火した翌年にあたる。噴火は約二週間続き、噴煙の高さは上空約二〇キロメートルに至り、大量の降灰（五〜一〇センチ）のため江戸の市中は昼でも暗くなり、燭台の明かりを灯したという。

この降灰は長く江戸市民を苦しめ、強風のたびに細かい塵となって、多数の人々が呼吸器疾患に悩まされた。この「淀橋咳止地蔵尊」は、その頃に建立されたものなのだ。ただし今の尊像は、戦災で焼失した後に再建されたものである。

地蔵堂のすぐ裏には音楽スタジオとライブハウスがあり、今はミュージシャンからの信仰も得ている。

＊地図は右頁参照

新宿区北新宿 2-1-2

村はずれ、町はずれに立つ「おじぞうさん」は、行き交う人々の心を和ませる。

【巡拝】「成子子育地蔵」右頁、「石棒さま」129 頁。

血《ち》之《の》道《みち》地蔵

❖婦人病／生理不順／妊娠・産後の健康／イボ取り

別名「いぼ地蔵」。円明院《えんみょういん》の門前には数体の地蔵像、庚申塔、見事な馬頭観音などが並んでいるが、中でも「血之道地蔵尊」はいちばん小さく、自転車がぶつかっただけでも崩れそうだ。しかし、桃のような宝珠を持ち、優しい笑みをたたえており、いかにも女性の守り神といった表情が印象的だ。

側面には「明治二十五（一八九二）年三月」と彫られている。婦人病に悩んでいた女性が建立したものか、その親族などが女性の供養のために建立したのかは不明だが、今でも霊験灼《あらた》かということで、多くの女性がこのお地蔵様に祈願をされているそうだ。祈願をするには、まず線香を供える。イボ取りの祈願をする場合は、お地蔵様の同じ部分に線香の煙をかける。

境内には、他にも「なで地蔵」や延宝二（一六七四）年建立の「大日如来石像」などもある。

【関連】「庚申さま」66頁、「石の大日如来」93頁、「馬頭観音」96頁。

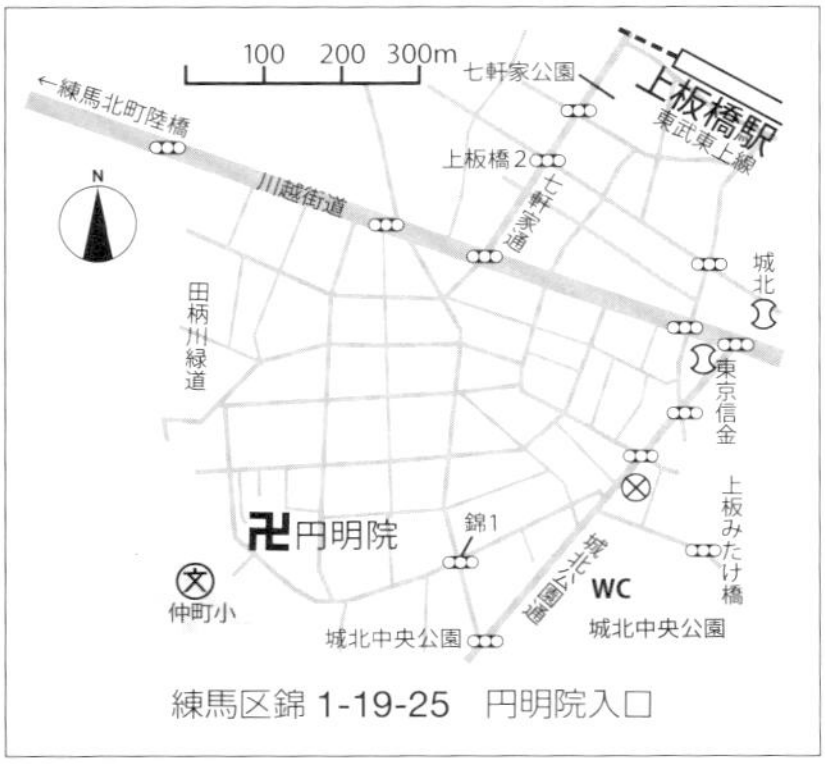

円明院の山門前には多くの石仏が並ぶ。写真左から2番目の小さなおじぞうさんが血之道地蔵。

台東区ほか

勝軍《しょうぐん》（将軍）地蔵

❖武運長久／無駄な争いの回避／火伏せ

「勝軍地蔵」とは、日本独自の戦神《いくさがみ》である。名前の通り地蔵尊なのだが、甲冑を身に着け馬に跨がっている。本源は「愛宕《あたご》権現」（天狗）ともいわれ、鎌倉時代頃に生み出された戦勝祈願の神仏のようだ。とはいえ、必ずしも勝利を祈願するだけではなく、無駄な戦いを回避したいという祈りも込められていた。

台東区安立院《あんりゅういん》の「将軍地蔵尊」は、皇軍将兵の武運長久を祈って昭和十五（一九四〇）年に建立されたもの。摩利支《まりし》天（⇩70頁）のように猪に跨がっており、スピード感（早い勝利と帰還）を期待されたものだろう。

港区の真福寺《しんぷくじ》には、穏やかな表情をして騎乗した「勝軍地蔵」の銅像がある。こちらは昭和九（一九三四）年の造立。

共に時代的には戦前戦中のものだから、軍部の顔色を伺いながらも、戦地へ赴いた兵士の無事と帰還を祈って建立されたものと思われる。

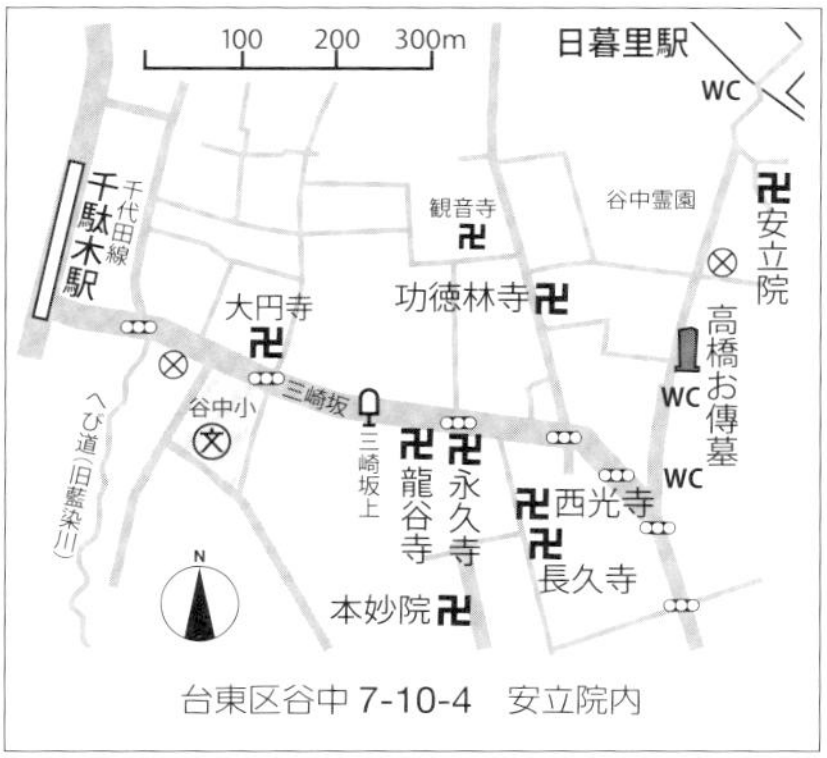

台東区安立院の尊像は猪に跨がっているので、わざわざ「将軍地蔵」と表記しているのだろうか。強そうというより速そうである。

港区真福寺の勝軍地蔵。当寺は智積院東京別院でもある（港区愛宕1-3-8）。

【巡拝】谷中霊園「高橋お傳」288 頁、西光寺「韋駄天」69 頁、長久院「笑い閻魔」319 頁、永久寺「山猫めをと塚」204 頁、「龍谷寺のたんぼとけ」274 頁。

汐見《しおみ》地蔵

❖口中・歯の病

隅田川を挟んだ佃《つくだ》あたりの超高層マンション群をバックに、ひっそりと町の中に残る地蔵堂は、懐かしき庶民信仰を死守する砦のように筆者には見える。

解説板には、「文化四〔一八〇七〕年、富岡八幡宮祭礼日に永代橋の崩落事故が起り二千余名もの犠牲者が出た。その後も大火災、大地震、疫病が江戸一帯を襲い多数の死傷者が出た。明治時代に入りこの地に怪奇現象が起こり川底から一体の石像と多数の人骨、歯牙歯骨が発見された。それで人骨は両国の回向院に、石像と歯牙歯骨はこの地に葬って供養している。歯を病む者が祠前の塩を持ち帰り口中を漱げば痛みが治り、お礼に塩や楊枝を供する習しで霊験あらたかな地蔵尊として篤い信仰を集めている。供養祭毎年八月六日」と書いてある。

具体的な事象は不明だが、やはり浮かばれない人の霊は怪奇現象を起こすらしい。

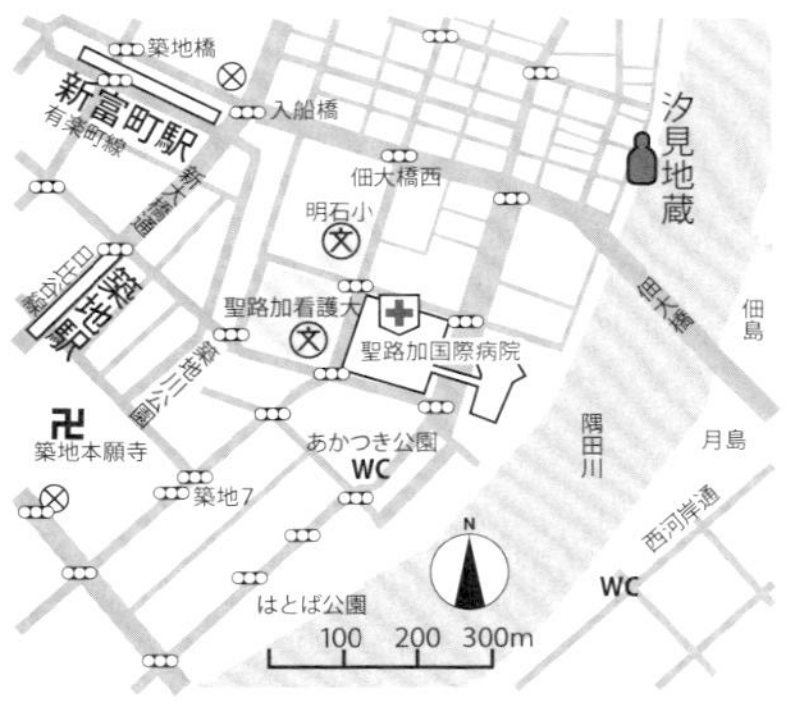

中央区湊 3-18-22

地蔵堂は佃大橋のすぐ北側にある。参拝する時は自動車に注意。

【巡拝】佃島波除稲荷のさし石「力石」168 頁、「佃天台地蔵」418 頁。

墨田区

篠《しの》塚《づか》地蔵

❖安産／子授け

建物の隙間に収まっているお地蔵様。その光景自体が珍しい。歴史は古いらしく、一条天皇の治世（九八六～一〇一一）に恵心《えしん》僧都《そうず》により像刻されたと伝えられる。今のご本尊は木像で、昭和四十三（一九六八）年に造立されたもの。とはいえ、この地に長く鎮座していることは間違いない。

元弘三（一三三三）年、新田義貞が家臣の篠塚《しのづか》五郎《ごろう》政景《まさかげ》に命じてこの地蔵尊を世良田（群馬県）に迎えさせ、見事に北条氏を滅ぼした。そして戦勝後、霊夢に導かれてこの地に安置したのが、「篠塚地蔵」の由来だそうだ。ただしこのように縁起が箔付けされる例は、決して珍しくはない。

地蔵尊は、商店会の人々に非常に大切にされている。地蔵堂のお隣は花屋さんで、安産祈願に訪れる妊婦にサラシをお分けなさっている。この布をお腹に巻くと、どんな難産でも安産にかわるそうである。

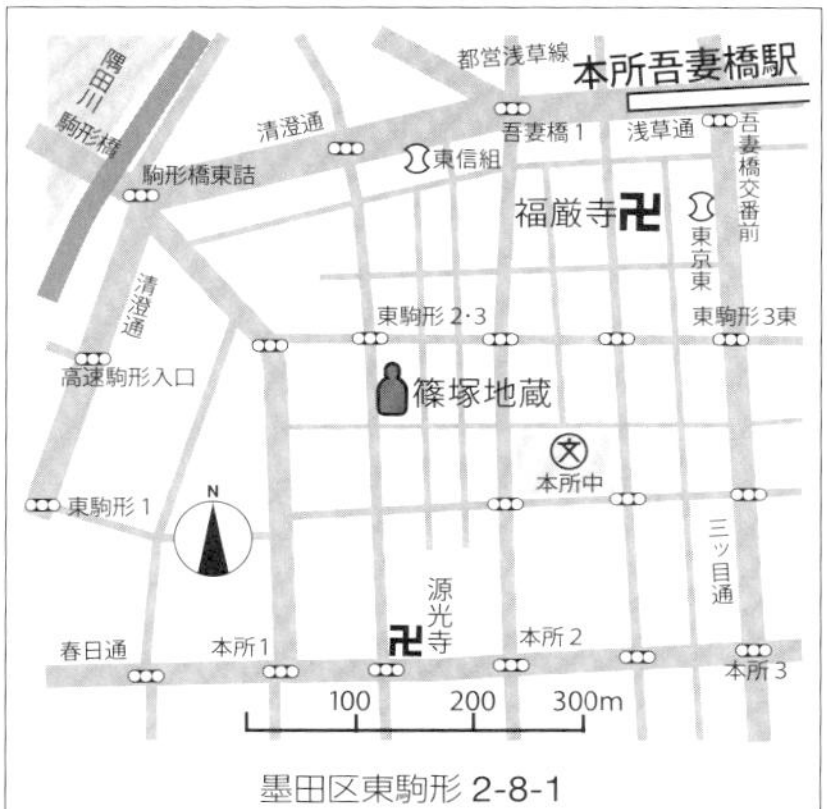

墨田区東駒形 2-8-1

これだけ間口の狭い地蔵堂は珍しい。

【巡拝】福厳寺「夜嵐おきぬ」290 頁。

六地蔵石幢《せきどう》

❖諸願一切

「東京の迷信　六地蔵」（『東京朝日新聞』明治四十〔一九〇七〕年十二月）に、「以前は浅草花川戸の角に在つたが、市区改正の為めに先年公園淡島《あわしま》の池の前に移された、六地蔵を彫《ほっ》た一種の石灯籠に過ぎないが、製作は余程古い物で、鎌田兵衛正清の数文字が微《かす》かに読まれるさうである、花川戸の時代には邪魔ものとして扱はれたものが、昨今に至り願懸《がんかけ》をするものが夥《おびた》だしいので、上覆の鉄網を張《はり》つめてしまつた、番人の婆さん曰《いわ》く〝願は何でもおきゝになります、近頃になつて役者衆や芸者衆が参詣するやうになりました〟」とある。

これは、浅草《せんそう》寺《じ》影向堂《ようごうどう》のほぼ正面近くにある「六地蔵石幢」のこと。一般に「石幢」とは笠塔婆《かさとうば》の竿石《さおいし》を六面（八面もあり）に造り、それに笠石と台石を添えたもの。

浅草寺のものは、各面に地蔵が彫られている。源義朝が参詣した折に、家臣の鎌田正清が奉納したと伝えられている。

＊地図は左頁参照。

台東区浅草 2-3-1　浅草寺内

今は金網で保護されているが、花川戸にあった頃から竿石の文字は剥落して鮮明ではなかったようだ。

【巡拝】浅草寺「淡島様」30 頁、同「金龍山の仁王尊」32 頁、同「龍神・龍王」74 頁、同「迷い子のしるべ石」160 頁、同「大銀杏と逆さ銀杏」240 頁、同「文付け・粂平内」272 頁、同「披官稲荷」365 頁、同「かんかん地蔵」401 頁、同「塩嘗地蔵（銭塚地蔵）」402 頁、鎮護堂「鎮護大使者の狸神」211 頁、「鎮護堂の地蔵尊たち」左頁。

鎮護堂《ちんごどう》の地蔵尊たち

❖リストラ回避／出世／子育て／開運／水子供養

浅草寺《せんそうじ》鎮護堂には狸神《たぬきがみ》が鎮座しているが、多くの地蔵尊も祀ってある。その双壁が「加頭《かとう》地蔵」と「水子《みずこ》地蔵」。他に、出世・子育ての「おやす地蔵」、開運の「目白《めじろ》地蔵」がいらっしゃる。

加頭地蔵は、破損した頭部をつなぎ直したため、このような尊名がつけられた。ちなみに、お隣には「加頭観世音菩薩」もおられる。ともに明治期に、廃仏毀釈《はいぶつきしゃく》の被害に遭われたのかもしれない。いずれにせよ「首がつながった」ということからサラリーマンの信奉を受けているそうだ。仕事で大失態を演じてしまった時などは、思わず拝みたくなる。

石仏地蔵群は横長の祠に並んでいるが、水子地蔵はその向かいにある比較的新しい露天仏だ。「水子地蔵をお祀りするようになったら、参拝の方が増えました」と、先代の堂守《どうもり》の方が筆者につぶやいたのが、印象的だった。

台東区浅草 2-3-12　鎮護堂内

右から加頭観世音菩薩、サラリーマンに人気の加頭地蔵尊、出世・子育のおやす地蔵尊、開運の目白地蔵尊。

最近参拝者が増えたという「水子地蔵尊」。

【巡拝】右頁参照。

日本橋西河岸《にしがし》の地蔵寺《じぞうじ》

❖恋愛成就／延命

こちらのお地蔵様は、祈願すれば日ならずして御利益を授かるということから「日限《ひぎり》地蔵」と呼ばれている。歴史もずいぶん古く、格式も高かったようで、戦災もくぐり抜けている。ただ、この御丈二尺八寸の地蔵尊は行基菩薩の作で、天海《てんかい》僧正の護持仏《ごじぶつ》だった、とまでいわれると、失礼ながら少々首を傾げたくはなる。

当寺には大正から昭和初期に活躍した日本画家の小村雪岱《こむらせったい》が描いた「お千世《ちせ》の図額」があり（本堂に申し出れば見学可）、これが絵馬にもなっている。お千世とは、泉鏡花原作・脚色の戯曲『日本橋』に登場する日本橋（檜物《ひもの》町）芸者。つまり実在の人物ではないのだが、まだ無名だった花柳章太郎がこの地蔵尊に念じてお千世の役を得、名を上げた礼に図額を奉納したのである。

地蔵寺の絵馬掛けにはお千世の絵馬がずらりと並び、良縁を求める人がいかに多いかを物語っている。

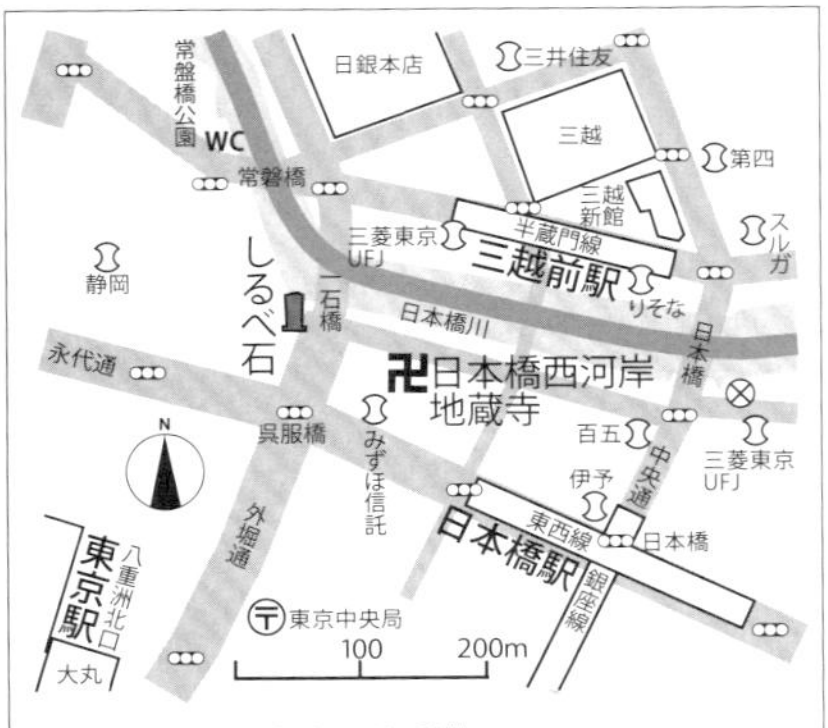

中央区八重洲 1-2-5

奉納絵馬を見る限り、縁結びが御利益になると俄然女性参拝者が増えるようだ。

【巡拝】一石橋「迷い子のしるべ石」160 頁。

旭《あさひ》地蔵（夜泣き地蔵）

❖夜泣き／恋愛成就

この地蔵尊は、寛政十二（一八〇〇）年の建立。今の新宿四丁目、玉川上水脇の旧・旭町に立っていたため、「旭地蔵」と呼ばれている。

円柱状の台座に十八名の戒名が刻まれているが、このうちの七組十四名は心中した男女（遊女と客）の名である。当時心中は御法度《ごはっと》だったが、人々は彼ら情死した男女を憐れみ、供養したのだ。明治十二（一八七九）年に成覚寺《じょうかくじ》に移されたが、その移転記念碑には「娼妓中」「茶屋中」「芸妓中」などの寄進講中名が見える。内藤新宿は江戸市中に近く、本来の宿場としてより、飯盛女《めしもりおんな》（女郎）を置く色街としての存在価値が高かったためだろうか。

同じ境内には、「子供合埋《ごうまい》碑」（子供とは女郎のこと）と刻まれた飯盛女の供養碑や、鈴木主水《もんど》と橋本屋の飯盛女白糸《しらいと》との悲話（フィクションらしい）に基づいた「白糸塚」などもある。

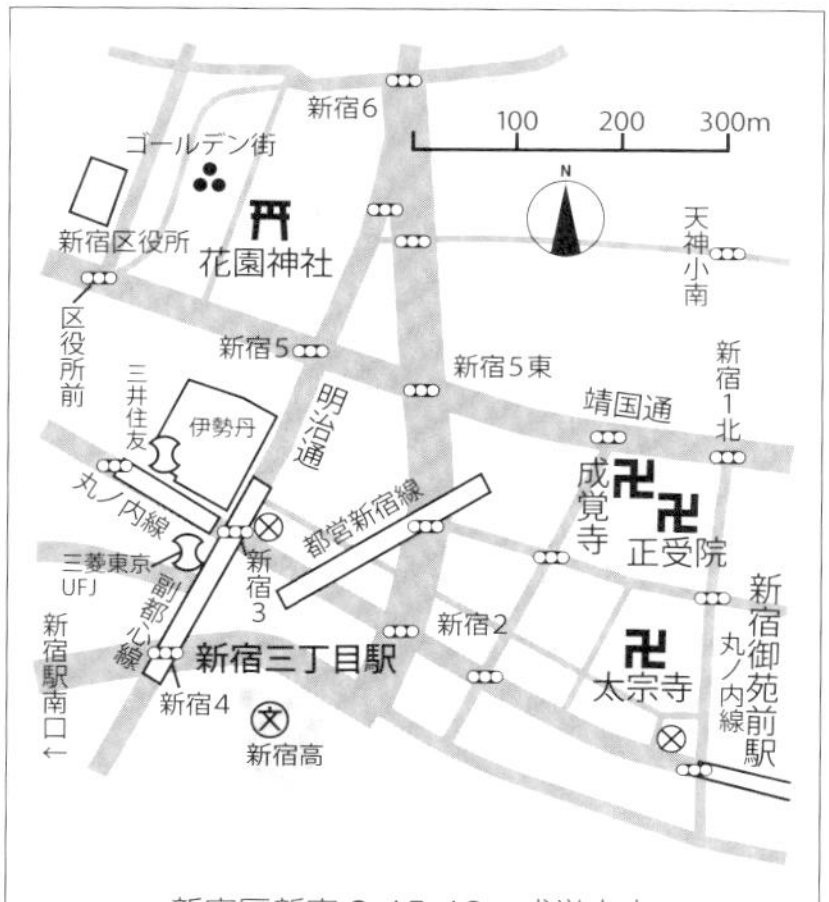

新宿区新宿 2-15-18　成覚寺内

境内は広くないが丹念に歩くと見応えがある。

【巡拝】花園神社「芸能浅間神社」60 頁、同「威徳稲荷大明神」142 頁、正受院「千手観音」95 頁、同「正受院の奪衣婆」312 頁、太宗寺「太宗寺の閻魔王と奪衣婆」314 頁、同「塩地蔵と塩かけ地蔵」404 頁、同「江戸六地蔵」434 頁。

江戸六地蔵

❖難病克服／諸病／性病

江戸へ通じる各街道口で、出入りする旅人を見守っている。深川の地蔵坊正元《じぞうぼうしょうげん》が宝永三（一七〇六）年に造立の発願《ほつがん》をし、享保五（一七二〇）年に至る十五年間に、六体の地蔵尊を建立した。

正元は幼少より、成長もおぼつかないほどの病身だった。それで両親は「自分たちの身に替えても」と地蔵を信仰したのだが、正元自らも、「世の人々のために」と地蔵信仰を広めた。その結果、正元は難病から本復《ほんぷく》した。

その後正元は、江戸中を勧請して歩き、江戸の出入口にこの六地蔵を納めた。そして、いずこともなく姿を消したということである。

地蔵の天衣や台座には、寄進者七万二千名以上の名がびっしりと刻まれている。

●第一番・品川寺《ほんせんじ》——宝永五（一七〇八）年九月の開眼。品川宿の南はずれ、青物横丁駅の近くにあり、旧東海道沿いにあたる。

●第二番・東禅寺《とうぜんじ》——宝永七（一七一〇）年開眼。日光・奥州街道の出入口、今の吉野通り近くにある。水害で移動しており、かつては新吉原の近くにいらっしゃった。

●第三番・太宗寺《たいそうじ》——正徳二（一七一二）年開眼。甲州街道内藤新宿にある。頭上の笠が付近に火事があると落下することから、「瘡《かさ》（梅毒のできもの）が落ちる」として、性病患者や遊女の信奉を得た。

●第四番・真性寺《しんしょうじ》——正徳四（一七一四）年開眼。巣鴨の地蔵通り（旧中山道）入口から見える。

●第五番・霊巌寺《れいがんじ》——享保二（一七一七）年開眼。今は清洲橋通りの近くにあるが、むしろ地蔵坊正元の出生地近くといった方が良いだろう。像は外からは見えず、境内の中にある。

●第六番・永代寺《えいたいじ》——享保五（一七二〇）年開眼。やはり地蔵坊正元の出生地近くの富岡八幡宮の裏にあったが、現存しない。

●第六番代仏・浄名院《じょうみょういん》——永代寺六番の代仏として、明治三十九（一九〇六）年開眼。

第三番　新宿区太宗寺（新宿区新宿2-9-2）。

第二番　台東区東禅寺（台東区東浅草2-12-13）。

第一番　品川区品川寺（品川区南品川3-5-17）。

第六番代仏　台東区浄名院（台東区上野桜木2-6-4）。

第五番　江東区霊巌寺（江東区白河1-3-32）。

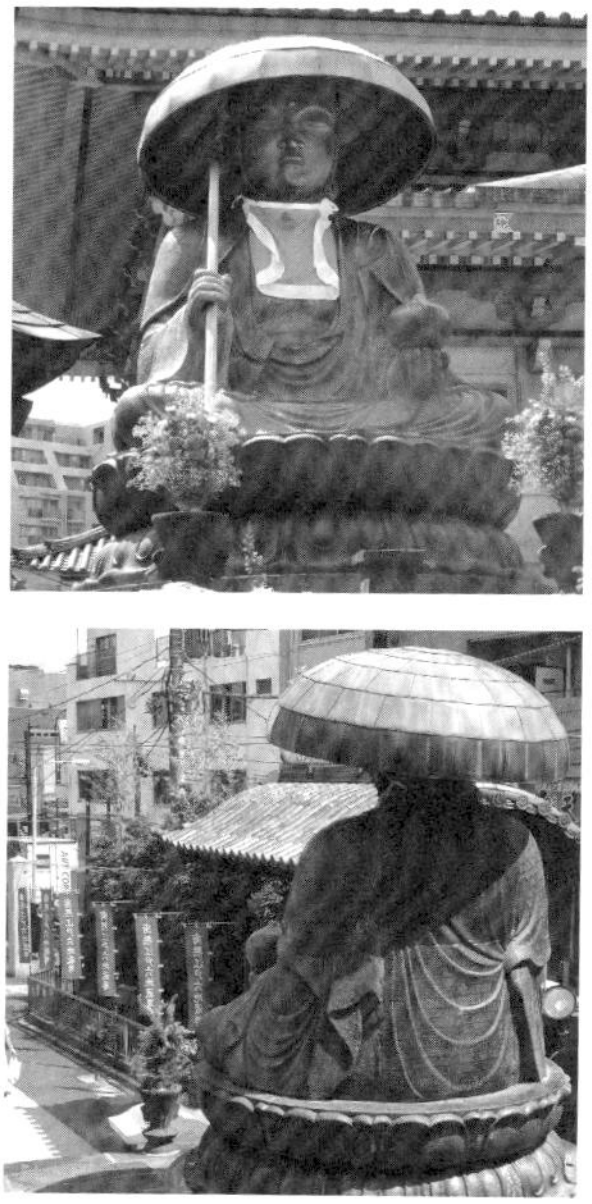

第四番　豊島区真性寺（豊島区巣鴨3-21-21）。

災《わざわい》除《よけ》地蔵

❖災除／延命／子育

芝公園ザ・プリンス パークタワーの向かいに道路を挟んで鎮座し、排気ガスを浴びている。妙定院《みょうじょういん》の塀が凹状にくぼんだ部分にわざわざお出ましくださり、通行人と直接対面なさっている。塀にはめ込まれた解説板には、「延命・子育・災除地蔵尊は、〔…〕戦災に遭うまで、木像丈六の大像で本院境内の地蔵堂に祀られ、霊験あらたかで、災除・安全・延命・子育を祈る善男善女の参拝が絶えなかった。大戦後、その消失を惜しむ声多く、唯一焼け残った同地蔵尊の守護札版木をもとに石像として再建立され、境内別所にあったものを、台座の改築を経て、より多くの方々にそのご加護あらんと、此地に遷座されたものである。往来の道すがら、合掌され、地蔵尊のお慈悲に触れられんことを願うものである。」とある。

ちなみに、向かいの丸山《まるやま》古墳の中腹には「円山随身稲荷《まるやまずいしん》」が鎮座する。

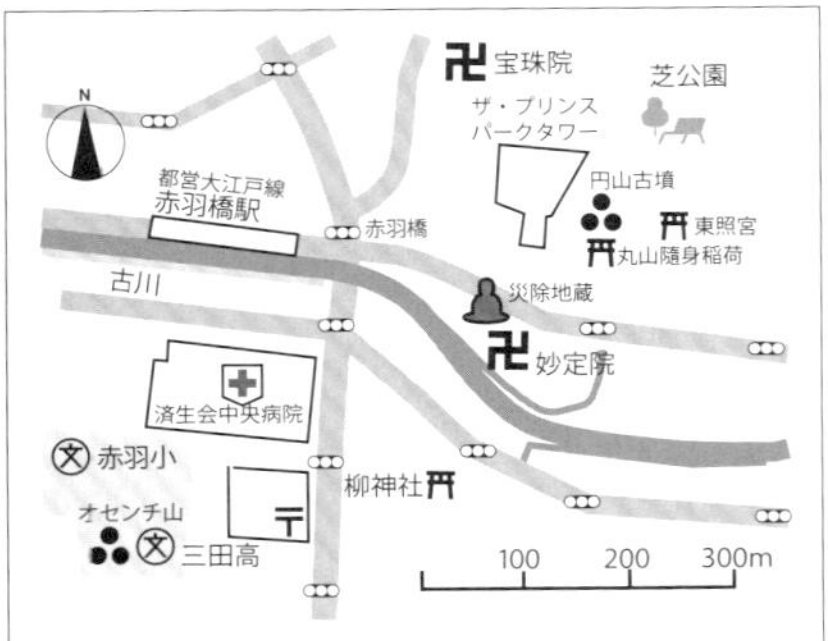

港区芝公園 4-9-8　妙定院脇

歩道に面しているので通りすがりに一礼しておくと安心かもしれない。

【巡拝】「お蛇さま」220頁、心光院「お竹大日如来」252頁。

世田谷区

いぼとり地蔵

❖イボ／癌／腫瘍／病気平癒

常在寺《じょうざいじ》西側の駐車場脇にある小さな祠におられる地蔵尊（元は寺から少々離れた路傍にいらしたが、二〇一三年に移転）。イボ（腫瘍）を治してくれる地蔵として親しまれている。寛延四（一七五二）年、弦巻《つるまき》村の女性二十一人が浄財を出し合って造立した。昭和になっても旧家の人々が清掃や供花をおこない、令和においても地元の有志によって守られ、遠方からも祈願に来る。

祈念するには、地蔵の台座前にある丸い小石を借りて、病んでいる箇所に撫で付けると、イボが取れるという。全快後は借りた小石を倍にして返す。筆者も試しに小石を借りて頭にできたイボを撫でていたら、ある日見事に取れた。その後不注意から小石を床に落としたところ、真っ二つに割れた。地蔵尊の御利益であろうか、誠に不思議なことである。もちろん、別の丸石を二つお返しした。

常在寺には、常磐《ときわ》姫に縁の深い井戸と鬼子母神像もある。

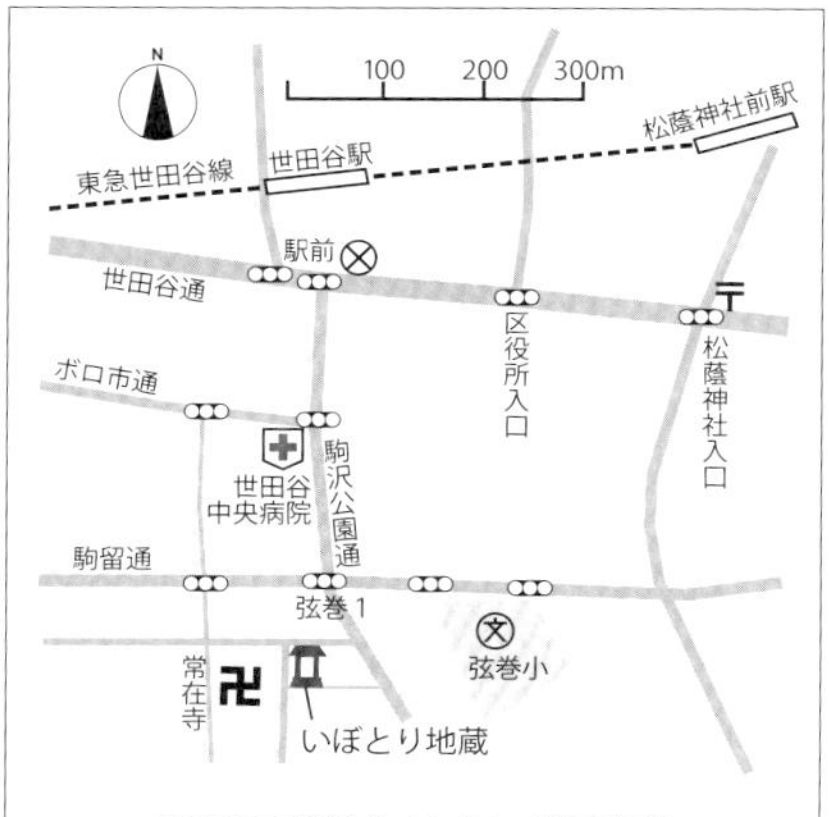

世田谷区弦巻 1-41-14　常在寺脇

手前に置いてある丸石をお借りして、イボが取れたあかつきには倍返しする。

【関連】「常磐塚」302 頁。

ぽっくり地蔵

❖安楽な突然死

都内には「ぽっくり」「ピンピンコロリ」系の寺社や神仏があまりないので紹介しておこう。たまたま地域のご老人が「安楽に、後の悩みなく死にたいものだ」と祈念するとその願いが叶った、といったようなことがあったのだろう、故にこの通称が付いたと考えられる。「延命地蔵大菩薩」が正式な尊名だ。

道路を挟んだ向かいのお宅が世話をしているそうだが、供養は大分離れた板橋区仲町の寺院が執りおこなっているという。

この地蔵尊のすぐ向かいの並び（南西王子駅方向）にも地蔵堂があり、三体の地蔵尊が祀られている。さらに、延命地蔵の真南、直線約二〇〇メートル地点には下道《しもみち》地蔵堂があり、何と十八体の地蔵尊（その内の数体は聖観音菩薩だが）が祀られている。周辺に寺院があったというわけでもなさそうで、じつに石仏が多い地区である。これは周辺が団地造成や大規模施設、堤防工事などで開発され、地域の地蔵が集められたからだろう。

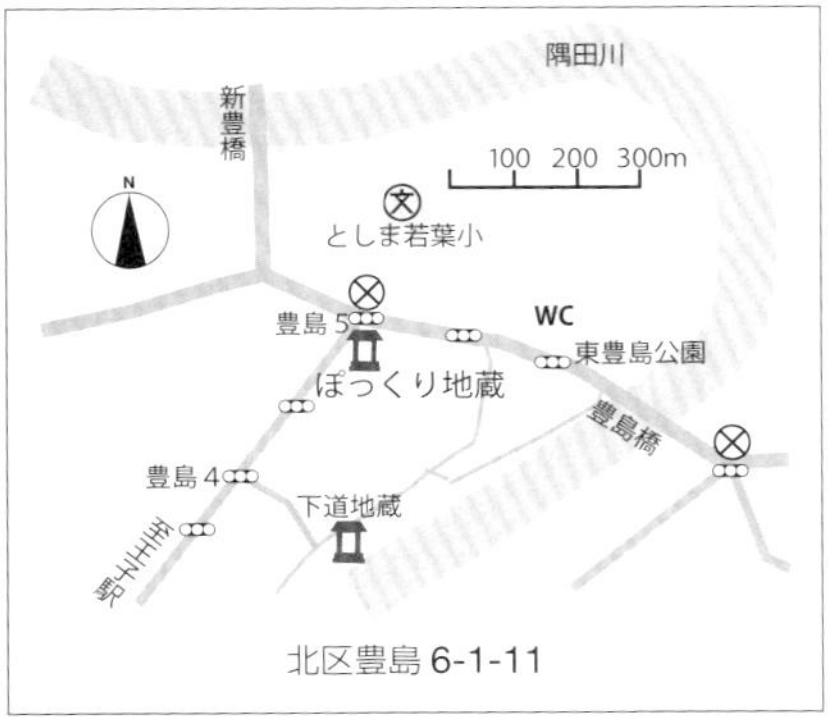

見た目はごく普通の地蔵尊だが、御利益を知るとどうしても手を合わせたくなる。

下道地蔵群。

葛飾区

蕎麦地蔵《そば》

❖難病平癒

葛飾区柴又の薬王山《やくおうさん》医王寺《いおうじ》にある「蕎麦地蔵」。サイト「そば用語事典／そば地蔵」（一部wikipedia「医王寺」も参照）によると、室町時代の僧（源珍、後に医王寺住職となる）が、高野山の本堂復興の勧進で四国遍路をしていて病（脚気）に罹った。その際村人から恵比寿像とそば粉をもらったところ、病が癒えて修行を満願できた。後にそばの効用を説いたと伝わることから、昭和になって東京の麺類組合が蕎麦地蔵尊を安置したという。「当時はそば屋の参詣も多かったようだが、今は柴又七福神巡りの恵比寿天の方が地元では知られていて、そば地蔵はひっそりとたたずんではいるがそば寺の面影がないのが残念である」とある。

地蔵尊は、源珍に似ているともいわれる。彼は各地の農民に蕎麦の栽培を勧め、商人にも蕎麦の流通を勧めたという。故に当寺は「蕎麦寺」と呼ばれるようになった。地蔵尊の前には五段の盛り蕎麦が置かれ、蕎麦店の信仰を集めている。

葛飾区柴又 5-13-6　医王寺内

蕎麦店が結成した「えびす講」が盛んで、そのことから医王寺は、柴又七福神・えびす天の札所にもなっている。

【関連】「蕎麦喰地蔵」413 頁。

荒川区

小塚原《こづかっぱら》の首地蔵

❖暮らしの安寧

JR常磐線で日暮里から南千住に向かうと、駅のすぐ手前で車窓から見える地蔵尊の座像である。高さは約三・六メートル。

この尊像は、二十数個の花崗岩を組み合わせて造られている。二〇一一年の東日本大震災で一部が破損したりズレが生じてしまったが、現在は修復されている。

この地蔵尊が別名「骨《こつ》地蔵」とも呼ばれていたのも、日光街道までのわずか五〇〇メートルほどを「コツ通り」と呼ぶのも、この地が荒野（コツガハラとも呼ばれた空き地）だった頃、ここ小塚原刑場で処刑され無縁となった遺骸が棄てられていたからだ。

小塚原の名の由来だが、もともと三ノ輪辺りからこの辺りまでは荒野だったが、小さな塚が四十八もあったそうで、それゆえ小塚原あるいは観音原と呼ばれていたそうだ。そこにこの地蔵尊が建てられたのは寛保元（一七四一）年で、現在は荒川区の指定有形文化財となっている。

かつてここは小塚原回向院の境内の一部だったが、一九八二年に回向院から分院独立して、延命寺《えんめいじ》となった。

ちなみに東京には回向院が二箇所、小塚原と墨田区両国にある。両国のほうが古く、明暦三（一六五七）年の明暦の大火の焼死者十万八千人を徳川家綱の命によって葬ったことがはじまりだ。小塚原のほうはその別院だった。

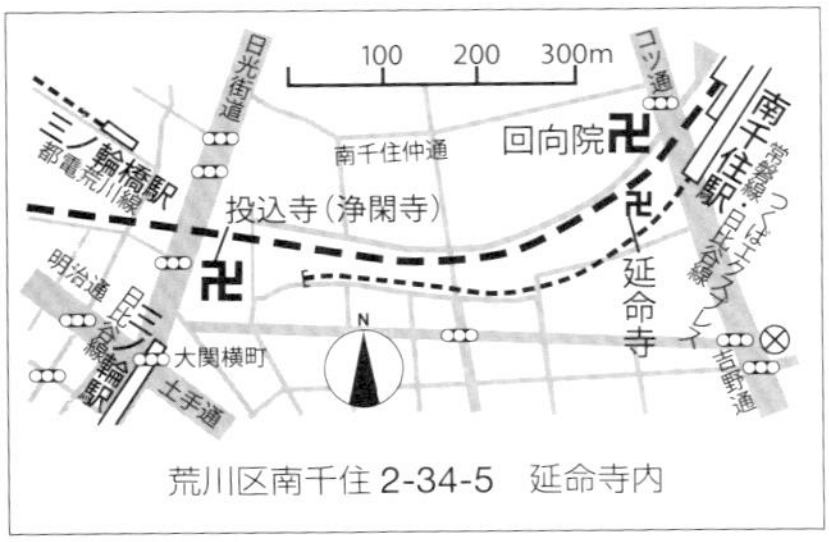

人と比べると像の大きさが分かる。

【巡拝】「鼠小僧次郎吉」282頁、「高橋お傳」288頁。

参考文献

【本書全体に関わるもの】

東京朝日新聞「東京の迷信」（百回連載。明治四十年十一月三日～明治四十一年二月十六日）一九〇八年

渡邊綱也・西尾光一校注『日本古典文學大系27 宇治拾遺物語』岩波書店 一九六〇年

高取正夫・橋本峰雄『宗教以前』NHKブックス 一九六八年

斎藤月岑著、金子光晴校訂『武江年表』（1・2）東洋文庫・平凡社 一九六八年

石塚尊俊『日本の憑きもの 俗信は今も生きている』未来社 一九七二年復刊

吉田禎吾『日本の憑きもの』中公新書 一九七二年

萬壽亭正二著、大島建彦編『江戸神佛願懸重寳記』国書刊行会 一九八七年（原文は江戸後期）

速水侑『呪術宗教の世界』はなわ新書 一九八七年

喜田貞吉編『憑物』宝文館出版 一九八八年

根岸鎮衛・長谷川強校注『耳嚢』（上・中）岩波文庫 一九九一年（原文は江戸中～後期）

神崎宣武『神さま・仏さま・ご先祖さま』小学館 一九九五年

市古夏生・鈴木健一校訂『新訂 江戸名所図会』（全六巻＋別巻）ちくま学芸文庫 一九九六年

蘆田伊人校訂、根本誠二補訂『大日本地誌大系 新編武蔵風土記稿』（全十二巻＋索引）雄山閣 一九九六年

塩見鮮一郎『江戸東京を歩く 宿場』三一書房 一九九八年

池上洵一編『今昔物語 本朝部（上）』岩波文庫 二〇〇一年

日本石仏協会編『江戸・東京 石仏ウォーキング』ごま書房 二〇〇三年

外山晴彦・「サライ」編集部編『野仏の見方』小学館 二〇〇三年

鈴木理生『江戸の町は骨だらけ』ちくま学芸文庫 二〇〇四年

宮田登『宮田登 日本を語る4 俗信の世界』吉川弘文館 二〇〇六年

宮田登『宮田登 日本を語る9 都市の民俗学』吉川弘文館 二〇〇六年

五来重『五来重著作集第一巻 日本仏教民俗学の構築』法蔵館 二〇〇七年

五来重『石の宗教』講談社学術文庫 二〇〇七年

宮本袈裟雄『里修験の研究』（正・続）岩田書院 二〇一〇年

古賀牧人『石に刻まれた江戸・武蔵』けやき出版 二〇一二年

長沢利明『江戸東京の庶民信仰』三弥井書店 一九九六年

神崎宣武『社をもたない神々』角川選書 二〇一九年

【第一章】
窪徳忠『庚申信仰』山川出版社　一九五六年
芦田英一『道祖の神々』池田書店　一九六三年
平野実『庚申信仰』角川選書　一九六九年
高田衛『江戸の悪霊祓い師』筑摩書房　一九九一年
長沢利明『東京の民間信仰』三弥井書店　一九八九年
鈴木健一「福神と貧乏神」（『季刊 悠久 第六十四号』桜楓社、一九九六年）
松谷みよ子『現代民話考1　河童・天狗・神かくし』ちくま文庫　二〇〇三年
知切光歳『天狗の研究』原書房　二〇〇四年
笹間良彦『新装版 弁才天信仰と俗信』雄山閣　二〇一七年

【第二章】
木村小舟『日本仏像図説』日本仏像図説刊行会　一九五二年
市川智康『仏さまの履歴書』水書坊　一九七九年
飯島吉晴『竈神と厠神』人文書院　一九八六年

【第三章】
芦田英一『道祖の神々』池田書店　一九六三年
伊藤堅吉『俗信芸術』図譜新社　一九六七年（第二刷）
佐藤哲郎『性器信仰の系譜』三一書房　一九九五年
倉石あつ子、小松和彦、宮田登『人生儀礼事典』小学館　二〇〇〇年

【第四章】
大島建彦『民俗伝承の現在』三弥井書店　二〇一一年
有坂蓉子『富士塚ゆる散歩』講談社　二〇一二年
竹谷靱負『富士山文化』祥伝社新書　二〇一三年

【第五章】
網野宥俊『浅草寺史談抄』金龍山浅草寺　一九六二年
矢田挿雲『江戸から東京へ（六）　向島・深川（上）』中公文庫　一九七五年
大島建彦編『河童』岩崎美術社　一九八八年
長沢利明『東京の民間信仰』三弥井書店　一九八九年
中村禎里『狸とその世界』朝日選書　一九九〇年
佐賀純一『歓喜天の謎』図書出版社　一九九二年
中村禎里『狐の日本史』（古代・中世篇、近世・近代篇）日本エディタースクール出版部　二〇〇一、二〇〇三年
松谷みよ子『現代民話考1　河童・天狗・神かくし』ちくま文庫　二〇〇三年
笹間良彦『新装版 歓喜天信仰と俗信』雄山閣　二〇一七年

【第六章】
遠藤達蔵編集発行『史蹟　将門塚の記』史蹟将門塚保存会
矢田挿雲『江戸から東京へ（一）　麹町・神田・日本橋・京橋・本郷・下谷』中公文庫　一九七五年
矢田挿雲『江戸から東京へ（二）　浅草（上）』中公文庫　一九七五年
梶原正昭訳注『将門記』（1・2）東洋文庫・平凡社　一九七五年、

一九七六年
平野威馬雄『平賀源内の生涯』ちくま文庫・筑摩書房　一九八九年
人見輝人『伝説 常磐塚 世田谷城悲話』常磐塚保存会　一九九六年
北山茂夫『平将門』講談社学術文庫　二〇〇五年
有坂蓉子『富士塚ゆる散歩』講談社　二〇一二年
竹谷靱負『富士山文化』祥伝社新書　二〇一三年

【第七章】

『絵で見る 地獄と極楽』深川ゑんま堂　千葉県三芳村延命寺所蔵、宋庵絵　一七八四年（天明年間）の原画による
三遊亭円朝『円朝 怪談集』筑摩叢書　一九五二年
矢田挿雲『江戸から東京へ（二）浅草（上）』中公文庫　一九七五年
矢田挿雲『江戸から東京へ（六）向島・深川（上）』中公文庫　一九七五年
高田衛『江戸の悪霊祓い師』筑摩書房　一九九一年
川村邦光『地獄めぐり』ちくま新書・筑摩書房　二〇〇〇年
松崎憲三『地蔵と閻魔・奪衣婆　現世・来世を見守る仏』慶友社　二〇一二年

【第八章】

中村直勝ほか『お稲荷さん』あすなろ社　一九七六年
近藤喜博『稲荷信仰』はなわ新書・塙書房　一九七八年

【第九章】

三吉朋十『武蔵野の地蔵尊（都内編）』有峰書店　一九七二年
矢田挿雲『江戸から東京へ（五）本所（下）』中公文庫　一九七五年
速水侑『地蔵信仰』はなわ新書　一九七五年

【地域文化施設案内書】

東京都足立区役所編集発行『足立の今昔』一九七九年
元足立区郷土資料調査員 加藤敏夫『足立百の語り伝え』足立区教育委員会　一九九一年新装版
元足立区郷土資料調査員 加藤敏夫『続・足立の語り伝え 六十六話』足立区教育委員会　一九九一年新装版
岡部喜丸『東京史跡ガイド1　千代田区史跡散歩』学生社　一九九二年
金山正好、金山るみ『東京史跡ガイド2　中央区史跡散歩』学生社　一九九三年
松本和也『東京史跡ガイド6　台東区史跡散歩』学生社　一九九二年
山本和夫『東京史跡ガイド10　目黒区史跡散歩』学生社　一九九二年
入本英太郎、橋本直子『東京史跡ガイド22　葛飾区史跡散歩』学生社　一九九三年
東京都北区立郷土資料館編『北区の昔よもやまばなし』東京都北区教育委員会　一九九四年
金龍山浅草寺編『図説 浅草寺 今むかし』東京美術　一九九六年
新宿歴史博物館編『ガイドブック 新宿区の文化財　史蹟』（東部編、西部編）新宿歴史博物館　一九九七年、一九九八年
安本直弘『改訂 四谷散歩』四谷歴史研究会・みくに書房

一九九八年
すみだ郷土歴史文化資料館編『隅田川の伝説と歴史』東京堂出版 二〇〇〇年
新宿歴史博物館編『ガイドブック 新宿区の文化財 石像品編』新宿歴史博物館 二〇〇〇年
江東区教育委員会『江東区の民俗』（城東編、深川編）江東区教育委員会 二〇〇一年、二〇〇二年
江東区政策経営部広報広聴課編『増補 史跡をたずねて 第四版』江東区 二〇〇七年
新宿歴史博物館編『新宿文化財ガイド』新宿歴史博物館 二〇〇七年（第3版）
荒川区教育委員会 荒川区立荒川ふるさと文化館編『あらかわ今昔ものがたり』荒川教育委員会 二〇〇九年
ヒューマン・クリエイティブ『隅田川を遡る 橋梁物語』揺籃社 二〇一〇年
新宿歴史博物館編『ガイドブック 新宿区の文化財 伝説・伝承』新宿未来創造財団 新宿歴史博物館 二〇一一年
練馬区立 石神井公園 ふるさと文化館『ねりまの昔ばなし』二〇一一年新装改訂
目黒区めぐろ歴史資料館編『めぐろの歴史と文化』目黒区めぐろ歴史資料館 二〇一四年
目黒区教育委員会事務局生涯学習課文化財係編『めぐろの文化財』目黒区教育委員会 二〇一五年増補改訂版Ⅲ

【拙著】

『妖術・飯縄の法とクダ狐、霊狐と天狗の合体大魔神 スキャンダラスな神々』龍鳳書房 二〇〇六年
『八百万のカミサマがついている！ 日本人・その豊穣なる心情史』志學社 二〇〇八年
『絵解き・謎解き 日本の神仏 あなたを護る神さま・仏さまが見つかる本』彩流社 二〇一〇年
東京発掘散歩シリーズ『東京「消えた山」発掘散歩 都区内の名（迷）山と埋もれた歴史』言視舎 二〇一二年
東京発掘散歩シリーズ『東京の「年輪」発掘散歩 旧街道ごとにたどる大都市の「境界」』言視舎 二〇一三年
「異界」発掘散歩『東京の「怪道」をゆく 遊郭の変遷、隅田川周辺、七不思議や妖怪伝説』言視舎 二〇一四年
『「第六天」はなぜ消えたのか 東京謎の神社探索ガイド』言視舎 二〇一七年

【電子書籍】

藤縄勝祐『消えた第六天』猫乃電子出版 二〇〇〇年（第1章）

【ウェブサイト】最終閲覧二〇二四年十二月二十五日

東京都神社庁 www.tokyo.jinjacho.or.jp（全体）
猫の足あと プラニクス株式会社 www.tesshow.jp/index.html（全体）
国立国会図書館デジタルコレクション（都市と道祖秦信仰 倉石忠彦）dl.ndl.go.jp/ja/kaidal（第一章）
保土ケ谷４００倶楽部（第三話 石仏の研究）koktok.web.fc2.

com/KOZA2007/koza_index.htm（第一章）
小江戸探検隊（五百羅漢）　www.kawagoe.com/exploration/exploration09.html（第一章）
牛捨場馬捨場　喜田貞吉　www.aozoragr.jp/cards/001344/files/54853_50038html（第二章）
アラハバキ　ja.wikipedia.org/wiki/アラハバキ（第三章）
いたばし観光センター　www.city.itabashi.tokyo.jp/bunka/kanko/1006728.html（第五章）
想山著聞奇集　www.minakatella.net（第五章）
足立姫フェスティバル　rojikoya.jp/Adachi-hime/jp/（第六章）
東上線沿線物語（板橋区の下頭橋　乞食の六蔵と不思議な物語）
www.tojoshinbun.com/geto/（第六章）

索引
探訪ガイド

凡 例

- 【社寺名等索引】では、本文（キャプションを含む）中に登場する社寺名等を立項した。［ ］内には、当該社寺が所在する東京23区名（都下、他県を一部含む）を付記した。
- 【事項・人名等索引】では、本文（キャプションを含む）中に登場する神仏名、人名、書名など、社寺名以外の主な語句を立項した。
- 【巡拝ガイド①住所別】では、本文中に登場する主な庶民信仰スポットを東京23区ごと（都下、他県を一部含む）に列記した。住所に続いて庶民信仰スポット名を記し、本文中の項目名を［ ］で括って記した。
- 【巡拝ガイド②御利益別】では、御利益の種類を「家内安全」「健康」「開運・金運」「学業成就／商売繁盛」「縁結び・縁切り」「厄除け／交通安全」「所願／供養」に大別、さらに小別を行いつつ、該当する項目名を［ ］で括って記した。なお、御利益には、俗信・迷信や本書の編著者による私感を反映したものもあり、必ずしも当該社寺が公的に謳っているものではないことに留意されたい。

社寺名等索引

ゆ

よ

ら

り

れ

事項・人名等索引

え

お

か

き

く

け

す

せ

な

に

ね

の

は

ひ

ふ

へ

ほ

ま

み

む

め

も

や

ゆ

よ

ら

り

る

ろ

わ

巡拝ガイド①………住所別

千代田区

中央区

港区

新宿区

文京区

台東区

墨田区

江東区

品川区

目黒区

大田区

世田谷区

渋谷区

中野区

杉並区

豊島区

北区

荒川区

板橋区

練馬区

足立区

葛飾区

江戸川区

都下

他県

巡拝ガイド②………御利益別

家内安全

◉家内安全

◉家内円満

◉女性と子どもの守護

◉ペット守護

◉人間関係

●心の平穏

健康

●病気平癒

◉持病

◉痛み

◉流行病

◉呼吸器系

◉婦人病

◉心・脳

◉怪我

◉子どもの健康

◉ペットの健康

◉美容

◉長寿

開運・金運

◉開運招福

◉金運・財運

学業成就／商売繁盛

◉学力・技芸上達

◉職業人の守護

縁結び・縁切り

厄除け／交通安全

◉厄払い

◉災害除け

◉交通安全

所願／供養

と思える。「物好きでおせっかいな私をちゃんと観てくださっていたのだな」と。

最後に本書の発行に際しての謝辞を述べさせていただく。対象の方々は多すぎてすべてのお名前をここに記すことはできないが、まず私を知るどなたもが納得して頷くだろう相手は私の妻だ。そして六十代半ばからその妻にも手伝ってもらいながら主催した「名所を巡らない散歩会『東京発掘散歩隊』」の約六十名の隊員の皆様。都内の名も知れぬ神仏巡りにお付き合い下さり、時には貴重なご意見をいただいたり、私の目の届かなかったポイントを発見して下さったりもした。この会は今でも続く私の宝である。

そして私に国書刊行会を勧めてくださったドイツ文化に詳しい作家の西村佑子氏。その国書刊行会編集長で丁寧に私の拙い文章の校正をして下さった永島成郎氏。彼の目に留まらなければ本書と、本書でご紹介した神々が世に出ることはなかったかもしれない。また本書のブックデザインをご担当いただいた山田英春氏。写真と文字の割り付けなどの作業を根気強くお手伝い下さった松下喜代子氏に心から感謝申し上げる。

二〇二四年十一月

川副秀樹

た地蔵なり。汝の罪は甚だ重いが一瞬の間、笠を取り我に帰依の心を起こした。ゆえに今、汝を助けるのだ』と、たちまち男は生き返る。その後男は長く殺生を絶ち地蔵菩薩に仕えたという」。

これはもちろん仏教説話だが、今考えると、ごく初期の庶民信仰の一形態ではないかと思えるのである。たまたま野仏の前などを通り過ぎる時、一瞬帽子のつばに手をやる感覚だろう。これを民間信仰と決めつけるのは短絡的ではあろうが、あくまで自分自身としては当たらずとも遠からずの感覚といえる。

ところで庶民信仰とは何か、というと少々偏った見方かも知れないが「決して裕福とはいえない庶民が神仏に縋るための手段」ではなかったか。社《やしろ》を建てる資金はないが油揚げ程度なら奉納できる、医者へはかかれないが少しの間なら酒や甘い物を絶つ、家族や恋人の病気回復を念じ夜中に水垢離《みずごり》をして御百度参りをするなど。基本的には「金を掛けずに神様に願いを聞いてもらおうとする手段」ではないだろうか。人妻を我が物にしたいなど、願いが不埒すぎてとても普通の神仏に祈るには躊躇されるような場合でも、ちゃんとその思いを叶えてくれそうな「第六天」などという魔王まで登場した。つまり庶民信仰とは必ずしも神仏に深く帰依しているわけではなく、あくまでも個人最優先の現世利益が対象なのである。

そもそも本書で取り上げた神仏は庶民のための神々であり、尊名に関わらず失礼ながら煌《きら》びやかな社殿や多くの僧侶が仕える本殿には縁の無い、いわばマイナーな神仏、悪くいえば限りなく迷信に近い神仏なのだ。石碑や石祠があっても崩れて文字も読めない、酷《ひど》い場合は瓦礫のようになった遺跡だってある。

このような中でこれらの神々を皆様にご紹介できることは、これまでの時間が報われるような大きな悦びである。それどころか本書の発行こそ民間信仰の小さな神々が私に与えてくれたご褒美・御利益だ

あとがき

私は編集業をしていた関係から、五十代半ばより素人ながら民俗や歴史に関する著述を始めた。以来二十数年間、庶民信仰の対象である「お稲荷さん」や「亡霊の供養碑」などを、いろいろな意味で裏まで回って、場合によっては涎掛けをめくってまでもジロジロ観察してきたのだが、その間幸いなことに狐や狸に取り憑かれたことも幽霊や妖怪に祟られたこともない。ましてや神仏に「余計な詮索をするな」とお叱りを受けたりバチを当てられたこともない。ただ地獄へ旅立つ時は三途の川の手前で奪衣婆に服を剝ぎ取られ惨めな老体を晒すことになるのではないかと恐れている。だから「お地蔵さま」や「閻魔堂」の前を通る時は、せめて心の中で礼を正すようにしている。なぜなら五十代の頃、信仰心の欠片《かけら》も持たぬ私が何故か『今昔物語』『宇治拾遺物語』に出ているひとつの話に大変惹かれたからである。少し長くなるがその話の概要を紹介する。

「平安時代の中頃、源満仲《みつなか》の家来に善《よ》い行いなどには全く縁がなく殺生を好む乱暴者がいた。ある日、野から一匹の鹿を追い出しそれを射ようと馬で追った。寺の前を通り過ぎる時、ほんの一瞬目の端に地蔵の姿が写る。男はふと敬《うやま》いの心を起こし片手で笠を取って走り過ぎた。やがて男は病で死ぬ。閻魔庁で多くの罪人が打たれ泣き叫んでいるのを見て自分が重ねてきた罪業を思うと恐ろしさで涙が流れた。その時一人の小僧が現れて『汝を救いに来た。速やかに国に帰り、今までの罪を懺悔《ざんげ》せよ』という。『どなたですか、なぜ助けて下さるのでしょう』と聞くと『汝が鹿を追って寺の前を走り過ぎた時に見

筆者略歴

川副秀樹（かわぞえ ひでき）

1949年東京都立川市生まれ。中央大学経済学部卒。Gデザイン事務所経営を経て著作・編集業。民俗学や庶民信仰・民間神仏の研究、取材を重ね、飯縄信仰・第六天信仰・憑物などの関係著書を執筆。2014年より著書読者を対象とした「東京発掘散歩隊」を主催。1960～70年代黒人音楽にも造詣が深く、自身もライブを行うなど多彩な活動を行う。現在サブカルチャー教室『狐狸囃子塾』を主催。月に一回「江戸東京の庶民信仰」や「想山著聞奇集」の解説を行っている。
著書に、『妖術・飯縄の法とクダ狐、霊狐と天狗の合体大魔神 スキャンダラスな神々』（龍鳳書房）、『東京「消えた山」発掘散歩 都区内の名（迷）山と埋もれた歴史』『東京の「年輪」発掘散歩 旧街道ごとにたどる大都市の「境界」』『東京の「怪道」をゆく 遊郭の変遷、隅田川周辺、七不思議や妖怪伝説』『「第六天」はなぜ消えたのか 東京謎の神社探索ガイド』（以上、言視舎）などがある。

江戸《えど》東京《とうきょう》 庶民《しょみん》信仰《しんこう》事典《じてん》

二〇二五年二月十五日 初版第一刷印刷
二〇二五年二月二十五日 初版第一刷発行

著者 川副秀樹
発行者 佐藤丈夫
発行所 株式会社国書刊行会
〒一七四－〇〇五六 東京都板橋区志村一－一三－一五
電話〇三－五九七〇－七四二一
ファクシミリ〇三－五九七〇－七四二七
https://www.kokusho.co.jp
印刷所 株式会社アイワード
製本所 株式会社ブックアート
ブックデザイン 山田英春

ISBN 978-4-336-07565-9 C0020